워싱턴 D.C. 국가 수도 종합계획

Comprehensive Plan for the National Capital: Federal Elements

2024

National Capital Planning Commission 저
세종특별자치시 행정수도정책연구회 역
(손중근, 김점민, 이기형, 홍유정, 김지인, 서지안)

머 리 말

워싱턴 D.C.는 미국의 수도이자 세계의 수도이다. 미국을 상징하는 국회의사당, 백악관, 연방대법원, 펜타곤과 대다수 정부 부처의 본부가 워싱턴 D.C.에 있다. 또한 322개의 대사관과 대사관 부속 건물, 78개의 대사 관저, 31개의 국제기구와 46개의 아메리카국가기구(OAS) 대표부는 이 도시를 세계에서 가장 중요한 외교 중심지로 만들었다. 워싱턴 D.C.는 세계적인 관광도시이기도 하다. 워싱턴 D.C.와 그 주변에 있는 230개 이상의 기념비와 박물관은 연간 2천만 명의 내국인 방문객과 130만 명의 외국인 관광객을 끌어들이고 있다.

워싱턴 D.C.는 설계도에 따라 만들어진 도시이다. 1791년 수도 입지를 선정하고 토지를 매입하였으며 도시를 설계하였다. 수도의 기능성과 상징성을 고려하여 도시의 구조를 설계하였고, 역사적인 기념비와 공공건축물, 그리고 풍부한 공원과 개방 공간을 통해 수도에 걸맞은 경관을 만들고자 하였다. 일관된 방향성과 노력은 수백 년간 이어졌고, 민주주의라는 국가이념이 공간적으로 표현된, 조화로운 도시, 워싱턴 D.C.가 만들어졌다.

이러한 워싱턴 D.C.의 역사는 미국 국가수도계획위원회(NCPC; National Capital Planning Commission)가 이어가고 있다. 2024년 창립 100주년을 맞이한 NCPC는 수도로서의 상징성, 지속 가능성에 중점을 두고 워싱턴 D.C.를 조성하고 있고, NCPC의 핵심 정책을 담은 보고서가 바로 이 책이다.

세종특별자치시 역시 설계도에 따라 만들어진 도시이고, 오늘도 멈추지 않고 새로운 것을 만들어내고 있다. 워싱턴 D.C.의 역사와 앞으로의 계획이 대한민국의 행정수도이자 세계적인 도시를 지향하는 세종특별자치시 발전에 작은 나침반이 되기를 희망하며 이 책을 번역하였다.

업무로 바쁜 와중에도 세종시가 잘 됐으면 하는 마음 하나로 점심시간, 일과 후 저녁 시간을 할애해 번역해 준 멤버들에게 사랑과 감사의 마음을 전한다. 또한 이 번역서의 출판을 흔쾌히 허락해 준 NCPC 관계자에게도 감사의 마음을 전한다. 무엇보다 세종시의 발전을 위해 자신의 모든 순간, 모든 열정을 쓰고 있는 최민호 시장님과 세종시의 모든 공직자께 감사의 마음을 전하고 싶다.

2025. 11. 1.

세종특별자치시 행정수도 정책 연구회

※ 역자 소개

손중근 세종특별자치시 법무혁신담당관 **김점민** 세종특별자치시 우리농산물유통과장
이기형 세종특별자치시 주무관 **홍유정** 세종특별자치시 주무관
김지인 세종특별자치시 주무관 **서지안** 세종특별자치시 주무관

추천사

　도시는 공간만이 아니다. 도시는 사람들의 비전과 철학이 구현되는 살아있는 유기체이다. 미국의 건국 지도자들이 워싱턴 D.C.를 구상했을 때, 그들의 머릿속에는 단순한 정부기관이 모인 행정도시가 아니라, 국가의 이상과 가치를 담아낼 상징적인 생태계를 만들겠다는 꿈이 있었다. 이 책은 그들의 꿈이 어떻게 실현되었는지, 그리고 지금 어떻게 진화하고 있는지를 생생하게 보여준다.

　세종특별자치시는 국가 균형발전과 대한민국 대도약이라는 시대적 소명을 다하기 위해 탄생했다. 2012년 출범 이후 45개의 중앙행정기관과 16개의 국책연구기관이 세종시에 자리 잡았고, 대통령 집무실과 국회세종의사당 건립이 예정되어 있다. 세종시는 명실상부한 대한민국 행정수도의 지위를 확보했다.

　하지만, 세종시의 이상과 가치는 여기에 머무르지 않는다. 대한민국이 직면한 저출산과 인구감소, 수도권과 지방의 격차, 그리고 정치 양극화라는 삼각파도(pyramidal wave)의 위기를 극복하고, 기술 환경이 급변하는 특이점(Singularity) 시대를 극복하는 해법이 세종시에 있다.

　행정수도로서의 상징성, 국토 중앙에 위치한 지리적 특성, 그리고 젊고 우수한 인재가 모인 도시라는 특성은 첨단 기술의 과감한 실증과 국가 혁신의 실험장 역할을 가능하게 한다. 또한 문화의 중심이 되는 한글문화도시·박물관도시, 도시 전체가 정원인 친환경 정원도시로의 변화는 행정수도의 품격을 높여 줄 것이다. 과학기술과 문화예술의 두 축에 대한 모든 혁신적 시도가 가능한 "창조도시" 세종. 이것이 우리가 꿈꾸는 세종시의 모습이다.

　이 책을 통해서 미국의 이상과 가치인 '민주주의', '조화'와 '지속 가능성'이 워싱턴 D.C.에서 구현된 것을 볼 수 있었다. 워싱턴 D.C.의 발전 과정은 '국가 균형발전'과 '혁신'이라는 대한민국의 이상과 가치를 세종시에 구현하는 데에 좋은 시금석이 될 것이라 생각한다.

세종특별자치시장 **최민호**

순 서

제1편 국가 수도 종합계획 소개 ·· 1

제2편 도시 계획 ·· 31

제3편 업무 공간 ··· 115

제4편 외교 공관 및 국제기구 ··· 135

제5편 교통 체계 ··· 155

제6편 공원 및 개방 공간 ·· 193

제7편 환경 ··· 237

제8편 역사 보존 ··· 269

제9편 방문객 및 기념 요소 ··· 283

　　　　실행 계획(Action Plan) ·· 299

제1편
국가 수도 종합계획 소개

2024

National Capital Planning Commission

The Comprehensive Plan for the National Capital | Federal Elements

위원장 인사말

2024년, 국가수도계획위원회(NCPC; National Capital Planning Commission) 창립 100주년을 맞이하여 우리는 우리의 수도가 어떻게 발전해 왔는지를 돌아봅니다. 국가의 수도는 우리의 민주주의를 상징하며, 건축물, 기념비, 추모 시설, 공공 공간, 그리고 번영하는 공동체를 통해 우리의 가치가 물리적인 형태로 표현됩니다. NCPC 100주년이 되는 올해는 과거의 교훈이 오늘날의 계획 수립에 어떻게 반영될 수 있는지를, 그리고 연방 정부가 모범을 보일 수 있는 방법을 성찰해야 하는 시점입니다.

NCPC의 핵심 정책 보고서인 국가 수도 종합계획은 이 지역의 역사, 문화, 그리고 자연의 아름다움을 보존하면서 미래 개발을 이끄는 데 중요한 역할을 합니다. 이 계획은 지속 가능하게 나아가면서 과거를 되돌아보는 데 이바지합니다. 풍부한 종합계획의 유산을 바탕으로 위원회는 변화하는 요구와 기회를 반영하여 국가 수도 종합계획이 항상 시대에 맞고 효과적으로 유지될 수 있도록 노력하고 있습니다.

이 종합계획이 환경적 지속 가능성, 형평성, 그리고 변화하는 연방의 업무 환경과 같은 중요한 과제를 다루고 있다는 점은 매우 긍정적입니다. 이 계획은 오늘날 지도자들이 더욱 회복력 있고 활기찬 수도를 조성할 수 있도록 지원합니다. 이 종합계획은 미래 세대를 위해 어떻게 지역을 번영시키는지를 보여주며, 전 세계 다른 공동체들을 위한 기준을 제시합니다.

Teri Hawks Goodmann
미국 국가수도계획위원회 위원장

제1편 국가 수도 종합계획 소개

종합계획 소개 : 연방 요소	3
NCPC의 역할과 책임	4
수도권 내 연방 정부의 영향력	5
종합계획의 유산	7
유산과의 대면: NCPC 과거 계획에 대한 평가	12
도전 과제	16
종합계획의 체계: 비전과 기본 원칙	21
종합계획: 연방 요소	26
용어 정의	27

종합계획 소개 : 연방 요소

국가의 수도는 다른 도시들과 차별화되는 고유한 계획 및 개발 요구를 지니고 있다. 다른 대도시와 많은 특성을 공유하면서도, 국가적 정체성을 반영하는 수도로서 고유한 특성과 요구 사항이 존재하며, 이는 수도의 계획 과정에서 반드시 고려되어야 한다. 국가 수도 종합계획(Comprehensive Plan)은 수도가 연방 공무원과 정부 시설의 집합체 그 이상이라는 점을 강조한다. 워싱턴 D.C.는 미국의 상징이고 심장이며, 그 지속성과 중심성은 미국의 수도권(NCR: National Capital Region)과 국경을 초월한다. 이 도시는 국가의 권위를 상징하며, 미국의 역사, 전통, 그리고 문화를 발전시킨다. 워싱턴 D.C.는 건축물과 도시 계획을 통해 국가의 이상, 가치, 염원을 상징적으로 구현하고, 동시에 약 70만 명의 시민이 거주하며 현재와 미래를 함께 만들어가는 역동적인 지역 공동체이다.[1]

종합계획은 연방 요소와 지역 요소로 이루어져 있다. 연방 정부인 국가수도계획위원회(NCPC)가 수립하는 연방 요소는 향후 20년간 국가 수도의 성장과 발전을 위한 원칙, 목표, 계획을 제시하는 중요한 지침이다. 이 문서는 수도권 내 연방 자산 및 이익과 관련된 사항을 다룬다. 종합계획의 연방 요소는 도시 계획, 업무 환경, 외교 공관 및 국제기구, 교통 체계, 공원 및 개방 공간, 환경, 역사 보존, 방문객 및 기념 활동 등 총 여덟 가지로 구성된다.

컬럼비아 특별구 도시계획국(DCOP)은 시장을 대신하여 지역 요소를 수립하며, 이는 컬럼비아 특별구 의회에서 심의·채택된다. 지역 요소는 세 가지 주변 환경(Context)요소, 열두 가지 도시 전역(Citywide) 요소, 그리고 열 가지 지역(Area) 요소로 구성되어 있다. NCPC는 지역 요소를 검토하여, 이것이 워싱턴 내 연방 정부의 이익이나 기능에 부정적인 영향을 미치지 않도록 한다.

NCPC commemorated its 100th anniversary in 2024. The agency's centennial offered a unique opportunity to reflect on the history and evolution of planning in Washington, DC and the surrounding region, acknowledge barriers and inequities created by past planning practices, and consider lessons learned to inform the agency's work today and into the future. To find out more visit: https://centennial.ncpc.gov/

NCPC는 2024년 100주년 기념으로 워싱턴 D.C. 도서관에 Centennial Exhibit을 기획하였다.

Comprehensive Plan for the National Capital: Federal Elements

NCPC의 역할과 책임

연방 정부는 워싱턴 D.C.에 대한 광범위한 계획과 조정을 필요로 한다. 연방 정부 기관으로서 NCPC는 이 지역을 적절하고 질서 있게 개발하고, 자연과 역사적 특성을 보존하는 역할을 담당한다. NCPC는 미국 수도권 내 모든 연방 활동을 조정하며, 다양한 계획을 수립하는 기능을 수행한다.

남동부 사우스 캐피톨 스트리트에서 바라본 미국 국회의사당 전경

NCPC의 책임은 다음과 같다.

- 연방 정부의 효과적인 기능 수행을 지원하기 위한 장기 계획 수립 및 연구
- 컬럼비아 특별구와 공동으로 국가 수도 종합계획 수립
- 연방의 기본계획과 건설 제안서, 컬럼비아 특별구의 일부 건축물에 대한 승인
- 컬럼비아 특별구의 기본계획, 프로젝트 계획, 자본 개선 프로그램 및 구역 관련 규정의 변경 사항 검토
- 연방의 건축물 및 시설에 관한 계획 검토
- 주 정부와 지역 정부가 제안하는 종합계획, 지역 계획 및 자본 개선 프로그램 검토
- 연방 수도 개선 프로그램 수립 및 연방의 각 기관이 제안하는 자본 투자 프로젝트 모니터링 및 평가

1952년의 국가 수도 계획법 제4조(a)는 NCPC가 "국가 수도를 위한 포괄적이고 일관되며 조정된 계획"을 수립하고 채택하도록 요구한다.[2] 종합계획의 연방 요소는 국가 수도의 장기적 발전을 위한 청사진이며, NCPC가 제출된 계획, 제안서 및 정책에 대해 검토하고 의사결정하는 기준을 제시하는 틀이다. NCPC의 종합계획 수립 기능은 연방 요소에 관한 계획을 수립하고 채택하는 것과 함께, 연방 이익에 미치는 영향을 고려하여 지역 요소를 검토하는 작업도 포함한다.

종합계획 : 공동의 책무

연방과 지역 차원의 계획은 워싱턴의 특성, 발전 및 성장, 그리고 삶의 질에 중요한 역할을 담당한다. 활기찬 워싱턴 D.C.는 연방 정부의 요구를 충족시켜야 하는 동시에, 도시의 거주자, 근로자 및 방문객의 삶의 질을 향상시켜야 한다. 이 도시는 풍부한 역사를 바탕으로 사람들의 다양성을 반영하면서 미국의 가치를 구현하는 도시 형태와 특성을 지녀야 한다. 또한, 수도권의 고유한 자산과 정체성을 활용하여 주민들이 일상생활에 참여할 수 있는 경로를 만들어 나가야 한다.

국가 수도 종합계획은 연방 요소와 지역 요소로 이루어져 있다. 연방 요소는 NCPC가 개발하며, 수도권 전체에 중점을 둔다. 지역 요소는 컬럼비아 특별구 도시계획국(DCOP)이 수립한다. 이 두 요소는 결합해 자연적, 문화적, 경제적, 형평성 및 사회적 환경에 대한 공동 책임을 바탕으로 연방과 지역의 이익을 균형 있게 조정하고, 워싱턴의 발전을 이끌어간다.

국가수도계획위원회와 컬럼비아 특별구 도시계획국은 워싱턴을 위대한 국가 수도로 발전시키고, 감동적인 건축 양식, 풍부한 경관, 차별화된 지역사회, 활기찬 공공 공간, 환경 관리, 그리고 신중한 토지 이용을 통해 공정한 발전을 도모하는 데에 협력한다.

수도권 내 연방 정부의 영향력

미국 수도권은 500만 명 이상의 사람들이 거주하는 다양한 지역이다.[3]

수도권(NCR)은 컬럼비아 특별구, 메릴랜드주의 몽고메리와 프린스 조지 카운티, 버지니아 주의 알링턴, 페어팩스, 라우든, 프린스 윌리엄 카운티를 포함하며, 이 지역의 모든 도시가 포함된다.

메릴랜드주와 버지니아주를 잇는 수도 워싱턴 D.C.는 미국에서 가장 교육 수준이 높고 부유한 대도시 중 하나이다. 25개 이상의 대학이 도시의 지적 수준 향상에 기여하고 있다. 또한, 이 지역은 약 175개 언어가 사용될 정도로 다양성이 높다. 수도권 가구의 중위소득은 2016년 이후 23% 증가하였으며, 미국에서 소득이 가장 높은 대도시 권역 중 하나이자 번영과 기회의 중심지이다.[4,5] 연방 정부는 이 지역의 경제적, 문화적 활력을 지원하고 있다.

국가의 기념비, 박물관 및 명소들은 수백만 명의 방문객을 국가 수도로 끌어들인다.

연방 정부는 이 지역의 이미지, 외관 및 삶의 질에 큰 영향을 미친다. 워싱턴 D.C.와 주변 지역은 국가의 수도이자 상징적 중심지로서, 미국인들에게 특별한 열망을 불러일으킨다. 국민은 국가의 중심지가 아름답고 감동적인 건축 양식과 경관, 효율적인 교통 체계, 환경 관리, 그리고 도시 계획 유산을 존중하는 토지 이용 관리 측면에서 국가 표준이 될 것을 기대한다. 18세기 후반 도시 조성 이래, 연방 정부는 국가 수도가 이러한 기대를 충족할 수 있도록 도시 계획 및 발전에 있어 적극적인 역할을 해왔으며, 연방의 법률, 규제, 정책 및 자금 지원이 이를 가능케 했다.

연방 법률과 정책은 워싱턴 D.C.를 국가의 중심지로 인정하고 우선순위를 부여한다.

워싱턴 D.C.와 그 주변 지역에는 230개 이상의 기념비와 박물관이 있다. 워싱턴은 2022년에 약 2천만 명의 내국인 방문객과 130만 명의 외국인 방문객을 끌어들였고,[6] 이는 약 81억 달러의 경제효과를 창출했다.[7] 연방의 명소들 덕분에 지역 관광 산업이 강화되고 있다. 관광의 큰 비중을 차지하는 문화유산 관광객은 기념비, 박물관 및 역사적 명소에 끌린다. 이 지역은 새로운 국가 기념비와 박물관 설립을 통해 계속 풍요로워지고 있다.

워싱턴 D.C.는 세계에서 가장 중요한 외교 중심지 중 하나이다. 2013년 기준, 워싱턴 D.C.에는 322개의 대사관과 대사관 부속 건물, 78개의 대사 관저, 그리고 아메리카국가기구(OAS) 대표부 46개가 위치해 있다.[8] 외교 공관은 국가 간 평화와 안정을 증진하는 역할뿐만 아니라, 방문객을 유치하고 국가 간 비즈니스 기회를 창출한다. 외교 및 국제 커뮤니티는 워싱턴 경제 성장의 중요한 원동력이며, 고용 기회를 창출하고 국제 문화 및 상업 활동을 활성화하는 데 기여하고 있다.

연방 정부는 수도권의 최대 고용주이다.

1990년 이후 지역 전체 고용에서 연방 정부가 차지하는 비율은 감소했으나, 연방 정부는 여전히 가장 큰 고용주이다. 2013년 기준, 수도권 전체 노동력의 약 12.3%가 연방 공무원이었으며, 2022년에는 약 43만 6천 명의 연방 공무원이 수도권에서 근무했다.[9] 이 지역 총근로자가 400만 명인 가운데, 연방 공무원의 약 47%는 워싱턴 D.C.에서, 31%는 버지니아에서, 그리고 22%는 메릴랜드에서 근무하고 있다.[10]

2023년에는 300만 명이 넘는 방문객이 마틴 루터킹 주니어 기념관을 찾았다.

연방 정부는 수도권에서 조달 및 계약 분야에 수십억 달러를 지출하고 있다.

1990년대 이후 연방 정부의 근무 인력은 감소했지만, 연방의 조달과 민간 부문 계약은 증가했다. 수도권의 연방 조달 지출은 2001년 약 323억 달러에서 2010년 800억 달러 이상으로 증가했으며,[11,12] 이 증가의 대부분은 국토 안보 및 국방 관련 대규모 조달에 기인한다. 2017 회계연도 기준, 연방 정부는 워싱턴 지역 경제의 약 30%를 차지했으며, 이 중 연방 조달 지출이 780억 달러에 달한다.[13] 2020년과 2021년에는 팬데믹 구호 지원 패키지로 인해 연방 조달 지출이 증가했다. 2019년부터 2023년까지 수도권 내 연방 자본 투자 규모는 평균 8억 4,600만 달러였다.[14] 그러나 최근 재정 전망에 따르면, 연방 기관들은 예산 제약과 계약 지출 감소에도 불구하고 핵심 업무를 효율적으로 수행해야 하는 도전에 직면하고 있다.

연방 정부는 수도권에서 상당한 규모의 공간을 임차하거나 소유하고 있다.

연방 정부는 이 지역에서 단일 최대 규모의 부동산 소유자이자 점유자이다. 미국 연방조달청(GSA: The U.S. General Services Administration)은 수도권 내 약 9,560만 평방피트의 임대 가능 공간을 소유, 관리, 건설 및 임차하고 있다.[15] 이 지역에는 약 500개의 임차 건물과 190개의 연방 소유 건물이 있으며, 이들 중 다수가 역사적인 본부 건물에 해당한다.[16] 또한, 미국 국방부는 수도권 내에서 5,380개 이상의 건물, 7,100만 평방피트 이상의 공간을 관리하고 있다.[17]

연방 정부는 수도권에서 광대한 개방 공간을 소유 및 관리하고 있다.

공원과 개방 공간은 지역 주민, 방문객, 그리고 근로자들에게 중요한 자원이고, 이들은 주요 기념물, 산책로, 그리고 다양한 행사의 의미 있는 배경이 된다.

자연 및 문화경관 자원이 지닌 환경적 가치와 경관적 아름다움으로 인해, 연방 정부는 수백 에이커에 달하는 자연 지역을 확보하여 보호하고 있다. 국립공원관리청(National Park Service)은 수도권 내에서 공원과 개방 공간의 약 27%를 관리하고 있다.[18] 이에 포함되는 곳은 피스커터웨이 공원(Piscataway Park), 프린스 윌리엄 숲 공원(Prince William Forest Park), 그레이트 폴스 공원(Great Falls Park), 울프 트랩 공연예술 국립공원(Wolf Trap National Park for the Performing Arts), 랑팡 계획(L'Enfant Plan)의 광장과 원형 교차로, 내셔널 몰(National Mall), 매너서스 전장지(Manassas Battlefield), 그리고 체서피크 & 오하이오 운하(Chesapeake & Ohio Canal) 등이 있으며, 이들은 역사적 명소, 자연 및 문화경관, 공공 광장, 도시 숲, 그리고 보존 지역으로서 중요한 역할을 하고 있다.

아나코스티아 공원에서 바라본 전경.
출처 : 국립공원관리청(NPS), 마르시 프루치(Marcey Frutchey)

펜실베니아 애비뉴 자전거 도로에서 미국 국회의사당을 바라본 전경

종합계획의 유산

L'Enfant 계획 시대

오늘날의 워싱턴 D.C.는 약 4,000년 전부터 형성된 다양한 문화적 융합의 결과물이다. 현재 워싱턴을 구성하는 땅에는 원주민 부족인 피스카타웨이(Piscataway), 아나코스탕크(Anacostank), 파문키(Pamunkey), 매터파니엔트(Mattapanient), 낭게메익(Nangemeick), 타욱세헨트(Tauxehent)[19] 등이 거주하였고, 17세기 초 영국 탐험가 존 스미스가 포토맥(Potomac) 강을 탐험하고 주변 지형을 지도에 기록하면서 이 지역에 대한 유럽인의 탐사가 본격적으로 시작되었다.[19] 원주민과 유럽 이주민들은 경제적으로 상호 협력하기도 했으나, 유럽에서 유입된 전염병과 토지 분쟁으로 인해 원주민 인구는 급격히 감소했다. 1632년, 영국 국왕 찰스 1세는 로드 볼티모어에게 현재 D.C.의 일부를 포함하는 메릴랜드 지역의 지배권을 수여했고, 포토맥 강의 반대편 지역은 향후 버지니아 주의 영토가 되었다.

1865 조지타운 워터프런트 항구. 출처: Friends of Georgetown Waterfront Park

1751년까지 아일랜드와 스코틀랜드 상인들이 작은 교역소를 상업 중심지로 발전시키며, 메릴랜드 식민지의 주요 무역 거점인 조지타운(Georgetown)을 형성하였다.[20]

미국 독립혁명 이후, 대륙 회의(Continental Congress)는 새로운 국가의 연방 정부 중심지를 물색하였다. 남부 주들의 노예제를 보호하면서 북부 주들의 전쟁 부채를 상환하기 위한 절충안으로, 1787년 미국 헌법은 새로운 연방 정부에 정부 소재지를 설정할 권한을 부여하였다.[21] 정부는 1790년 수도입지법(Residence Act)에[22] 포토맥 강 75마일 이내에 연방 구역을 조성할 것을 명시했고, 조지 워싱턴 대통령에게 구체적인 위치 선정 권한을 부여하였다.[23] 이에 워싱턴 대통령은 항행이 가능한 동부 지류(현재의 아나코스티아강)의 강어귀뿐만 아니라, 당시 항구 도시였던 조지타운(메릴랜드)과 알렉산드리아(버지니아)를 포함하는 지역을 연방 수도로 선정하였다.[24]

다음 과제는 해당 구역에 정부 청사를 배치하고 건설하는 것이었다. 조지 워싱턴 대통령은 대륙육군과 연방 정부에서 근무한 경력이 있는 엔지니어 피에르 랑팡(Pierre L'Enfant)의 제안을 받아들였고, 랑팡은 장기적인 국가 발전을 고려한 원대한 구상을 제시하였으며, 이는 신생 국가의 미래 수요를 충족시키는 토대가 되었다.[25] 그 후 랑팡은 도시위원회와 여러 차례 의견 충돌을 빚었으며, 도로 건설을 위해 워싱턴의 저명한 거주자인 다니엘 캐롤의 저택을 이전시키기까지 했다.[26] 결국 토머스 제퍼슨의 권고로 랑팡은 자진 사임하였고, 엘리컷 형제(앤드류 엘리컷, 벤자민 엘리컷)는 도시의 측량 작업을 마무리하기 위해 자유 흑인인 벤저민 배네커를 고용하였다.[27]

랑팡의 도시 계획은 연방 지구의 일부에만 적용되었음에도 매우 야심 찬 구상이었다. 이 계획은 주요 정부 건물 부지, 기념비, 공공 예술 시설, 병영 및 무기고, 문화 시설, 병원과 시장뿐 아니라 주거 및 상업 도시를 뒷받침할 도시 구조를 포함하였다. 거리와 대로는 넓고 공원처럼 설계되었으며, 도로 폭의 절반은 이중 수목이 늘어선 보행로로 조성되도록 계획하였다. 또한, 랑팡 계획은 기념 공간에서부터 지역 규모의 공원에 이르기까지 풍부한 개방 공간 네트워크를 형성하며, 지역의 강과 지형을 적극적으로 활용하였다. 그 결과, 오늘날까지 미국의 수도를 상징하는 다양하고 조화로운 도시가 탄생하였다.[28]

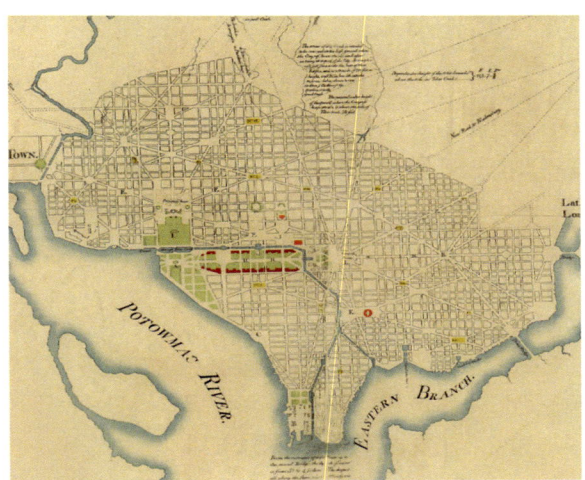

1791년의 랑팡 계획은 두 개의 대로를 설계했는데, 하나는 백악관에서 시작하고, 다른 하나는 국회의사당에서 시작한다.

미국 국가 포유류:
The American Bison

수천 년 동안 원주민들은 들소를 생존의 필수 자원으로 삼아 왔으며, 들소의 모든 부분을 식량, 의복, 주거, 도구, 장신구, 의식 등에 활용하였다. 그러나 19세기 수백만 마리의 들소가 학살되면서, 원주민은 참혹한 타격을 입게 되었다.[31] 아메리카 들소(버팔로라고도 불림)는 현재 미국 수도권 지역에서도 서식한 것으로 알려져 있다.[32] 당시 이 지역에서 가장 많은 들소 개체군이 존재했던 곳은 현재의 버지니아주로 추정된다. 윌리엄 T. 호나데이(William T. Hornaday)가 제작한 아메리카 들소 멸종 지도에 따르면, 1730년 이전에는 알레게니 산맥 서쪽 지역에서 들소가 존재한 기록이 없다. 버지니아 동부 해안 지역에서는 1730년부터 들소 개체 수가 급격히 감소하기 시작했으며, 1797년 마지막 들소가 사냥당하면서 사실상 멸종에 이르렀다.[33] 한편, 유럽계 이주민들은 아메리카 들소를 가축화하려 하였으나, 이는 새로운 가축 질병을 유발하여 오히려 들소 개체 수를 심각하게 감소시키는 결과를 초래하였다. 조지 워싱턴 대통령 역시 마운트 버논(Mount Vernon)에 있는 자신의 저택에서 아메리카 들소를 사육한 기록이 남아 있다.[34]

윌리엄 T. 호나데이(William T. Hornaday)의 1887년 지도 발췌본으로 아메리카 들소의 멸종 과정을 묘사하고 있다.
출처: 미국 의회도서관

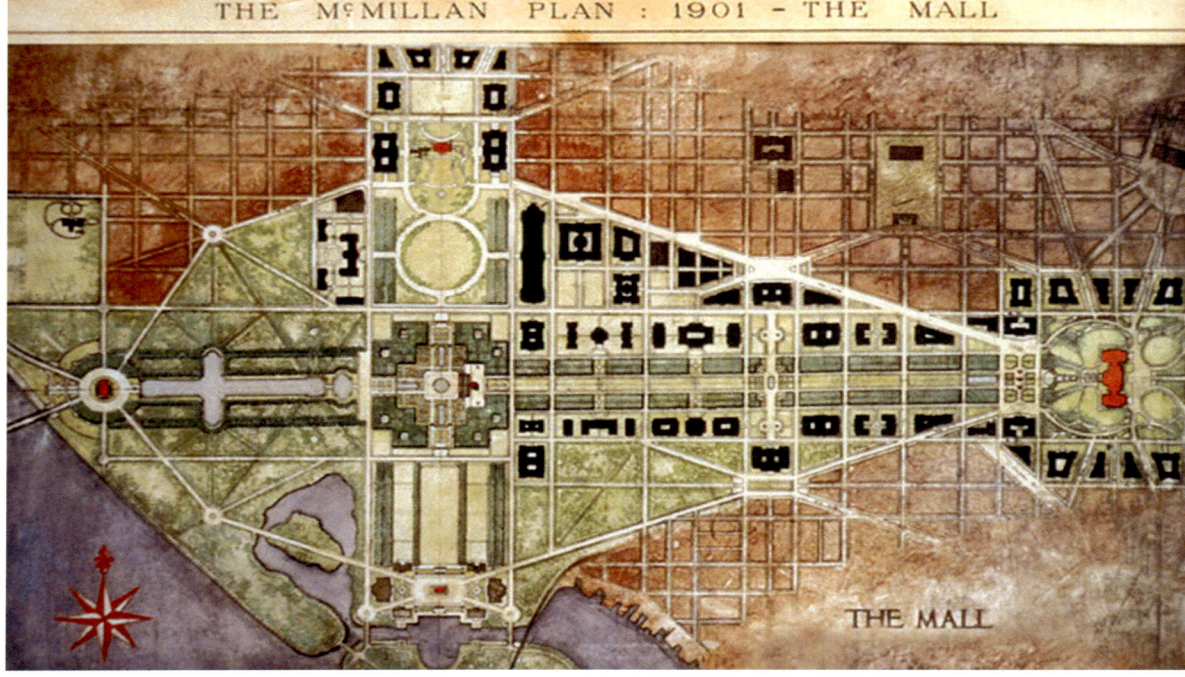

맥밀런 위원회(McMillan Commission) 시대

맥밀런 위원회는 국가 수도의 특성을 보존하고 향상시키기 위해 랑팡 계획을 개선하고 확장하는 데 주력했다. 1902년 맥밀런 계획은 공원 시스템 구축과 공공 건축물 배치를 위한 부지 지정이라는 두 가지 주제에 집중했다.[29]

맥밀런 계획은 맥밀런 위원회(정식 명칭은 상원 공원 위원회)에 의해 개발되었다. 맥밀런 위원회는 워싱턴의 계획과 도시 개발에 대한 우려로 1901년에 설립되었다.

제임스 맥밀런 상원 의원이 주도한 이 위원회는 수도의 무질서한 성장과 불규칙한 배치 문제를 해결하려 했다. 이 계획은 국가 수도에 걸맞은 웅장하고 조화로운 도시 풍경을 만들고자 하는 열망에서 비롯되었다. 1902년에 발표된 위원회 보고서는 워싱턴 D.C.를 종합적으로 재설계했고, 우리가 잘 알고 있는 내셔널 몰(National Mall)을 포함하고 있다. 이 계획은 '아름다운 도시 운동'의 원칙을 구현하고, 방치된 지역을 활성화하기 위해 고안되었다.[30] 맥밀런 계획은 도시의 상징이 되는 랜드마크와 지속 가능한 도시 공간의 배치를 수세대에 걸쳐 형성하며, 도시를 근본적으로 변화시켰다.

맥밀런 계획은 기존의 공원을 연계하고, 수도의 공원 시스템을 워싱턴, 메릴랜드, 버지니아의 외곽 지역으로 확장함으로써 수도 내 개방 공간의 통합된 특성을 만들었다. 경치 좋은 도로와 공원의 길은 지역의 강과 개천을 따라 이어지며, 이 길은 계곡을 가로지르고 가파른 언덕을 따라 올라가 더 큰 공원들과 연결되고, 옛 남북 전쟁의 요새들을 하나의 큰 원으로 통합하여 랑팡의 축선 구조를 완성한다.[35] 이러한 요새 원형 공원 시스템(Fort Circle Park System)은 내셔널 몰과 강의 디자인에 이어 두 번째로 중요한 위치를 차지한다.

맥밀런 계획은 공공 건축물을 정형화된 조경 공간에 배치하여, 매우 집중된 기념 중심지를 형성하였고, 내셔널 몰을 구성하는 주요 상징적 요소와 공공 건축물을 더욱 부각했다. 이후 25년에 걸쳐 계획의 핵심 요소들이 실현되었으며, 여기에는 링컨 기념관 건립, 미국 국회의사당과 백악관 주변 경관 재설계, 내셔널 몰 내 철도 선로 제거, 유니언 스테이션 건설, 록 크리크 및 포토맥 공원도로 조성, 그리고 이스트·웨스트 포토맥 공원의 조경 조성 등이 포함된다.

20세기의 수도권 종합계획

수도권(NCR) 계획은 전국적인 도시 계획의 발전과 맥락을 같이하지만, 국가 수도라는 특수한 환경으로 인해 독자적인 양상을 띠고 있다.

1902년 맥밀런 계획은 도심뿐만 아니라 지역 전반에 걸쳐 견고한 기본 틀을 제공했다. 이 계획은 내셔널 몰의 디자인을 공식화하고, 주요 국립공원을 조성했으며, 연방 삼각지(Federal Triangle)와 같은 구역을 마련하는 데 기여했다. 몇 년 내에 여러 가지 규제의 필요성이 대두되었고, 1910년 연방 정부는 미국 미술위원회(U.S. Commission of Fine Arts)를 설립하였다. 이 기구는 컬럼비아 특별구 내 공공 광장, 거리, 공원에 위치할 조각상, 분수, 기념물의 배치를 조언하는 역할을 맡았으며,[36] 맥밀런 계획을 보호하고 발전시키는 역할도 수행했다. 미술위원회의 초기 구성원 중 두 명은 맥밀런 위원회의 일원이기도 했다. 1910년 미국 의회는 워싱턴 D.C. 내 건축물 높이를 제한하는 건축물높이제한법(Height of Buildings Act)을 제정했다. 미술위원회의 역할은 곧 확대되어 모든 공공 건축물의 디자인 검토와 워싱턴 D.C. 내 건물 높이 제한 규정을 엄격히 시행하였다. 건축물높이제한법은 워싱턴 D.C.의 수평적 스카이라인과 도시 경관, 그리고 거리의 미적 특성을 형성하는 데 중요한 역할을 했고, 국가 수도의 체계적인 계획 수립에 핵심적인 요소이다.[37]

1910년대와 1920년대에 접어들며 계획 분야는 현대 도시 관리의 중요한 요소로 자리 잡기 시작했다. 1924년 국가수도공원위원회(National Capital Park Commission)가 설립되었고, 워싱턴의 공원, 공원 도로 및 놀이 공간에 대한 종합계획을 발전시켰다. 1926년에는 그 기능이 확장되어 토지 이용, 주요 도로망, 공원 및 공원도로 체계, 여가 및 교통 체계, 그리고 지역사회 기반 시설 등 도시 및 광역 계획의 모든 요소를 고려하는 임무를 부여받았다. 같은 해, 이 연방 기관은 국가수도공원 및 계획위원회(National Capital Park and Planning Commission, NCPPC)로 개칭되었다.

1905년의 워싱턴 D.C. 펜실베니아 애비뉴 동쪽을 바라본 엽서.
출처: Library of Congress.

국가수도계획위원회(NCPC)와 그 전신 기관들의 100년에 걸친 변화 과정

연방 및 주 정부 기관들은 이후 수십 년 동안 협력하여 다양한 계획을 추진하였다. 1930년, 캐퍼-크램턴법(Capper-Cramton Act)은 NCPPC가 지역 공원 및 공원도로에 필요한 토지를 취득할 수 있는 권한을 부여했고, 메릴랜드 및 버지니아와 협력하여 하천 계곡 공원을 매입할 수 있도록 하였다.[38]

1950년 NCPPC는 종합계획을 수립했고, 이는 주로 워싱턴 D.C.를 대상으로 했지만, 수도권의 문제도 함께 다루었다. 1950년 계획의 주요 목표는 도시의 주거 환경을 개선하는 것이었는데, 이를 위해 슬럼 지역 정비, 과밀 해소, 통근 거리 단축 및 대중교통 개선, 도로 체계 개선 등을 포함하였다. 이 계획은 이후 도시 재개발 프로그램과 고속도로 건설의 기틀을 마련하였다. 1952년 NCPPC는 국가수도계획위원회(National Capital Planning Commission, NCPC)로 개칭되었으며, 1959년에는 국가수도지역계획위원회(National Capital Regional Planning Council, NCRPC)와 협력하여 광역교통계획을 수립하고 300마일 이상의 신규 도로 건설을 권고하였다.

1950년대 NCPC는 광역 대중교통 시스템의 필요성을 입증했고, 이는 1965년 워싱턴 수도권 교통국(Washington Metropolitan Area Transit Authority, WMATA)의 설립을 이끌어냈다. 1961년 NCPC는 장기적인 지역 성장 모델을 제시하는 "2000년을 위한 계획"을 발표했고,[39] 메릴랜드 국가수도공원 및 계획위원회(M-NCPPC)는 이 모델을 자신의 종합계획(On Wedges and Corridors)에 반영하고 발전시켰다. 또한, 1952년부터 1966년까지 운영된 연방 기관인 국가수도지역계획위원회(NCRPC)는 1966년 광역 개발 가이드를 발표했다.[40]

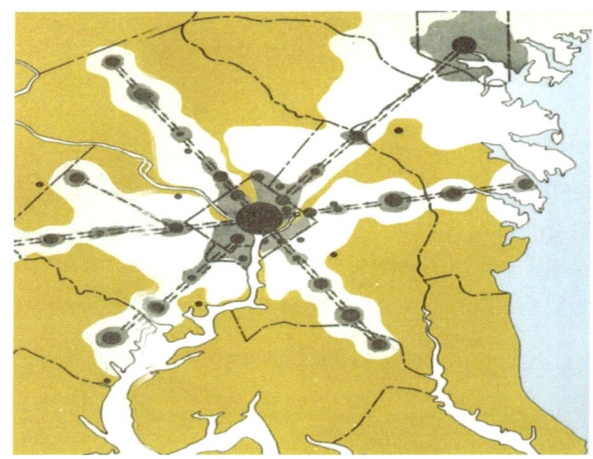

도시 중심부를 중심으로 한 지역 성장과 농업을 보여 주는 종합계획(On Wedges and Corridors)의 다이어그램

1976년 미국 건국 200주년을 앞두고, 펜실베니아 애비뉴 북측 지역의 지속적인 노후화에 대한 우려가 연방 및 지방 정부에서 제기되었다.[41] 이에 미국 의회는 1972년 NCPC가 주요 주주인 펜실베니아 애비뉴 개발 공사(PADC)를 설립했다.

PADC는 1974년 펜실베니아 애비뉴 계획의 수립과 실행을 총괄했다. 이 계획은 이후 40년 이상 해당 구간의 재개발을 위한 초석이 되었고, 오늘날 펜실베니아 애비뉴의 디자인과 정체성이 형성되었다. PADC는 또한 공공 공간의 개선과 거리 환경의 정비를 담당하며, 주거 시설, 오피스 빌딩, 상업 시설, 그리고 커뮤니티 예술 공간 조성을 위한 토지 확보에도 주력하였다. 이러한 개발 과정에서 민간 부문과의 협력을 위한 다양한 프로젝트도 추진하였다.

이 시기 워싱턴에서는 자치권 확대에 대한 압력이 거세졌고, NCPC가 워싱턴의 지역 계획 기관으로서 적절한지에 대한 재검토가 이루어졌다. 1973년 연방자치법(Home Rule Act)은 선출직 시장을 D.C.의 계획 수립 책임자로 지정했고, 이 권한은 D.C. 도시계획국(DC Office of Planning)을 통해 행사되었다.[42] 이에 NCPC의 역할은 워싱턴과 주변의 연방 소유지에 대한 계획·관리에 집중하는 것으로 재정립되었다. 그리고 1980년대 중반 "국가 수도 종합계획(Comprehensive Plan for the National Capital)"이 발표되었다. 이 계획은 NCPC와 컬럼비아 특별구간의 공동 노력으로 마련되었고, 연방 요소(Federal Elements)와 지역 요소(District Elements)로 구분되었으며, 연방 요소는 수도권 내 각 도시의 종합계획과 연계되었다. 이 계획 모델은 현재까지도 수도권의 도시 계획 원칙으로 유지되고 있다.

1973년 NW 코네티컷 애비뉴를 따라 건설된 지하철 공사.
출처: 미국 국립기록보관소

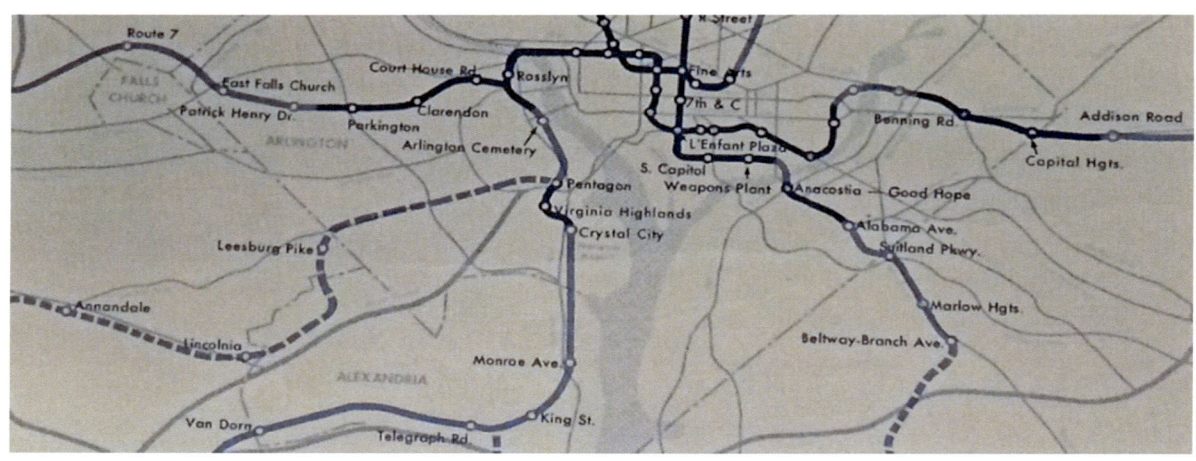

WMATA의 1967년 지하철 계획, 점선은 향후 연장 계획. 출처: 국회의사당 건축가

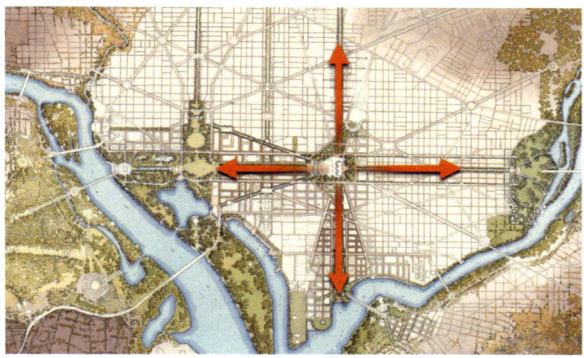

연방 사무실, 박물관, 기념관을 도시의 4개 구역으로 확장하는 것을 촉진하는 유산 계획(Legacy Plan)의 지도

21세기의 수도권 종합계획

1997년 NCPC는 기념 중심지의 발전을 위한 장기 비전을 발표했다. "유산의 확장: 21세기 미국 수도 계획"은 국가 수도에 대한 장기적 수요와 기념 중심지의 과도한 개발에 대응하여 마련되었다.[43]

이 유산 계획(Legacy Plan)은 기념 중심지를 국회의사당 중심으로 재구성하여 도시의 모든 사분면에 새로운 기념물, 박물관, 연방 청사의 건립 기회를 창출했다. 또한, 복합 용도 개발과 대중교통망을 확대하고, 도시를 단절시키는 노후화된 고속도로, 교량, 철도 선로를 제거하고자 했다. 더불어, 수변 지역을 대중이 향유하도록 했고, 공원, 광장 및 도시 편의시설도 추가했다. 위원회는 이 계획을 장기 비전으로 규정했고, 사우스 캐피톨 거리(South Capitol Street) 재개발, 더 야즈(The Yards) 개발, 그리고 DC 서큘레이터(DC Circulator) 및 신 프레더릭 더글러스 교량(Frederick Douglass Bridge) 건설도 실현했다.

유산 계획(Legacy Plan)의 주요 원칙

- 현대 워싱턴의 토대가 되는 랑팡 계획과 맥밀런 계획의 역사적 유산을 계승한다.
- 국회의사당을 중심으로 하여 도시와 기념 중심지를 통합한다.
- 새로운 기념물과 공공 건축물을 활용하여 경제 발전을 촉진한다.
- 포토맥강과 아나코스티아강을 대중의 삶 속에 통합시키고, 개방 공간, 자연 지역 및 문화유산을 훼손시키는 개발을 방지하여 내셔널 몰, 동·서 포토맥 공원과 역사적 건축물을 보호한다.
- 도시 내 이동성을 개선하고 장애 요소를 제거하기 위해 종합적이고 유연하며 편리한 교통 시스템을 구축한다.

2009년 위원회는 기념 중심지 기본계획(Connecting New Destinations with the National Mall)을 발표했다.

이 기본계획은 유산 계획의 목표를 구체적으로 실현하기 위한 방안을 제시했고, 주요 목표는 내셔널 몰의 과도한 개발 압력을 완화하고, 연방 개발과 도시 생활의 유기적 통합을 강화하며, 다양화된 지역 경제, 증가하는 인구, 확장하는 도심을 효과적으로 지원하는 것이었다. 이 계획은 기반 시설로 인한 장벽을 제거하고, 과거 개발 결정으로 인해 의도하지 않은 결과를 해결하는 것을 목표로 삼았다.

유산 계획의 결과로 완성된 계획 중 하나는 기념물 및 박물관 종합계획(2M Plan)이다. 2001년 12월 위원회의 승인을 받은 이 계획은 기념물과 박물관을 건립할 수 있는 100곳의 잠재적 입지를 지정하고, 전반적인 개발 지침을 마련했다. 현재 NCPC가 추진하는 프로젝트 중 유산 계획과 관련된 사업은 남서부 생태 지구 조성, 기념 중심지 가로경관 지침 및 시공 매뉴얼 개발, 백악관과 국회의사당을 연결하는 펜실베니아 애비뉴(Pennsylvania Avenue) 개선 사업, 그리고 케네디 센터를 내셔널 몰 및 대통령 공원과 연결하는 프로젝트 등이 있다.

유산과의 대면:
NCPC 과거 계획에 대한 평가

2024년 NCPC 창립 100주년을 맞이하여 과거 정책을 분석하는 것은 매우 중요한 과제이다. 이는 수도권의 외형적 설계뿐 아니라, 이 지역 주민들에게 제공된 사회적·경제적 기회에 대해 깊이 이해하기 위한 노력의 일환이다. 또한, 이러한 분석은 NCPC가 도시 계획의 역사와 발전에 미친 영향을 검토하고, 과거 계획에서 비롯된 불평등을 인정하며, 향후 계획 수립에 반영할 교훈을 도출할 수 있다.

분절된 공원과 레크리에이션 시스템을 위한 계획

NCPC의 전신인 국가수도공원 및 계획위원회(National Capital Park and Planning Commission)는 컬럼비아 특별구 내 공원과 놀이터 개발을 위해 토지를 매입하는 역할을 수행했고, 이러한 과정에서 위원회는 특정 공원과 놀이터를 "백인 전용" 또는 "유색인 전용"으로 지정했다. 레크리에이션 계획 시행을 통해 일부 연방 부지에 인종에 따라 분리된 공원과 공공 공간을 만들었다. 그 결과 공공 공간에서 다양한 인종 간의 교류를 차단하는 국가 차원의 분리가 이루어졌을 뿐 아니라, 인종에 따라 레크리에이션 공간이 불균형하게 배분되었으며, 유색인 주민들은 주요 공공 공간에 접근하는 것이 금지되었다.

예를 들어, 1945년에 발표된 워싱턴 D.C. 구도시 및 인접 지역의 레크리에이션 및 학교 연구 보고서에 따르면, 백인 주민을 위해 지정된 레크리에이션 및 놀이터 공간은 총 107 에이커였던 반면, 유색인 주민을 위한 공간은 70에이커에 불과했다. NCPC 과거 계획에 대한 평가 보고서에 수록된 지도들은 내셔널 몰 인근의 주요 공공 공간, 예를 들어 엘립스(The Ellipse)와 같은 장소가 "백인 전용" 공원으로 지정되었음을 보여준다. 이처럼 인종에 따라 분리된 레크리에이션 센터를 지정한 정책은 1949년까지 지속되었으며, 그해 위원회는 워싱턴 D.C. 공식 레크리에이션 시스템 지도에서 모든 인종 구분을 삭제하기로 결정했다.

1950년 컬럼비아 특별구의 공원-공원길 및 놀이터 시스템 계획

소개장의 개정 : 우리의 과정

소개장 개정의 일환으로, NCPC는 과거와 현재의 정책이 소외된 지역사회에 형평성 문제를 초래한 측면이 있음을 인식하는 틀을 마련하였다. 이 과정은 다음을 포함한다.

- 지역사회 설계에 영향을 미치는 정책을 확인하기 위한 역사적 분석 및 배경 연구

- NCPC가 시행한 정책 및 관행 중 특정 인종, 민족, 종교, 소득 수준, 지리적 위치, 성 정체성, 장애 여부 등에 따라 특정 집단에 유리하거나 불리하게 작용한 사례 분석 및 현재 지속되는 사회적 불평등의 영향을 평가하는 등 과거 관행 및 정책 식별

- 과거 정책이 현재에 초래한 영향을 해결하기 위한 NCPC의 현재 역할 명확화

- 형평성 증진을 위한 주요 고려 사항, 원칙 및 향후 기관의 잠재적 조치 마련

- 정책이 사회적으로 소외된 지역사회에 미친 영향을 검토하고, 마련된 원칙이 이를 적절히 반영하는지 논의하기 위한 지역, 광역 및 연방 이해관계자들과의 협의

위 내용을 활용하여 NCPC는 형평성과 지속 가능성 계획의 핵심 요소 — 예를 들어 역사적 분석 수행, 계획 수립 과정에 지역사회 구성원 참여 — 를 적용함으로써, 소외된 지역사회의 형평성 있는 개발과 기회 증진을 도모하였다.

도시 재개발 프로그램을 통한 지역사회 재배치

20세기 초 미국의 도시들은 급속한 산업화와 도시화라는 두 가지 문제에 직면했고, 수백만 명의 미국인들과 유럽인들이 경제적 번영을 찾아 도시로 이주했다. 같은 시기에 워싱턴 D.C.의 도시 인구도 두 배 이상 증가하여 1890년대 약 23만 명이었던 인구는 1920년대 말 약 49만 명에 달했다. 그러나 급격한 인구 증가에 맞추어 주택 공급이 이루어지지 않았고, 지역 개발업자들은 저소득 노동자들의 절박한 주택 수요를 악용하여 좁은 골목길에 노동자용 주택을 공급했다.[44] 급격한 인구 증가와 주택 부족이 맞물리면서, 도시 전역에서 안전하지 않고 비위생적이며 과밀화된 주거 환경이 확산되었다.

제2차 세계대전 전후에는 남부의 흑인들이 인종 차별과 폭력을 피해 북부 도시로 이주하여 더 나은 경제적 기회를 찾고자 했고, 이로 인해 도시에 아프리카계 미국인 인구가 증가했다. 동시에, 연방 및 지방 정부가 도심 외곽 지역 개발을 장려하면서 백인 주민과 상업 시설은 점차 교외로 이동하기 시작했다. 이에 지방 정부는 인구 유출을 막고 세수 기반을 확대하며 도심과 지역사회의 황폐화를 방지하기 위해 재개발을 시도했다.

1945년 미국 의회는 컬럼비아 특별구 재개발법(District of Columbia Redevelopment Act)을 채택하여 도시 재개발을 본격적으로 추진했다. 이 법은 사유지 개발을 위해 공공 목적의 토지수용을 허용했고, DC 재개발 토지 기관(DC Redevelopment Land Agency, RLA)을 설립하여 토지를 모으고, 개발업자에게 제공했다.

또한, 컬럼비아 특별구 재개발법은 국가수도 공원 및 계획위원회(NCPC의 전신)에 재개발 완성에 필요한 권한을 부여하였다. 1945년부터 1972년까지 NCPC는 도시 내 황폐화되고 노후화된 지역을 정비 및 재개발하기 위한 12개의 계획을 수립하여 시행하였다. 가장 잘 알려진 재개발 사례는 역사적으로 아프리카계 미국인이 주로 거주했던 사우스웨스트 지역사회의 재개발이다.[45,46]

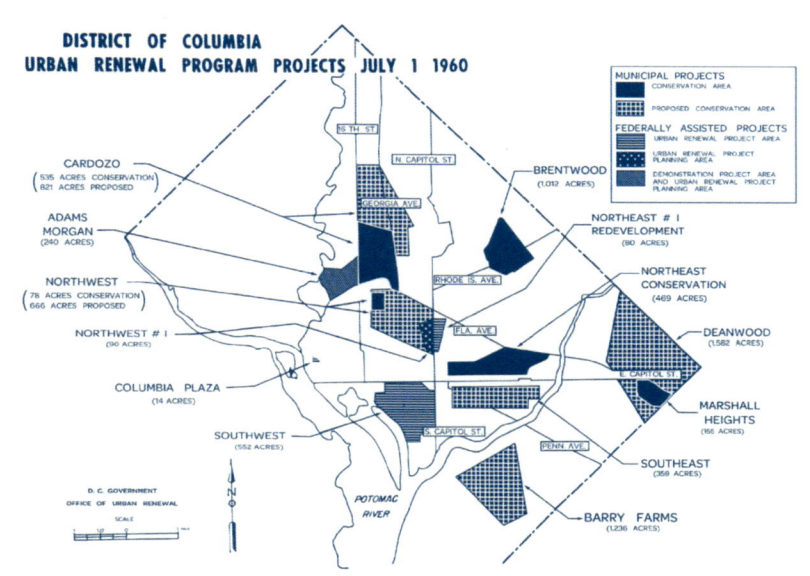

1960년 D.C. 도시 재개발 프로그램 프로젝트 지도

1950년 종합계획 "워싱턴: 현재와 미래"에서 국가 수도 공원 및 계획위원회는 사우스웨스트 지역을 "주요 문제 지역"으로 지정하며, 해당 주택 중 50% 이상이 보수가 필요하거나 개인 욕실이 없다고 기술했다.[47] 특히 사우스웨스트 지역은 연방 정부 시설과의 인접성, 내셔널 몰, 국회의사당 등을 조망할 수 있는 지리적 특성을 고려하여 재개발 시범 사례로 선정되었다.

승인된 도시 재개발 계획은 노후 또는 황폐된 기존 주택의 철거를 제안했고, 이와 함께 재정비된 수변구역, 연방 정부 고용 센터, 현대적 쇼핑센터, 공공 광장 및 산책로, 고속도로, 신규 주택, 그리고 편의 시설을 포함하는 개발 계획을 수립하였다. 사우스웨스트 재개발은 지역사회에 심각한 피해를 초래했다. 사우스웨스트의 건물 99%가 철거되었고, 1,500개 이상의 사업체가 이전을 강요당했으며, 23,000명의 주민이 강제 이주되었다.[48] 또한, 재개발로 인해 워싱턴 D.C. 차이나타운의 중국계 이민자와 미국 태생 중국인 인구가 80% 이상 감소하였다.[49]

사우스웨스트 지역 재개발 이후 도시 전역에서 다른 재개발 구역들이 승인 및 실행되었다. 도시 재개발 전략은 21세기까지도 Downtown and Shaw 재개발 계획의 형태로 지속되었고, 이 계획은 워싱턴 D.C.에서 마지막으로 시행된 도시 재개발 계획이었다. 그러나 2019년, 컬럼비아 특별구 도시계획국(DCOP)은 이 계획들이 시대에 뒤떨어지고 현행 용도지역 및 도시 계획 정책과 부합하지 않는다는 이유로 계획을 폐지할 것을 요청하였으며, 이에 따라 NCPC는 해당 요청을 승인하였다.

신규 고속도로 건설로 인한 지역사회 단절

1950년대 중반, NCPC는 국가수도지역계획위원회(National Capital Regional Planning Council)의 일원으로서 광역 교통 계획 수립 과정에 참여했고, 이 계획에서는 지역 내 새로운 주(州) 간 고속도로의 위치를 지정했다. 이 계획은 1950년 종합계획에 기반을 두고 있으며, 백악관과 워싱턴 도심을 둘러싸는 내부 순환도로(북부 구간은 시민들의 반대로 취소)와 외곽 순환도로(이후에 Capital Beltway, I-495로 지정)를 포함한다. 또한 이 두 가지 순환도로를 연결하도록 방사형 고속도로가 아래의 형태로 설계되었다.

- 서부 내부 순환도로에서 포토맥강 북쪽을 따라 외곽 순환도로와 연결되고, 메릴랜드주 프레더릭 방향으로 이어지는 방사형 노선(현재의 I-270에 해당하나, 특별구 내 구간은 시민 반대로 취소).
- 내셔널 몰에서 내부 순환도로와 교차하며 서쪽과 남쪽으로 이동, 포토맥강 건너 북부 버지니아로 가는 방사형 노선 두 개(현재의 I-66과 I-395).
- 외곽 순환도로에서 북동쪽으로 진입, 남서쪽으로 가며 블래든스버그 근처에서 분기되는 노선으로, 한 갈래는 아나코스티아강을 따라 남부 외곽 순환도로와 연결되고(현재의 I-295), 다른 갈래는 뉴욕 애비뉴를 따라 연결됨(시민 반대로 취소).
- 아나코스티아강 고속도로와 내부 순환도로를 연결하는 짧은 노선(현재의 I-695). 백악관 인근 북부와 뉴욕 애비뉴 노선은 시민 반대로 취소.

고속도로 건설은 교통 효율성을 높이고, 도로 혼잡을 완화하며, 도시와 교외 간의 연결성을 강화했지만 도시의 사회적·인구학적 구조를 급격히 변화시키는 결과를 초래하였다.

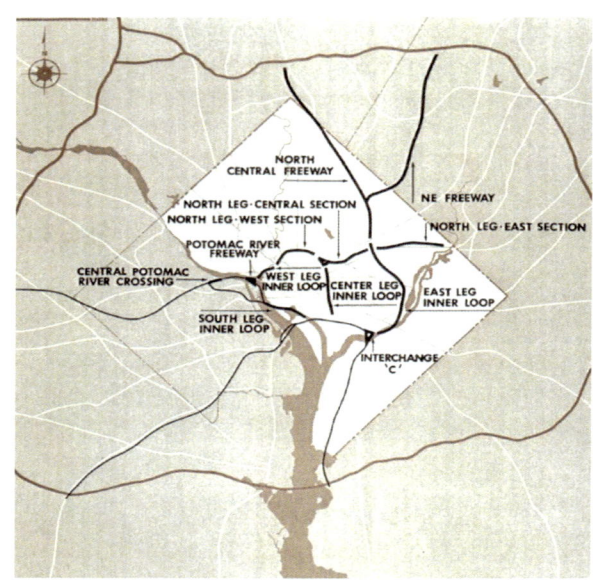

1966년 보고서 "1955년부터 1965년까지 워싱턴 D.C. 교통계획"에 포함된 수도권 고속도로 건설 계획 지도.
출처: 연방 고속도로청

배리팜 커뮤니티 인근에서 건설 중인 아나코스티아 고속도로.
출처: DC 공공 도서관

I-395/I-695 고속도로 건설만으로 1960년에 최소 4,700명이 강제 이주했고, 사우스웨스트 지역에서 최소 1,400채 이상의 주택이 철거되었다. 이에 당시 국가 수도 공원 및 계획 위원회(NCPPC) 첫 여성 의장이었던 엘리자베스 리비 로우는 "고속도로가 도시에 미치는 사회적 영향" 연구를 진행했다. 이 연구는 1963년 내부 순환도로의 건설이 지역에 미치는 영향을 기록하고, 이주 대상 주민들의 재정착 요구를 분석했다. 또한, 컬럼비아 특별구 보건복지국(District Office of Health and Welfare)과 협력하여, 도시의 물리적 변화가 주민에게 미치는 영향을 평가하고, 이들의 요구를 해결하기 위한 종합계획의 필요성을 강조했다.

궁극적으로, 보고서는 다음과 같은 결론을 내렸다. "특정 도시 지역을 관통하는 대규모 고속도로 건설은 해당 지역에 거주하는 주민뿐만 아니라, 이주를 강요당한 사람들, 인근 지역사회, 공공 행정, 민간 기업, 그리고 향후 개발 프로젝트에까지 영향을 미친다. 엔지니어, 도시 계획가, 공공 행정가, 사회 과학자, 지역 주민, 기업인, 그리고 모든 시민들은 도시를 더 나은 곳으로 만들고자 하는 공동의 목표를 가지고 있다. 이러한 목표는 오직 상호 관심, 협력, 그리고 존중을 통해서만 실현될 수 있다."

위 이미지는 워싱턴 해군 조선소(Washington Navy Yard)와 캐피톨 리버프런트(Capitol Riverfront)의 공공 및 민간 재개발을 보여준다. 여기에는 프레데릭 더글러스 다리(Frederick Douglass Bridge), 야드파크(Yards Park) 및 미국 교통부 본부가 포함된다.

지역사회 내 연방의 영향력 확대

유산 계획(Legacy Plan)의 확장은 새로운 정책을 위한 지침으로써 종합계획(Comprehensive Plan)의 개정에 영향을 미쳤고, 기념물 및 박물관 종합계획(2001)과 기념 중심지 기본계획(2009) 구체화의 기반을 마련하였다. 또한, 신규 연방 시설 조성, 교통망 강화, 워싱턴과 수변 지역 간의 연결성 회복, 도시 진입 관문 개선 등의 주요 목표들이 실현되고 있다.

이 계획은 연방 투자를 촉매제로 하여 경제 발전을 촉진하고, 도시의 모든 사분면을 개발시키는 강력한 비전을 제시했다. 그 결과, 워싱턴 D.C. 전역에 여러 개의 신규 연방 캠퍼스가 조성되었고, 이 지역은 현재 워싱턴의 정부 위원회(Washington Metropolitan Council of Governments)에 의해 형평성 강조 지역으로 분류되고 있다. 또한, NCPC는 종합계획 연방 요소와의 일관성을 유지하기 위해 연방 차원의 개발을 위한 부지 선정과 개발 신청을 검토하고 있다.

시설의 개발은 형평성 측면에서 소외된 지역사회에 긍정적·부정적 영향을 모두 초래했다. 예를 들어, 연방 건물이나 캠퍼스의 부지 선정과 설계는 지역사회가 개방 공간과 기존 편의시설에 접근하는 데 부정적인 영향을 미칠 수 있다. 또한, 시설의 보안으로 인해 수변 공간, 전망, 역사적·환경적 자원과 같은 주요 편의시설에 대한 접근성이 감소할 수도 있다. 연방 시설이 주변 지역과 조화를 이루지 못할 수도 있다. 형평성 관점에서 연방 건축물을 설계하고, 직접적·간접적 영향을 최소화함으로써, 연방의 개발이 소외된 지역사회의 강력한 자산이 될 수 있도록 해야 한다. 예를 들어, 연방 개발 계획에서 공원이나 커뮤니티 룸과 같은 편의 공간을 마련하여 주민의 건강과 생활 환경을 개선할 수 있다. 이러한 정책 수립에 가장 중요한 요소는 소외된 지역사회와 적극적으로 협력하고, 이들의 의견을 계획 과정에 반영하는 것이다.

현대적 영향

도시 계획 흔적은 개인의 기회와 지역사회 구조에 장기적인 영향을 미친다. 현대적인 분석에 따르면 NCPC와 그 이전 기관의 정책들은 소외된 지역사회가 국가 수도에 대한 소속감을 상실하게 만들었고, 지역사회의 문화적 자산이 감소했으며, 공원과 녹지에 대한 접근성이 줄어드는 결과를 초래하였다.

워싱턴 D.C.와 수도권도 이러한 정책의 영향을 받아 인종적·경제적인 분리가 심화되었다. 사회적·지리적으로 소외된 지역사회는 대기 오염, 홍수 위험, 식량 불안정, 긴 통근 시간 등을 더 많이 감당해야 하는 상황에 놓이게 되었다.

NCPC는 역사적으로 소외된 지역사회에 영향을 미친 도시 개발 과정에 관여해 왔으나, 오늘날에는 이러한 유산을 해결하고, 연방 및 지방 정부와 협력하여 과거 계획이 초래한 부정적인 영향을 개선하는 데 전념하고 있다.

도전 과제

국가 수도권의 적절하고 체계적인 발전을 지원하고, 지역의 중요한 자연 및 역사적 자원을 보호하며, 모든 미국인을 포용할 수 있는 공공 공간을 조성하기 위해서는 혁신적인 접근 방식이 필요하다. 수도권에서 연방 계획 담당자들이 직면한 주요 과제는 자연환경 보호의 시급성, 형평성 구현, 공공 공간의 보안 강화, 그리고 연방 고용 환경 변화에 따른 공간 조정 등이다. NCPC는 이러한 과제에 대응하기 위해 연방 및 지역 파트너들과 지속적으로 협력하고 있다.

홍수 발생 당시 모습
(Constitution Avenue in Federal Triangle)

환경적 지속 가능성과 회복 탄력성

토지의 이용 방식과 도시의 형태는 글로벌 기후 변화와 부정적 환경 요소로 인한 지역사회의 취약성에 큰 영향을 미칠 수 있다. 현재 이 지역은 홍수 증가, 극단적인 강수량, 해수면 상승, 기온 상승 및 폭염 등 다양한 기후 변화 위험에 직면해 있다.

연방 정부는 워싱턴 D.C. 해안선의 약 85%를 소유하고 있고, 많은 부지가 100년 및 500년 홍수 범람원 내에 있다.[50] 즉, 연방의 부지는 폭우, 해빙, 열대성 폭풍, 허리케인 등 홍수 피해에 취약하다. 이런 기상 현상은 재산 피해, 정전 등을 통해 인프라와 도시 자산에 심각한 피해를 줄 수 있다. 2050년까지 100년 주기로 오던 폭풍우가 25년 주기의 폭풍우처럼 발생할 것으로 예측된다. 이미 지난 90년 동안 해수면 상승으로 포토맥강과 아나코스티아강의 수위는 11인치(약 28cm) 증가했고,[51] 미 육군 공병대는 2080년까지 워싱턴 D.C.의 해수면이 최대 3.4피트(약 1m) 추가 상승할 것으로 예측하고 있다.[52]

연방 시설의 신축 및 개·보수 공사 또한 기온 상승의 영향을 받을 것으로 예상된다. 워싱턴 D.C.의 연평균 기온은 지난 50년 동안 1.1°C 상승했고, 지속 상승할 것이다.[53] 또한, 도시 열섬 효과로 포장된 지역은 폭염 기간에 실제 기온보다 5~8°C 더 높은 온도를 기록하는 반면, 락 크리크 공원과 같은 대규모 녹지는 약 5°C 낮은 온도를 유지할 수 있다.[54] 현재 여름철 평균 최고 기온인 31°C는 2080년까지 35~37°C까지 상승할 것으로 전망된다.[55] D.C.의 연평균 폭염 비상 경보일(체감 온도 약 35°C 이상)은 약 30일이나,[56] 2080년까지 연간 70일까지 증가할 수 있다.[57] 수도권에는 기후 변화에 취약한 연방 소유 부지가 다수 존재하고 있다.

해안, 하천 및 내륙 홍수로부터 내셔널 몰 보호

2023년 NCPC는 국립공원관리청(NPS)이 D.C. 내 타이달 분지(Tidal Basin) 및 웨스트 포토맥 공원(West Potomac Park) 일부 구간에서 약 6,800피트(약 2,070m)의 노후화된 방파제를 보수하는 개발 계획을 승인했다.

오랜 세월 동안 방파제는 심각한 침하를 겪었고, 이로 인해 월류나 배수 불량 문제가 발생했다. 그 결과, 헤인스 포인트(Hains Point)에서 타이달 분지까지 이어지는 포토맥강 수변 지역의 접근성이 감소하고, 문화경관 및 공원 기반 시설이 손상되어 방문객들에게 부정적인 영향을 미쳤다.

이 계획은 침하·침식이 가장 심각한 구간의 방파제를 우선적으로 보수하는 것을 목표로 한다. 또한, 방파제를 원래 높이로 복원하고, 향후 10년간 방문객들의 접근성과 이용 경험을 개선하며, 장기적으로 해수면 상승에 대비하는 것이 이 계획의 목표이다.

연방 삼각지 지역의 다양한 교통 수단

기후 변화에 취약한 수도권의 공원 부지, 군사 시설, 박물관, 정부 기관 본부의 일부는 적절한 조치가 없으면 심각한 손상을 입을 수 있고, 연방 기관들이 보유하고 있는 중요한 문화유산과 역사적 문서 또한 영구적으로 손상되거나 소실될 수 있다.

기후 변화는 워싱턴 D.C. 도시 형태에 영향을 미칠 수 있고, 워싱턴 도로망과 개발의 기초가 된 랑팡 계획과 맥밀런 계획에도 영향을 미칠 수 있다. 예를 들어, 홍수 방지를 위해 내셔널 몰 인근에 대규모 인프라를 설치할 경우, 기념물, 백악관, 국회의사당의 상징적 조망이 영구적으로 바뀔 수도 있다.

연방 정부는 수도 개선 과제에 있어 환경적 위험을 줄이기 위해 건물·부지의 디자인뿐 아니라 입지 선정까지 평가하고 있다. 극단적인 기상 현상의 빈도와 강도가 지속적으로 증가함에 따라 기후 변화 대응 전략을 강화하고 회복 탄력성 계획을 지원하는 것이 매우 중요하다.

이러한 노력은 연방 자산과 투자 보호, 연방 운영의 지속 가능성, 수도권 경제적 활력에 필수적이다.

교통 및 이동성

워싱턴 D.C 교통 환경은 지난 2년간 COVID- 19 팬데믹의 영향으로 상당한 변화를 겪었다. 메트로레일(Metrorail) 역의 절반 이상이 연방 시설과 연결되어 있고, 이는 지역의 가장 큰 규모의 노동자들을 위한 핵심 교통 인프라 역할을 하고 있다. 그러나 원격근무와 재택근무가 보편화되면서 사무실의 공실이 증가하고 있다.[58] 또한 통근 패턴이 변화함에 따라 정책 결정자들은 근로자와 주민들에게 안전하고 접근성 높은 교통 수단을 제공하기 위한 과제에 직면해 있다.

교통 혼잡은 여전히 문제로 남아 있고, 이 지역의 평균 통근 시간은 30분을 넘어 긴 수준이다. 통근자의 약 60%는 여전히 자동차를 이용한다.[59]

이러한 자동차 의존도는 교통 혼잡을 심화시키고 대기 오염을 높여 주민 건강에 위험이 되고 있다. 워싱턴 교통국(WMATA)에 대한 재정 지원 부족은 이 문제를 더 악화시키며, 이는 대중교통 서비스 축소 위협을 발생시키고, 특히 저소득층과 소외된 지역사회에 불균형적으로 영향을 미치게 되어 교통 형평성 문제를 심화시키고 있다.[60,61]

이 지역의 대중교통 이용률은 전통적으로 다른 도시보다 높았으나, COVID-19 팬데믹으로 대중교통 시스템이 큰 타격을 받았다. 2024년 현재, 메트로레일의 일일 이용객 수는 팬데믹 이전 대비 약 50% 수준에 불과한 반면, 버스 이용객 수는 회복세를 보이고 있다.[62,63] 그러나 이러한 대중교통 이용 감소는 팬데믹 이전부터 약 10년간 지속되고 있다. 메트로레일 이용객 수는 신뢰성과 안전성에 대한 우려, 차량공유(Ride-sharing)의 등장으로 지속 감소 추세이다.

그러나 도시 계획가들과 정책 결정자들은 포스트 팬데믹 시대의 복잡한 대중교통 계획을 다루면서 개인의 교통 선택이 초래하는 경제적, 사회적, 환경적 영향을 고려해야 하고, 재정적 제약과 정치적 불확실성 상황에서도 주민들이 신뢰할 수 있고 기후 친화적인 교통 수단에 공정하게 접근할 수 있도록 노력해야 한다.

미국 수도권 인종별 인구 분포(2020)

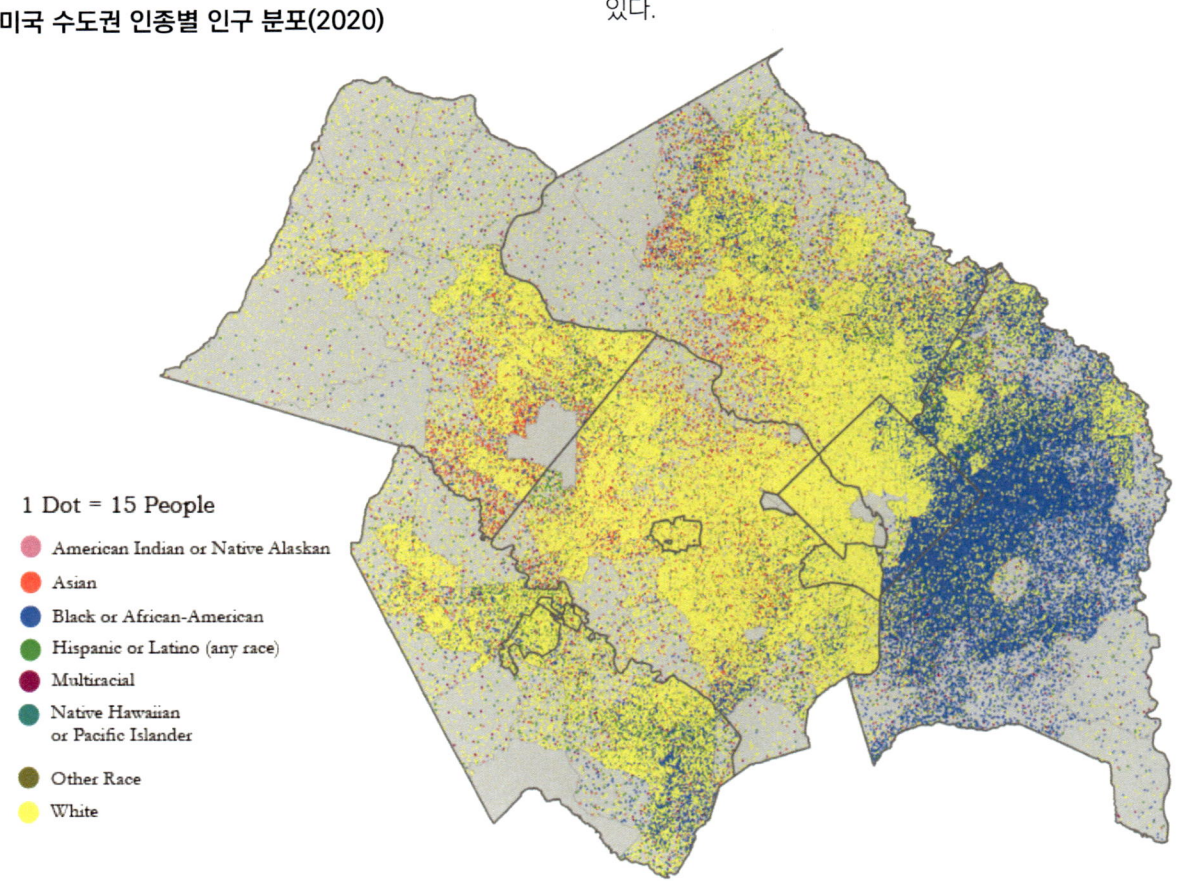

사회적·건강·인종적 형평성

2020년, 미국은 COVID-19 팬데믹과 시민 항쟁으로 사회적 격변을 겪었고, 이는 유색인종을 포함한 소외된 계층의 형평성에 대한 관심을 불러일으켰다. COVID-19 팬데믹은 질병과 사망을 초래했고, 그로 인한 사회적·경제적 충격은 새로운 변화를 만들어내는 등 지역사회에 지속적인 영향을 미치고 있다.

이 지역의 경제는 연방 정부에 크게 의존하고 있다. COVID-19 팬데믹 기간 수도권의 경제 동향은 미국 전체의 흐름과 유사했으나, 연방 정부의 존재로 그 충격이 완화되었다. 그러나 포스트 팬데믹 과정에서 이 지역은 고유한 경제적 과제에 계속해서 직면해 있다.

이 지역은 2020년 3~4개월 동안 30만 개의 일자리를 잃었으며, 실업률은 2020년 4월 9.8%로 정점에 달했지만, 이는 전국 평균(14.7%)보다 낮았다.[64] COVID-19 팬데믹 이후 경제 회복이 진행되었지만, 회복 속도는 지역 내 인구 집단별로 차이가 컸으며, 형평성 문제를 드러냈다. 예를 들어, 아프리카계 미국인의 실업률은 다른 인종 그룹보다 거의 두 배, 백인 근로자보다 세 배 높았다.[65]

아프리카계 미국인과 히스패닉 주민 비율이 높은 저소득 지역에서는 평균 기대수명이 더 크게 감소하는 경향을 보였다.[66] 이런 불평등의 결과는 도시 환경 설계, 즉 물리적·경제적 접근성과 관련이 있다. 과거의 도시 계획—도시 재개발, 고속도로 건설, 주거지 강제 이주 등—은 주거 분리를 심화시키고, 자원을 불균등하게 배분하며, 의료 서비스 및 일자리 접근성을 제한하는 요인으로 작용했다.[67] 이 지역에서 가장 두드러지는 형평성 문제는 저렴한 주택 공급, 건강한 식품 접근성, 대기 오염 및 환경 위험 노출과 관련이 있다. 이러한 문제는 COVID-19 회복 이후 지역사회 회복과 건강에 장기적인 격차를 초래할 뿐만 아니라, 전반적인 기대수명에도 영향을 미치고 있다. 특히, 워싱턴 D.C. 내 조지타운(Georgetown) 거주자의 평균 기대수명(94세)과 트리니다드(Trinidad) 지역 거주자의 기대수명(67세) 사이에는 가장 큰 격차가 있다.[68]

기념의 다양성

팬데믹 당시 연방의 기념 공간에서 다양한 스토리와 관점이 반영되어야 한다는 요구가 일어났다. 멜런 재단(Mellon Foundation)이 후원한 2021년 국가 기념물 감사 보고서에 따르면, 미국 50,000개의 기념물 중 가장 많이 기념된 50명의 88%가 백인, 6%가 여성, 10%가 흑인 또는 원주민이며, 아시아계 미국인, 히스패닉·라틴계 미국인이나 LGBTQ+를 기리는 기념물은 전혀 없었다.[69] NCPC의 2012년 워싱턴 D.C. 기념물 동향 보고서도 워싱턴 내 군사 및 전쟁 관련 기념물의 과도한 불균형을 지적했다. 2019년 기준, 워싱턴 기념물의 44% 이상이 군사적 주제이고, 정치 지도자와 건국 관련 기념물(대부분 백인 남성)을 포함하면 이 비율은 63%까지 증가한다.[70] 즉, 현재 국가 기념물에는 다양성과 대표성이 부족하다. 또한, 기념물 건립 과정이 복잡하고, 시간이 오래 걸리며, 비용이 높아 소외된 집단을 위한 기념 공간 확보가 어렵다.

지난 10년 동안 NCPC는 워싱턴의 기념 공간을 종합적으로 조망하고, 기념물 표현에서 형평성 문제를 강조하는 여러 계획을 추진해 왔다. 그러나 여성, 아프리카계 미국인, 원주민, 아시아계 미국인, 라틴계 미국인, LGBTQ+를 비롯한 다양한 정체성과 배경, 능력, 문화, 신념을 반영하는 기념물은 국가 수도에서 매우 부족한 상황이다.

누가 기념물에 포함되어야 하는지에 대한 논의가 전국적으로 이루어지고 있으며, 내셔널 몰은 국가적 기념 공간으로서 이 논의의 중심에 있다. 몰의 중심부에서 대표성을 확대하려는 노력과 함께, 연방 계획 담당자들은 현재와 미래의 기념물을 위한 부지 확보 문제에도 직면하고 있다.

데릭 애덤스(Derrick Adams)의 저서 '미국의 놀이터: 워싱턴 D.C.'는 인종차별이 철폐된 워싱턴의 놀이터에 관한 이야기를 담고 있다.
출처: Trust for the National Mall.

내셔널 몰 인근에 남아 있는 기념물 부지는 극히 제한적이지만, 기념해야 할 이야기는 그보다 훨씬 많다. 영구적인 기념물은 역사적으로 중요한 인물이나 사건을 국가 수도의 공간에 확고히 새길 수 있는 기회를 제공하지만, 동시에 미래 세대가 새로운 역사적 사건과 인물을 기릴 기회를 제한하는 형평성 문제를 초래한다.

임시 예술 작품은 영구 기념물의 한계를 보완할 수 있는 현실적인 대안으로 여겨지며, 이는 과거 NCPC 연구에서도 제안된 바 있다. 이러한 설치 예술은 비용 효율적이고 신속하게 구현될 수 있으며, 최신 역사적 사건을 반영할 수 있다는 점에서 강렬한 경험을 제공할 수 있다. 또한, 임시적인 기념물의 유연성은 기존 내셔널 몰에서 충분히 대표되지 못했던 인물, 집단, 사건을 기리는 새로운 기념물 조성에 기여할 수 있다. 이를 통해 미국 역사에 대한 더 포괄적이고 다층적인 이야기를 전달할 수 있는 기념 환경이 조성될 수 있다.

내셔널 몰에서 미국의 이야기를 확장한다.

"Beyond Granite"는 내셔널 몰 트러스트, 국립공원관리청(NPS), 국가수도계획위원회(NCPC)가 협력하여 현대 예술 작품을 활용해 보다 포괄적이고 대표성 있는 이야기를 내셔널 몰에서 전달하는 프로젝트이다. 시범 프로젝트 "Beyond Granite: 하나로 모으다(Pulling Together)"는 Monument Lab이 기획한 4주간의 야외 전시로, 여섯 명의 현대 예술가가 "내셔널 몰에서 아직 이야기되지 않은 역사는 무엇인가?"라는 질문에 대한 작품을 선보였다. (www.beyondgranite.org)

바네사 저먼(vanessa german)의 'Of Thee We Sing'은 1939년 링컨 기념관에서 마리안 앤더슨이 공연한 것을 기념하는 곡이다.
출처: Trust for the National Mall.

NCPC는 내셔널 몰 트러스트, 국립공원관리청(NPS)과 협력하여, 기존 연구와 계획을 바탕으로 임시로 설치하는 예술 작품을 통해 기념물의 주제와 서사를 확장하는 방안을 모색했고, 전국 여섯 명의 예술가가 참여해 미국 역사, 다양한 공동체, 그리고 아직 이야기되지 않은 서사를 다층적으로 표현했다.

공공 공간 및 보안

NCPC는 보안, 도시 계획 및 공공 접근성 간의 균형을 고려한 정책 지침을 개발하고 있다. 1995년 오클라호마시티 폭탄 테러와 2001년 9·11 테러 이후, 보안 강화가 필수적으로 여겨졌고, 이에 따른 조치는 공공 공간의 접근성을 제한하는 결과를 초래했다. 최근 차량 돌진 공격과 테러 위협이 증가하면서 보안 설계의 초점이 공원, 광장, 도로 등 공공 공간과 그 안의 시민 보호로 확대되고 있다. 공공 공간을 계획하는 전문가들은 대중과 연방 자산을 보호하는 중요한 역할을 수행하며, NCPC는 공공 시설 개선을 위한 설계 과정에서 위험성 평가를 실시하여 적절한 보안 조치를 결정하고 최적의 해결책을 모색한다. 이를 위해서는 강력한 공공-민간 협력을 바탕으로, 신기술을 도입하고, 다른 도시의 연구 및 경험을 활용하며, 현재의 위험을 고려하면서도 미래의 보안 요구에 유연하게 대응할 수 있는 설계가 필수적이다.

미국 상무부 본부 허버트C. 후버 빌딩 외부의 보안 조치

변화하는 연방의 영향력

연방 정부는 이 지역에서 가장 큰 부지 소유자로서, 지역 경제, 교통, 부동산, 고용 등에 큰 영향을 미친다. 연방 조달청(GSA)은 약 4,700만 제곱피트(약 437만㎡)의 공간과 4,500만 제곱피트(약 418만㎡)의 임대 공간을 관리, 건설, 임대하고 있고, 국방부는 약 7,100만 제곱피트(약 659만㎡)를 관할하고 있다. 팬데믹 동안 연방 공무원의 상당수가 재택근무를 하면서 여러 행정구역에 영향을 미쳤다. 현재 많은 연방 기관들이 사무실 근무로 복귀했고, 일부는 하이브리드 근무 방식으로 전환하고 있다.

연방 정부는 건물의 활용도를 높이고, 초과·미활용 자산을 줄이며, 부동산의 비용-효율성을 개선하여 전체 업무 공간 면적을 줄이려고 노력하고 있다. 현재 많은 연방 건물이 충분히 활용되지 않고 있으며, 회계감사원(GAO)이 2023년 1~3개월 동안 연방 부동산 위원회 소속 24개 기관의 건물 규모와 사용률을 조사한 결과, 본부 건물의 평균 사용률이 25% 이하로 나타났다.[71] 2023년 기준, 연방 조달청(GSA)은 총 474건, 4,500만 제곱피트(약 418만㎡)의 임대 계약을 하고 있고, 이 중 약 58%가 2027년까지 만료될 예정이다.[72] 지역별로는 워싱턴 D.C. 177건, 버지니아 195건, 메릴랜드 102건 등이다. 특히, 워싱턴에서는 향후 5년 내 약 400만 제곱피트(약 37만㎡)의 임대 계약이 만료된다.

각 기관은 필요한 공간과 원격근무 활용도를 재평가함으로써 연방 소유 부동산의 활용도를 높이고 있다. 이는 수도권 내 연방의 부동산 영향력을 변화시키는 요인이 될 것이다.

변화하는 연방 정부의 영향력은 지역사회와 수도권의 미래에 큰 영향을 미칠 것이다. 2013년, NCPC는 워싱턴의 정부 위원회(Washington Metropolitan Council of Governments)와 협력하여, 연방의 원격근무 및 유연한 근무 확대가 사무실 수요, 연방 부동산, 교통망, 연방 조달에 미치는 영향을 분석하는 작업을 진행했다. NCPC는 연방 및 지방 정부와 협력하여 변화하는 연방 부동산 환경 속에서 지역사회에 긍정적인 영향을 미칠 수 있는 전략과 정책을 개발하고 있다.

수도권 내 연방 소유 및 임대 면적 비교(2022년)
출처: Workplace Scenario Planning Study, NCPC

미국 국회의사당을 배경으로 스포츠 챔피언십 퍼레이드가 진행되는 동안 펜실베니아 애비뉴 북서쪽을 바라본 전경

종합계획의 체계 : 비전과 기본 원칙

위원회는 다음의 비전을 제시한다.

정부의 요구를 충족시키고, 지역 주민, 근로자 및 방문객의 삶을 풍요롭게 하며, 미국 국민의 지속적인 가치를 반영하는 도시 형태와 특성을 갖춘 활기찬 세계 수도

종합계획(Comprehensive Plan)의 연방 요소(Federal Elements)는 네 가지 기본 원칙과 이를 통해 도출된 목표로 연결되어 있다.

각 기본 원칙에는 연방 요소의 정책과 지침의 방향을 설정하는 주요 목표가 포함되어 있다.

1. 연방 정부와 국가 수도를 품는다.

2. 회복력 있고 지속 가능한 개발 원칙을 강화한다.

3. 지역 및 광역의 계획과 개발 목표를 지원한다.

4. 소외된 공동체를 위한 공평한 개발과 기회를 촉진한다.

주요 목표

- 수도권에서 최고 수준의 디자인과 개발을 촉진한다.
- 역사적 자산과 랑팡 계획 및 맥밀런 계획의 중요한 디자인 요소를 보존한다.
- 접근성과 보안 간의 균형을 유지한다.
- 가능한 경우, 연방 시설에 대한 공공 접근을 우선적으로 보장한다.
- 국가 수도의 아름다움과 질서를 강화한다.
- 도시 및 지역 전반에 걸쳐 활동을 분산시킨다.
- 워싱턴 D.C.를 외교 공관의 최적 입지로 발전시킨다.

기본 원칙 1

연방 정부와 국가 수도를 품는다.

이 원칙의 핵심 목표 중 하나는 국가 수도의 외형과 이미지의 중요성이다. 도시의 외형 디자인은 국가가 추구하는 가치와 이상을 반영하는바, 아름다움과 질서라는 기본 개념을 강조한다. 워싱턴 D.C.는 연방 정부의 중심지로서 최고 수준의 건축, 도시 디자인, 계획 원칙을 반영해야 한다. NCPC는 연방 정부의 중추적인 기관으로서, 미래 세대가 수도를 방문하고, 업무를 수행하며, 국가 영웅을 기리고 역사를 담은 기념물과 박물관을 찾을 수 있도록 충분한 공간을 확보하는 데 전념하고 있다.

두 번째 중요한 목표는 연방 정부의 운영 효율성이다. 우리는 워싱턴 D.C.를 국가 수도권의 경제·정치·문화 중심지로 구상하고 있고, 중앙 고용 지역(Central Employment Area, CEA)을 새로운 연방 사무 공간 개발과 주요 연방 고용 활동의 핵심 거점으로 설정하고 있다. 따라서 연방 정부의 본부와 각종 기관은 CEA 또는 인근에 위치하도록 권장된다. 또한, 국제법과 관례에 따라 워싱턴은 외교 공관과 국제기구의 주요 거점으로 인식되며, 연방 및 국제 활동을 유지하는 동시에, 컬럼비아 특별구 정부가 지역 토지 이용을 독립적으로 규제하고 계획할 권한을 보장하는 것이 중요하다.

이 지역 경제의 핵심 산업인 정보 처리, 정보 수집, 의료 연구, 국제 활동, 국방, 관광, 정보 기술 및 정부 관련 지원 서비스는 연방 정부와의 강한 연계성 덕분에 앞으로도 지역 경제의 주요 동력으로 유지될 전망이다. 넓은 부지나 높은 보안 수준이 필요한 활동은 그에 적합한 지역에 배치되어야 하며, 연방 정부는 새로운 공간이 필요할 경우 기존 연방 시설과 토지를 최대한 활용해야 한다.

우리는 많은 연방 직원들이 직장과 가까운 곳에 거주하길 원하며, 이를 통해 대중교통, 자전거, 도보 통근이 활성화될 가능성이 높음을 인식하고 있다. 또한, 워싱턴 D.C. 및 인근 지역 내 새로운 연방 시설이 대중교통과 접근성이 좋은 곳에 위치할 경우, 직원과 방문객이 대중교통을 더 많이 이용하도록 유도할 수 있다. 나아가, 수도권 내 연방 시설은 지역사회와의 연결성을 고려하여 배치되어야 하며, 연방 활동은 민간 부문의 관련 산업 발전을 촉진하면서도 연방 기관의 요구 사항을 충족할 수 있는 방식으로 이루어져야 한다. 위치와 관계 없이, 모든 연방 시설은 정부 기능을 안전하게 수행할 수 있도록 설계되어야 하며, 개방성과 참여라는 민주적 가치를 반영해야 한다.

라파예트 광장에서 백악관을 바라본 모습

기본 원칙 2

회복력 있고 지속 가능한 개발 원칙을 강화한다.

우리는 회복력 있는 계획 수립과 지속 가능한 개발을 장려한다. 우리의 계획은 대중교통 중심의 개발을 유도하고, 환경 및 자연 자원을 보호하며, 효율적 토지 이용 방식으로 개발하고, 기존 공공 인프라를 활용할 수 있도록 도심 내 개발을 촉진하며, 지역사회 고유의 정체성을 보존하기 위해 기존의 역사적 건물과 미활용 건물을 재사용 및 개조하는 전략을 포함한다. 지속 가능한 개발은 경제 성장, 환경 보호, 삶의 질 간의 상호 관계를 인식하고, 미래 세대를 위해 지역사회와 생활환경을 보존할 시민의 책임을 강조한다. 이러한 원칙은 연방 정부와 지역사회에 이익을 주며, 연방 주차 시설의 필요성과 관련 비용 및 토지 사용을 줄이는 데 기여한다.

이 기본 원칙의 핵심 목표는 교통 이동성과 접근성 개선이다. 연방 기관들은 직원들의 출퇴근을 원활하게 하기 위해 다양한 창의적인 통근 프로그램을 운영하고 있으며, 연방 정부는 직원들에게 월별 대중교통 지원금을 제공한다. 또한, 여러 기관은 단독 차량 이용을 줄이기 위해 카풀 및 밴풀을 장려하고, 시차 출퇴근제와 원격근무 옵션을 제공하는 효과적인 교통 관리 계획을 시행하고 있다. 수도권이 미국 내에서 교통 혼잡이 가장 심한 지역 중 하나인 점을 고려할 때, 연방 기관들은 도보, 자전거 이용 장려 등 대체 교통수단을 위한 인센티브를 포함한 새로운 효과적인 교통 전략을 지속적으로 개발해야 한다.

이 기본 원칙에서 도출된 또 다른 핵심 목표는 지역의 자연 및 문화자원을 보호·관리하는 것이다. 연방 정부는 200년 이상 공원과 개방 공간을 확보·개발·유지하며, 자연 자원을 보호하고 강화하는 역할을 수행해 왔다. 이러한 임무의 중요성은 앞으로도 지속될 것이다.

또한, 연방 정부는 수도권 내 토지, 건물, 지역사회에 미치는 기후 변화와 홍수의 영향을 예측하고 대응하는 계획을 추진하고 있다. 연방 정부의 부지, 건물 및 운영의 중요성을 고려할 때 미래 기후 변화의 범위, 심각성, 속도, 예측 불가능성을 사전에 살피는 것이 중요하다. 기후 변화에 적응하기 위한 계획은 이미 진행 중인 기후 변화의 부정적 영향을 최소화하고, 미래 환경 변화에 효과적으로 대응할 수 있도록 협력할 기회를 마련할 수 있다. 이는 연방의 자산과 투자를 보호하고, 연방 운영의 장기적인 회복력을 보장하며, 국가 수도권의 경제 활력을 지원하는 데 기여할 것이다.

주요 목표

- 온실가스 배출과 화석 연료 에너지 소비를 감소시킨다.
- 환경이 지역사회에 미치는 영향을 평가하고 완화한다.
- 부지와 건물 설계를 포함하여 기후 변화에 대한 완화, 적응, 회복 탄력성 계획을 추진한다.
- 연방 시설의 효율적 활용을 강화하고, 연방 인력의 장기적 활용과 공간 수요를 계획한다.
- 대중교통 밀집 노선과 다중 교통시설 인근에 연방 개발을 집중한다.
- 보행자 중심 개발, 복합 용도 활용과 압축적 개발 방식을 장려한다.
- 대중교통, 도보, 자전거 등 자동차를 대체하는 교통수단을 장려한다.
- 개방 공간, 자연경관, 문화자원 및 주요 환경 보호 구역을 보존한다.

미국 해안경비대 본부 건물의 녹색 지붕.
출처: GSA.

주요 목표

- 연방 시설의 입지 및 설계를 통해 지역 및 광역 행정구역에 대한 연방 프로젝트의 기여도를 극대화한다.
- 정부 간 협력과 참여를 촉진한다.
- 연방 기관의 계획 초기 단계에서 지역사회가 참여하도록 장려하여 지역 단체가 예정된 개발에 대한 정보를 충분히 얻을 수 있도록 지원한다.
- 연방 기관이 지역 행정기관과 협력함으로써 토지 처분 및 업무 공간 통합이 지역의 필요를 충족할 수 있도록 장려한다.

기본 원칙 3

지역 및 광역의 계획과 개발 목표를 지원한다.

이 원칙의 핵심 목표는 연방 정부가 미국 수도권의 성장과 발전을 지속적으로 주도하도록 보장하는 것이다. 연방의 소유 또는 임대 시설은 지역 전반에 걸쳐있고, 연방 활동은 지역의 경제, 보건, 복지 및 안정성에 큰 영향을 미친다.

수도권 전역에 분포한 연방 시설을 고려할 때, NCPC와 연방 기관은 연방 활동이 이루어지거나 계획된 지역의 지방 정부 및 지역사회 단체와 긴밀히 협력해야 한다.

또한, NCPC는 연방 정책, 계획, 프로그램의 수립 및 검토 과정에서 정부 간 협력과 공공 참여를 다음과 같이 적극적으로 촉진한다.

- 연방 기관이 토지 이용, 경제 개발, 교통 및 지역사회에 미치는 영향을 효과적으로 관리할 수 있도록 연방 계획, 프로젝트 및 시설 개선 프로그램을 지역, 광역 및 주 정부와 협력하여 조율한다.
- 연방 기관이 개발 프로젝트를 계획할 때, 위원회의 '사전 컨설팅' 프로그램에 참여하도록 장려하여 프로젝트 제출 전에 지방 정부 및 지역 단체에 정보를 제공할 수 있도록 한다.
- 위원회의 연방 정책, 계획, 프로젝트 및 시설 개선 프로그램의 수립 및 검토 과정에서 대중의 참여 기회를 제공한다.
- 기관들이 지역사회 참여, 홍보, 소외된 공동체와의 협력을 얼마나 효과적으로 수행했는지 평가한다.
- 연방 기관이 제안된 정책, 계획 및 프로그램을 수립하는 과정에서 비 연방 기관 및 지역 공동체와의 문제를 해결하도록 지원한다.
- 지역, 광역 및 주 정부의 계획 및 프로그램에 대한 연방 차원의 이익을 검토하고 조율한다.
- 지역, 광역 및 주 정부, 그리고 지역 공동체와의 정보 공유 및 데이터 교환을 촉진한다.

D.C. 교통부는 거리 행사에서 비전 제로(Vision Zero) 프로그램을 홍보하였다. NCPC는 공공 공간 및 보안 관련 문제에 대해 D.C. 교통부와 협력한다.

기본 원칙 4

소외된 공동체를 위한 공평한 개발과 기회를 촉진한다.

이 기본 원칙의 핵심 목표는 형평성을 우리의 핵심 정책으로 발전시키는 것이다. NCPC는 수도권을 활기차고 문화적으로 다양한 지역으로 조성하는 데 중요한 역할을 해왔지만, 과거의 정책이 소외된 공동체에 미친 불평등한 영향을 인식하고, 이를 가능한 한 시정하는 것이 필수적이다. 또한, 이러한 정책이 오늘날 지역사회에 어떤 영향을 미쳤는지 고려하는 것이 중요하다.

주요 목표
- **물리적 접근성:** 방문객에게는 현장 내 공공 편의시설에 대한 보편적이고 공평한 접근성을 보장하고, 근로자들에게는 주변 지역의 편의시설을 이용할 수 있도록 촉진한다.
- **경제 개발:** 소외된 그룹을 포함한 공동체의 각 지역과 노동력에 대한 경제 개발과 투자를 통해 경제적 기회를 확대한다.
- **지역사회 참여:** 소외된 공동체가 정책 제안을 이해하고, 공무원과 상호 소통할 수 있도록 책임감 있고 투명하며 포괄적인 방식으로 참여를 유도한다.
- **문화적 인정과 다양성:** 지역 문화 정체성과 전통의 중요성을 강조하고, 문화적 인식이 시민 참여와 지역사회 발전에 기여하는 역할을 인정한다.
- **데이터 분석:** 연방 개발과 관련된 정책, 관행, 절차가 소외된 공동체에 미친 과거 및 현재의 영향을 식별하고 추적하기 위해 정성적·정량적 데이터를 활용한다.
- **지속 가능성, 회복력 및 건강:** 기후 변화 영향을 완화하는 회복력 있는 계획에 투자하여 소외된 공동체의 건강을 증진하고 연방 자산을 보호한다.

지역 역사와 연방 정부의 영향력에 대한 기록

2023년 국방부 청사(Pentagon) 마스터플랜 개정 검토 과정에서 국방부는 펜타곤 건설의 역사를 기록하고, 토지 수용으로 강제로 이주당한 지역사회에 대한 영향을 인정했다. 이 과정에서 동부 알링턴과 퀸 시티에서 거주하던 900명 이상이 강제로 이주당했으며, 이 지역들은 남북전쟁 당시 해방 노예 정착지였던 프리드먼스 빌리지(Freedman's Village)에서 발전한 주로 아프리카계 미국인 공동체였다.

1942년 이 지역은 펜타곤을 지원하는 도로 건설을 위해 철거되었다. 아래 이미지는 철거 이전의 마을 모습을 보여준다. 이 역사를 기록함으로써 국방부는 과거의 영향을 조명하고, 지금까지 인정받지 못했던 이야기를 대중과 공유하고 있다.

새로 지어진 펜타곤을 배경으로 한 퀸 시티.
출처: 미 육군, Lindsey Bestebreurtje, Ph.D.

종합계획 : 연방 요소

국가 수도 종합계획 : 연방 요소(The Comprehensive Plan for the National Capital: Federal Elements)는 연방 직원, 방문객, 및 국가 수도 거주자의 현재와 미래의 필요를 파악하고 해결하며, 다음과 같은 정책을 제공한다.

- 국가 수도의 이미지와 기능에 기여하는 도시 계획 요소를 제공한다.
- 새로운 연방 시설의 입지를 결정하고 기존 연방 시설을 관리하는 지침을 제공한다.
- 외교 공관 및 국제기구의 입지 선정과 운영을 안내한다.
- 지역 자연자원과 환경의 보전, 개선을 촉진한다.
- 역사적·문화적 자원을 보호한다.
- 연방, 지방, 주, 연방 기관 간의 협력을 장려한다.
- 연방, 비 연방 근로자가 수도로의 이동 및 내부 이동을 최대한 효율적으로 할 수 있도록 지원한다.

연방 요소(Federal Elements)는 총 여덟 가지로 구성되며, 도시 계획(Urban Design), 업무 공간(Federal Workplace), 외교 공관 및 국제기구(Foreign Missions & International Organizations), 교통 체계(Transportation), 공원 및 개방 공간(Parks & Open Space), 환경(Federal Environment), 역사 보존(Historic Preservation), 방문객 및 기념 요소(Visitors & Commemoration)를 포함한다.

도시 계획: 수도권의 고유한 역할을 강화하면서도 환영받는 살기 좋은 환경을 조성할 수 있도록 고품질의 계획과 개발을 촉진한다. 도시 계획 요소에는 이 정책을 지원하는 기술 부록이 포함되어 있으며, 이는 종합계획의 주요 자료로 활용된다.

업무 공간: 연방 정부의 효율성, 생산성, 가치, 공적 이미지를 강화하고, 수도권의 경제적 발전을 촉진하며, 컬럼비아 특별구를 연방 정부의 중심지로 강조할 수 있도록 연방 인력을 배치한다.

외교 공관 및 국제기구: 워싱턴 D.C. 내 외교 및 국제 활동이 안전하고 환영받는 환경에서 이루어질 수 있도록 계획한다. 이는 그 위상과 품격에 걸맞게 조성되어야 하며, 세계적인 수도로서의 역할을 강화하고, 지역 특성을 고려하는 방식이어야 한다.

교통 체계: 연방 직원, 주민이나 방문객의 요구를 충족하면서도 지역 이동성, 교통 접근성, 환경 품질을 개선하는 다중 교통 시스템의 개발 및 유지보수를 지원한다. 교통 요소에는 기술 부록이 포함되어 있으며, 이는 종합계획의 참고 자료로 활용된다.

공원 및 개방 공간: 수도권의 공원 및 개방 공간을 보호하고 강화하여 여가 공간, 기념 및 상징적 공간, 사회·시민·축하 공간으로 활용하고, 환경 및 교육적 혜택을 제공하도록 한다.

환경: 수도권이 환경 보호와 지속 가능성의 선도적 역할을 하도록 촉진한다. 연방 정부는 자연자원의 품질을 보존하고 향상시켜, 미래 세대가 그 혜택을 누릴 수 있도록 보장하는 것을 목표로 한다.

역사 보존: 수도권 내 역사적 자산을 보존, 보호, 복원하며, 워싱턴 도시 계획의 기본 원칙과 수도의 상징적 특성을 존중하는 디자인과 개발을 촉진한다.

방문객 및 기념 요소: 수도권을 찾는 모든 방문객에게 미국의 문화와 민주주의 기관을 경험하게 하고, 수도 방문의 독특한 경험을 강화하는 긍정적이고 기억에 남는 경험을 제공한다.

연방 요소에는 기술 부록으로 실행 계획(Action Plan)이 포함되어 있고, 실행 계획은 위원회의 목표와 정책을 추진하기 위한 구체적인 프로젝트를 제시한다. 또한, 연방 자본 개선 프로그램(FCIP)은 실행 계획에서 중요한 역할을 하며, 위원회는 연방 기관들이 종합계획을 자본 개선 프로젝트 수립의 정책 지침으로 활용하도록 권장한다. 연방 요소는 지역 요소(District Elements), 연방 및 특별구 기관의 계획, 개별 시설 마스터플랜, 디자인 가이드라인 등과 함께 수도권 개발의 로드맵을 구성한다.

용어 정의

환경 정의(Environmental Justice): 소득, 인종, 피부색, 출신 국가, 부족, 장애 여부와 상관없이, 모든 사람이 인간의 건강과 환경에 영향을 미치는 연방 기관의 의사결정 및 활동에 공정하고 실질적으로 참여하며, 이 과정에서 기후변화, 환경적 누적 피해, 인종차별 및 구조적 장벽과 관련된 불균형하고 부정적인 영향과 위험으로부터 완전히 보호받고, 건강하고 지속 가능하며 회복력 있는 환경에서 생활, 여가, 업무, 학습, 성장, 종교 및 문화 활동을 공평하게 누릴 수 있도록 보장하는 것을 말한다.

형평성(Equity): 흑인, 원주민, 라틴계 및 아시아계 등 유색인종, 성소수자(LGBTQ+), 장애인, 농촌 거주자, 빈곤이나 불평등으로 지속적인 불이익을 겪는 사람 등 사회적으로 소외된 개인이나 집단을 포함하여 모든 사람이 공정하게 대우받고, 불평등으로 인한 부정적 영향을 받지 않도록 하는 것을 말한다.

소외된 공동체(Underserved Communities): 앞서 정의한 '형평성'에 언급된 바와 같이, 경제적·사회적·시민적 생활에서 체계적으로 배제되거나 충분한 기회를 얻지 못한 특정 개인이나 집단이 속한 공동체를 말한다.

공평한 개발(Equitable Development): 소외된 공동체의 필요를 충족하고, 건강하고 활력 있는 장소를 조성하는 것을 목표로 하는 개발 방식이다. 강하고 살기 좋은 지역사회를 만드는 데 효과적인 장소 기반 전략으로 주목받고 있다.[73]

지속 가능성(Sustainability): 인간과 자연이 조화를 이루고, 현재와 미래 세대의 사회적·경제적 요구 등을 충족시킬 수 있도록 환경을 유지하는 것을 말한다.[74]

회복력(Resilience): 다양한 위험에 대비하고, 대응하며, 사회적 복지, 경제, 환경에 대한 피해를 최소화하면서 빠르게 회복할 수 있는 능력을 말한다.[75]

적응(Adaptation): 실제 또는 예상되는 기후 자극에 대응하여 피해를 줄이고 환경에 맞추기 위한 조치. 적응은 자율적·계획적, 공공적·민간적, 자연적·인위적 등 다양한 형태로 이루어진다.[76]

미아 플로렌틴 바이스(Mia Florentine Weiss)의 'LOVE HATE'는 한쪽에서는 사랑이, 한쪽에서는 증오가 보이는 앰비그램(ambigram) 이다. 파거트 광장과 골든 트라이앵글 BID에 있다. 아래는 Black Lives Matter Plaza.

미주(Endnotes)

1. U.S. Census Bureau, QuickFacts, Population Estimate for District of Columbia, July 1, 2023.
2. The National Capital Planning Act of 1952.
3. U.S. Census Bureau, "Income in the Past 12 Months (in 2022 Inflation-Adjusted Dollars)." American Community Survey, ACS 1-Year Estimates Subject Tables, Table S1901, 2022.
4. U.S. Census Bureau, "Income in the Past 12 Months (in 2022 Inflation-Adjusted Dollars)."
5. U.S. Census Bureau, "Income in the Past 12 Months (in 2016 Inflation-Adjusted Dollars)." American Community Survey, ACS 1-Year Estimates Subject Tables, Table S1901, 2016.
6. Downtown Business Improvement District Corporation, "State of Downtown 2022."
7. Destination DC, "Washington, DC Welcomes 20.7 Million Domestic Visitors in 2022 Who Spent $8.1 Billion." https://washington.org/destination-dc-reveals-strong-visitation-numbers-new-advertising-campaign
8. U.S. Department of State, "Office of Foreign Missions."
9. U.S. Department of Commerce, Bureau of Economic Analysis, Regional Economic Accounts, last updated November 16, 2023.
10. U.S. Department of Commerce, Regional Economic Accounts.
11. U.S. Census Bureau, "Consolidated Federal Funds Report for Fiscal Year 2001."
12. U.S. Census Bureau, "Consolidated Federal Funds Report for Fiscal Year 2010."
13. The Stephen S. Fuller Institute for Research on the Washington Region's Economic Future, What Does a Shutdown Mean for the Washington Region's Economy?"
14. Federal Capital Improvements Program for the National Capital Region, Fiscal Year 2024 - 2029Federal Capital Improvements Program for the National Capital Region, Fiscal Year 2024-2029.
15. U.S. General Services Administration, "National Capital Region Public Building Services." https://www.gsa.gov/about-us/gsa-regions/region-11-national-capital/buildings-andfacilities", Last reviewed April 26, 2024.
16. U.S. General Services Administration, "National Capital Region Public Building Services."
17. U.S. Department of Defense, "Base Structure Report - Fiscal Year 2018 Baseline: A Summary of The Real Property Inventory Data."
18. Approximate numbers from the 2004 Parks & Open Space Element as discrepancies in boundary areas between jurisdictions, ownership, and definitions of parks and open space result in data that does not perfectly match across the region. Several groups, including NPS, with boundaries that differ from NCPC's, also use the term "National Capital Region."
19. Jason Steinhauer, Library of Congress Blogs, "The Indians' Capital City: Native Histories of The Indians' Capital City: Native Histories of Washington, D.C."
20. George M. Barringer, Georgetown University Library, "They Came to Georgetown: The Irish (Part II)."
21. Lina Mann, The White House Historical Association, "The Complexities of Slavery in the Nation's Capital"
22. U.S. Congress. U.S. Statutes at Large, Volume 1 -1799, 1st through 5th Congress. United States, - 1799, 1789. Periodical. https://www.loc.gov/item/llsl-v1/.
23. The Residence Act - https://guides.loc.gov/residence-act
24. The White House Historical Association, "Slavery in the President's Neighborhood" - https://www.whitehousehistory.org/spn/introduction
25. Frederick A. Gutheim, and Antoinette J. Lee, "Worthy of The Nation: Washington, DC, from L'Enfant to the National Capital Planning Commission".
26. Charles Cerami and Robert M. Silverstein, "Benjamin Banneker: Surveyor, Astronomer, Publisher, Patriot."
27. Cerami and Silverstein.

28. L'Enfant, "L'Enfant Plan."
29. National Capital Planning Commission, "Planning History in Washington, DC."
30. U.S. Commission of Fine Arts, Designing the Nation's Capital: The 1901 Plan for Washington, DC.
31. National Park Service, "People & Bison." – https://www.nps.gov/subjects/bison/people.htm
32. William Hornaday, "Map Illustrating the Extermination of the American Bison, 1889."
33. Smithsonian Magazine, Gilbert King, "Where the Buffalo No Longer Roamed."
34. George Washington's Mounty Vernon: Digital Encyclopedia: Buffalo
35. Worthy of The Nation
36. An Act Establishing a Commission of Fine Arts (CFA).
37. The Height of Buildings Act was amended in 2014 to allow human occupancy in rooftop penthouse structures
38. The Capper-Cramton Act of 1930
39. National Capital Planning Commission and National Capital Regional Planning Council, "A Plan for the Year 2000."
40. National Capital Regional Planning Council, "The Regional Development Guide 1966 – 2000."
41. An Act to establish the Pennsylvania Avenue Bicentennial Development Corporation, (H.R.10751)
42. Office of the General Counsel, District of Columbia Home Rule Act.
43. National Capital Planning Commission, Extending the Legacy: Planning America's Capital for the 21st Century.
44. James Borchert, Alley Life in Washington: Family, Community, Religion, and Folklore in the City, 1850-1870.
45. Historic American Buildings Survey, "Southwest Washington, Urban Renewal Area, Bounded by Independence Avenue, Washington Avenue, South Capitol Street, Canal Street, P Street, Maine
46. The Cultural Landscape Foundation, 'Southwest Redevelopment Plan"
47. National Capital Park and Planning Commission, "The Comprehensive Plan for the National Capital and Its Environs (1950)."
48. Chris Myers Asch and George Derek Musgrove, Chocolate City: A History of Race and Democracy in the Nation's Capital.
49. District of Columbia Office of Planning, "Chinatown Cultural Development Small Area Action Plan."
50. National Capital Planning Commission, "Shoreline Ownership Methodology."
51. DC Department of Energy & Environment, "Climate Ready DC: The District of Columbia's Plan to Adapt to a Changing Climate."C
52. Climate Ready DC.
53. U.S. Environmental Protection Agency, "What Climate Change Means for the District of Columbia."
54. CADMUS Group and DC Department of Energy and Environment, "Heat Sensitivity-Exposure Index Methodology Report for Climate Ready DC."
55. "Heat Sensitivity-Exposure Index Methodology Report for Climate Ready DC.
56. Climate Ready DC.
57. Climate Ready DC.
58. DowntownDC Business Improvement District. "State of Downtown 2023"

59. U.S. Census Bureau. "Commuting Characteristics by Sex." American Community Survey, ACS 1-Year Estimates Subject Tables, Table S0801, 2022.
60. Washington Area Metropolitan Transit Authority. "Making the Case for Transit: WMATA Regional Benefits of Transit, November 2011"
61. Brookings Institution, "Washington's Metro: Deficits by Design, June 2004"
62. Washington Metropolitan Area Transit Authority, Metrorail Ridership Summary, wmata.com/initiatives/ridership-portal/Metrorail-Ridership-Summary.cfm
63. Washington Metropolitan Area Transit Authority, Daily Ridership Dashboards (Bus and Rail), https://www.wmata.com/initiatives/ridership-portal/daily-summary.cfm
64. Metropolitan Washington Council of Governments, "Covid-19 Impacts in Metropolitan Washington."
65. U.S. Census Bureau, "Employment Status 2021, ACS 1-Year Estimates."
66. Maria L. Alva, Srujana S. Illa, and Jaren Haber, "Death, Inequality, and the Pandemic in the Nation's Capital."
67. Committee on an Evaluation of Permanent Supportive Housing Programs for Homeless Individuals, Science and Technology for Sustainability Program; Policy and Global Affairs, and Board on Population Health and Public Health Practice; Health and Medicine Division, Permanent Supportive Housing: Evaluating the Evidence for Improving Health Outcomes Among People Experiencing Chronic Homelessness.
68. Virginia Commonwealth University (VCU) Center on Society and Health for the Metropolitan Washington Council of Governments (COG) Health Officials Committee, "Uneven Opportunities: How Conditions for Wellness Vary across the Metropolitan Washington Region."
69. Monument Lab, "National Monument Audit."
70. National Capital Planning Commission and Trust for the National Mall, "National Capital Planning Commission (USA) Meeting November 4, 2021
71. U.S. Government Accountability Office, "Federal Real Property: Agencies Need New Benchmarks to Measure and Shed Underutilized Space Report to Congressional Committees."
72. U.S. General Services Administration, Inventory of GSA Owned and Leased Properties in Region 11, https://www.gsa.gov/tools-overview/buildings-and-real-estate-tools/inventory-ofgsa-owned-and-leased-properties.
73. U.S. Environmental Protection Agency, "Equitable Development and Environmental Justice."
74. National Research Council, "Sustainability and the U.S. EPA"
75. U.S. Environmental Protection Agency, "EPA's Glossary of Climate Change Terms."
76. U.S. Environmental Protection Agency, "EPA's Glossary of Climate Change Terms."

제 2 편
도시 계획

2024

The Comprehensive Plan for the National Capital | Federal Elements

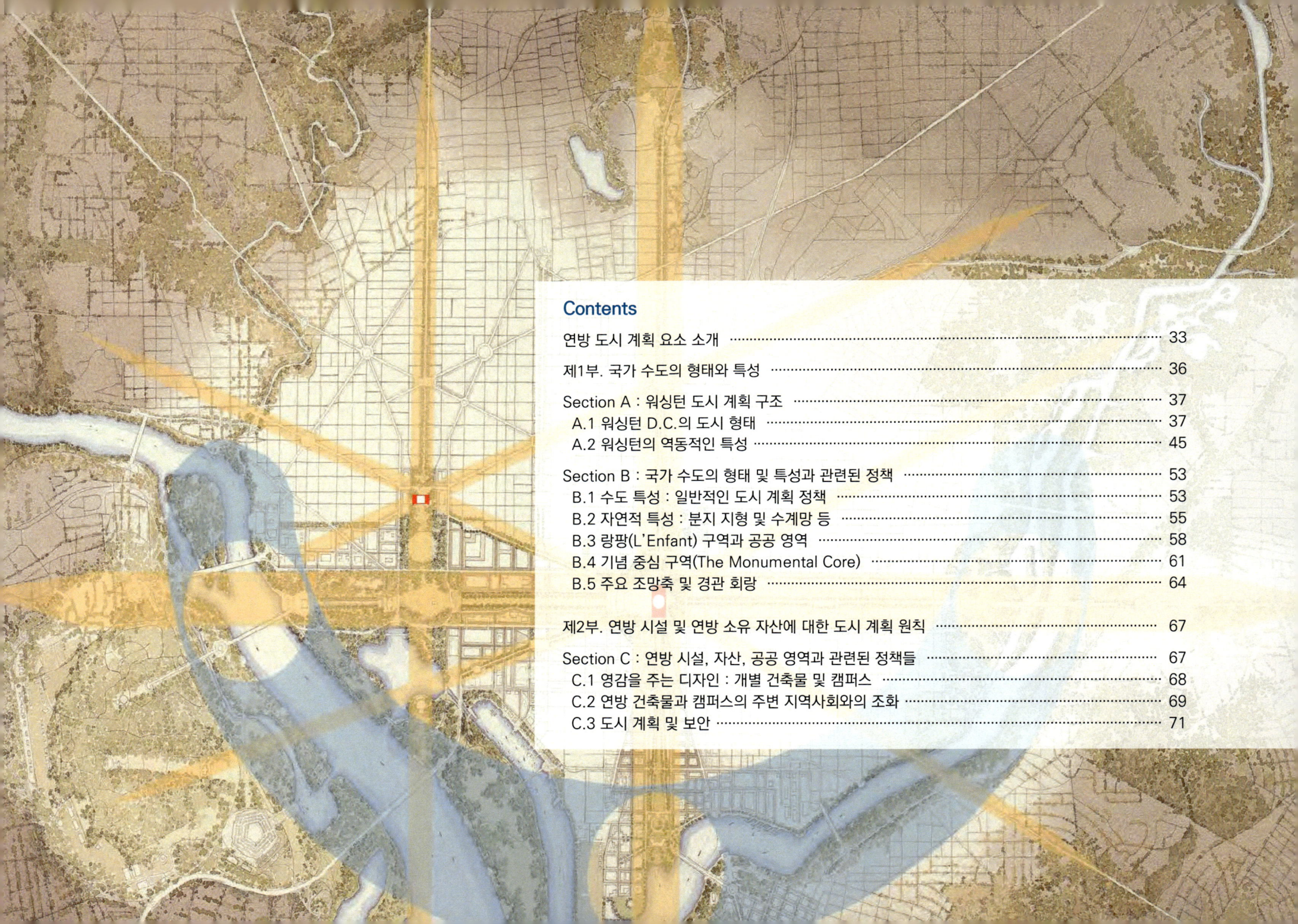

Contents

연방 도시 계획 요소 소개	33
제1부. 국가 수도의 형태와 특성	36
Section A : 워싱턴 도시 계획 구조	37
A.1 워싱턴 D.C.의 도시 형태	37
A.2 워싱턴의 역동적인 특성	45
Section B : 국가 수도의 형태 및 특성과 관련된 정책	53
B.1 수도 특성 : 일반적인 도시 계획 정책	53
B.2 자연적 특성 : 분지 지형 및 수계망 등	55
B.3 랑팡(L'Enfant) 구역과 공공 영역	58
B.4 기념 중심 구역(The Monumental Core)	61
B.5 주요 조망축 및 경관 회랑	64
제2부. 연방 시설 및 연방 소유 자산에 대한 도시 계획 원칙	67
Section C : 연방 시설, 자산, 공공 영역과 관련된 정책들	67
C.1 영감을 주는 디자인 : 개별 건축물 및 캠퍼스	68
C.2 연방 건축물과 캠퍼스의 주변 지역사회와의 조화	69
C.3 도시 계획 및 보안	71

연방 도시 계획 요소 소개

연방 정부의 목표는 국가 수도권(NCR)의 발전과 수준 높은 계획을 통해 국가 수도로서의 특별한 역할을 강화하고 시민들에게 활기차고 살기 좋은 환경을 조성하는 데에 있다.

도시 계획은 도시, 마을 또는 지역의 구조 환경을 구체화하는 것이다. 최고의 도시 계획은 도시를 건설하고 거주하는 사람들의 이상을 반영하면서도 변화하는 요구를 적용해 나가는 것이다.

도시 계획은 두 개의 범주로 작동된다. 큰 범주에서는 거리의 경관, 공용 공간과 같은 도시 시스템을 다루고, 작은 범주에서는 보행자의 경험을 중심으로 다루고 있다. 우수한 도시 계획은 도시 설계, 건축, 경관, 공학, 공공정책, 토지 이용 법령, 사회 심리학 등 각종 원칙에 대한 전문성을 요구하고 있다.

이러한 학문적인 접근을 통해 기능적이고 지속 가능하며 살기 좋은 매력적인 공간을 조성할 수 있고, 도시에서 일하고 거주하는 사람들을 위한 삶의 질을 향상시킬 수 있을 것이다.

워싱턴 D.C 도시 계획 정책은 국가의 수도이자 세계적으로 중요한 계획도시라는 역할을 반영하여 보다 강화된 기준을 충족해야 한다, 특별한 점은 도시 공간 구조를 담은 핵심 계획이 오늘날까지 계속 발전하고 있다는 것이다.

워싱턴 D.C를 비롯한 수도권은 연방 및 지역 차원의 계획 수립 노력으로 지역의 성장과 발전을 이끌어가며 계속해서 변화하고 있다. 연방 정부가 지역 관할 기관들과 협력하여 공동의 이익을 추구하고 지역의 전반적인 도시 계획 수준을 향상하기 위한 전략을 마련하는 것이 중요한 부분이라 할 수 있다. 이 요소는 수도권 전반에 걸쳐있는 연방 지역의 도시 계획을 위한 지침을 제공하고 있다.

Pennsylvania Avenue looking toward the U.S. Capitol.

도시 계획 요소의 목적 달성을 위한 연방 정부의 관심

국가 수도 종합계획은 워싱턴 D.C.와 수도권[1]에 대한 종합적인 계획을 제시하고 있으며, 컬럼비아 특별구 계획과 연방 정부 계획을 통합한 단일 문서로 구성되어 있다. 2006년 컬럼비아 특별구 정부는 종합계획에 대한 대대적인 개정을 완료하였으며, 이어 2011년 첫 번째 개정 주기에 따라 추가로 개정을 완료했다. 연방 도시 계획은 지역 계획을 보완하며, 연방 관할 구역 내의 지역, 주요 국가 자산이 위치하거나 인접 지역의 구성 및 특성에 관한 문제, 그리고 수도의 기능과 도시 이미지 개선을 위한 자원에 중점을 두고 있다.

도시 계획 목적에 있어 연방 정부 간의 기능적 관계는 워싱턴 D.C.가 국가 수도로 기능하는 역할과 연방 정부의 중심지로서 기능하는 역할이 동등하게 중요하다.

국가 및 연방 정부의 관심

본 요소에서 정의된 주요 국가적 범위에서의 이해관계는 워싱턴이 수도로서 갖는 특성을 보존하고 강화하는 데 중점을 두고 있다. 이러한 특성은 랑팡 계획(L'Enfant Plan)[2], 맥밀런 계획(McMillan Plan)[3], 1910년의 건물 높이 제한법(Height of Buildings)[4]에 따라 확립되었다. 이러한 특성들은 연방 소유지와 국가 문화 기관이 위치한 기념 중심부와 워싱턴의 기본적인 공간 구조를 형성하고 있는 랑팡의 주요 거리와 같은 지역에서 특히 중요할 것이다.(지도, page 41)

본 요소의 정책들은 주로 연방 소유지에 적용되지만, 연방 계획위원회 및 소속 직원이 연방 소재지가 아닌 구역 및 국가 수도 종합계획의 지역적 요소의 개정, 지도 변경, 기타 규제, 지역 개발 제안 및 계획 등 각종 제안에 대해서도 검토할 수 있도록 하였다. 워싱턴 도시 계획에서 국가적 차원의 중요도는 도시의 스카이라인과 분지 지형(지도, page 38), 거리 계획, 공원 및 보호구역, 건물 및 기반 시설, 승인된 기념물 및 박물관, 그리고 국가사적지(NRHP)에 등록된 랑팡 계획에 적용된다.

또한 연방 소유의 역사적 랜드마크에 대한 중요성은 건축물 그 자체뿐 아니라 주변 환경까지 확장되며, 특히 해당 환경이 건물 높이 제한[5]에 포함될 경우 더욱 중요하게 적용된다.

모든 도시와 마찬가지로 워싱턴 도시 계획의 특성은 단순한 공식으로 정의될 수 없으며, 복합적이고 때로는 상충하는 요소들을 포함한다. 우수한 도시 계획은 다양한 도시 계획 목표 간의 긴장 관계를 지속적으로 조율해 나가는 과정을 요구하는 것으로 볼 수 있다. 한 나라의 수도와 수도권을 계획하는 것은 도시 계획 원칙 간의 조화를 요구하는데, 일상의 도시 환경을 형성하는 일반적인 도시 계획 원칙과 수도의 이미지를 강화하는데 주안점을 두고 있는 부가적인 도시 계획 원칙 간의 조화를 뜻한다.

결론적으로 계획적인 관점에서 볼 때 정치적, 지리적, 혹은 기타 경계들은 중요하다. 그러나, 도시 계획 정책과 국가 수도의 형태와 특성에 관한 국가적 차원의 중요성은 행정구역의 경계 안에서 명확하게 구분될 수는 없다. 물론, 도시 계획 구조는 인공적인 건축 요소와 자연적 요소가 결합한 하나의 체계이다. 이러한 자원은 서로 다른 관리 주체에 의해 관리될 수 있으나, 국가 수도의 이미지와 기능을 구성하는 시각적이고 기능적인 구성에 기여한다. 따라서, 본 요소 내에서 관련된 정책들은 앞서 기술된 국가적 차원의 중요성에 초점을 맞추는 것이며, 주로 분지 지형 및 랑팡 구역에 집중된다. 그러나 서론에서는 워싱턴을 국가 수도이자 거주지로서 독창적으로 만드는 도시 구성, 자연 형태의 범위 및 복잡성을 보다 넓은 범위에서 고려하고자 한다.

연방 차원의 중요도는 건물·캠퍼스·공원·운영·보안에 관한 사항이 포함되며, 도시 계획 정책은 최적의 계획과 도시 계획 원칙을 기반으로 연방 건물과 캠퍼스의 입지를 결정할 때 기관, 직원, 주변 지역사회의 이익을 고려하여 수립된다. 이러한 정책은 제2부에 기술할 도시와 지역적 맥락 모두에 적용된다.

Part Ⅰ:
국가 수도의 형태와 특성

위대한 도시들은 그들의 고유한 특성과 미래의 열망을 반영하여 진화한다. 워싱턴의 DNA 에는 넓고 햇살이 잘 들게끔 나무들이 늘어선 거리, 분명한 스카이라인 등 특징적인 요소가 있다. 또한, 워싱턴의 고유한 특성은 장기적 관점의 계획 수립에 대한 전통을 가지고 있는데 이는 수도의 경관이 오랜 시간에 걸친 경제 활동에 따른 무작위적 결과가 아니라, 보다 명확한 시민들의 열망을 확고히 반영하고 있음을 말해준다. 자연 환경에 맞춰 건설된 워싱턴은 도시에 거주하는 주민들, 시민들을 비롯하여 연간 수백만의 방문객들에게 특별한 경험을 주는 도시로 자리 잡았다. 워싱턴이 활기찬 미래를 향해 계속해서 진화하는 만큼 이렇게 확립된 도시 계획 구조는 다른 도시들과는 차별화된 특성을 유지하면서 발전해 나갈 것이다.

함께 계획하는 도시

컬럼비아 특별구 정부와 연방 정부는 워싱턴을 위대한 수도로 발전시키기 위한 비전을 공유하며, 특별히 계획된 문화유산을 바탕으로 사람들이 도시를 향유하는 방식을 진화시키는 데 집중한다. 또한, 워싱턴을 생동감 있는 수도로 보호하고 발전시키기 위한 책임을 맡고 있으며, 공유된 가치를 상호 촉진하는 것이 필수적이라고 믿고 있다. 양 정부는 계획 조정 및 검토를 통해 확립된 도시 계획 구조가 21세기 진보적인 대도시권 및 국가 수도로 발전할 수 있도록 지원하고 있다.

워싱턴 설계 및 특성의 기초는 국가에 걸맞은 수도를 조성하기 위한 계속적이고 의도적인 계획에 뿌리를 두고 있다. 워싱턴 도시 중심에 있는 거리, 휴양지, 전망지들은 집합적인 형태로 랑팡 구역을 형성하며, 이는 새로운 공화국[6]으로의 이상을 물리적인 공간으로 표현하기 위해 구상된 유일한 국가 수도 조성 모델이라는 데에 목적이 있다. 이러한 역사적인 계획은 도시 계획 구조가 명확하게 기능할 수 있도록 한다.

링컨 공원은 두 개의 국가적인 중요 기념물이 있는 국립공원관리청 소속 명소로 지역의 정체성을 나타내며, 일상적인 여가 활동을 제공한다.

컬럼비아 특별구 정부와 연방 정부는 여러 세대에 걸쳐 계획을 확장하고 특징적인 도시 공원 시스템, 도시 거리 경관, 건축물을 발전시켜 왔다, 아울러, 도시 형성에 있어 지형, 하천 및 수로, 절벽 등과 같은 자연적 특성들도 섬세한 방식으로 고려하여 사람들이 향유하는 경험을 계속해서 만들어 나간다.

성장하는 도시로서 워싱턴은 거주민, 근로자, 방문객들의 변화하는 요구에 반응해야 하며, 미래 세대를 위한 활력을 위해 기술과 혁신이 공공 공간과 환경에 적응하는 방식을 어떻게 변화시키는지 인식하여야 할 것이다. 컬럼비아 특별구 정부와 연방 정부의 계속된 계획 수립 노력은 건축물, 거리, 도시의 공용 공간을 시민을 위한 장소로 조성함으로써 새로운 세대의 요구를 충족하는 유산으로 구축해 나가며, 공용 공간의 설계를 통해 도시의 공용 건물과 사람들의 다양성을 증대시키고 국가 수도를 지속 가능하고 회복 탄력성이 존재하는 공간으로 발전시키는 데 기여할 것이다. 또한, 시민들의 일상 경험과 현대적인 설계를 역사적 계획과 결합하여 워싱턴이 위대한 도시라는 이미지를 높여 나갈 것이다.

도시 계획 원칙들

- 자연적 특성을 고려한 국가 수도 조성을 공고히 한다.
- 연방 개발 사업과 도시 및 지역 내 토지는 설계 품질 기준을 준수하도록 한다.
- 방문객에게 국가 수도에 걸맞은 특색 있는 경험을 제공하도록 조성한다.
- 국가 수도의 특성과 형태를 강화하고 다른 도시와 차별화한다.
- 백악관, 국회의사당, 워싱턴 기념비 등 도시 내 주요한 공공 건축물의 위상과 시각적인 위계를 유지하고 보호한다.
- 기념 중심지 내 거리 경관, 공원, 공용 공간을 시민성을 함양하고 영속성과 존엄성을 기를 수 있도록 조성한다. 매력적이고 적합한 건축물 및 계획에 따른 요소를 이러한 공용 공간에 적용한다.
- 접근성이 뛰어나고 생동감 있는 공용 공간으로써 보행 친화적 환경을 조성하여 시민 생활의 중요한 요소로 만들어간다.
- 공공 기관, 기념물, 랜드마크 등 상징적인 도시 건축물은 공간적, 상징적, 자연적 의미가 부여된 핵심 지역에 배치한다.

워싱턴 도시 계획 구조의 구성

다음 지도는 워싱턴 도시 계획 구조의 다섯 가지 구성 요소를 설명한다.
1. **자연환경** : 지형, 능선, 하천 및 계곡, 수로, 녹색 도시, 식생, 기후
2. **공공 공간** : 원형 및 정사각형으로 이뤄진 체계, 대규모 공원 구역, 자연 공원, 정원, 도시 광장 및 공공 부지, 공원 환경
3. **거리 및 공공 공간** : 교차로, 거리, 시민 광장, 공원 도로, 경관이 좋은 장소, 출입구, 거리 디자인
4. **도시 구조** : 건축 형태, 건축물, 밀도
5. **공공 미술** : 기념비, 기념물, 조각상, 분수, 정원, 상징적 건축물

Section A : 워싱턴 도시 계획 구조

A.1 워싱턴 D.C.의 도시 형태

좋은 도시 계획은 도시의 생동감, 거주 환경, 미적 요소를 강화한다. 워싱턴 D.C.의 계획은 자연적, 도시적, 상징적 정체성을 갖춘 국가의 수도로서 역할을 강조하는 데 초점을 두고 있다.

복합적인 도시 계획 구조는 본래의 랑팡 계획에 의해 조성된 도시 내에서 독특한 특성을 가진다. 여기서, 랑팡 계획과 맥밀런 계획(워싱턴 도시 계획)에 따른 공용 공간은 건물 높이 제한법(the Height Act)과 결합해 광범위하고 미적으로 비례를 이루는 도시의 핵심을 형성한다.

1870년의 공공 주차 법령(Public Parking Act)[7]은 워싱턴 전역의 공용 공간 및 거리에 공용 공간의 특성과 공원과 같은 특성을 규정하였다. 이러한 법령들은 계획적인 맥락 속에 배치되어 워싱턴의 혁신적인 도시 계획 구조와 국가 수도로서의 특별한 역할과 관련된 특성을 정의한다. 상세한 사항은 도시 계획 요소의 기술 부록에서 기술하고 있다.

워싱턴 도시 계획과 고도 제한 법령은 기본적인 물리적 형태, 패턴 및 특별한 구조와 같은 인위적인 구성 요소와 자연적인 구성 요소를 규정하고 있다. 이러한 요소들은 서로 연관된 부분으로 인식될 수 있으며, 하나의 구성으로 결합해 워싱턴을 기억에 남는 도시로 만든다.

아울러, 이러한 구성 요소 중 어느 하나도 독립적으로 작용할 수 없으며, 도시의 많은 조망점에서 어떻게 도시 계획 구조가 독특하게 결합하는지, 3차원의 공간적, 시각적인 질서를 만들어 내는지, 주요 상징물과 기관들이 위계에 따라 배치되어 국가 정체성을 어떻게 강화해 나가는지 알 수 있다.

워싱턴 D.C.는 시각적인 관점에서 설계되었기 때문에 정책 목표는 시각적인 구조물을 식별할 수 있게 하고 공공이 소유한 조망점에서 도시의 가시성을 극대화하는 데에 있다. 많은 도시들이 높은 건축물의 조망점을 가지고 있는바, 워싱턴처럼 공공 지역에 위치하면서 보행자가 접근할 수 있는 특별한 곳은 없을 것이다.

이러한 조망점이 연방 소유에 위치한다면, 국가수도계획위원회(NCPC)는 기관의 보안성과 대중들의 접근에 관한 요구 사이의 균형을 맞추기 위해 이 이슈를 지속적으로 다룰 것이다.

자연환경과 도시 구조

랑팡 계획은 자연 지형과 도시의 조망을 통합하여 워싱턴 지역의 도시 구조를 만든다. 1791년에 도시가 연방 정부의 수도로 결정되었다.

이 도시는 2개의 정부 기관(국회의사당, 백악관)이 주변 지역과 대비하여 상대적으로 고도가 높은 평지 지형에 위치한다.(분지 지형에 관한 자세한 설명은 page 55 참고) 국회의사당과 백악관이 위치한 지역으로부터 경사지를 따라 대각선으로 도로망이 뻗어나간다.

이 계획은 공용 공간, 거리, 휴양 시설을 포함하며, 시민 중심의 정체성을 강화함과 동시에 중요한 장소들에 대해 시각적으로 위계질서를 뚜렷하게 만든다.

정책 안내

도시의 자연환경에 대한 정책은 아래 참고
- B.2 자연적 특성 : 분지 지형 및 수계망 등
- B.5 주요 조망축 및 경관 회랑

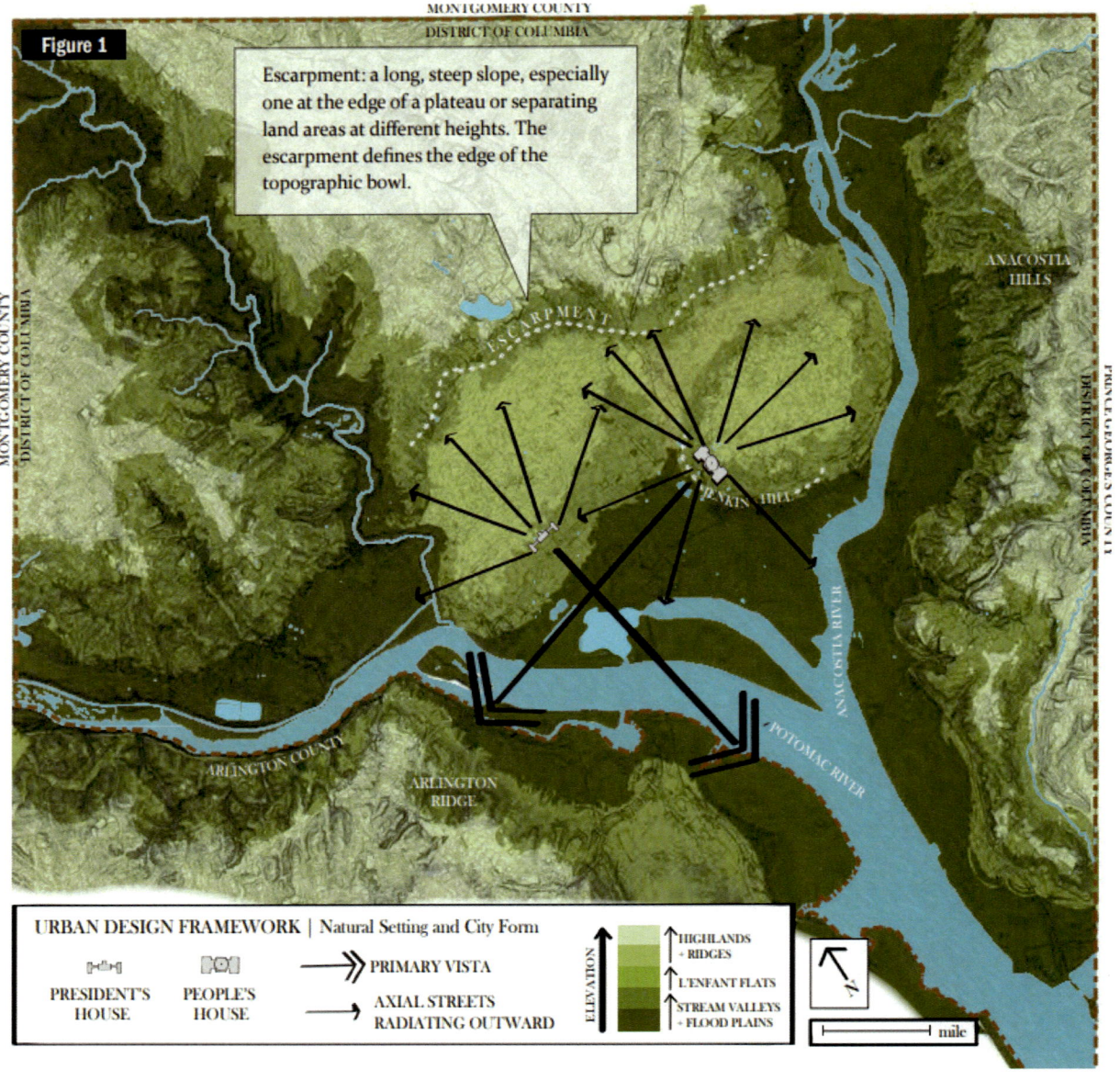

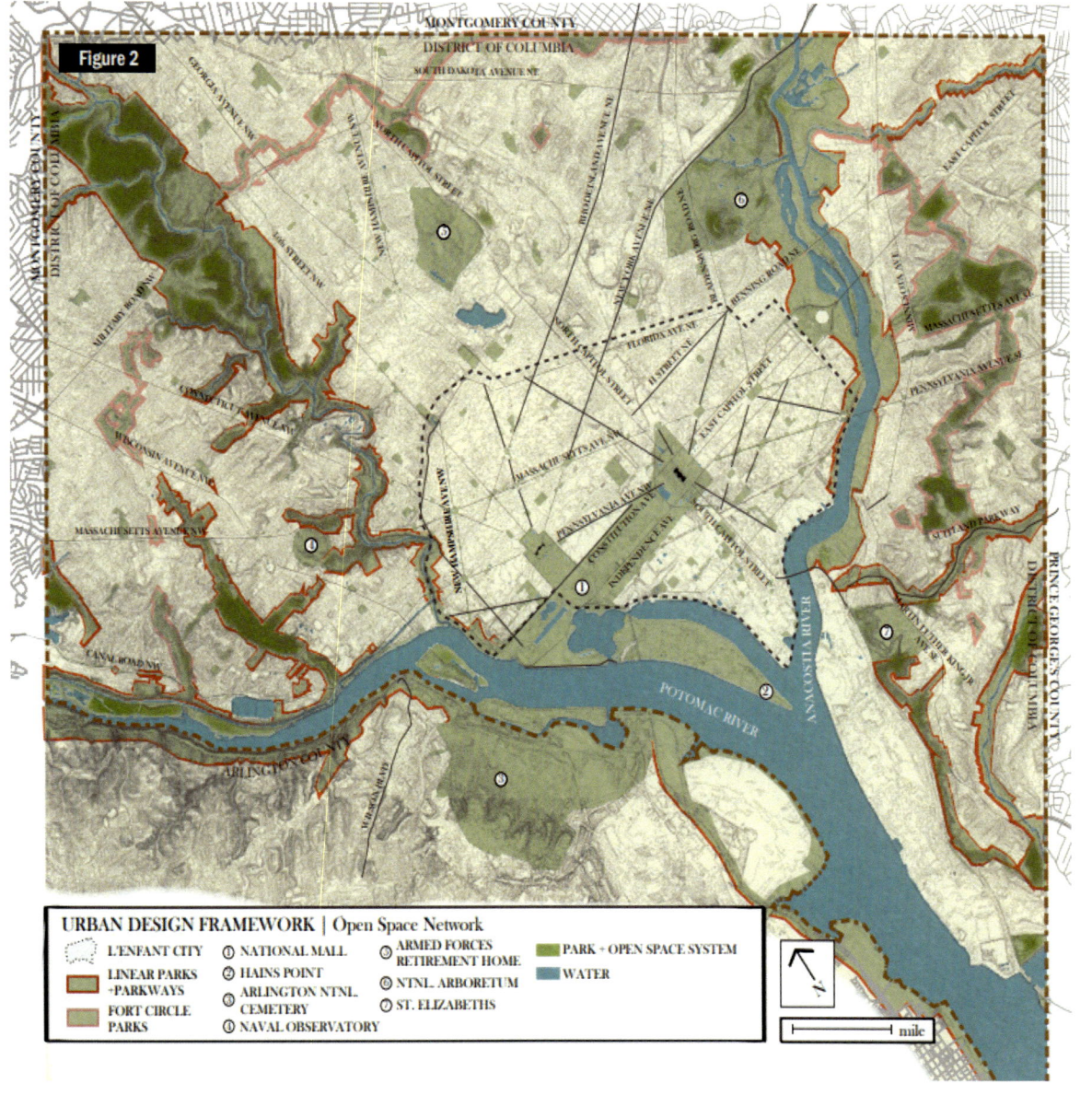

Figure 2

공공 공간의 네트워크 체계

워싱턴의 공원 및 공공 공간 체계는 1902년 국회 상원의 공원 체계 개선 보고서(맥밀런 계획)의 영향을 받았다. 이 보고서는 워싱턴 D.C. 내에서 공원 체계를 더 긴밀하게 연결 짓기 위해 토지 확보를 권장하고 있으며, 내셔널 몰, 공원 체계, 공원 도로를 형성하는 더 공식적인 계획 구조를 나타낸다.(지도 참고)

이러한 연방 소유의 토지들은 도시 전역에 다양한 규모로 걸쳐있는 공원 체계와 자연적인 환경을 제공한다. 또한, 도시의 중심부를 비롯하여 주요 확장 구역에 걸쳐있는 작은 규모의 도시공원, 광장들이 여기에 포함된다.

공원도로는 도시의 자연적 경계인 강 근처를 따라 형성되어 있으며, Rock Creek Park를 포함한 광범위한 공원 체계를 갖고 있다. 또한 미국 남북전쟁 방어선(Fort Circle Parks) 은 역사적인 도시를 둘러싼 높은 능선들에 걸쳐있다.

도시 내에는 자연환경을 제공하는, 공적으로 접근가능한 연방 소유의 토지가 있다. 이들 중 일부에서는 수도와 수도를 둘러싼 지역을 광범위하게 전망할 수 있다. 이러한 지역에는 Armed Forces Retirement Home, St.Elizabeths, 국립 수목원, 미 해군 천문대가 포함된다.

정책 안내

공공 공간 네트워크에 대한 정책은 아래 참고
- B.2 자연적 특성 : 분지 지형 및 수계망 등
- B.3 랑팡(L'Enfant) 구역과 공공 영역
- B.5 주요 조망축 및 경관 회랑

거리 및 공공 공간 체계 : 구역 및 주변 지역

랑팡 구역 내의 거리, 공공 공간은 시각적으로 일관된 체계를 가지고 있다. 넓은 도로는 시민 공간을 상징하는 백악관, 국회의사당으로부터 방사형으로 뻗어나가며, 거리들은 오래된 체계를 그대로 유지하고 있다. 대각선 도로는 공공 공간과 공원, 기념물, 중요한 건물들을 시각적으로 연결한다.

랑팡 구역 외부는 이러한 거리들의 특성과 대각선 도로의 특성을 보이고 있지만, 많은 도로는 일반 지역의 거리 체계보다 더 높은 밀도를 보이며, 집약도가 높게 구성되어 있다.

수도 관문 수도로 들어서는 지정된 관문이자 기념 경관이 보이는 주요 지점들, 예를 들어 알링턴 다리는 상징적인 의미를 가지고 있으며, 공식적인 워싱턴 D.C. 내부로 들어가는 지점

관문 도시의 경계 및 도시로의 주요 진입 지점

주요 거리 축 랑팡 계획 내에서 설계된 북남 및 동서 주요 교차축을 따라 확장되며, 국회의사당, 백악관으로 이어짐

고속도로와 공원도로 도시 고속도로는 사람들을 도시로 이동하게 하는 주된 역할을 하며, 공원도로는 제방을 따라 배치되어 있어 다양한 조망점에서 도시와 주변 지역의 다양한 경관을 제공함

주요 교통 허브와 지하철역 워싱턴 광역철도 시스템은 도시와 지역을 연결하는 중요한 교통인프라로서 지하철역 입구를 제외한 대부분이 지하화되어 있음

정책 안내

거리 및 공공 공간 체계에 대한 정책은 아래 참고
- B.1 수도 특성 : 일반적 도시 계획 정책
- B.3 랑팡(L'Enfant) 구역과 공공 영역

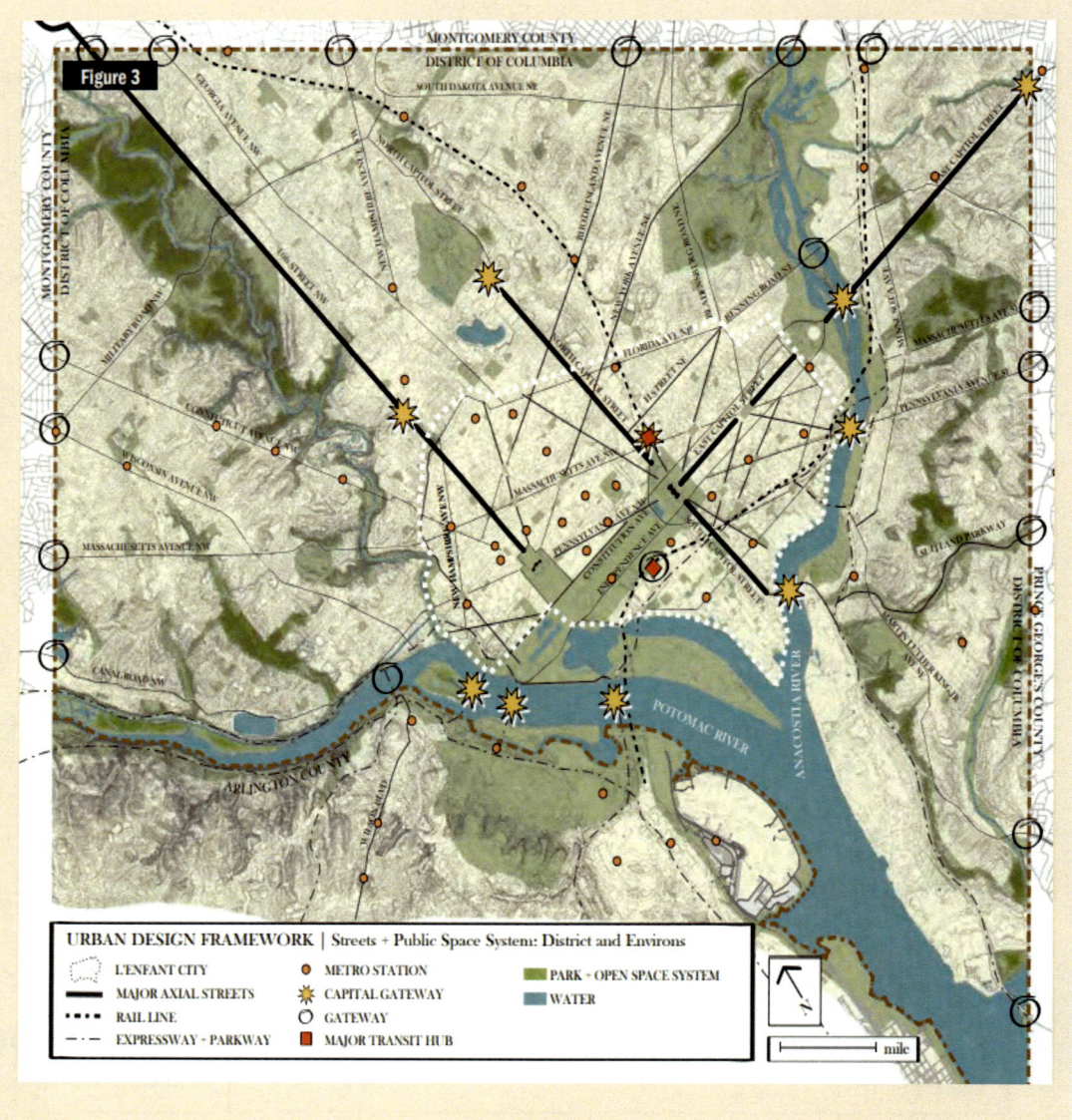

거리 및 공공 공간 체계 : 랑팡 구역

랑팡 구역 내의 거리, 공공 공간은 일관성을 지니고 있으며, 본래 설계되었을 때의 특성을 유지하고 있다. 대각선 대로는 공용 공간과 건축물, 공원, 기념물, 시민을 상징하는 중요한 건물들을 연결하고 있다.

왼쪽 지도에서 설명하고 있는 중요한 전망들은 랑팡 계획에 등록된 국가사적지(NRHP)에 문서화된 부분[8]을 포함하며, 국가사적지(NRHP)에 포함된 부분 외에 몇 가지 중요한 전망들도 포함하고 있다. 자세한 정보는 기술 부록을 참고하기 바란다.

연방 정부의 주요 자산과 자원이 밀집된 지역은 기념 중심지로 일컬어지는 내셔널 몰을 둘러싸고 있다. 이 시설들의 대부분은 몰에 위치한 규모와 유사하게 지어졌다. 이러한 집중된 연방 지역들뿐 아니라 둘러싸고 있는 경계들은 물리적, 시각적인 연결을 개선하고 더 생동감 있는 공간으로 창출된다. NCPC는 기념 중심 내에 세부적으로 특정 지역에 주안점을 두고 장기적인 계획을 수립한다. 여기에는 Southwest Federal Center, the Federal Triangle, the Northwest Rectangle이 포함된다.

2009년 발간한 The Monumental Core Framework Plan[9]은 중요한 장소 간의 연결성을 강화하고 국가적 상징과 장소성을 나타내는 것을 목표로 한다. 2013년의 SW Ecodistrict Plan[10]은 3번가와 12번가, SW 사이의 Southwest Federal Center를 보다 동적이면서 활용성을 극대화하고, 밀집도를 높이는 등 매력적인 공공 공간으로의 변화를 제안했다. 이러한 계획들은 거리, 공공 공간에 대한 더 세부적인 지침을 제공한다.

정책 안내

거리 및 공공 공간 체계에 대한 정책은 아래 참고

- B.1 수도 특성 : 일반적 도시 계획 정책
- B.3 랑팡(L'Enfant) 구역과 공공 영역
- B.4 기념 중심 구역(The Monumental Core)
- B.5 주요 조망축 및 경관 회랑

도시 격자망

일반적으로 랑팡 구역 내에는 고밀도의 도시 중심부가 있다. 많은 연방 본부와 시설 및 도시의 주요 상업지구가 위치해 있으며, 랑팡 구역 외곽에는 다양한 용도가 혼합된 밀집 지역이 집중되어 있으며, 이들은 비교적 낮은 밀도의 거주지로 둘러싸여 있다.

건물 높이와 지리적 관계는 워싱턴의 경관에 있어 전망을 형성하는 중요한 역할을 한다. 밀집된 도시 중심부는 해수면에 가까운 분지 지형에 위치해 있으며, 일반적으로 90피트 이상의 높은 건축물이 집중되어 있다. 주변의 고지대에는 상대적으로 낮은 건축물들이 위치한다.

또한, 수도권(NCR) 전역에 걸쳐 밀집된 도시 중심지가 네트워크처럼 존재하고 있으며, 예를 들어 알링턴 카운티의 Rosslyn, 몽고메리 카운티의 Bethesda가 해당된다.

정책 안내

도시 격자망에 대한 정책은 아래 참고
- B.3 랑팡(L'Enfant) 구역과 공공 영역
- B.4 기념 중심 구역(The Monumental Core)
- B.5 주요 조망축 및 경관 회랑

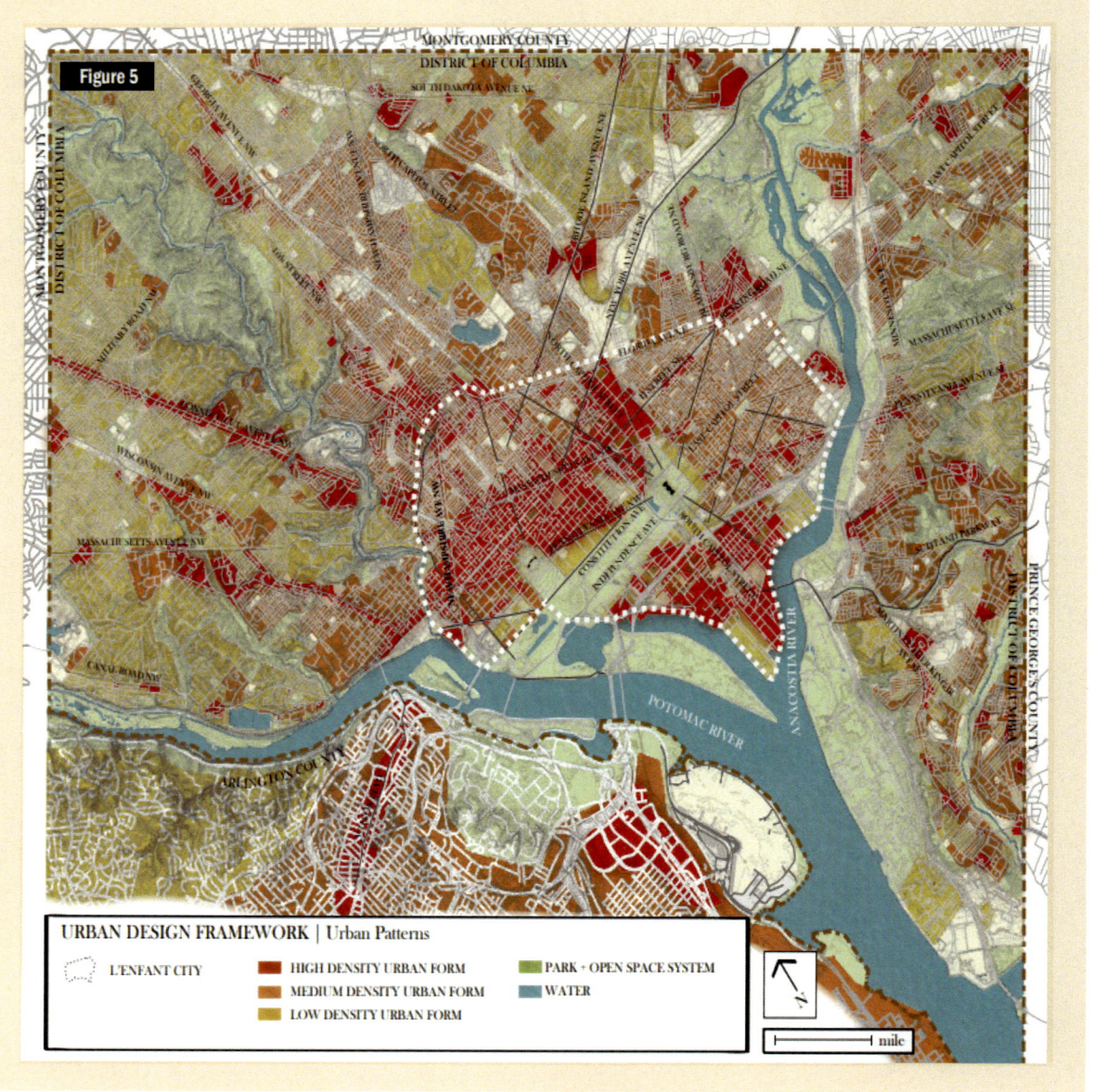

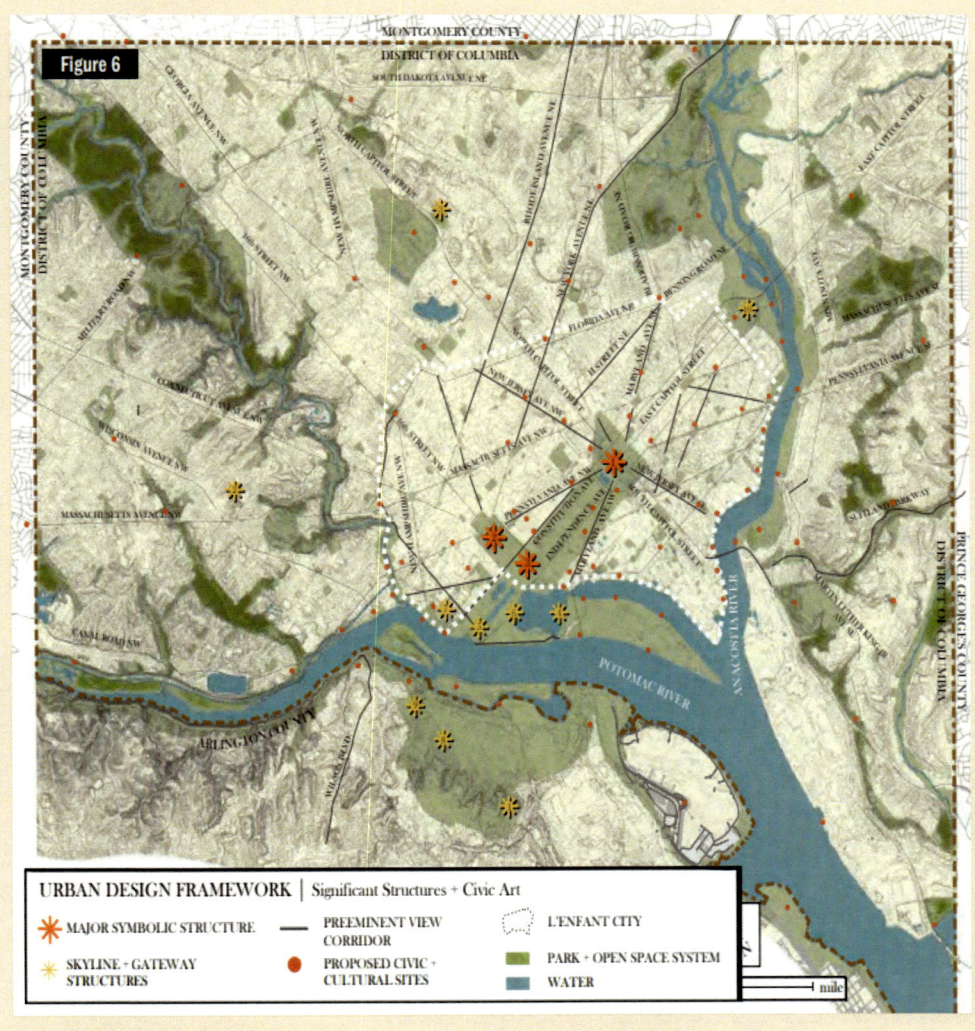

주요 상징적 건축물

이 구조물들은 국가 수도를 상징하며 이미지를 정의한다. 미국 국회의사당의 돔, 백악관, 워싱턴 기념관은 일관적이게 수평으로 형성된 건축물의 배열에서 유의미한 단절을 만들어내며, 도시 경관을 구분짓는 가장 유명한 구조물이다.

1. 국회의사당(U.S. Capitol)
2. 백악관(White House)
3. 워싱턴 기념물 (Washington Monument)

스카이라인과 관문 구조물

이 구조물들은 공간적 위치로 인해 시각적으로 두드러진다. 몇몇 주요 요소들은 스카이라인을 나타내며, 다른 구조물들은 도시 관문에 인접하여 있다.

스카이라인

1. U.S. Air Force Memorial
2. Washington National Cathedral
3. Basilica of the National Shrine of the Immaculate Conception

관문

4. Jefferson Memorial
5. Lincoln Memorial
6. Martin Luther King, Jr. Memorial
7. Kennedy Center
8. Arlington House
9. U.S. Marine Corps War Memorial
10. RFK Stadium site

문화적 구조물

NCPC의 Memorials and Museums Master Plan[11] (2001)에서 지정된 것들을 참고한다. 이 계획은 다른 NCPC의 장기적인 계획과 함께 국회의사당과 기념 중심지를 현대 도시 및 주변 지역과 조화를 이루는 방법을 보여준다. 또한, 도시계획에 기념물과 문화적인 상징물을 지형과 방향을 고려하여 배치하는 원칙을 가지고 있다.

정책 안내

관련 정책은 아래 참고

- B.1 수도 특성 : 일반적 도시 계획 정책
- B.3 랑팡 구역과 공공 영역
- B.4 기념 중심 구역
- B.5 주요 조망축 및 경관 회랑

Fort Stevens Park

Westward views along the National Mall

A.2 워싱턴의 역동적인 특성

A.2.1 자연적 특성

워싱턴은 자연적 특성이 강한 도시로 능선, 하천, 계곡 등 다양한 지형 형태를 가지고 있으며, 생태적 다양성이 풍부하다. 많은 도시들은 자연적 특성이 빌딩과 기반 시설에 묻혀 소실되었으나 워싱턴은 다양한 조건의 독창적인 자연적 특성이 남아있다. 예를 들어 많은 능선들은 가시적으로 보일 만큼 온전하게 남아있으며, 주요 정상부는 성모마리아 대성당, 워싱턴 국립 대성당과 같은 상징적인 건축물이 특색을 이루고 있다. 한편, 과거에는 울창했으나 방치되었던 가로수와 같은 자연적 요소들은 지난 수십 년간 면적이 감소 추세에 있었으나 지금은 다시 식재되고 있다.[12]

워싱턴의 가장 두드러지는 특성은 자연 환경과 인간 환경의 연결성에 있으며, 이들이 조화를 이루며 시민의 정체성을 독특하게 표현한다는 것이다. 연방 도시 건설을 위해 선정된 부지는 포토맥 강과 아나코스티아 강이 합류하는 비교적 평탄한 지형으로 아나코스티아 구릉지, 알링턴 능선, 플로리다 거리의 급경사면 등 연속된 낮은 구릉지로 둘러싸여 있다. 랑팡 계획에서 강과 분지 지형은 새로운 수도에 장소성을 부여하고 녹색 경관을 형성하기 위한 핵심적인 사항이며, 이러한 지형 요소는 국립공원관리청 관할에 있어 개발로부터 보존되고 있다.

분지 지형은 랑팡 구역의 중심부와 인위적으로 조성된 중심부를 시각적으로 드러낸다. 첫 번째 중심부는 국회의사당이다. 랑팡 계획의 핵심 특성은 백악관이 분지 지형의 중심에 가까운 Jenkins Hill의 구릉지에 위치한 것이다. 국회의사당은 포토맥 강과 상징적으로 연결되어 있으며, 오늘날 내셔널 몰로 알려진 정원으로 둘러싸인 거리를 서쪽 방향으로 조망이 가능하다. 두 번째 중심부는 백악관으로서 국회의사당에 비해 상대적으로 낮은 구릉지에 위치하며, 국회의사당 기준 북서쪽 약 1.5마일 떨어진 또 다른 구릉지에 위치하고 있어, 포토맥 강에서 남쪽 알렉산드리아 방향으로 전망을 볼 수 있다.

국회의사당에서 링컨 기념관과 서쪽 지평선을 향한 조망은 도시의 주요 동서축을 형성한다. 백악관에서 엘립스(the Ellipse)를 가로질러 재퍼슨 기념관과 남쪽 지평선을 향한 조망은 주요 남북축을 형성하고 있다. 랑팡 계획의 국립사적지 등록 지명서에서는 이 두 축을 주요한 조망축으로 규정하고 있으며, 이들은 워싱턴 기념비에서 교차한다. 이러한 기념비 공간과 자연 지형적 요소가 결합된 도시 구조 특성은 도시 계획 기초를 형성하고 있다.

지리학적 관점에서 볼 때, 분지 지형은 국가 수도의 자연적인 구조를 이룬다. 그러나 이 분지 지형 내의 정치적 관할 구역은 서로 다르며, 지역사회의 목표도 다를 수 있다. 이에 따라 어떤 지역에서는 분지 지형과 주요 조망권이 녹지로 특정되지 않는다. 이러한, 분지 지형의 조건은 특히 기념비 중심부 내의 주요한 조망권에서 국가 수도의 미래 설계의 기반을 구상하는데 도전 과제로 제기된다.

예를 들어 알링턴 능선은 분지 지형을 구성하는 중요한 요소로 알링턴 국립묘지(Arlington Cemetery), Fort Meyer, 미 해병대 전쟁기념관의 존재로 인해 자연적 특성이 일부 보존되었다. 반면, 로슬린의 일부 지역은 기업 사무실과 고층 주거지의 개발이 두드러지며 자연 환경 대신 도시환경을 형성하고 있다. 이는 워싱턴 D.C.내 건물의 고도를 제한하는 건물 높이 제한법(Height Act)이 해당 구역에 적용되지 않기 때문으로, 알링턴 지역의 건물 높이는 알링턴위원회의 결정을 통해 정해진다. 물론 그 결정이 구속력은 없지만, 동서축[13]과 내셔널 몰에 관한 알링턴 내 건물 높이의 중요성은 인정하고 있다.

국가 수도와 주변 지역에 대한 전반적인 도시 계획 품질을 높이기 위해 관할 구역 관계기관과 긴밀한 협력을 통해 상호 간의 이익을 도모하는 것이 필요하다. 그리고 워싱턴, 버지니아, 메릴랜드뿐 아니라 국회의사당, 백악관 등을 포함하여 주요 경관과 주변 맥락을 전반적으로 고려한 도시 계획 전략을 마련하는 것이 중요하다. 또한, 변화하는 자연 환경, 도시 환경으로 둘러싸인 기념 중심의 상징적인 이미지를 유지하는 것이 중요하다.

현재의 도시 계획 체계는 자연의 아름다움을 도시 구조와 통합하고 있다. 많은 원형·사각 광장 등 다양한 공간이 포함된 랑팡 계획은 지역사회 시민들에게 정체성을 부여한다. 이러한 요소들은 도시의 자연적 정체성 형성에 기여하며, 도시 계획에 있어 중요한 구성요소로 작용한다. 또한, 맥밀런 계획 역시 자연환경을 중점적으로 고려하였으며, 공용 공간 네트워크(지도, page 39)에서 볼 수 있듯, 공원과 녹지 공간을 랑팡 계획의 범위를 넘어 도시 전반으로 확장하기 위한 비전을 제시하고 있다.

수도권(NCR)의 자연 지리와 건물 형태

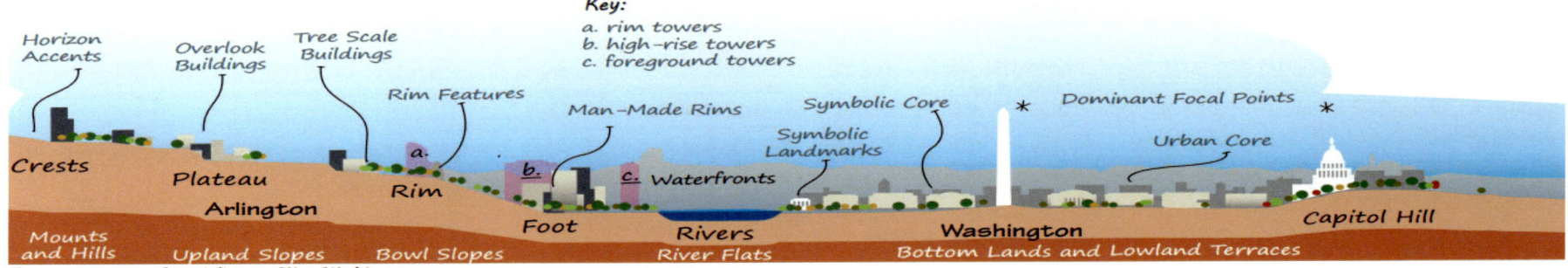

The east-west extent from Arlington, VA to Washington

A.2.2 도시 정체성

수도권은 다양한 건축 요소로 구체화 되었으며, 그 모습은 도시의 정체성을 형성한다. 올드 타운 알렉산드리아(Old Town Alexandria)와 실버 스프링(Silver Spring)의 저지대에 있는 역사적 구역부터 워싱턴 도심 및 몽고메리(Montgomery), 알링턴 카운티의 고밀도 지역까지 이른다. 도시와 지역이 발전해 온 계획의 맥락은 도시 계획 요소의 범위를 넘어설 정도로 방대하고 복잡하지만, 가장 중요한 관점은 기술 부록의 형성적 기여 요소(the Formative Contributers section)에서 찾을 수 있다. 보다 자세한 사항은 Worthy of the Nation[14]을 참고할 수 있으며, 이 저서는 1960년대 도시 재개발, 1950년대부터 지속되온 지역주의 그리고 지속 가능성과 같이 최근 주요한 계획으로 인해 나타난 결과에 대해 상세한 내용을 포함하고 있다.

연방 도시 계획 요소의 목적과 도시 정체성의 맥락 속에서 정책의 방향을 형성하는 4개의 상호 연관된 중점 과제는 다음과 같다.

- 도시 형태 및 정체성 : 워싱턴 공공 공간이 가지는 중요성
- 기념 중심부의 특성
- 도시 및 상징 : 도심과 기념 중심 간의 관계
- 기념 중심부의 외곽 : 도시 형성에 있어 연방 정부의 역할

도시 형태 및 정체성 : 워싱턴 공공 공간이 가지는 중요성

워싱턴의 계획은 모든 범위에서 도시 구조와 자연을 결합하고, 도시와 시민 정체성을 연결하고 있는 모습을 보인다. 국가적 이미지는 공공 공간의 계획과 기능, 중요한 시민 공간으로의 관계를 통해 형성된다.

워싱턴의 공공 공간의 상호연결된 체계는 건축 요소와 자연 요소에 대한 인간 환경을 만들어 나간다. 이러한 체계는 시민들을 둘러싼 환경에 대한 시각적, 물리적 연결성을 가지고 있고, 시민들에게 중요한 장소에 대한 시각적 각인을 형성함과 동시에 전체 도시를 이동할 수 있게 한다.

워싱턴 도시 계획(The Plan of the City of Washington), 높이 제한법(the Height Act), 공공 주차법(Public Parking Act, 1870)은 공공 공간의 기능적, 시각적 부분에 중대한 영향을 미쳤다. 공공 공간의 유형은 건축물 사이 공간, 연방 건물 및 문화적 기관의 주변 환경, 광장, 그리고 도심 공원 및 자연 공원을 포함한다. 공공 공간과 거리 경관에 대한 결정은 국가 수도에 대한 경험과 도시 특성에 대한 인식 형성에 의도된 경험을 가능케 한다. 이러한 맥락에서 보안과 접근 가능성 사이의 균형을 유지하는 것이 가장 최우선적인 과제이다.

보안은 연방 기관이 시설을 배치, 설계, 운영하는 데 있어 핵심 고려 요소로서 계획 간의 통합, 국가적 이미지, 보행 환경 등 다양한 도시 계획 목표와 보안 요소를 통합하는 것이 우선순위라 할 수 있다.

워싱턴에서 나타나는 공공 공간의 특별한 특성 중 하나는 실용적인 기반 시설을 시각적으로 숨기거나 최소화하는 오랜 관행에 있다. 대표적으로 랑팡 구역 내에서는 전차와 전선을 금지하고 있으며, 건물 높이 제한법에 따라 1:1 비율의 후퇴선 규정이 있다. 이는 거리 조망으로부터 인공 시설물을 숨기기 위한 목적이라 볼 수 있다. 공공 공간에 대한 원칙들은 워싱턴을 질서 있게 유지하고 거리의 개방성과 자연환경과 조화를 고려하게끔 한다. 이 원칙들은 대중교통, 기반 시설에 관한 결정에 있어 중요한 문제로 남아있다.

수도로서 특별한 시각적인 특성과 형태는 지하 공간에도 나타난다. 미국건축가협회(The American Institute of Architects)는 2014년 'Twenty Five Year Award'를 워싱턴 메트로레일(Washington Metrorail) 시스템에 수여하였다. AIA의 펠로우인 Harry Weese가 설계한 지하철 시스템은 자유주의와 중기 모더니즘의 이념과 조화를 이루며, 지하철이 대중교통으로 일상적인 기능을 수행토록 도시 공간을 제공하였다. 더 나아가 미국건축가협회는 워싱턴 광역교통국(the Washington Metropolitan Area Transit Authority)이 이용자에게 제2차 세계대전 이전의 교통 시스템과는 근본적으로 다른 편의성을 제공하는 것을 목표로 하였으며, 이를 역사 내 설계에 반영한 것으로 평가하였다.

지하철 건설을 착수할 때부터 Harry Weese와 워싱턴 광역교통국은 뉴욕의 지하철의 시스템과 차별화를 시도했다. 이에 워싱턴의 지하철은 북미에서 가장 성공적인 도시 철도 시스템과는 완전히 다르게 설계되게 되었다. 뉴욕이 국가적 차원의 문화 수도로서의 상징적 위상을 가지고 있지만, 뉴욕의 지하철은 산업화 시대의 실용주의를 기반으로 마치 토끼굴과 같이 매우 무질서하게 구축되어 있으며, 이는 뉴욕의 중공업 역사를 반영하는 것과는 거리가 멀다. 반면에 워싱턴의 지하철은 넓고, 개방감이 뛰어나며, 장엄한 공간으로 완성하는 것을 목표로 하였다. Harry Weese는 The Great Society Subway에서 "우리의 건설 목표는 공간을 최대화하는 것에 있으며, 워싱턴 연방 건축물에서 흔히 볼 수 있는 기념 공공 건축의 형식을 지하철에 적용하여 대중교통의 목적을 달성하는 것"이라 설명했다.[15]

기념 중심의 특성

도시의 공간적·상징적 중심은 기념 중심 구역으로서 국회의사당, 백악관, 알링턴 국립묘지, 내셔널 몰, 연방 삼각지, 공공 기관, 각종 공공·문화 시설 및 상징적 건축물이 위치해 있다. 이 중심 구역은 연방 정부의 기능과 수도의 독창적인 이미지가 긴밀하게 연결되어 있다. 아울러, 중심 구역 내에 주요 상징적 건축물과 자원들이 밀집해 있지만 명확한 지리적, 행정적 경계를 가지고 있지 않으며 계속해서 변화하는 양상을 보인다. 기념 중심 구역의 성공은 미래에 대한 확실한 비전과 중심부와 주변 지역과의 복잡한 관계를 강화하는 데 있다. 이 관계는 자연 공간뿐 아니라 워싱턴 도심, 알링턴·버지니아의 일부를 포함한 가장 밀도가 높은 지역까지 아우른다. 국가수도계획위원회(NCPC)의 도시 구조 계획은 유산 계획(The Legacy Plan)[16]까지 확장된다.

이러한 비전은 계속해서 발전하고 있다. 이 구역은 우수한 건축물과 배치를 포함한 독창적인 공간, 워싱턴 기념비, 링컨 기념관, 베트남 참전용사 기념관과 같은 국가적으로 가장 중요한 건축물이 위치하며, 압도되는 공간감을 느낄 수 있게 한다. 또한 이 구역 내에는 도시와 국가를 대표하는 가장 건축적으로 의미 있는 연방 건물 및 문화 시설도 위치한다. 역사적으로 이 구역은 신고전주의 양식의 영향을 강하게 받았지만, 최근 새로운 프로젝트로 도시의 건축적 수준을 높이고 있다. 대표적인 예로 미국 인디언 국립 박물관, 아프리카계 미국인 역사·문화 박물관 등이 있다.

기념 중심 구역은 공간들의 조화로 계획되었지만, 일부 구역은 물리적으로 단절되어 있다. 거주민들과 수백만의 방문객들은 이러한 공간적 단절을 다양한 지점에서 경험할 수 있다. 세부적으로 볼라드와 같은 보안 요소들은 보행 흐름과 접근성을 저해하고 있으며, 이동 편의를 감소시킨다. 도시의 본래 계획과 수도로의 정체성에서 공공 공간이 차지하는 중요성을 고려해 볼 때, 도시계획가들은 연방 소유의 건축물과 종사자들에 대한 안전성을 확보하고 설계의 완성도를 높일 수 있는 방법을 지속적으로 모색해야 한다.

National Museum of African American History and Culture

보다 광범위한 차원에서는 주요 교통 기반 시설이 핵심 지구와 그 주변지역을 가로질러 있어 단절을 유발하고 있다. 이러한 도시 구조의 단절은 1950년대 도시 재개발 계획의 영향을 받은 워싱턴 남서부 지역에서 두드러진다. 일부 대형 연방 건물들이 하나의 블록 전체를 차지하고 있고, 상업시설이 실내쇼핑몰 내에 있는 경우가 있어 보행 환경을 악화시키기도 한다. 이러한 예상치 못한 결과를 해결하는 것은 기념 중심지 구조 계획이 다루고 있는 핵심 주제이며, 여전히 우선순위에 있다. 따라서, 도시 계획은 중심 지구의 잠재성을 고려하여 교통 방해물을 해소하고 접근성을 높여 환영받는 도시로 만들어 나가기 위한 비전을 보완하고 실행해야 할 것이다.

도시 및 상징 : 도심과 기념 중심지

기념 중심 구역과 주변 도시 환경 사이의 관계는 도시 계획 정책의 중요한 조건이다. 정부와 상업이 공존할 수 있는 공간을 만드는 것은 워싱턴 D.C. 도시 계획의 핵심이다. 국가적인 범위의 정체성에서 자연의 역할은 명문화되어 있지만 도시 정체성은 시대적 흐름에 따라 변한다.

오늘날 워싱턴과 알링턴의 도심 지역은 다양하고 활기찬 도시 공간으로 성장하고 있으며, 이러한 발전은 경제적·사회적 이점을 갖고 있다. 그간, 장기 계획과 세부 연구들은 도시 지역 내 공공 공간에 대한 접근성을 증대시키는 비전을 제시해 왔다. 구체적으로 2008년 컬럼비아 특별구 도시계획국[17]은 기념 중심을 둘러싼 도시 지역의 장소성 강화를 위한 이니셔티브를 수립했다. 사람을 고려한 규모 혹은 보다 큰 규모, 집중과 분산 등 도시 밀도가 어떤 형태를 띠어야 하는지는 각 지역사회가 가지고 있는 핵심적인 과제이며, 국가적 차원에서도 중요한 함의를 지닌다.

기념 중심지와 주변 도시 지역과의 공간적 관계에 대한 현대적 도시 계획 원칙들은 다음과 같이 논의될 수 있으며, 이러한 원칙들은 이후의 정책 개발 방향을 규정한다.

기념 중심에서 공공 공간 강화와 장소성 함양을 위한 장소 만들기 전략 수립

기념 중심의 도시 구조를 재조직하는 조치의 중요성과 더불어 지역의 주요 공간들에 대해 기대하는 역할에 대한 질문이 제기된다. 중심 구역의 많은 구역들은 야간에는 기능이 정지해 있어 공공 공간을 활성화하는 역동적인 프로그램 전략을 만드는 것이 필요하다. 이 목표는 워싱턴 도심에 적용되는 목표이다. 중심 구역의 계획 구조는 방문객을 위한 국가상징 공간이자 정부의 중심지로의 역할을 저해하지 않는 범위에서 다양한 장소 만들기 활동을 수용할 만큼 견고해야 한다. 이러한 기념 중심의 성공은 다양한 규모에서 유연하게 적용되는 프로그램을 국가 수도의 이미지와 조화를 이루는 요소들과 결합하는데 달려있다.

도시 구조를 둘러싼 연방 건물의 통합

디자인과 계획의 관점에서 기념 중심지, 도심, 교외 지역에 위치한 연방 건물을 거리 경관 및 공공 공간과 어떻게 조화를 이룰지는 중요한 정책과제이다. 예를 들어 펜실베니아 거리에 위치한 FBI 본부는 이러한 핵심 원칙을 반영하지 못한다는 비판을 받는다. 특히, 보행친화적이지 않고 E street의 'retail wall'을 단절시키는 요소로 작용한다. 반면, 연방 조달청(General Services Administration)과 연방 교통부(Department of Transportation)와 같이 성공적으로 주변 환경과 조화를 이룬 사례도 존재한다.

상업적 디지털 간판 영향으로부터의 보호

빛을 포함한 디지털 간판으로부터 기념 중심과 상업적인 공간과의 균형을 유지하는 것은 또 다른 정책적 과제이다. 일부 도시는 공공 공간을 활성화하고 역동적인 방문 경험 제공을 위해 빛을 활용해 왔다. 그러나, 이러한 것들이 어디에 위치하고 어떻게 구현되는지에 따라 디지털 조명은 기념 중심의 거리 분위기와 국가적 상징물을 조망하는 스카이라인에 부정적인 영향을 미칠 수 있다. 도시의 상업성을 강화하면서도 기념 중심의 야간 경관을 보호하기 위한 균형을 모색하는 노력의 필요성이 중요한 논의로 부각되고 있다.

도시 밀도와 자연환경 보호를 위한 토지 이용 사이에서의 전환 전략

마지막 정책 과제는 저밀도 지역과 고밀도 지역의 물리적인 전환과 관련되며, 특히 지형적 요소를 고려하는 것이 중요하다. 좋은 사례로 North Capitol Street가 있다. 이 거리는 북쪽의 절벽 지형을 향해 고도가 상승하는 특성을 보인다. 동쪽의 NoMa 상업 지구는 높은 건물과 밀도가 높은 특성을 가지고 있고 서쪽은 주거지가 중심을 이루고 있다.

또 다른 중요한 전환 요소는 알링턴 방향의 주요 동서축 조망 경관과 도시적인 배경에 있다. 워싱턴의 세련된 도시 구조는 지형적 특성을 고려하고 있다. 이러한 특성을 강화하기 위해서는 모든 규모에서 기념 중심과 인접한 도심 및 경관 지역 간의 전환과 통합을 위한 전략을 담은 정책이 적용되어야 한다. 워싱턴의 역사적인 경관, 건축물이나 조각과 같은 수직적 요소는 도시 계획 구조 내에서 어떤 개념적 의미를 가지는지를 고려해야 한다.

기념 중심 너머의 도시 조성에서 연방 정부의 역할

마지막 테마는 도시 조성을 위한 연방 정부의 역할이다. 워싱턴 D.C. 도시 정체성의 중요한 요소는 연방 기능을 확립하는 것에 있다. 그러나 오늘날 도시 조성에 있어 연방 정부의 역할은 무엇이고, 도시의 정체성은 어떻게 형성되는 것인가? 워싱턴 도시 계획(The Plan of the City of Washington)은 연방 건물과 토지 활용에 있어 공공 영역을 강조하는 종합적인 접근을 보였다. 그러나 1950년대와 1960년대의 대규모 연방 계획 수립 노력에서는 이러한 부분이 다소 반영되지 못했다.

워싱턴 도시 계획은 거대한 규모의 건축물로 둘러싸인 도시와 연방 건물을 연결시키며, 영향을 미치는 장소성을 강화하는 데 중점을 두고 있다. 오늘날 많은 신규 연방 소유의 건물들은 캠퍼스형 배치로 건설되고 있다. 새로운 계획의 맥락은 개별 부지의 세부 특성에 따르지만, 연방 건물과 주변 환경 간의 관계는 여전히 중요한 요소로 작용한다.

도시 계획에 있어 연방 정부가 기여한 역사에는 성공과 실패가 존재한다. 오늘날 계획가들은 과거로부터 교훈을 얻어 도시 계획 및 건축에 반영하고 있으며, 알코올·담배·화기·폭발물 본부(the Bureau of Alcohol, Tobacco, Firearms and Explosives Headquarters)와 노마(NoMa) 지역 간 관계와 같은 사례 연구는 연방 기관이 도시 조성 과정에 긍정적으로 기여하는 가능성을 보여준다.

상징적 정체성

워싱턴 D.C.의 상징적인 도시 경관은 도시 형태와 시민의 삶에 기능적, 시각적 상징 간의 밀접한 관계를 통해 결정된다. 이는 공공 건축물, 역사적 거리, 박물관, 기념물, 국립 공원 등을 포함하며, 워싱턴의 상징적인 정체성은 다음과 같은 방식으로 표현된다.

- 시각적 위계질서는 특히 국회의사당, 백악관, 워싱턴 기념비, 내셔널 몰을 중심으로 한 구조물과 상징들이 스카이라인과 거리의 가로 경관으로 강조된다.
- 내셔널 몰을 포함한 기념 중심지의 특성을 고려한다.
- 기념물, 박물관 및 문화 자원은 국가적 상징을 재현하는 공간이다.
- 특별 행사는 국가 수도의 핵심 정부 기능 및 상징과 연관된다.

상세한 정보는 중요 구조물+시민 예술(지도, page 43)에서 확인할 수 있다.

기념 중심 지역 너머에 있는 프레더릭 더글러스 국립사적지 시더 힐(Cedar Hill at the Frederick Douglass National Historic Site)에서 바라본 전경

워싱턴 D.C.의 스카이라인 위계는 주간뿐만 아니라 야간에도 지속된다. 조명과 간판 또한 이러한 위계에 맞춰 배치된다.
동남부 워싱턴 D.C.에 있는 Our Lady of Perpetual Help Church에서 바라본 전경

Eastern view along the National Mall from the Lincoln Memorial

상징적 스카이라인

Worthy of the Nation에서 언급된 바와 같이 랑팡은 동부 지류에서 조지타운까지, 포토맥 강변에서 도시를 둘러싼 언덕까지 한눈에 조망이 가능한 도시 설계를 주장했다. 워싱턴 D.C.의 이미지에 있어 가장 중요한 요소 중 하나는 가시적이고 상징적인 스카이라인이다. 연방 건물 높이 제한법은 100년 이상 워싱턴의 스카이라인 형성에 핵심적인 역할을 했으며, 특히 랑팡 구역과 분지 지형에 영향을 미쳤다.

워싱턴 내 여러 전망대나 버지니아 포토맥 강 너머에서 바라본 도시는 상업적 고층빌딩이 아니라 건축적 장식 요소와 시민을 상징하는 건축물로 구성된 스카이라인을 형성하고 있다. 대표적으로 워싱턴 기념비, 국회의사당, 무염시태 성모 대성당(Basilica of the Shrine of the Immaculate Conception), 구 연방우정청사, 미 공군기념관이 특징적인 스카이라인 구조를 이루고 있다. 가까운 거리에서 바라보면 백악관, 링컨 기념관, 제퍼슨 기념관, 스미스소니언 박물관 등 주요 랜드마크 주변의 저층 건축물과 넓은 공간이 수도의 특성을 자연적으로 형성한다. 이러한 공원과 같은 도시 경관은 워싱턴 D.C.를 다른 대도시들과 차별화하는 요소이나 과거에 비해 감소한 수목으로 인해 그 정도가 다소 약화되었다.

워싱턴 D.C.의 스카이라인과 경관은 시간의 흐름에 따라 변화해왔지만, 주요 국가적 상징에 대한 우선권을 부여하고 특정 조망축을 강조하는 도시 설계 원칙은 대체로 유지되어왔다. 이러한 원칙은 2013년의 Height Master 계획[18]으로 재확인되었다. 미국 하원 정부감독위원회의 요청으로 진행된 이 계획은 높이 제한법이 지역과 국가의 이익에 지속적으로 부합하고 있는지 고려하기 위해 상세한 기술적 분석과 광범위한 공공 의견 수렴을 포함하였다.

조망축

워싱턴의 가로 경관과 조망은 주요 공공 공간 또는 자연 지역과의 교차점에 형성된다. 이러한 요소들은 수도의 보행 환경을 형성하고 있으며, 일반적으로 조망자의 시야 내에서 자연 및 상징적 요소를 우선으로 한다. 특히 이러한 조망축은 랑팡 구역 내에서 두드러지는 특성을 보인다. 가로축을 따라 형성된 선형 조망축은 분지 지형 너머로 확장되며, 고지대의 조망 지역에서 보다 넓은 시야로 도시 전경을 감상할 수 있도록 한다.

기념물

워싱턴의 상징적인 특성을 대표하는 기념물은 의식적이고 영구적인 특성을 보인다. 기념물은 국가공원 내에 위치하며, 워싱턴을 상징하는 주요 건축물, 조망권, 돌출 지형으로 둘러싸여 있다. 건축물들은 시민의 관심을 이끌어내고 주변 환경을 고양시키며, 공원의 문화적 가치를 높인다. 성공적인 공공 공간의 중요한 특징 중 하나는 적응성이므로 도시 계획 목표와 공공 공간의 용도를 고려하여 영구적인 기념물의 세심한 배치와 계획이 중요하다. 1980년대 이후, 도시의 기념물은 다중적인 기념 요소들을 포함한 대규모 경관 설계로 변화되고 있다. 이러한 변화 기조는 기념물이 신성하고 추모의 목적을 가지는 도심 공원 시스템을 특징으로 하고 있어 다양한 공공 공간 활용에 대한 요구 사이의 균형을 어떻게 맞출 것인가에 대해 도시 공원 시스템 계획 및 디자인에 중요한 과제를 함의한다. 기념물과 관련 있는 정책은 방문객 및 기념 요소 항목에서 다루고 있다.

워싱턴의 상징적 이미지를 형성하는 요소

It is important to create a sense of arrival to the nation's capital through prominent gateways, such as bridges, and the design and programming of federal reservations and special streets.

North Capitol Street

Chevy Chase Circle

Proposed East Capitol Street Gateway from NCPC's *Legacy Plan*

사진 비교 : 가로막힘이 없는 국회의사당 경관(필라델피아 독립기념관과 대비)

Section B : 국가 수도의 형태 및 특성과 관련된 정책

B.1 수도 특성 : 일반적인 도시 계획 정책

워싱턴은 수도로서 국가를 대표하며 시민 정체성의 이상을 구현하는 도시이다. 워싱턴의 이미지는 거주민과 방문객에게 경험될 뿐 아니라 미디어, 문학, 사진 심지어 화폐를 통해 국가 및 세계 전역에 전달된다. 이러한 강력하고 반향을 불러일으키는 도시 이미지는 개별 건축물, 공원, 기념물과 민주주의 이상을 강조하도록 명확하게 계획된 전반적인 도시 계획 구조를 통해 형성된다.

국가수도계획위원회(NCPC)는 수도의 도시 계획 품질을 향상시키고, 필수적인 도시 계획 구조의 완결성을 보호하는 데 주력하고 있다. 특히, 워싱턴 도시 계획에 의해 형성된 도로망 시스템, 위락지, 공공 공간의 연계에 중점을 둔다. 또한, 국가 수도의 목표에는 두 가지 중요한 원칙이 반영되어야 한다. 첫째, 각 세대에 걸친 유산은 도시의 정체성에 중요하게 자리 잡아야 한다. 둘째, 연방 정부는 도시 계획에 있어 창의성과 혁신을 수용해야 한다. 도시 계획 요소는 건축 양식이나 세부적인 디자인 지침을 포함하고 있지 않지만, 워싱턴이 역사와 현재를 수용하는 도시 계획 구조를 가진 생동감 있고 변화하는 도시라는 원칙은 미국 수도의 정체성을 형성하는 근본적인 요소이다.

연방 정부의 역할

UD.B.1.1 연방 정부는 국가 수도에 걸맞은 존엄성을 표현해야 하며, 워싱턴 및 주변 지역에서 진행되는 개발은 이미 확립된 계획과 더불어 국가 수도의 계획 유산에 대한 높은 미적 기준 준수 필요

이러한 유산은 역사적 요소와 새로운 요소를 아우르고 있고, 수도의 풍부한 건축 유산은 여러 세대에 걸친 도시 계획 유산에 의해 계속해서 발전하고 있음

UD.B.1.2 주요 관문을 통해 국가의 수도로 들어섰다는 장소감 형성을 위해 다리, 연방 보존 지역 및 주요 도로에 대한 설계·운영 필요

1. 관문 경로 강화 : 특색 있고 기억에 남는 조경, 공공 예술, 건축물의 형태 및 건축적인 요소를 통해 수도로의 장소감 형성 강화

2. 중심 공간에 대한 중요한 설계로서 관문 조성을 통해 시각적인 단서를 제공하여 장소감을 형성하고 다른 공간이라는 전환점 제공

UD.B.1.3 워싱턴의 그림 같은 수평적 경관 특성의 보존 및 건물 높이 제한법 강화

UD.B.1.4 분지 지형과 같은 지역의 자연적 특성 및 상징적인 특징이 반영된 스카이라인 유지 필요

   1. 국회의사당, 백악관, 워싱턴 기념비 및 다른 국가적으로 주요한 건축물을 둘러싼 시각적인 구조를 보호하여 우위를 강화하며, 주요 건축물 배치에 있어 수직적 요소의 사용에 대한 신중한 검토 필요

   2. 안테나, 급수탑, 옥상 설비 및 기타 건축물에 의한 시각적 방해물로부터 주요 스카이라인 요소를 보호하는 설계

UD.B.1.5 기념물, 주요 공공 건축물 및 공간의 위계를 반영하여 건축물, 거리, 외부 조명을 적용하고 야간 경관의 스카이라인에서 국회의사당 및 워싱턴 기념비가 두드러지도록 적용

   1. 내셔널 몰, 기념 중심 구역으로부터의 수도 관문 경관, 이를 둘러싼 주요 상징물 및 공공 건축물의 경관이 분산되지 않도록 디지털 간판, 조명 광고판 등 제한

   2. 기념 중심 구역 및 주요 공원, 자연 지역(수변 포함)에 영향을 미칠 수 있는 어떠한 조명 설비에 대해 설치 전 광범위한 모델 분석 및 잠재적인 영향에 대한 분석 필요

UD.B.1.6 도시의 공간적 구조 강화를 위한 물리적, 상징적 연결성 강화

UD.B.1.7 주요 축선, 경관, 거리, 자연 요소 등 도시의 물리적 구조를 사용하여 장소를 조성하고, 박물관, 기념 시설, 공공 공간 등 조성에 독창적이고 상징적인 요소를 반영

UD.B.1.8 방문 경험을 강화하는 활기가 있는 공간 및 시민들의 사용을 촉진토록 장소를 만들고, 공공 공간의 시각적, 기능적 요소 설계를 통해 일상 경험과 워싱턴의 국가적 이미지 구축

Washington's iconic nighttime sky

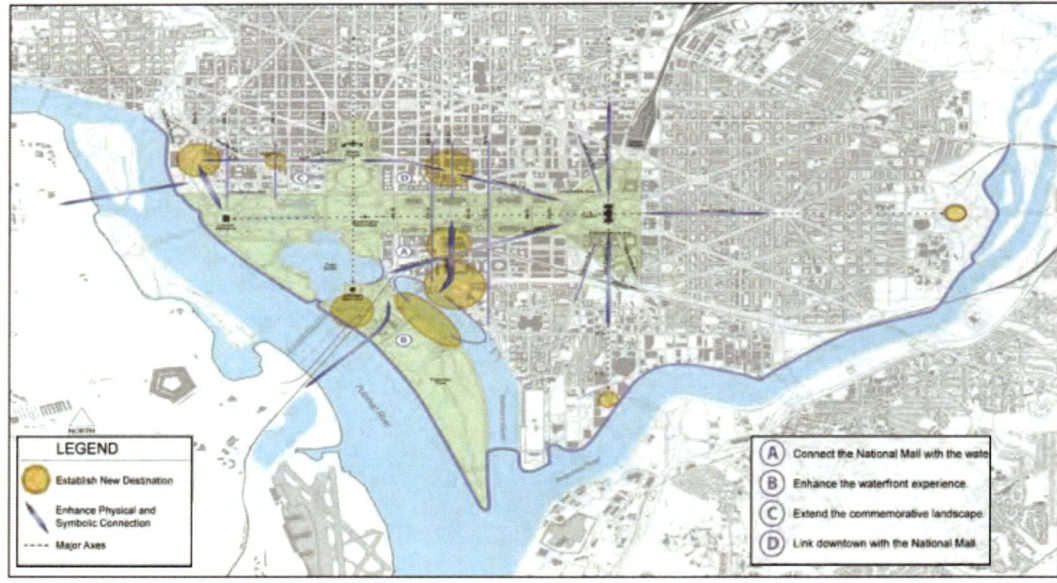

Diagram from the *Monumental Core Framework Plan*

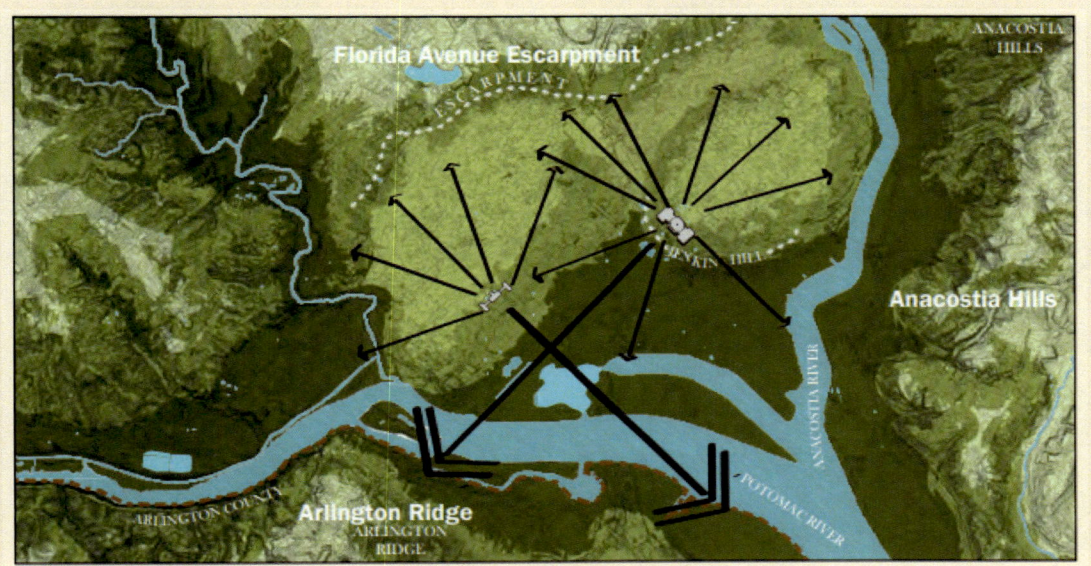

워싱턴 D.C.의 분지 지형을 구성하는 세 개 주요 구릉지

The Anacostia 구릉(워싱턴 D.C.)은 분지의 동쪽 경계에 위치하며, 강 가까이에 있는 녹지 공간을 특징으로 한다. 이 지역은 주로 저층 건축물 및 거주지로 이루어져 있으며, 상대적으로 높은 지형의 능선부를 따라 넓은 개방 공간이 형성되어 있다. 특히, 남북전쟁 방어선의 일부를 포함하고 있다.

The Arlington 능선(버지니아)은 분지의 서쪽 경계에 위치하며, 내셔널 몰과 직접적인 공간적 연계성을 보인다. 이 지역은 로슬린의 도심부에 위치한 고층 건물들(최고 300피트 이상)이 밀집되어 있으며, 이는 링컨 기념관에서 볼 때 도시의 배경을 형성하고 있다. 이러한 도심 경관은 내셔널 몰에서 바라본 다른 방향의 조망들과는 대조를 이루는 요소로, 다른 구릉지대가 상대적으로 낮은 건축물의 도시 형태를 갖추고 있고 녹지를 배경으로 한다는 점과 비교된다. 한편 알링턴 국립묘지 인근을 포함한 일부 지역은 여전히 녹지 경관을 유지하고 있다.

The Florida Avenue 절벽(워싱턴 D.C.)은 분지의 북쪽 경계에 위치하며, 중심 지형은 가파른 경사를 이루며 랑팡 계획 경계를 따라 넓게 펼쳐진 단구를 형성하고 있다. 서쪽 지역은 Rock Creek Valley 협곡으로 분리되어 있으며 Georgetown Heights가 위치한다. 이 지역은 융기 지형으로 워싱턴 대도시권에서 가장 높은 봉우리를 가진다. 동쪽은 절벽이 북동쪽으로 방향을 틀어 Florida Avenue로 떨어지며 국립수목원(the National Arboretum) 인근까지 뻗쳐있다. 이 지역은 분지 내에서 가장 도시화된 구역을 이루고 있으나 전반적으로는 언덕에 있는 거주지의 특성을 보인다. 특히 백악관 북쪽의 메리디언 힐 공원(Meridian Hill Park)과 같은 전략적 지점에 개방 공간이 형성되어 있고 낮은 밀도의 주거지로 구성되어 있다.

B.2 자연적 특성 : 분지 지형 및 수계망 등

워싱턴 도시 형태의 기본적이고 변함없는 요소로서 자연환경은 매우 중요하다. 워싱턴 도시 계획은 다양한 방식으로 자연 요소를 활용하여 도시의 특성을 다루고 있다. 특히 주요 연방 건물과 시민 공간을 둘러싼 공원과 녹지 환경을 조성하는 데 중점을 두고 있다. 이 계획은 시민을 상징하는 건축물의 중요성을 구현하기 위해 극적이면서도 미묘한 방식으로 지형을 활용하고 있다. 이러한 특성은 랑팡 구역과 분지 지형에서 두드러지게 나타나며, 워싱턴의 Rock Creek 공원, 버지니아의 Mount Vernon, 메릴랜드의 Great Falls 등을 포함한 도시 및 인근 지역까지 이어진다. 더욱이, 수계망과 구릉지로 구성되어 있는 자연 공원은 풍부하고 다양한 자연미를 창출하고 있으며, 도시 계획 특성과 국가 수도로서의 장소성 형성에 중요한 역할을 한다.

국가 수도의 역사와 미래 계획 구조 설계에 있어 분지 지형 및 하천 환경의 특성을 고려하는 것은 핵심 과제이다. 특히, 저지대 및 분지 지형의 유역은 중요한 고려 요소이다. 포토맥강을 가로지르는 광활한 개활지와 원거리 조망은 지형의 자연적인 확장을 드러내며, 기념 중심의 수평적 특성을 강화한다. 이러한 강변과 저지대의 넓고 개방적인 설계는 분지 지형을 둘러싼 구릉지를 돋보이게 한다. 도시 계획 관점에서 볼 때, 이러한 구릉지는 두 가지 중요한 기능을 갖는다. 먼저 랑팡 구역을 둘러싼 주요 조망의 배경으로 작용하며, 경사면은 수도의 전경을 감상할 수 있는 조망 구역을 제공한다.

선형 공원인 아나코스티아 공원(Anacostia Park)은 아나코스이타강(Anacostia River)의 남쪽과 동족 강변을 따라 형성되어 있다. 지형적으로 능선을 이루는 아나코스티아 구릉지의 녹지 환경은 시각적으로 뚜렷한 배경을 이룬다.

연방 정부의 역할

UD.B.2.1 랑팡 구역의 자연환경 보존

1. 분지 지형에 속하는 연방 토지의 녹지 경관에 대한 보호가 필요하며, 이는 알링턴 능선과 아나코스티아 구릉지에 걸쳐 있는 국립공원관리청 관할, 워싱턴 국립묘지, St.Elizabeths West Campus에 국한하여 적용되는 것은 아님

2. 자연 지형과 관련한 정책 유지(종합계획과 일치하는 방향으로 추진)

   a. 랑팡 구역의 저지대, 능선을 형성하는 분지 지형의 특성 유지를 위해 아나코스티아 구릉지의 녹지 환경 특성 보존 및 Florida Avenue 절벽의 시각적 위상 유지

   b. 도시 경관의 자연적 특성을 영구적으로 보존하는 것을 원칙으로 저밀도, 산림 지역 및 구릉지에서의 신규 개발은 자연 특성을 보존하는 방향으로 추진
   하천, 습지와 같은 자연적 특성을 보호할 필요가 있는 경우 밀집도를 고려해야 하며, 자연환경 보존을 위해 클러스터형 개발 방식 고려

   c. 주요 능선 보호를 통해 워싱턴의 수평적 특성 및 물리적 이미지 유지·강화

UD.B.2.2 수도의 자연적 구조 강화를 위한 연방 정부 및 지역 정부의 역할 강화

1. 구릉지에 추가적인 식재 장려

2. 경사면으로부터의 주요 경관을 강화하기 위해 지형과의 관계를 고려하여 건축물의 규모 및 전략적인 배치 장려
   랑팡 구역에서 외부로 향하는 조망과 분지 지형 경계에서 내부로 향하는 조망을 부적절한 조망 간섭으로부터 보호, 개방 공간 보존 및 공공 활용을 위한 공간 확보

워싱턴의 수변 공간

수변 공간은 공공 공간의 핵심 요소로서 시민에게 즐거움과 여가 활동, 기념장소이자 환경 보호를 위한 공간을 제공한다. 아나코스티아강과 포토맥강은 워싱턴의 자연적, 도시적 경계를 형성하며, 트인 전망과 독특한 환경을 제공한다. 수변 공간은 대중들이 접근 가능해야 하며, 조용하고 여유있는 공간이자 활발한 도시 활동을 장려하는 공간으로 조성되어야 한다. 수변 지역의 많은 부분은 공공 소유이며, 국립공원관리청의 관할에 있는 개방 공간과 녹지로 구성된다. 이 지역은 포토맥 Heritage Trail, Mount Vernon Trail, 그리고 Chesapeake와 Ohio Canal towpath 등 활용도가 높은 공원과 산책로를 포함한다.

연방 및 지역 정부가 추진하는 지속적인 도시 계획은 탁월한 자연 경관을 강화하는 방향으로 발전하고 있다. NCPC의 Legacy Plan은 포토맥강과 아나코스티아강 수변을 도시 활력과 섬세한 계획이 조화를 이루는 국가적 명소로 조성하는 비전을 구상했다. 이 계획은 도시와 강 사이의 역사적인 연결성을 복원하고 조지타운에서 국립수목원까지 연속적인 개방 공간을 조성하는 것을 목표로 한다. The Anacostia Waterfront Initiative[19]는 워싱턴 D.C. 교통국이 주도하는 공공-민간 협력사업의 일환으로서 the Anacostia Riverwalk, the 11th Street Bridge Park 프로젝트와 같은 계획은 목표를 구체화하는 사례이다.

워싱턴 D.C.의 자연 구조 보호

종합계획 지침에 따라 Florida Avenue 절벽과 Anacostia 구릉지 내에 있는 분지 지형의 밀도가 조정되며, 이는 랑팡 구역의 자연 구조 보호에 관한 중요한 지침이다. Union Station의 북쪽의 NoMa 지역을 제외하면, 도심 지역보다는 상대적으로 저밀도의 개발 특성을 보인다. 연방 정부는 컬럼비아 특별구 및 알링턴 카운티 정부와 긴밀히 협력해야 하며, 자연환경과 주요 경관의 시각적 특성을 고려한 도시 계획 전략을 포함하여 수도의 도시 계획 구조를 강화하기 위한 계획을 수립해야 한다.

수목 식생은 도시와 지역의 도시 계획 품질을 결정하는 중요 요소이다. 워싱턴은 녹지 개방 공간과 가로수길 조성을 위해 풍부한 수관층(tree canopy)을 조성하기 위한 계획을 수립해 왔다. 워싱턴의 수관층 복원에 힘쓰고 있는 비영리단체 Casey Trees에 따르면, 19세기 워싱턴에 수만 그루의 나무들이 식재되면서 수목의 도시라는 별칭[20]을 얻게 되었으며, 일부 학자들은 워싱턴을 수목학의 발상지로 평가하고 있다고 밝혔다. 그러나 한때 풍부했던 가로수의 감소는 역사적으로 기록되어 있으며, 1973년부터 1997년까지 도시 산림 면적의 64%가 소실된 것으로 추정된다. 이는 질병, 도시 개발, 자연적 감소[21] 등 복합적인 원인에 기인한다. 이에, 컬럼비아 특별구 정부는 도시 수관층 복원을 위한 계획을 시행 중이며, 도시 계획 요소의 주요 목표를 지방 정부, 지역사회, 비영리 단체의 노력[22]을 강화하는 것으로 규정하고 있다.

UD.B.2.3 워싱턴의 자연환경과 수도로서의 특성을 강화하기 위해 Rock Creek 공원, 아나코스티아 공원, 남북전쟁 방어선의 역할이 중요

  1. 남북전쟁 방어선을 연결하는 다목적 트레일의 완성을 위해 아나코스티아 및 포토맥 강변 공원과 연계된 네트워크 구축

  2. 자연친화적 환경을 섬세하게 고려한 대규모 자연 공원과 인근 주거 지역 간의 공간 개선

  3. 연방 환경 요소(the Federal Environment Element)에서 제시하는 목표 달성을 위한 수목 식재 및 자연 서식지 복원 장려

UD.B.2.4 국립공원관리청(the National Park Service) 관할 공원, 공원도로의 자연 환경 및 특성을 보존하고 향상하기 위한 원칙

  1. 경관 회랑으로서의 공원도로 보존 및 역사적 특성 보호

  2. 공원도로에서 보이는 개발의 영향을 최소화하기 위한 지역 정부의 계획, 규제, 신중한 설계 권장

  3. 공원도로의 특성을 유지하기 위해 불가피한 교통 시스템 구축으로 인한 부정적 영향을 최소화 및 완화하려는 보완 조치 마련

UD.B.2.5 포토맥, 아나코스티아 강 및 기타 지류의 수변에 대한 공공 접근성 강화가 필요하며 연방 및 지역 정부의 협력 필요

  1. 수변의 물리적 장애물 건설 방지

  2. 교량 설계 및 위치 선정은 연방 환경 요소를 반영하여 하천 서식지, 수로, 해안, 계곡에 미치는 영향을 최소화

  3. 공원으로 이어지는 거리 안내 체계 개선 및 간판, 보행자 편의시설 조성

  4. 공공 부지에서 수변 공간을 조망할 수 있는 경관 보호

UD.B.2.6 거리 경관 구조를 이루는 도심 임관층 확대, 넓은 가로수길에서의 그늘 제공 및 미적 요소 강화 장려

B.3 랑팡(L'Enfant) 구역과 공공 영역

워싱턴 공공 영역의 도시 계획은 상징적인 이미지와 특성이 밀접하게 연결되며, 이는 사람들이 공간을 어떻게 경험하는지에 영향을 미친다. 공공 영역은 물리적이고 시각적으로 접근 가능한 외부 공간, 연결축, 건축 형태 요소를 포함하며, 주요 구성 요소로는 거리, 인도, 자전거 도로, 다리, 광장, 교통 허브, 관문, 공원, 수변, 자연 특성, 조망 축, 랜드마크, 건축 전면 공간이 있다. 공공 영역의 요소의 규모, 형태, 특성은 도시 내 공간의 상대적 중요성을 나타내며, 사람들의 경험을 정의한다. 따라서, 연방 시설은 대중교통, 자전거, 보행 접근성을 고려한 도시 계획이 중요하며, 장애인법(American with Disabilities Act) 및 건축법(Architectural Barriers Act)의 기준을 충족해야 한다.

건축물, 휴양지, 거리, 경관이 어우러져 역사적으로 형성된 랑팡 구역은 국가 수도의 정치적 역할을 구현한, 그리고 미국에서 가장 중요한, 계획된 도심 조성 사례이며, 또한 가장 오래된 상업 지구 및 주거 지역의 기본 구조를 제공하고 있다. 이러한 원칙들은 워싱턴의 도시 계획에 내재되어 있고, 계속해서 반영되고 있다. 이는 건축과 도시 계획이 집단적인 정체성을 강화하고 구체화하는 힘을 보여준다. 랑팡 구역의 발전은 본래의 도시 계획을 바탕으로 하고는 있지만 특정 시대의 건축 양식에 고정되어 있지 않으며, 오히려 랑팡 구역의 여러 부분들이 재건축되고 재해석되는 유기적인 과정을 거쳐 발전해 나가는 것이 필요하다.

또한, 도시 계획 요소에 있어 중요점은 워싱턴의 거리와 공공 공간에 대한 보행 경험에 있다. 이는 랑팡 구역 내부의 거리와 공공 공간이 주는 개방감 뿐만 아니라 더 멀리 위치한 건축물과 자연환경에 대한 가시성의 관점에서 두드러진다. 이렇게 공공 영역에 대한 시각적 요소와 우위를 강조하는 것은 워싱턴이 국가 수도로서 가지는 특별함을 강조하며, 초기 도시 계획이 남긴 유산으로서도 가치가 있다.

워싱턴과 인근 지역에 걸쳐 있는 연방 소유의 공공 영역을 추가적으로 다루는 정책은 Section C : 연방 시설, 자산, 공공 영역과 관련된 정책들을 참고하면 되며, 컬럼비아 특별구의 Public Realm Design Manual[23]은 공공 영역의 유지관리에 대한 구체적인 지침을 제공하는 유용한 자료이다.

Section C에서는 랑팡 구역 내 독창적인 거리 및 공공 공간 조성에 관한 지침을 제공하며, 공식적인 내용은 다음 페이지의 지도에서 나타내고 있다. 특별 지정 거리, 연방 건물 및 부지의 배치, 공원, 광장 및 기타 개방 공간 등이 나타나 있으며, 다음과 같은 특징을 지닌다.

특별 지정 거리

- 국회의사당과 백악관에서 방사형으로 뻗어나가는 거리
- 워싱턴 기념비와 링컨 기념관, 제퍼슨 기념관 주변 환경 내에서 방사형으로 뻗어나가는 거리
- 주요 경관 또는 상징적인 지역을 정의하거나 국가적 중요성을 가지는 결절 지역 및 경계 역할을 하는 거리
- 이 요소 내에서 정의된 주요 조망축(보다 상세한 정보는 기술 부록 참고)
- 이 요소 내에서 정의된 주요 조망 지점 및 워싱턴 도시 계획의 NHRP에 규정하고 있는 거리(보다 상세한 정보는 기술 부록 참고)

공원, 광장, 개방 공간 및 자연 요소

- 랑팡 구역 내 지정 구역, 특히 주요 방사형 도로, 축선 도로의 교차점에 위치한 광장, 원형 교차로
- 중요한 경관 및 상징적인 지역으로 정의되는 공간, 국가적으로 중요한 장소를 연결하는 결절점 및 주요 경계의 역할을 하는 공공 공간
- 국가 수도로의 관문을 강조하는 개방 공간
- 국가 수도로서의 기능과 관련된 행사 및 활동이 이루어지는 곳으로 수도로서 차별화된 기능적인 중요성을 구체화하는 장소
- 국가 수도로서의 기능과 관련된 의식, 문화 행사 또는 정부 행사를 위한 주요 동선으로서의 개방 공간
- 국가적으로 탁월하게 일관성을 보여주는 경관, 건축환경 또는 활동 중심지와 긴밀하게 연결되어 있는 개방 공간

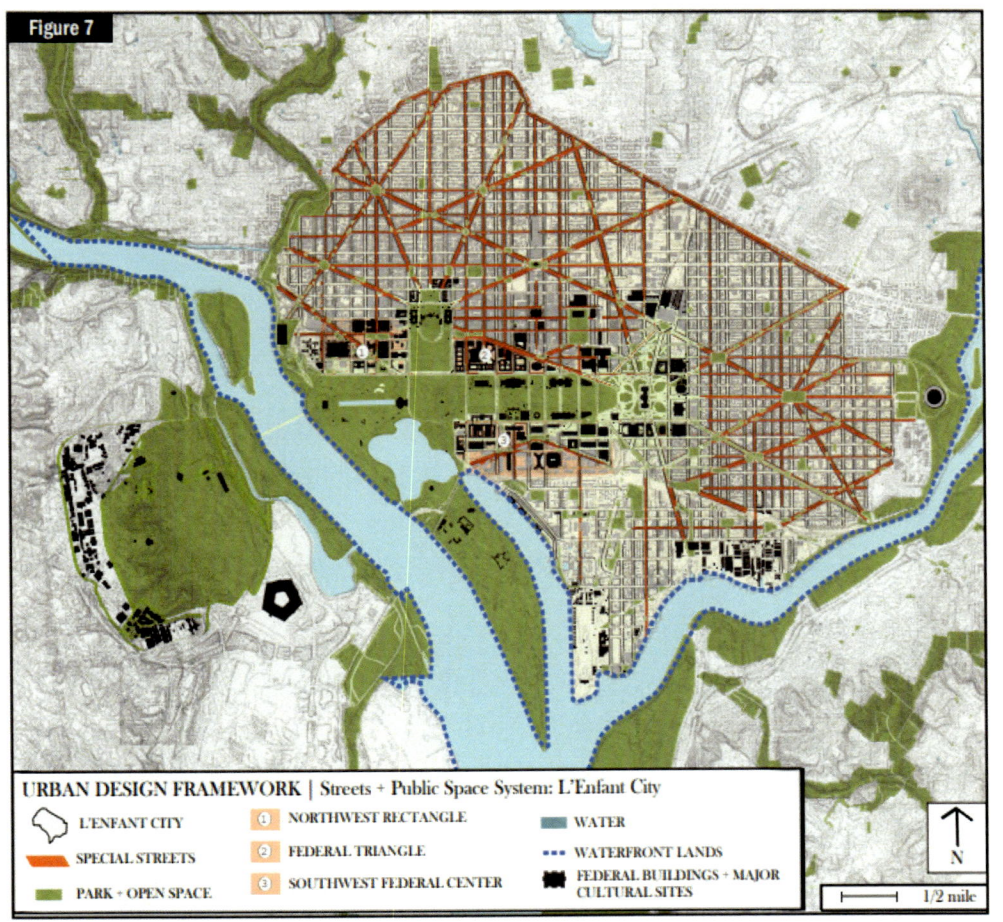

Figure 7

URBAN DESIGN FRAMEWORK | Streets + Public Space System: L'Enfant City

연방 정부의 역할

UD.B.3.1 도로망, 광장, 거리, 조망축, 상징적 연결 요소 등 본래의 랑팡 계획 요소의 완결성 유지 및 복원

1. 랑팡 구역 내 거리의 사적인 개발을 위한 폐쇄를 지양하되, 공공의 목적에 따라 랑팡 구역 내 거리의 폐쇄가 불가피할 경우, 폐쇄의 목적을 달성한 이후에는 거리를 개방할 수 있도록 보장하는 법적 제한이 적용되어야 함

2. 가능한 시각적인 방해로부터 통행권을 보호함으로써 랑팡 구역 내 공공 공간의 개방성과 기능적 특성 보호
보호 조치는 높이 제한법에서 허용하는 최대 높이까지 적용
방사형 및 축선 대로의 교차점 및 종점, 특별 지정 거리와 인접한 도로, 본 계획에서 특별 지정 거리로 지정된 구역에서 적용

UD.B.3.2 랑팡 계획에서 방사형 및 축선형 거리 또는 교차점, 종점에 위치한 공공 개방 공간은 거주민과 방문객들을 위한 매력적인 근린 공원과 기념인 공간으로 기능해야 함

1. 조경, 조명, 길 안내 표지, 좌석 등 편의시설을 적정한 위치에 배치시키고 아이들을 위한 놀이 공간으로 조성하기 위해 미관을 고려한 계획된 설계 및 유지관리 필요

2. 축선 조망을 위한 초점을 형성하는 방식으로 기념물, 분수, 공공 미술 작품 등 특별 지정 거리에 배치

3. 연방 및 지역 관계 기관과의 협업을 통해 장소 만들기 및 문화 활동, 정적인 여가 활동 등 연방 기준을 준수하면서 역사적인 특성을 고려한 프로그램 기획 추진

4. 연방 및 지역 관계 기관과의 협업을 통해 보행로 및 기타 공공 영역 요소가 안전하고 쾌적한 접근성을 제공할 수 있도록 보장

UD.B.3.3 도시의 특성을 반영하는 공공 공간이자 넓고 개방감이 뛰어난 도로인 랑팡 구역의 개방 공간 보호

Comprehensive Plan for the National Capital: Federal Elements | 59

UD.B.3.4 건물 전면부 설계 시 건축물의 이격 거리 조정 및 건축물의 규모를 고려하여 공공 공간 및 도로 공간의 공간적 정의 강화

UD.B.3.5 가로수를 포함한 거리 경관 요소 및 주요 조망축과 방사형 거리를 포함한 주요한 조망 강화를 통해 주요 건축물, 공원, 기념물에 대한 조망 제공
공공 영역, 가로수, 대중교통 편의시설, 연석 절단부, 차고 진입로, 교통 인프라, 보안 시설, 안내표지 등의 경관 요소에 대한 다음의 원칙 준수

1. 본 요소에서 정의된 주요 조망들과 조망권 유지를 통해 가치를 훼손하지 않도록 유지관리 필요

2. 주요 조망축을 따라 형성된 공간적 질서 강조

3. 주요 국가적 기념물, 공공기관, 랜드마크, 공원 보호구역의 시각적 틀 강화

4. 보행 경험 개선 및 특별 지정 거리에서 사람 규모 고려 필요

UD.B.3.6 특별 지정 거리와 중요 지점 인근의 공공 영역 및 거리 경관 요소에 대한 신중한 배치 및 설계가 필요하며, 주변 환경과 조화 고려 및 시각적 일관성 유지 필요

1. 특별 지정 거리의 조화로운 수관 형성, 공공 영역 및 거리 경관 요소 유지

2. 특별 지정 거리의 상징성, 국가 수도의 위상을 반영한 경관 설계 필요

UD.B.3.7 공공 영역의 독창적인 특성과 위상을 강화하고 특히 기념 중심 구역과 같은 수도 기능과 관련된 행사 및 활동이 이루어지는 공간에 대한 보행 경험 개선

1. 기념 중심 내의 거리에 대한 도로 및 보도 폭, 건물 이격 거리, 공공 영역 및 거리 경관 요소에 대한 일관적인 설계 적용 필요, 다만 백악관과 같은 특별 구역으로 정의된 공간의 경우 개별적인 설계 가능

2. 백악관, 국회의사당, 연방 삼각지, 백악관과 국회의사당 사이를 연결하는 펜실베니아 거리를 포함한 기념 중심 내 특별 구역의 공공 영역 및 거리 경관 요소에 대한 설계 수립·유지관리

3. 국립공원관리청(the National Park Service)의 내셔널 몰 계획[24]과 일치하는 공공 공간 프로그램의 일관성 확보를 위한 내셔널 몰의 공식적인 디자인, 설계, 개방 공간의 특성, 방문객들의 경험 강화

4. 공공 영역 프로그램을 포함한, 기념 중심 지역 주요 진입부의 특성을 고려한 비전 수립 및 유지관리

UD.B.3.8 특별 지정 거리 중 공공 영역의 미적·시각적 가치 보존 및 보행 경험개선을 위해 건물의 서비스 기능은 가능한 빌딩의 후면에 배치
모든 차량의 출입구 및 적재 시설 등은 서비스 도로 및 지정된 골목으로 유도할 수 있도록 계획

UD.B.3.9 공공기관, 문화시설 및 주변 공간의 경관 가치 향상

UD.B.3.10 거리 환경 요소 및 기타 건축 요소는 높은 품질과 우수한 디자인을 가져야 하며 공공기관, 문화시설 및 주변 공간의 경관과 조화 필요

UD.B.3.11 연방 및 지역 관계 기관과의 협업을 통해 기념 중심 구역의 공공성 확보 및 공공 영역의 가시적인 특성 안내를 위한 안내판, 방향 표지판, 광고, 기타 표지판 등을 적절하게 배치·설계

1. 공공 공간 내 표지판, 그래픽 요소를 주변 환경의 맥락과 미적인 요소를 반영하여 설계
백악관, 국회의사당, 내셔널 몰, 기타 국가적으로 중요한 장소 주변 표지판은 해당 장소의 시각적 위계를 저해하지 않도록 하며, 시민 중심 공간으로서의 특성을 손상하지 않도록 설계

2. 표지판 설치를 최소화함으로써 거리의 공간적 질서 유지

3. 도로 표지판 및 방향 안내판을 최대한 하나의 위치로 통합

4. 위치, 규모, 크기, 구성, 색상, 질감, 글꼴 스타일의 특성, 안내판, 그래픽의 가독성을 종합적으로 고려

UD.B.3.12 워싱턴 도시 계획 구조의 틀에서 해당 계획을 구체화하면서도 변화하는 요구에 대해 유연하게 적용할 수 있도록 거리 경관 및 공공 공간에 대한 설계 및 유지관리 필요

B.4 기념 중심 구역(The Monumental Core)

워싱턴 D.C.의 상징적 구조의 중심은 기념 중심 구역이다. 기념 중심지의 대부분은 국가의 건축 및 문화 유산으로 소중하게 여겨지지만 시민적 구성의 일부는 물리적인 장벽으로 인해 단절되어 있다. 기념 중심 내에 있는 대표적인 문화유산으로는 백악관, 국회의사당, 연방대법원, 스미스소니언 박물관, 주요 연방 정부 청사, John.F.Kennedy 공연예술센터, 알링턴 국립묘지 등이 있다.

이 세션에서 다루고 있는 정책들은 기념 중심 구역의 개발 지침이라 할 수 있는 기본계획 (Framework Plan)을 참조하고 있으며, 도시 공간의 장소성 강화, 새로운 문화적 명소 조성, 경제적 활력 제고를 위한 전략을 포함한다. 기본계획은 또한 기념물과 박물관을 위한 새로운 부지 지정, 접근성을 제한하는 물리적 장벽의 제거, 주·야간 활성화를 위한 토지 이용의 다양성 제고, 환영받는 거리 환경 조성 등의 핵심 과제들에 대한 기회와 전략을 제공한다.

연방 정부의 역할

UD.B.4.1 국가 수도의 상징적 역할 강화를 위한 기념 중심 구역의 설계 및 토지 이용에 있어 신중한 계획 필요

일반적으로, 연방 기관들과 지역 정부가 협력하여 도시 계획 전략을 수립해야 하며, 예를 들어 주요 공공 공간, 도시적 및 역사적 구조, 중요한 조망축 등 새로운 개발과 주요 인접 요소 간의 관계를 고려

1. 맥밀런 계획에 의해 건설된 연방 삼각지 건축물 및 주변 부지 특성 고려, 시각적 다양성 제공 및 공공·연방 정부 직원들을 위한 공간 활성화를 위해 공공 예술 및 보행 편의시설을 포함한 공공 영역 및 부지에 새로운 프로그램 도입

2. 내셔널 몰의 역사적인 개방 공간과 미래 세대의 이익을 위한 기념 특성을 고려하고, 새로운 개발이 내셔널 몰과 기념 핵심 구역의 공공적인 성격과 완결성을 훼손하지 않도록 보장 필요

    a. 시민 및 문화시설로 둘러싸인 공원과 같은 공공 공간으로서의 경험 보호 Independence 거리, Constitution 거리의 신규 개발에 대한 신중한 건축 규모 조정

    b. 내셔널 몰부터 조망축 및 건물 높이·규모 등 공간적 관계 존중

워싱턴 D.C. 기념 중심 구역의 초기 계획 항공 사진

10번가 거리의 남서부 수변공간과의 연결성

국가 건축물 박물관 (The National Building Museum)은 4번가 NW(4th Street, NW)의 종단 조망축의 핵심 요소

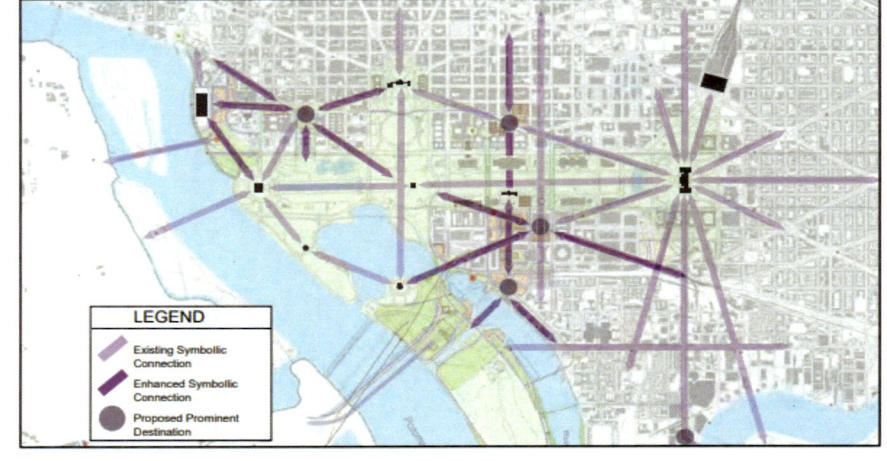

기념 중심 구역 구조 계획과 도시 설계의 상징적 관계

UD.B.4.2 국립 문서보관소(the National Archives), 국가 건축물 박물관, 케네디 센터, 스미스소니언 박물관과 같은 주요한 국가적 시민 및 문화 기관과 인접한 거리에서 진행되는 새로운 개발에 대한 신중한 조율, 공공 공간 프로그램 조성·유지

1. 주요 역사적 문화 시설을 연결하는 축선형 거리를 따라 이뤄지는 개발에 대한 면밀한 계획 필요

- 8번가 NW 거리, 국립 문서보관소 및 도널드 레이놀즈 센터(the Donald W. Reynolds Center for American Art and Portraiture)

2. 주요 장소와 인접한 거리의 개발에 대한 철저한 계획 필요

- 백악관 인근(15번가, 17번가 NW), 역사적 건축물의 교차점(F번가 NW, 아이젠하워 행정부 사무실(the Eisenhower Executive Office Building) 및 미국 재무부(the U.S. Treasury Department.)

UD.B.4.3 기념 중심 구역 구조 계획(the Monumental Core Framework Plan)에서 제시하고 있는 원칙을 활용하여 기념 중심 구역 내 공공 공간과 휴양시설을 도시의 나머지 부분과 연결하는 다중적인 시각적·기능적 연계 강화 필요

특히, 공공 영역 및 거리 경관 프로그램(특별 지정 거리)을 포함한 장소만들기 전략과 방문자의 접근성 제고를 위한 교통 프로그램의 연결성 강화 필요

1. 내셔널 몰, 수변 공간, 도시 나머지 지역 간 시각적·기능적 연결 강화

2. 공간 간의 이동을 용이하게 하고 주요 보행로, 개방 공간의 시각적·심리적 장벽 제거, 또한, 도시 구조 조직의 연속성 확보를 위해 단절된 역사적인 축선과 공공 공간의 장애물에 대해 재설계 및 제거

3. 아나코스티아 강 건너편에 공원, 전망대, 기념물과 같은 시민 공간 조성

4. 보행 친화적인 공공 영역 조성 및 매력적인 도시 경관과 기능적인 건축물을 통해 시민 참여와 사회적 교류 촉진

5. 보행 친화적이고 고품질의 공공 공간 조성 및 주요 목적지에 대한 접근성 극대화

6. 가능한 고속도로 및 철도 위를 덮거나 보행 접근성을 저해하는 철도 및 도로 기반 시설 재배치

경계와 전환 : Independence and Constitution 거리

Constitution 거리와 Independence 거리는 국가 수도의 가장 대표적인 거리 중 두 곳으로, 기념 중심 구역에서 특별한 역할을 수행하고 있다. 이 두 거리는 내셔널 몰의 남북 경계를 각각 형성하며, 내셔널 몰의 경관과 도심을 둘러싼 건축 환경 사이의 방문 경험을 고양시킨다. 이 거리에 위치하는 연방 건축물의 규모는 시각적 간섭을 최소화하고, 문화적으로 중요한 조망축을 조화롭게 구성하는 틀을 형성한다.

Constitution 거리에 있는 연방 정부의 존재는 가까운 미래에 변화될 가능성이 낮지만, 연방 정부는 Independence 거리 및 주변 토지, 건물에 대한 최적의 활용 방안을 분석하고 있다. 향후 Independence 거리는 스미스소니언 캠퍼스가 북쪽에 위치하고 있고, 남쪽은 새로운 용도의 개발을 보이고 있다. 이는 기념 중심 구역과 워싱턴 D.C. 도심 사이의 경계 역할을 강조하는 요인이 된다.

SW Ecodistrict 계획은 Independence 거리를 중심으로 주거, 상업, 문화, 많은 연방 기관들이 위치한 사무공간으로 이루어진 생동감 있고 지속 가능한 곳으로 조성하기 위한 비전을 제시하고 있다. 이 계획은 내셔널 몰의 개방감 있는 전경과 공적 성격 보호의 필요성 및 Independence 거리의 새로운 개발이 스미스소니언 캠퍼스와 대칭을 이루어야 함을 강조한다. 또한, Independence 거리의 연방 소유의 토지가 민간으로 전환될 경우, 지역의 밀도를 높이고 다양한 용도를 혼합할 수 있는 기회이자 매력적인 업무, 거주, 관광이 어우러지는 공간으로 조성할 수 있음을 강조한다.

이에, SW Ecodistrict 계획은 북쪽에 위치한 저층의 스미스소니언 건물들과 남쪽의 고밀도 개발을 고려하여 이격 거리, 건물 높이 제한 등과 같은 조정 방안을 제안한다. 이는 내셔널 몰과 연방 삼각지 사이의 Constitution 거리와 마찬가지로, 향후 Independence 거리 개발이 건물 크기, 건물 꼭대기의 모양, 건축 재질 등 디자인 요소들을 활용하여 성공적으로 전환을 이끌어내야 함을 의미한다.

Constitution 및 Independence 거리는 내셔널 몰과 주변 지역 사이의 경계로 전환하는 역할 이외에도 넓고 상호 연결된 개방 공간 네트워크의 부분으로서 주요 동서 방향의 경관축을 강화하는 기능을 한다. (Section B.5 참고) 특히, Independence 거리 서쪽에서 워싱턴 기념비까지 이어지는 선형 조망이 강조되는데, 두 개의 직각으로 교차하는 거리는 국립 사적지 등록부에 등재된 주요 조망축 목록에 포함되며, 저명한 연방 공공 건축물과 문화 명소가 자리 잡고 있어 지역적·국가적인 다양한 활동이 펼쳐지는 행사 공간으로 기능하고 있다.

기념 중심 구역 구조 계획의 공공 영역 체계 모식도

UD.B.4.4 기념 중심 구역 구조 계획의 원칙과 전략을 활용하여 국가적으로 중요한 공간 사이의 연결성 강화, 공공 영역 개선, 기념 중심 구역의 특성 강화를 위한 기회 제공

1. 국회의사당과 백악관 사이의 펜실베이니아 거리를 거주자, 근로자, 방문객 등을 위한 독창적이면서 품격있고 다용도를 가진 넓은 도로로 유지 활동적인 프로그램, 보행자 중심, 거리의 상징적인 특성·기능을 강화하는 매력적인 공공 공간으로서의 역할 강화 및 워싱턴 도심과 내셔널 몰을 연결하는 기능 수행, 통합적인 거리 경관 계획을 통한 국회의사당과 백악관 상호 간의 상징적 조망 강화

2. 10번가를 보행 친화적이고 southwest 수변과 내셔널 몰을 연결하는 복합 용도를 가진 공간으로 재구성하고, 문화적이면서 복합적 용도를 가진 구역으로서의 목표 정립

3. E Street를 백악관 부지와 케네디 센터를 잇는 주요 개방 공간 연결축 및 도시 공원도로로 구상하여 신규 기념물 설치를 위한 잠재적 부지로 고려

4. 링컨 기념관-케네디 센터 간 물리적·시각적 연결성 강화

5. 23번가, 20번가, 12번가, 10번가, 7번 NW와 같은 기념 중심 구역 내부 및 외부 거리의 보조 연결축, 2차 연결축을 개선하여 기념 중심 구역 및 도심 내 주요한 목적지로의 보행 접근성, 이동성 제고

6. 버지니아 거리와 Independence 거리의 남동쪽 구간을 따라 워싱턴 기념비 조망축을 재구성할 수 있는 기회 제공

B.5 주요 조망축 및 경관 회랑

랑팡은 "동쪽 지류에서 조지타운까지, 포트맥 강에서 산맥까지 도시 전체를 하나의 조망으로 담아내는 것"의 중요성을 강조했다.

워싱턴의 상징적 이미지와 도시 계획 구조의 핵심 요소는 국가적 상징과 민주주의를 대표하는 기관들의 위상을 강조하는 3차원적 공간감과 시각적 질서 유지에 있다. 도시 거리에서 형성되는 경관 및 전망은 거리의 배치, 건물 높이, 중요 공공 공간 및 자연 지역과의 접점에서 형성된다. 공공 영역과 거리 경관 기획은 도시의 주요 조망축과 거리의 특성을 결정하는 중요한 요소이다.

워싱턴의 거리 경관과 전망은 랑팡 구역 내에서 특히 독창적인 특성을 가진다. 분지 지형 가장자리의 전망 지점으로부터 보이는 파노라마 전망은 방문객들에게 도시를 보다 광범위한 시각에서 조망할 수 있게 한다. 이러한 파노라마 조망축은 주로 자연적인 요소에 의해 형성되며, 이에 대한 사항은 Section B.2에서 다루고 있다. 랑팡 계획의 국립사적지 등록 지명서에서는 계획 지역 내의 조망축에 대해 서술하고 있지만 주요 파노라마 경관에 대해서 단일 문서로 문서화되거나 평가된 적은 없다.

이 세션에서 다루는 주요 조망축 및 경관 회랑은 기념 중심 구역으로 부터의 조망, 특히 국회의사당과 백악관에서의 조망 및 이들 건축물들을 향한 조망을 포함하고 있다. 이러한 조망은 국가적으로 상징적인 공공 건축물의 위계와 시각적인 중요성을 유지하기 위해 필수적인 요소이다. 이를 위해 주요한 결정에 앞서 이 세션에서 제시된 주요 조망축을 따라 공간 배치, 종합계획 수립, 개발 심사 등 간단한 설계 조사(massing study)가 선행되어야 한다. 각 조망축 및 경관 회랑에 대한 추가적인 내용과 세부 지침은 기술 부록(the Technical Addendum)에서 확인할 수 있다.

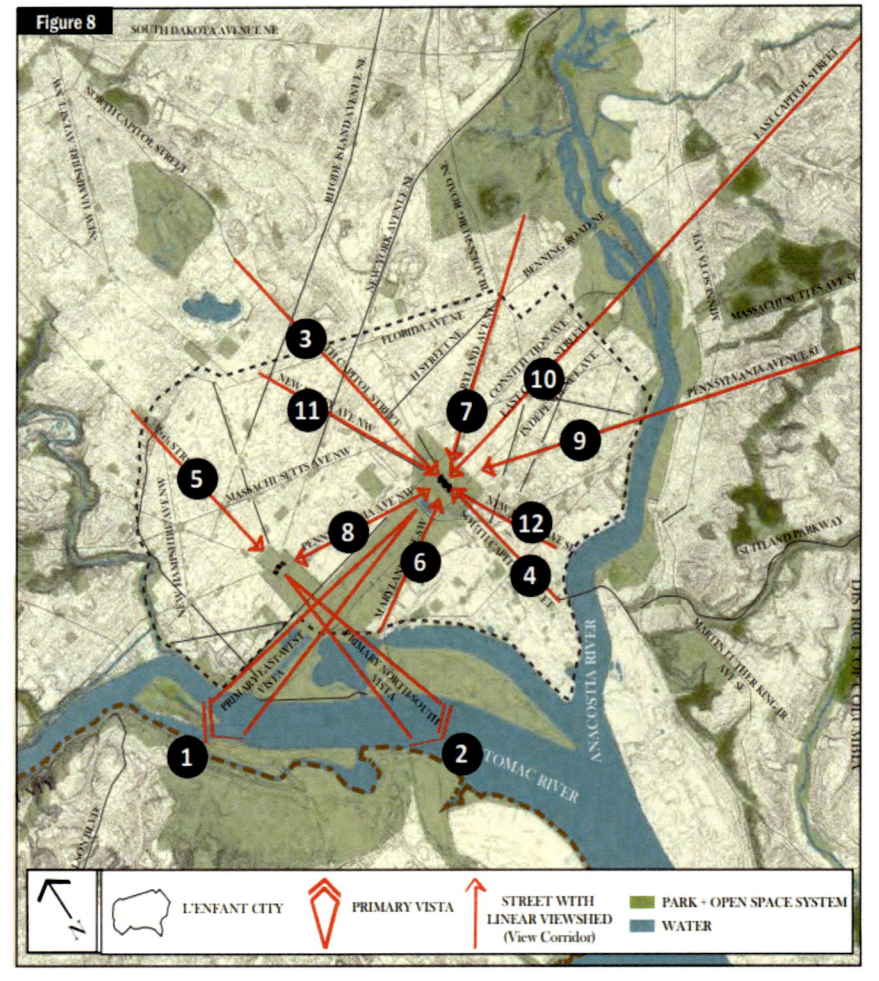

1. National Mall에서 서쪽 지평선까지 이어지는 EW방향 조망축
2. 백악관에서 남쪽 지평선까지 이어지는 NS방향 조망축
3. North Capitol 선형 경관 (국회의사당-Michigan 거리까지)
4. South Capitol 선형 경관 (국회의사당-포토맥 거리까지)
5. 16번가 선형 경관 (백악관-Euclid 거리까지)
6. Maryland 거리(SW) 선형 경관 (국회의사당-Tidal 분지까지)
7. Maryland 거리(NE) 선형 경관 (국회의사당-국립수목원까지)
8. 펜실베니아 거리(NW) 선형 경관 (국회의사당과 백악관 부지 사이)
9. 펜실베니아 거리(SE) 선형 경관 (국회의사당-SE 거리까지)
10. East Capitol 거리 선형 경관 (국회의사당-SE 거리까지)
11. NewJersey 거리(NW) 선형 경관 (국회의사당-Florida 거리까지)
12. NewJersey 거리(SE) 선형 경관 (국회의사당-Tingey 거리까지)

각각의 경관 회랑에 대한 보다 상세한 정보는 기술 부록 참고

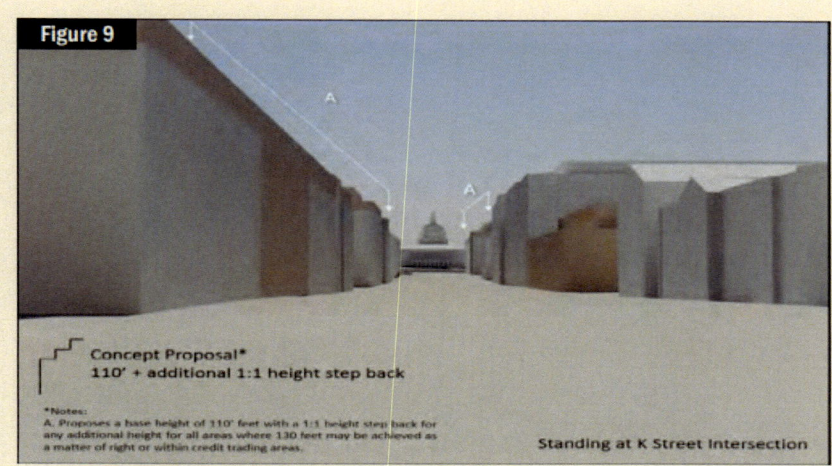

2014년 9월 NCPC는 컬럼비아 특별구 지구 규정 검토(the District of Columbia Zoning Regulations Review)(ZRR)에 대한 의견으로 남북 국회의사당 거리의 구획을 포함한 권고사항을 제시했다. 위의 그림은 NCPC가 북쪽 국회의사당 거리 건축물 규모에 대한 제안을 시각화하고 있다.

북쪽 국회의사당 거리를 따라 조망되는 국회의사당의 경관은 도시 계획 구조와 상징적 설계의 기초를 정립하는 주요 남북축 중 하나로서, 기념 중심 구역으로 진입하는 중요한 관문으로 기능한다.

북쪽 국회의사당 거리의 지형적 특성은 백악관 북측의 16번가와 유사하다. 플로리다 거리부터 국회의사당 방향으로 고도가 점진적으로 낮아지며 이 구역의 건축물의 규모 및 위치는 국회의사당 돔의 규모와 보행자의 경로 내에서 압도되게끔 인식을 강화하는 데 기여한다. 동시에 북쪽 국회의사당 거리는 동쪽에 고밀도인 NoMa 상업지구가 위치하고, 서쪽에는 저밀도의 거주지가 위치하는 합류지점이다. 이에 따라, NCPC는 북쪽 국회의사당 거리 NW방향에 있는 K 거리 남쪽의 고도 제한이 적용되지 않는 부지에 조성되는 건축물에 대해서도 110피트 고도 제한과 1:1 비율의 건축물 이격 거리 적용을 권고하고 있다.

또한, NCPC는 남쪽 국회의사당 거리 SE/SW 고속도로와 M 거리 사이 구간에서도 110피트 고도 제한과 1:1 비율 건축물 이격 거리 적용을 권고하고 있다. 이러한 조치는 국회의사당 돔이 법으로 규정된 건축물 높이에 의해 그 위상이 위축되지 않도록 보호하고, 국회의사당에 인접한 구역의 건축물 경관을 일관되게 유지하는 데 기여한다.

연방 정부의 역할

UD.B.5.1 국회의사당, 백악관, 워싱턴 기념비, 주요 스카이라인 요소의 선형 경관과 조망을 보호·강화, 가시성 제고를 위한 시각적 방해물 제거

UD.B.5.2 축선 조망 강조를 위한 가로수 식재 및 유지관리, 공원과 같은 국가 수도의 특성 유지

UD.B.5.3 주요 조망축을 훼손하지 않는 방향으로 관광버스 및 상업용 트럭 주차 공간 배치

UD.B.5.4 가능한 건물 이격 거리 및 건물 스카이라인을 일관되게 유지하여 가로축 선형 경관 강화

UD.B.5.5 적절한 규모의 건축물 조성을 통해 가능한 랑팡 계획에서 규정한 주요 남북/동서 경관 강화 및 보호

UD.B.5.6 국회의사당을 도시의 공간적 중심으로 강화하고 공공 영역 및 거리 경관 계획, 거리의 용도, 건축물의 규모, 경관 보호 등을 고려한 정책적 결정을 통해 방사형 거리와 주요 교차점의 상징적 역할 회복
해당 원칙은 북쪽 국회의사당 거리, 남쪽 국회의사당 거리, 동쪽 국회의사당 거리, 뉴저지 거리, 메릴랜드 거리, 델라웨어 거리에 적용
이들 거리를 따라 조성되는 공간은 기념 중심 구역으로 진입하는 주요 관문으로서의 정체성 반영 필요

1. 도로의 교차점을 따라 형성되는 가로 경관을 통해 국회의사당의 상징성 강조. 건물 이격 거리 적용 및 국회의사당 돔 주변의 시각적 경관 보호를 위한 조망 체계를 확립하여 개방감 있는 조망 유지
국회의사당과 교차하는 거리의 건축물 배치는 일반적으로 가로폭이 건축물의 높이보다 넓은 경관축을 유지하는 방식으로 높이 및 규모 조정

2. 가능한 국회의사당을 향한 조망 및 국회의사당에서 바라보는 조망은 신규 개발로 인한 시각적 간섭 최소화

3. 국회의사당과 교차하는 도로의 선형 경관을 따라서 균형 있게 건축 규모를 설정하고 블록 단위에서의 조화로운 경관 형성 필요

UD.B.5.7 국회의사당과 제퍼슨 기념관을 연결하는 메릴랜드 거리를 공공 공간 개선 및 거리망 재연결을 통해 웅장한 대로로 복원

UD.B.5.8 국회의사당과 수변을 연결하는 남쪽 국회의사당 거리의 대중교통 기반 시설 확충, 공공 공간 개선, 도시 구조 복원을 통해 웅장한 대로로 복원

UD.B.5.9 3번가-15번가 사이 펜실베니아 거리 구간에서의 신규 토지 이용 및 환경 개선에 있어 21세기 수도로서의 국가적·지역적 위상에 걸맞은 방식으로 통합적인 계획 수립, 개선 조치 및 유지 관리 추진

1. 1974년 개정된 펜실베니아 거리 발전 종합계획(The Pennsylvania Avenue Development Corporation Plan)의 일반적인 지침, 광장 지침을 준수하여 건축물 및 경관 요소의 배치 및 규모 설정 시, 국회의사당 주변 시각적 틀의 개방성을 강화하고 주변 공공 영역과 건축물의 규모가 양립할 수 있게 유지

UD.B.5.10 백악관과 주변 부지의 특별한 중요성을 시각적으로 강화

1. 백악관으로의 독특한 조망을 제공하는 조망점인 Meridian Hill Park의 북쪽 경사면으로부터 16번가를 따라 형성된 가로수길 수관층을 일관성 있게 유지

2. 도시 계획 품질과 보안 목표 충족을 위해 16번가와 펜실베니아 거리로부터 바라볼 때, 백악관과 주변 부지를 시각적으로 압도하지 않도록 백악관 인근 블록 내에 위치한 건축물의 규모 조정
백악관 및 16번가와 인접한 건축물의 크기·규모에 대한 공간적 관계 유지

3. 16번가를 따라 배치되는 건축물의 크기·규모에 있어 균형 유지 및 블록 단위의 일관된 경관 형성 필요

St. Elizabeths West Campus의 파노라마 경관

워싱턴 D.C. 도시 계획의 자연 지형과의 특별한 결합은 도시 주변의 능선에서의 도시 및 자연 경관을 광범위하게 조망할 수 있도록 한다. 워싱턴 동남부의 구릉지에서 주목할 만한 부분은 남북전쟁 방어시설 및 연방 시설과 같은 연방 소유의 공원 부지가 위치하고 있다는 것이다. 예를 들어 St. Elizabeths West Campus는 아나코스티아 언덕의 남쪽에 위치하고 있으며, 캠퍼스 내 개방형 고원 지대는 먼 거리에서 워싱턴 기념비, 국회의사당 돔, 워싱턴 국립대성당 등 광범위하게 독보적인 경관을 조망할 수 있는 지점이다. St. Elizabeths West Campus와 같은 공공 부지에서의 파노라마 조망은 추가적인 조사를 통해 가능한 중요한 조망점을 유지하고 강화되어야 한다.

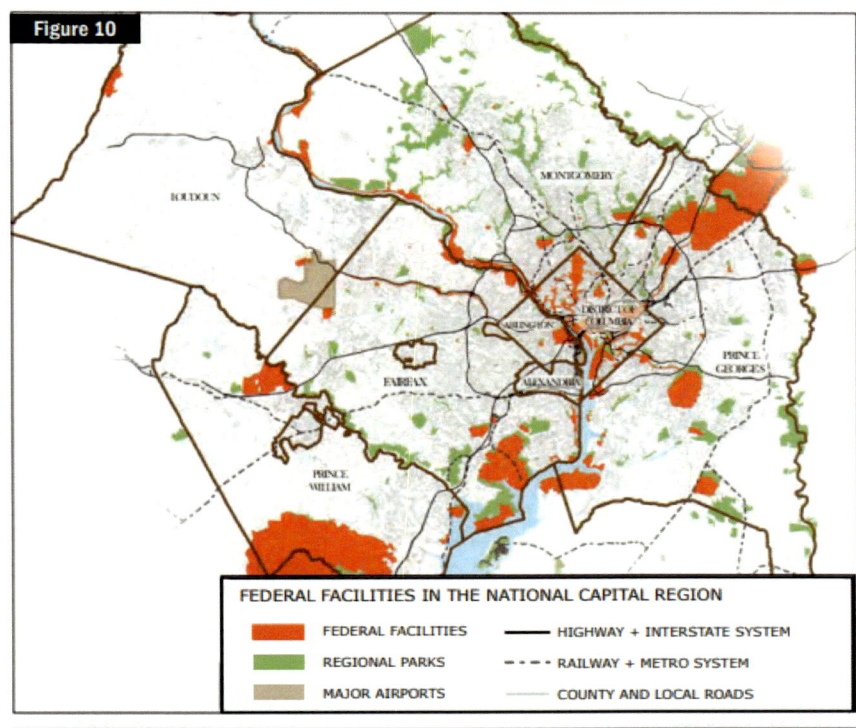

백악관 앞 펜실베니아 거리(Pennsylvania Avenue)

Part Ⅱ : 연방 시설 및 연방 소유 자산에 대한 도시 계획 원칙

워싱턴 D.C. 및 인근 지역 내의 연방 건축물과 부지의 입지 및 설계를 결정하는 여러 중요한 요소가 있다. 이에는 연방 정부의 임무, 예산, 운영 필요성, 대중교통과의 접근성 등이 있다. 도시 계획은 의사결정 과정을 포함하여 단일한 형식으로 구성되어야 한다. 이 세션에서는 연방 소유 자산의 도시 계획과 관련된 정책을 다루고 있으며, 연방 시설들이 어떻게 배치되고 계획되는지는 인근 지역 및 주변 환경의 전반적인 특성을 결정하는 중요한 역할을 수행한다. 연방 자산에 대한 도시 계획의 품질은 연방 직원들의 근무 환경에 중요한 요소이며, 연방 기관의 일상적인 업무 수행에도 영향을 미칠 수 있다. 더 나아가 연방 건축물 설계는 수도의 이미지와 더불어 연방 정부에 대한 공공의 인식 형성에 있어서도 중요한 요소로 작용한다.

많은 연방 소유 부지는 기념 중심 구역에 집중되어 있으며, 중요한 상징을 가지고 있는 공공 영역의 시각적·기능적 특성을 형성하는 요소로 작용한다. 예를 들어, 메릴랜드, 몽고메리 카운티에 위치한 국립보건원(the National Institutes of Health)이나 버지니아, 페어팩스 카운티 Fort Belvoir 군사기지와 같은 연방 기관들은 기관이 위치한 지역사회에서 도시 계획 및 특성에 중요한 역할을 하고 있다. 이렇게 연방 소유 부지가 도심, 교외, 농촌 등 어떠한 환경에 위치해 있던지 주변 공공 공간을 고려하는 것이 필수적이며, 이 과정에서 보행 환경과 접근성에 대한 고려가 필요하다. 각각의 연방 건축물은 고유한 특성을 지니고 있지만, 주변 환경과 건축물의 조화, 부지 내·외부 순환, 기타 관련된 도시 계획 목표를 고려하여 도시 계획 전략을 수립하여야 한다.

Section C : 연방 시설, 자산, 공공 영역과 관련된 정책들

다음의 부분에서 제시하고 있는 정책들은 연방 시설과 자산의 계획과 관련된 사항에 초점을 두고 있다. 이 정책들은 연방 건축물 설계와 관련된 핵심적인 사항을 3가지 주요 영역(고품질의 설계 장려, 건축물과 지역사회와의 통합, 도시 설계 및 보안)을 중심으로 구성되며, 공간의 내부 디자인이 연방 시설의 설계 품질을 결정하는 또 다른 중요한 요소이나 여기서는 고려되지 않는다. 이 정책들은 연방 환경, 연방 근무환경, 역사 보존 요소에서 제시하는 원칙들과 상호 보완적으로 작용하며, 각 연방 시설의 설계 단계에서 방향을 제공한다.

C.1 영감을 주는 디자인 : 개별 건축물 및 캠퍼스

도시 계획 요소에서는 현대화, 재생, 확장, 신규 건설 등 요소를 포함하여 연방 소유 건축물의 설계 방향을 제시하는 정책을 수립하도록 한다. 이러한 정책들은 어떠한 특정 건축 양식도 거부하며, 어떻게 연방 건축물이 그 외관의 배치와 방향으로 주변의 도시 맥락을 향상시킬 수 있는지 고려한다. 또한, 시설 계획가들은 지속가능성과 건축물의 설계와 관련된 최적의 계획 원칙을 통합하도록 권장한다.

연방 건축물의 설계와 건설은 높은 품질을 유지해야 하지만, 모든 건축물이 상징적인 디자인을 가질 필요는 없다. 건축물의 설계 접근 방식은 지역의 장소감을 강화하는 방향으로 이뤄져야 한다. 또한, 계획가들은 건축물 주변과의 관계를 고려하여 개별 건축물의 효율성과 지속가능성을 모색해야 한다. 예를 들어 우수 관리 시스템의 통합 또는 에너지의 공유는 건축물의 설계 및 건축 비용을 절감하는 동시에 효율성을 극대화할 수 있다. 이러한 지구 단위의 지속가능성에 대한 접근은 높은 품질의 연방 건축물 설계에 있어 핵심 가치라 할 수 있으며, SW Ecodistrict 계획의 중심 과제이다. 우수 관리 비용의 저감과 기타 생태적이고 지속 가능한 설계 원칙에 관한 더욱 구체적인 지침은 연방 환경 요소를 참고하면 된다.

연방 정부의 역할

UD.C.1.1 연방 정부의 본부 및 주요 사무용 건물과 같은 핵심 연방 건축물의 건설 또는 현대화는 국가 수도권 지역의 중요성을 반영해야 한다.
건축물은 공공의 자산을 보호하고 국가 수도 지역의 상징성을 반영하여 고품질의 내구성이 강한 재료를 사용하여 설계·시공

1. 건물의 배치, 규모 및 건물의 외관뿐 아니라 조경, 조명을 활용하여 국가적으로 중요한 공간의 위상 강조

2. 연방 건축물과 국가적 기관 주변의 식생, 색채, 규모, 경관의 조화를 고려하여 건축물의 기능적인 요소 및 디자인 보완 필요

UD.C.1.2 연방 기관은 연방 캠퍼스 및 주요 시설의 세부적인 도시 설계 과제 해결을 위한 마스터플랜 수립 및 정기적인 최신화 수행 필요.
NCPC 지침에 따라, 지역 정부 및 위원회와 협의를 통해 변화하는 환경 조건 및 기관의 요구에 대한 대응 필요

1. 보존이 필요한 요소, 해결이 필요한 문제점을 포함하여 현재 시설의 특성 및 주변 환경 분석

2. 건축물의 배치, 규모, 건축적 특성, 가로경관, 조경 요소 및 특성, 안내 표지 및 주차 등을 포함한 도시 설계 원칙 제안

3. 주요 기관 기능의 위치 및 설계 전략 포함

4. 실용적이면서 일상 기능 지원을 위한 설계 전략을 포함하되, 주요 도시 설계 요소에 대한 간섭을 최소화하거나 피하는 방식으로 배치

UD.C.1.3 가능한 지구 단위 범위에서 지속 가능한 부지 및 건축물 설계 이행

UD.C.1.4 건축물이 위치한 장소와 특성에 적합한 상징적인 디자인 및 주변 환경과 조화를 이루는 매립형 디자인과의 균형 유지

UD.C.1.5 대중교통, 자전거, 보행 접근성을 고려한 도시 설계 반영 및 장애인법(ADA, Americans with Disabilitieis Act), 건축시설물법(ABA, Architectural Barriers Act)을 준수하여 접근성 증대

U.S. Census Bureau Headquarters, Suitland, MD

C.2 연방 건축물과 캠퍼스의 주변 지역사회와의 조화

워싱턴 D.C. 및 수도권(NCR) 내에서 연방 정부는 중소규모 및 대규모의 복합 건축물 및 캠퍼스를 유지관리하고 있다. 버지니아주 Fort Belvoir, 메릴렌드주 국립보건원(the National Institutes of Health), 워싱턴 D.C. 세인트 엘리자베스의 국토안보부 본부(the Department of Homeland Security Headquarters)와 같은 시설들은 지역사회 내에서 큰 영향력을 행사하고 있다. 특히 건축물 및 부지 설계는 보안 요소와 공공 공간과 연관성이 높고, 인접한 지역의 특성에 지대한 영향을 미친다. 건축물 또는 캠퍼스 설계 품질은 지역사회 환경과 조화를 이루는 데 중요한 요소이다. 이 장에서는 연방 건축물과 캠퍼스를 도시 설계 및 계획 원칙을 활용하여 주변 환경의 맥락에 맞게 통합시키는 전략에 대해 서술한다. 특히, 보안 요소는 중요한 역할을 담당하며, 이는 다음의 장에서 서술할 예정이다.

이러한 정책들은 연속된 지역적 네트워크를 유지하기 위해 연방 소유 부지의 순환 및 보행 연결성이 폭넓게 고려되어야 하며, 연방 직원들이 캠퍼스 내에서 이동할 경우 도보, 자전거를 활용할 수 있도록 지원한다. 또한 소매 시설, 주차장과 같은 편의시설을 연방 정부 소속 직원들로 제한하지 않고, 지역 주민들이 이용할 수 있는 방식으로 편의시설 위치의 중요성을 강조하고 있다. 연방 캠퍼스는 그들이 위치한 지역적 맥락을 이해하면서 지역사회의 특성과 연방 기관의 목표 사이의 균형을 고려한 지역 계획과 설계 지침을 상의해야 한다. 연방 캠퍼스의 내외부의 접근 및 순환과 관련된 추가적인 정책들은 연방 정부의 업무 환경(the Federal Workplace) 및 교통 요소(Transportation)를 참고하기 바란다.

건축물이 주변 환경과의 조화를 이루는 데 있어 핵심 구성요소는 거리 단위이다. 건축물 거리 단위의 설계와 용도의 품질은 사람을 지향하는 방향이어야 한다. 활동적인 거리 단위의 용도를 갖춘 건축물은 보행자들에게 접근 용이성과 편안함을 제공한다. 또한 캠퍼스의 경계부가 보행 친화적인 환경을 제공한다면, 보행자들의 지역사회 내 이동을 촉진하고 연결성을 강화할 것이다. 이는 특히 도심 지역에 위치한 연방 건축물에서 중요하다. 이에 따라, 전통적인 연방 건축물 설계의 개념을 재고하고 보다 창의적인 방식으로 주변 환경에 맞춘 연방 건축물 배치를 권장한다.

이는 불필요한 연방 건축물의 처분과 관련된 사항에도 적용된다. 처분된 부지의 미래 활용은 기존의 지역사회에 기여하고 면밀하게 조직된 장소만들기 전략을 통해 도시 계획의 목표를 강화해야 할 것이다. 연방 부지와 지역사회와의 통합과 관련된 추가적인 정책들은 연방 정부의 업무 환경(the Federal Workplace) 및 교통 요소(Transportation)를 참고하기 바란다.

메릴랜드 주 The Intelligence Community Campus-Bethesda 프로젝트는 비효율적이고 노후화된 연방 캠퍼스를 지속 가능하고 유기적으로 연결된 업무 공간으로 전환한 사례이다. 이 프로젝트는 지역사회 및 인접한 연방 기관, 지방 정부와의 광범위한 협력을 통해 주차, 건물 설계, 우수 관리 등 개선 사항을 도출하고 2012년에 공사를 시작하였다.

UD.C.2.1 연방 건축물 및 캠퍼스의 부지 계획은 주변 도시 환경의 맥락을 적절히 고려해야 하며, 다음의 요소 고려 필요

1. 주변 용도 및 거리 격자 패턴의 규모 고려
2. 높이, 규모, 건물 이격 거리, 재질, 창문 등을 포함한 인근 건축물과 양립 가능성 유지
3. 지역사회 도시 계획 목표

UD.C.2.2 연방 기관은 가능한 연방 건물과 캠퍼스 주변의 보행 환경을 개선해야 하고 특히, 보안 요소를 고려한 설계가 필요

1. 유연하고 다기능적 공간 조성을 위해 광장과 같은 사람들이 모일 수 있는 공간 제공 및 연방 건축물 부지 내 장소 만들기 활동 촉진
2. 공공 공간과 인접한 건축물 벽을 단조롭게 하지 않도록 하고 예술 작품 전시, 명료한 재질 활용, 기타 적절한 방법으로 생동감 있는 거리 단위의 건축물 외부 조성
3. 건축물 외부 및 주요한 공공 건축물의 출입구를 주요 거리 또는 개방 공간을 향하도록 배치
4. 대규모 블록 설계는 지양하고 중간 크기 블록 골목길을 도입하여 지역사회의 개방 공간으로 활용하거나 많은 건축물에 있는 공공서비스 지역에 대한 접근성 제고
5. 신규 연방 사무실 개발 시, 공유 가능한 개방 공간 확보
6. 거리면을 따라 공공 공간 제공 또는 소매 상점, 기타 상업적 지점들을 활성화된 1층 공간에 적절히 배치하여 친화적 공간으로 조성
   a. 대중교통 결절점 및 주요 교차로 인근에 소매 상점들을 집중 배치하여 보행자의 접근성 제고
   b. 연방 소유의 광장, 유휴 개방 공간 등을 활용한 길거리 시장 및 농산물 직거래 시장 조성 검토

UD.C.2.3 연방 건축물 및 캠퍼스, 건축물 부지, 광장 등이 가능한 지역·광역 열차, 자전거 도로, 보행로, 공용 공간 네트워크와 연결될 수 있도록 접근성·연결성 제고
연방 기관은 농산물 직거래 시장, 그림 전시장 등 공적으로 접근 가능한 편의시설을 갖춘 지역으로 조성하기 위한 방안 모색 필요

UD.C.2.4 다양한 교통 수단을 통한 거리 연결, 인접한 거리로의 연장 또는 지역 도로망 등 전략 수립을 통해 연속적인 교통 네트워크 형성

UD.C.2.5 연방 캠퍼스와 건축물로 향하는 보행로 및 차량 출입구, 물리적인 관문을 최대한 개방적이고 접근이 용이하도록 설계

UD.C.2.6 소매 상점을 포함하여 다양한 편의시설을 가능한 지역사회에서 접근이 용이한 위치에 계획

농업부(the U.S. Department of Agriculture's) Whitten 빌딩 앞의 농산물 직거래 시장

C.3 도시 계획 및 보안

연방 정부와 지역 정부는 워싱턴을 방문하고, 거주하고 일하는 사람들에 대한 안전을 확보할 책임이 있다. 동시에 워싱턴 D.C.가 세계적으로 특별한 수도로 기능할 수 있도록 개방성과 역사적 도시 설계를 유지하여야 한다. 이러한 정책들은 더 넓은 범위의 연방 건축물과 캠퍼스에 적용될 수 있다.

워싱턴 D.C.는 역사적인 거리 경관과 개방적인 공공 공간으로 인정받고 있다. 그러나, 경비 초소, 도로 폐쇄, 콘크리트 화단 및 기타 영구적, 일시적인 장애물들은 수도의 도시 미관과 도시에 대한 사람들의 인상에 악영향을 줄 수 있다. 또한, 보안 요소들이 연방 시설이 위치한 지역사회의 특성에도 부정적인 영향을 미친다.

보안 계획 및 설계에 따라 발생하는 양상들은 효과적인 보안 조치들을 계획할 때 고려해야 할 것이며, 외부적인 위협에 대한 위기관리 전략은 기반 시설 보호, 건축, 주변 보안, 감시 및 운영 등 많은 요소를 다뤄야 한다. 이러한 기준은 여러 대통령 지침과 국토안보부 산하 연방 기관 보안위원회(Interagency Security Committee)의 신규 연방 사무용 건물 및 주요 현대화 계획을 위한 매뉴얼(Manual for New Federal Office Buildings and Major Modernization Projects), 국방부의 통합 시설기준(Unified Facillities Criteria)[26]과 같은 연방 보안 기준에서 비롯하고 있다.

NCPC는 워싱턴 D.C. 공공 공간의 개방성 보존을 위한 효과적인 보안 체계의 개발을 지원하며, 공공 영역뿐 아니라 인근 지역사회의 특성을 강화하는 것을 목표로 한다. 물리적으로 경계부의 보안이 필요할 경우, 이는 건물 부지 내에 배치되어야 하며, 건축 부지 설계에 통합되어야 한다. 그러나, 도심에는 일반적으로 건축 부지가 없어 공공 공간 주변부에 대한 물리적인 보안 조치를 할 수도 있다. 이 경우, 불필요한 조치가 이루어져서는 안 되며, 보안 시설물과 매력적인 도시 경관 형성 또는 녹지 교외 경계와 통합을 고려해야 한다.

본 장에서 제시하는 정책들은 NCPC의 국가 수도 도시 설계 및 보안 계획(National Capital Urban Design and Security Plan)[27]의 맥락과 목표를 참고하였다.

이러한 정책들은 주변부의 물리적 보안을 구축할 필요가 있을 때, 도시 계획의 중요성과 설계 문제를 다루고 있다. 본 장에서는 건축물 보안의 기능적 특성과 공공 공간의 시각적 특성 간의 균형 유지를 위한 다음과 같은 고려 사항을 서술한다. (1) 기념 중심 구역의 역사적 자원과 워싱턴의 역사적인 도시 계획이 내재하고 있는 민주적 설계 원칙들, (2) 지역의 이동성에 대한 요구, 복합 용도 개발, 활성화된 거리 활동에 대한 보호 및 경제적 활력 제고 방안, (3) 거주민, 근로자, 방문객의 수도 및 지역 내 공공 공간에 대한 접근, 사용, 향유를 위한 권리 보장을 위해 주변부 보안이 공공 영역에 미치는 부정적 영향 최소화의 중요성

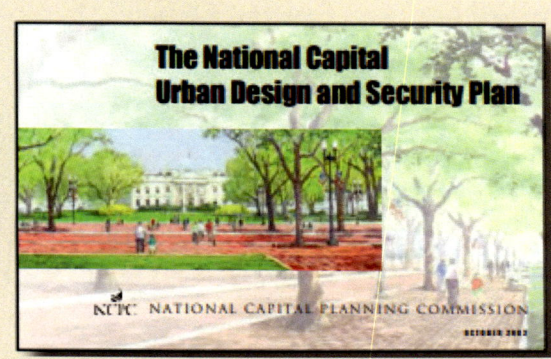

연방 기관 보안 TF(Interagency Security Task Force)

2000년 3월 미 의회는 국가수도계획위원회 연방 기관 보안 TF 설립을 승인했다. TF는 워싱턴 D.C.의 기념 중심 구역의 역사적 특성에 따른 보안 조치의 영향을 평가하기 위해 구성되었다. 2001년 11월, 국가수도계획위원회는 TF의 권고안을 공식적으로 채택했으며, 해당 권고안은 국가 수도의 보안을 위한 설계(Designing for Security in the Nation's Capital)에 수록되었다. 주요 권고 사항 중, 국가 수도의 연방 시설들에 대한 영구적인 보안 및 가로경관 개선을 위한 도시 설계 및 보안 계획 수립을 제안했다. 2002년 TF 권고안을 기초로 국가 수도 도시 설계 및 보안 계획(the National Capital Urban Design and Security Plan)이 수립되었다. 이 계획은 국가수도계획위원회가 연방 정부, 컬럼비아 특별구 정부, 보안 기관, 시민단체 및 경제단체 등과 협력하여 마련했다.

국가 수도 도시 설계 및 보안 계획의 주요 내용

- 폭발물을 탑재한 차량으로 인한 위협으로부터 주변 보안 전략 제공
- 보안과 도시 미관을 동시에 고려한 도시 전반의 프로그램 도입
- 매력적인 거리 조성을 위해 거리 주변부의 보안을 고려하여 구조물 배치 및 조경 요소 도입

2004년 NCPC는 보안 TF를 다시 소집하여 추가된 정보를 담은 부록을 발표했으며, 2005년에는 주변 보안 계획 심사를 위해 목표 및 정책을 개정[25]하여 채택했다. 개정된 정책은 국가 수도의 계획 품질의 중요성 강화, 건축물 보안의 기능적 특성과 공공 공간의 시각적 특성 간 균형 유지를 위한 노력을 목표로 하고 있다.

UD.C.3.1 랑팡 계획에서 규정한 도로 및 인도의 영구적인 폐쇄 지양

1. 비상 대피를 위해 필요한 도로는 폐쇄되거나 차단되어서는 안 되며, 특별한 행사나 활동을 위해 필요한 일시적인 기간을 제외하고는 접근 제한

UD.C.3.2 도로, 주차선, 인도의 일시적인 폐쇄 또는 접근 제한은 필수적인 정부 운영의 연속성 유지를 위해 절대적으로 필요하다고 간주되는 경우에만 제한적으로 허용
이러한 폐쇄 및 제한 조치는 특별한 보안 위협, 대규모 공공 집회, 국정 연설, 행사 퍼레이드와 같은 특별한 행사나 활동을 위해 필요한 짧은 기간에만 제한적으로 허용

1. 일시적인 폐쇄 및 접근 제한 조치는 사전에 수립된 계획 및 절차에 따라 이뤄져야 하며, 폐쇄로 인해 직접적으로 영향을 받는 정부 기관 및 폐쇄에 따른 잠재적 영향의 범위를 평가할 수 있는 기관 사이의 조정 필요
이러한 기관에는 국토안보부-국가 수도권 조정국(Department of Homeland Security-National Capital Region Coordination), 지역 비상 관리 기관, 지역 법령 집행 기관, 국회의사당 경찰(U.S. Capitol Police), 공원 경찰(U.S. Park Police), 비밀경호국(U.S. Secret Service), 연방 보호 서비스(Federal Protective Service), 지역 계획 및 교통 부서, 국가수도계획 위원회 등이 포함

UD.C.3.3 공공 공간 내 보안 시설물의 배치 지양 및 최소화

1. 도시 지역 내 신축 건축물 또는 대규모 보수 계획에 있어 실내 공간 계획을 공공 공간 내 경계 보안 시설의 필요성을 최소화하는 방향으로 주요 기능 위치 및 건축물 기능 고려

2. 외부 공기 흡입 시스템 보호 시설은 건축물의 디자인 구성과 시각적·물리적으로 통합되어야 하며, 공기 흡입 보호 조치는 건축물 마당이나 공공 공간에 대한 접근을 방해하거나 보행자의 이동을 저해하지 않도록 구축

3. 도심의 기존 건축물은 건축물의 정면에서 건축물 바깥 경계까지 거리가 최소 20피트 이상일 경우, 경계부 보안 시설물을 건축물 내부에 배치
건축물 정면에서 건축물 바깥 경계까지 거리가 20피트 미만일 경우, 해당 건물과 인접한 공공 공간 내 보안 시설물 설치 허용

미국 인디언 국립 박물관의 보안 시설물

4. 기존의 가로경관, 조경 또는 건물 부지 특성을 강화하거나 가능한 부지 주변 지형과 조화롭게 하여 물리적으로 주변부의 보안 확보 필요
이를 충족하지 않는 경우, 보안 시설물은 도시 경관과 조화를 이뤄야 하고 시각적인 영향 및 공공 공간에 대한 물리적 침해를 최소화

5. 물리적 경계 보안 요소가 건축물 부지의 가장자리에 배치될 경우, 건물 잔디밭 및 지정된 출입구에 대하여 사람들의 시각적, 물리적 접근을 수용할 수 있도록 설계

6. 보행자의 이동성에 대한 간섭을 최소화하여 경계 보안 시설물을 배치해야 하며, 보안 시설물이 인도를 수직으로 가로질러 보행자가 그 사이를 지나가지 않는 방향으로 설계

UD.C.3.4 보안 시설물의 위치 및 배열은 거리의 다른 건축물의 보안 시설물의 배치와 유사하게 구축

UD.C.3.5 교차로, 모퉁이, 횡단보도 및 보행자 이용이 빈번한 지역은 주변부 보안 시설물을 최소화
보안 시설물이 필요한 경우에는 보행자가 안전하게 대기할 수 있는 공간 및 보행자의 이동을 고려하여 시설물 배치 필요

UD.C.3.6 보안 시설물의 배치를 설계 관행과 업계 표준을 반영하여 배치

1. 장애인법(ADA, Americans with Disabilitieis Act), 건축시설물법 (ABA, Architectural Barriers Act) 준수
2. 주요 이동 경로 및 부지, 건축물의 특성을 나타내는 시각적 단서 제공
3. 공공 공간에 시각적, 물리적으로 접근 가능하도록 보장
4. 대중교통 정류장으로의 접근 및 출입이 가능하도록 충분한 공간 제공
5. 보행자가 인도, 공공 공간, 건축물 입구에 안전하게 접근 가능하도록 조치
6. 긴급 상황 시 건축물 출입 및 건축물로부터 긴급 대피할 수 있도록 조치
7. 제설 차량, 공공시설 유지보수 트럭, 기계식 청소 장비 등 유지관리 장비들이 건축물의 마당, 인도, 광장 내 접근 및 이동이 용이하도록 보장
8. 차량 문을 여닫기, 차량으로부터 승하차, 공공 공간의 접근이 용이하도록 보안 시설물과 도로 연석 사이에 최소 2피트 공간 확보

UD.C.3.7 보안 요소들이 도로 연석 또는 인도의 가장자리에 위치하는 경우, 카페, 키오스크, 집회 구역, 거리를 따라 행해지는 행사 관람 구역 등 허가된 다양한 거리 활동에 대해 과도하게 보행자의 접근을 방해하지 않도록 조치 / 주요 공공 행사 기간 사용되는 관람대, 천막 등 관람자를 수용 가능토록 설계

UD.C.3.8 규모, 형태, 재질을 포함한 보안 시설물의 설계는 건물과 주변 구역의 고유한 특성을 보완하고 미적으로 강화시키는 방향으로 건축물 및 조경 맥락과의 조화를 고려할 것

UD.C.3.9 건물 부지 내 물리적 경계의 보안 시설물을 경관 설계에 포함해야 하며, 낮은 울타리, 벽, 좌석, 조경 요소 및 조경 내에 설치된 기타 공공 편의시설도 포함 보안 시설물의 설계는 인접 건물과 건축적으로 조화를 이루고 전반적인 거리의 특성 반영 필요

UD.C.3.10 공공 공간 내 경계 보안 시설물은 장식용 가로수, 화분, 가로등, 표지판, 벤치, 주차 요금기, 쓰레기통, 기타 거리경관에서 전형적으로 볼 수 있는 공공 편의시설 포함

UD.C.3.11 계획된 기존 거리 경관과의 조화를 고려하여 수관층, 나무 뿌리 시스템을 포함한 기존 가로수의 보호 및 신규 가로수 식재 장려. 이를 통해 도시 경관에 있어서 보안 시설물이 주는 시각적 영향 및 물리적 침해 최소화

UD.C.3.12 경계 보안 설계는 건축물의 용도 및 중요성, 지역사회 내에서의 위치 및 확립된 경관 조망축 고려 필요

UD.C.3.13 전반적인 거리 경관의 연속성, 일관성, 향상성 등을 고려하여 주변 보안 설계 노력 필요

UD.C.3.14 경계 보안 설계에 연속적인 볼라드 및 화분과 같은 단일적 요소의 반복적인 사용 지양

UD.C.3.15 물리적 경계의 보안은 개방성, 균형, 위계 등을 고려한 설계 원칙을 준수하고, 이를 통해 길 찾기, 시각적 연결성 개선 및 보행 경험 향상에 기여하는 방향으로 조성
예를 들어 주요 보행 출입구 또는 보조 출입구를 나타내도록 특정 요소를 설계하고 배치

UD.C.3.16 경계 보안 시설물은 아름답고 기능적인 거리 경관 요소로서 계획되어야 하며, 공공 편의시설로의 기능 수행 필요

UD.C.3.17 기존에 승인된 거리 경관 계획 지역에 해당하는 물리적 경계 보안 계획은 해당 지역의 거리 경관 기준 및 설계 의도의 일관성을 유지하도록 설계 필요

UD.C.3.18 보안 시설물 설계(배치, 높이, 간격, 크기, 구조적 무결성 및 기타 물리적 특성)에 인식되는 위협 및 특정 건물 및 부지 조건, 차량의 설계 속도, 접근 각도, 도로 포장 유형 등 반영

UD.C.3.19 연석, 마감재 및 옹벽 등은 보안 시설물의 높이에 대한 인식을 줄이기 위해 보안 시설물 설계에 통합

UD.C.3.20 보행자 대상 보안 검색은 공공 공간에서 수행 지양, 이러한 기능 수행을 위해 건축물 증축 또는 개보수가 필요할 경우, 새로운 건축물은 기존 건축물과 조화를 고려해야 하며, 랑팡 계획 구역 내 통행권, 기타 공공 공간 또는 조망축 침범 지양

UD.C.3.21 경비 초소는 건축 부지, 건축물의 설계와 조화를 이루고 통합되어야 하며, 가능한 건물 내부에 배치 필요

건축물 부지의 깊이가 충분하지 않을 경우, 보행자의 이동 방해를 최소화하도록 경비 초소 배치 필요

UD.C.3.22 차량 보호 장벽이나 경비 초소와 같은 건축물 입구의 차량 통제 시설은 보행자의 이동을 막지 않도록 배치

보행자 이동이나 교통 흐름을 방해하지 않는 도로 외 대기 공간에 검문소 설치 공간을 확보할 수 있도록 설계

UD.C.3.23 공공 공간에서 보이는 차량 통제 시설을 매력적으로 설계하고 기계장비들이 보이지 않도록 조치

유압식 플레이트 장벽은 공공 공간에서 보이지 않는 곳에서 사용

UD.C.3.24 간판, 전자적 신호 체계, 기타 통제 장치들을 시각적인 혼란을 최소화하기 위해 차량 보호 장벽과 경비 초소를 통합

UD.C.3.25 국가 수도 도시 계획 및 보안 계획(The National Capital Urban Design and Security Plan)은 그 맥락과 관련된 지역 및 특별 거리를 정의하는 설계 구조에 근거를 두고 있음

랑팡 계획에 따른 기념 대로와 대각선 도로로 일컬어지는 특별 거리는 도시의 선형적 연결에 중요 요소이자 국가 수도로서 중요한 상징적, 의례적 기능을 수행

이상적으로, 이러한 기념 거리 및 대각선으로 배치된 거리의 건물들에 대한 물리적 경계 보안은 해당 거리의 맥락에 적합하고 거리 경관과 조화롭게 집약적으로 설계 필요

전체적인 도시 경관 계획에 예산이 부족할 경우, 연방 기관들은 해당 거리에 있는 기관과 큰 맥락을 고려하여 설계 계획 조정 필요

UD.C.3.26 국가 수도의 대표적인 조망축 및 기념 거리인 Pennsylvania, Independence, Constitution, Maryland, Virginia, New Jersey 등의 거리는 특별 관리가 필요하며, 보안 과제를 포괄적으로 다루고 전반적인 거리 경관의 축성 및 형식성을 강조하도록 보장

UD.C.3.27 대각선의 대로를 주요 수목 및 식재를 포함하여 경관 요소를 강조하는 방식으로 조성

UD.C.3.28 Pennsylvania, Independence, Constitution, Maryland 거리와 같은 특별 지정 거리나 10번가 SW, 7번가 NW, 1번가 NW와 같이 특별 계획 구역에 포함된 거리들은 해당 거리가 가진 연결성, 특별한 조건, 개별적인 특성을 강화하는 방향으로 조성

UD.C.3.29 격자형 거리들은 기존의 거리 경관 기준을 기반으로 조성하고 보안과 거리 경관 요소 간 대비를 최소화하도록 조치

주변 맥락을 고려한 보안 초소 설계

NCPC의 도시 계획 및 보안 계획에서 제안한 도시 경관 보안 시설물

미주(Endnotes)

1. The Federal Elements are prepared pursuant to Section 4(a) of the National Capital Planning Act of 1952 (now codified at 40 U.S.C. § 8722).
2. L'Enfant Plan: http://www.ncpc.gov/ncpc/Main(T2)/About_Us(tr2)/About_Us(tr3) /History.html
3. McMillan Plan http://www.ncpc.gov/ncpc/Main(T2)/About_Us(tr2)/About_Us(tr3) /History.html
4. 1910 Height of Buildings Act: https://www.ncpc.gov/ncpc/Main(T2)/About_Us(tr2)/About_Us(tr3)/HeightofBldgs1910.pdf
5. The Schedule of Heights are height limitations in 15 different areas of Washington that are adjacent to public buildings, including the blocks around the White House, the Supreme Court, and the congressional office buildings. It functions in addition to the Height of Buildings Act.
6. National Register of Historic Places Registration Form for the L'Enfant Plan: http://focus.nps.gov/pdfhost/docs/NRHP/Text/97000332.pdf
7. Public Parking Act of 1870: https://comp.ddot.dc.gov/Documents/1870%20Parking%20Act.pdf#pagemode=none
8. For more information, see the National Register Nomination Form: http://focus.nps.gov/pdfhost/docs/NRHP/Text/97000332.pdf
9. Monumental Core Framework Plan:http://www.ncpc.gov/ncpc/Main(T2)/Planning(Tr2)/FrameworkPlan.html
10. SW Ecodistrict Plan: http://www.ncpc.gov/swecodistrict/
11. Memorials and Museums Master Plan: http://www.ncpc.gov/ncpc/Main(T2)/Planning(Tr2)/2MPlan.html
12. According to Casey Trees, in 1950 Washington, DC supported an estimated 50 percent tree canopy. By 2011, it had declined to just over 35 percent. http://www.caseytrees.org/about/mission
13. The Arlington County Board adopted "The Resolution of Concern Regarding Building Heights Related to the National Capitol Mall Axis" in 1982. It is non-binding and addresses NCPC's concerns regarding the east-west axis.
14. National Capital Planning Commission and Johns Hopkins University Press, 2006

15. Zach Mortice, Managing Editor, AIArchitect, 2014 Twenty-five Year Award, "Washington Metropolitan Area Transit- Notes of Interest," www.aia.org/practicing/awards/2014/twenty-five-year-award/
16. Extending the Legacy: Planning America's Capital for the 21st Century: http://www.ncpc.gov/ncpc/Main(T2)/Planning(Tr2)/ExtendingtheLegacy.html
17. Center City Action Agenda: http://planning.dc.gov/page/center-city-action-agenda-2008
18. Height Master Plan: http://www.ncpc.gov/heightstudy/overview.html
19. Anacostia Waterfront Intiative:http://www.anacostiawaterfront.org/awi-transportation-projects/anacostia-riverwalk-trail/
20. Casey Trees – www.caseytrees.org/about/mission
21. Benefits of Trees: A Research List. www.actrees.org
22. DDOT's Urban Forestry Administration accounts for about half of all trees planted each year throughout the District. Casey Trees has a goal of creating 40 percent canopy by 2035.
23. Public Realm Design Manual: http://ddot.dc.gov/PublicRealmDesignManual
24. National Mall Plan: http://www.nps.gov/nationalmallplan/National%20Mall%20Plan.html
25. In 2005, NCPC adopted an updated set of objectives and policies for reviewing perimeter security projects: http://www.ncpc.gov/DocumentDepot/Publications/SecurityPlans/NCUDSP/NCUDSPAddendum2005.pdf
26. Department of Defense's Unified Facilities Criteria: http://www.wbdg.org/ccb/DOD/UFC/ufc_1_200_01.pdf
27. National Capital Urban Design and Security Plan: https://www.ncpc.gov/DocumentDepot/Publications/SecurityPlans/NCUDSP/NCUDSP_Section1.pdf

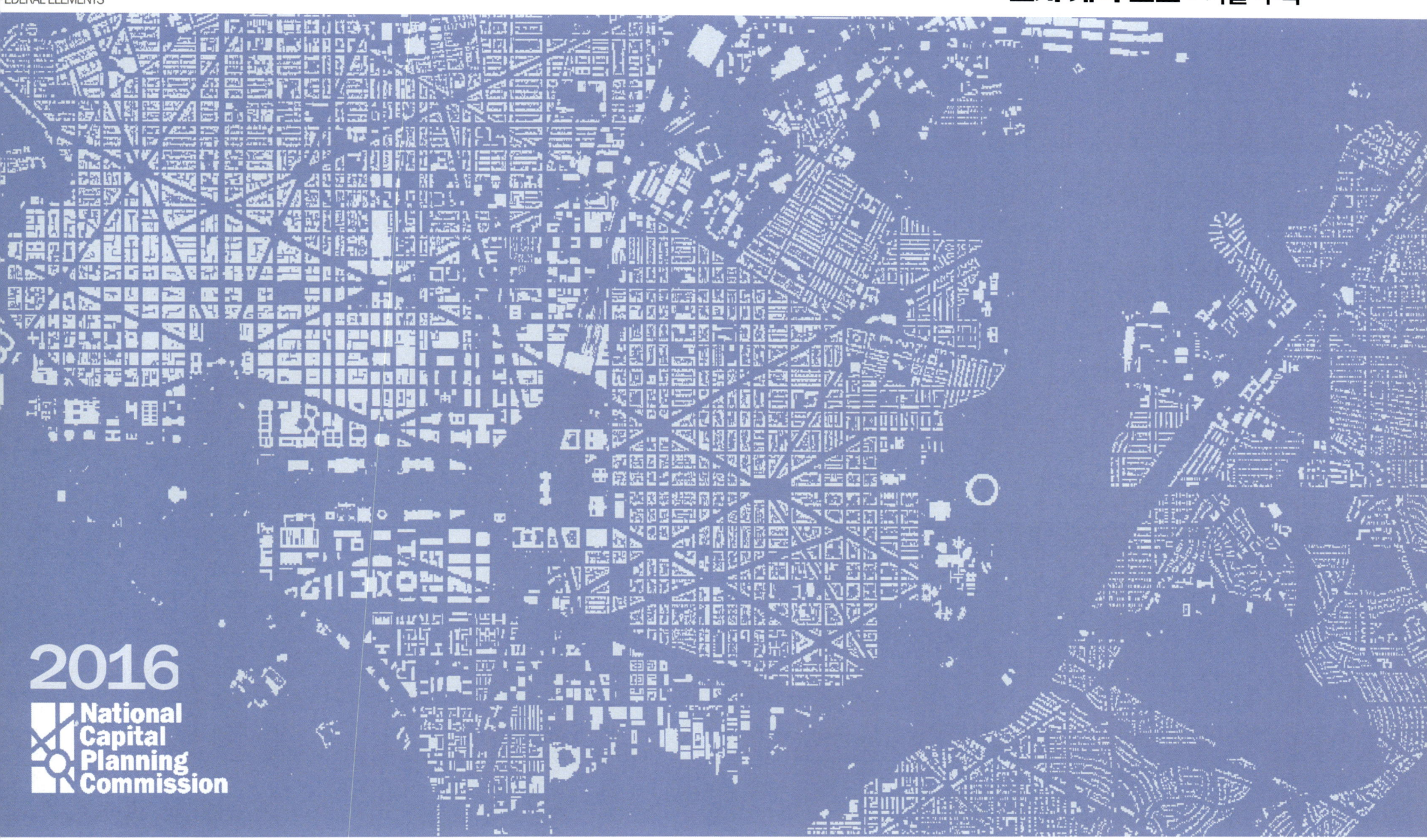
도시 계획 요소 : 기술 부록

2016 National Capital Planning Commission

Contents

Ⅰ. 워싱턴의 도시 계획 구조 형성에 기여한 요소 ·················· 79
Ⅱ. 경관 정책 체계 ·· 87
　　시각적 경관 유형 및 정의 ·· 92
　　주요 시각적 경관 목록 ·· 95
　　주요 전망축 목록 ··· 111
　　장대한 파노라마 경관 ·· 113

도시 계획 요소 개발

2004년 국가 수도 종합계획은 도시 계획과 관련된 정책들을 포함했으나 독립적인 요소로 다루고 있지는 않았다. 국가수도계획위원회(NCPC)는 그 활동에 있어 도시 계획의 중요성을 감안하여 새롭게 연방 도시 계획 요소를 종합계획에 추가하는 작업을 시작했다.

2011년 7월 NCPC는 새로운 요소를 포함한 정책 개발을 주도하기 위해 도시 계획 TF를 구성했다. NCPC는 이해관계자 및 대중의 의견 수렴을 위해 두 차례 워크숍을 개최하였으며, 2012년 11월 1일 도시 계획 요소 초안을 발표하고, 90일간 의견 수렴을 실시했다.

초안이 발표된 후, 미국 하원 감독 및 정부 개혁 위원회(the U.S. House Committee on Oversight and Government Reform)는 NCPC와 컬럼비아 특별구 정부가 1910년 건물 높이 제한법(Height of Buildings Act)에 대한 공동 연구를 시작할 것을 지시했다. 이에 따라 NCPC는 건물 높이 종합계획(the Height Master Plan)이 수립될 때까지 도시 계획 요소 개발을 중단하였으며, 광범위한 의견 수렴을 거쳐 관련된 기술적 연구와 시각적 틀에 대한 연구를 진행했다. 그 결과, NCPC는 2013년 11월 도시의 형태와 특성을 고려한 국가적 이익을 다루고 있는 다섯 가지 권고사항을 포함한 최종 보고서를 제출했으며, 그 중 대표적인 권고사항은 종합계획 내 조망권 보호에 관한 연구였다.

건물 높이 종합계획 완료 이후, NCPC는 도시 계획 요소를 정책 부분과 기술 부록을 포함하여 최신화했다. 이러한 요소는 TF의 감독, 기여 및 계획 초안에 대한 시민 의견뿐만 아니라 건물 높이 종합계획에 따라 수행되는 기술적 공정에서 비롯되는 새로운 물질, 공공 의견 수렴, 위원회의 최종 권고사항, 새로운 전망권 부분을 포함하여 반영하고 있다.

추가 기술 부록

기술 부록은 종합계획의 새로운 도시 계획 요소 내 정책을 지원하는 자료로서 배경, 계획 접근 방식, 그래픽 등을 포함하고 있으며, 의사결정 지원을 위한 상세한 맥락, 핵심 개념 및 정의를 제공한다.

기술 부록을 구성하는 2가지 부분

- 특히 랑팡 계획 및 맥밀런 계획(통칭하여 워싱턴 도시 계획), 건물 높이 제한법과 같이 워싱턴 D.C.의 도시 계획 요소 형성에 기여한 주요 요소에 대한 개요, 도시 및 주변 지역의 도시 계획 환경을 형성하는 기타 주요 계획, 정책 및 규제에 대한 요약 포함
- 워싱턴 D.C.와 그 주변에서 중요 전망축 및 전망을 식별·평가하기 위한 관련 정책 구조

기술 부록은 종합계획의 일부이며, 위원회 활동에 적절하게 참고될 수 있다.

Ⅰ. 워싱턴의 도시 계획 구조 형성에 기여한 요소

워싱턴 D.C.의 형태와 특성을 형성하는 데 있어 가장 중요한 두 가지 요소는 워싱턴 도시 계획(the Plan of the City of Washington)과 건물 높이 제한법(the Height of Buildings Act)이다. 워싱턴 도시 계획은 랑팡 계획, 맥밀런 계획을 통칭하여 지칭하는 용어이다.

A. 워싱턴 도시 계획

랑팡 계획(L'Enfant Plan)

1791년에 발표된 랑팡 계획을 통해 내셔널 몰, 도시 격자 가로망, 공공 공간, 백악관 및 국회의사당의 위치를 포함한 도시의 기본 형태를 확립했다. 랑팡 계획은 바로크 양식의 도시 계획으로 네 개의 사분면으로 구성되었으며, 거리가 직교하는 체계 위에 방사형 거리, 공원, 조망축이 배치되었다. 랑팡은 "거리를 넓고 웅장한 가로수길 대로로 조성하고, 도시 전역의 지형학적 지점들을 시각적으로 연결하는 방식으로 설계되어야 한다."[1]고 구상했으며, 이러한 주요 지점에는 중요 건축물, 기념비, 분수 등을 건설이 계획되었다.

피에르 랑팡의 설계 결과, 그림과 같이 자연 지형 요소를 유지하는 방식으로 의식적인 공간과 웅장한 대로를 포함하게 되었다. 랑팡 계획에 따라 설정된 개방 공간은 도시 설계에서 도로망 체계 및 배치만큼 중요하다. 특히, 대로와 거리의 위치 및 범위와 관련된 전망은 랑팡 구역을 3차원으로 확장하는 역할을 한다. 이러한 이유로, 워싱턴의 건물 높이 제한을 준수하는 것이 중요하며, 계획의 바로크적 특성을 이해하는 데 있어 중요한 요소이다. 아울러, 도로 및 대로의 개방 공간은 국립사적지 등록 후보 목록[2]에 포함되어 있다.

랑팡 계획의 주요 요소

- 도시의 중심부이자 가장 눈에 띄는 위치에 국회의사당을 배치하여 국민을 위한 의회의 중요성 강조
- 백악관의 위치는 또 다른 높은 지대에 위치하여 현재 펜실베니아 거리로 알려져 있는 대로 위에 위치한 국회의사당과 시각적 연결성 고려
- 국회의사당과 백악관에서 포토맥강 및 주변 언덕의 경관을 방해받지 않도록 하고 도시 자연 경관을 지속적으로 유지
- 국립사적지등록(NRHP)에 등재된 도로 및 광장, 개방 공간을 연결하는 중요한 체계. 국가 수도의 상징성 및 이미지를 형성하는 특별한 역할을 가지는 주요 대로 및 거리를 포함하며, 넓은 거리를 형성

1792년 Andrew Ellicott이 수정한 랑팡 계획에 따르면, "주요 대로 및 공공 장소로 연결되는 도로는 130ft~160ft 폭으로 규정
도로는 보도, 가로수길, 마차통행로로 구분
기타 일반 도로는 90~110ft 폭으로 규정"

도시 계획 구조에 가장 중요한 거리 유형은 다음을 포함한다.

- 주요 의식 기능 및 정부 행사를 위한 거리
- 수도의 기본 조직을 형성하는 축선 도로 및 광장
- 도시 경계 표시, 주요 하천 및 지류 등과 같은 지형적 특성을 규정하는 경계 도로
- 중요 공공 건물, 국가 자원, 활동을 보행자 중심으로 연결하는 거리 네트워크 구축

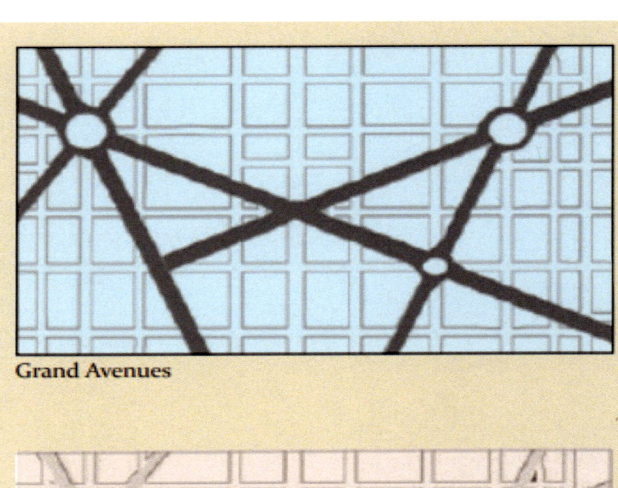
Grand Avenues

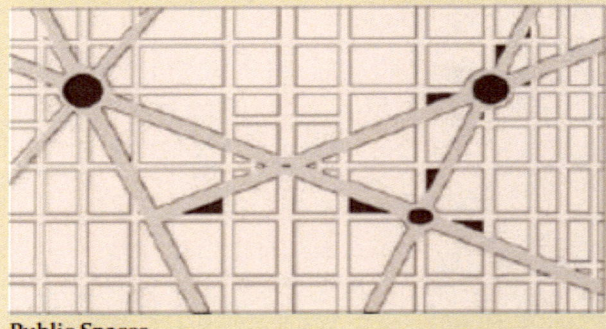
Public Spaces

Terminating Vistas

맥밀런 계획(McMillan Plan)

상원 공원 위원회(the Senate Park Commission)는 1901년 현재 맥밀런 계획으로 알려진 계획을 통해 내셔널 몰의 계획을 공식화하여 주변에 연방 삼각지구와 같은 지구를 조성하고, Fort Circle Parks로도 알려져 있는 남북전쟁 방어시설과 같은 주요 국가 공원을 구축했다. 또한 이 계획은 본래의 랑팡 계획 구조를 방해하는 개발을 제거하는 데 초점을 맞추었으며, 연속적인 녹지를 복원하였다. 맥밀런 계획은 랑팡 계획의 바로크적 이상을 기반으로 실행되었으며, 도시 미화 운동(the City Beautiful Movement)을 근간으로 웅장한 공공 공간과 시민 건축물을 강조하였다.

맥밀런 계획은 공원 체계의 구축과 공공 건물을 배치하는 2가지 주요 문제를 고려하였다. 기존 공원부지와 공원 체계를 워싱턴 D.C. 지역 및 강을 넘어 넘어 마운트 버논(Mount Vernon) 지역과 Great Falls까지 연결함으로써 도시의 지역적 특성을 반영하였다.

맥밀런 계획의 주요 요소

1. 내셔널 몰, 연방 삼각지 조성을 포함한 기념 중심 구역 계획
2. Memorial 다리와 유니온 역을 포함한 새로운 기반 시설 개발
3. Rock Creek 공원, 남북전쟁 방어시설, 공원도로를 포함한 공원 체계 확장

빅토리아 시대가 워싱턴 도시 계획에 기여한 요소

워싱턴 D.C.의 형태는 성장과 변화에 적응하면서 변화해 왔다. 랑팡 계획 및 맥밀런 계획에서 명확하게 제시한 계획들 외에도 19세기 말 수십 년에 걸쳐 거리 패턴에 중요한 변화가 있었다. 지도에서 볼 수 있듯 이 시기 동안 개발된 거주 지역을 중심으로 좁고 중간 크기의 블록을 가진 거리들이 급격히 조성되었다. 랑팡이 설계하고 상원 공원 위원회(the Senate Park Commission)에 의해 더욱 발전된 역사적인 도시 계획은 방사형 대로, 조망축, 공원 체계를 중심으로 국가 수도의 기틀을 마련했다. 웅장한 주요 도로 체계 속에서 도시의 전반적인 계획은 이동보다는 거주를 위한 거리 구획이 명확하게 나타난다. 맥밀런 계획이 새 시대와 더 큰 도시 및 국가에 적용되었던 것처럼 빅토리아 시대 사람들이 만든 기능적이고 심미적인 시설들에 대해 간과해서는 안 된다. 이들이 조성한 조경 녹지와 중간 격자형 거리의 도입은 현재의 워싱턴D.C.의 특성을 형성함에 있어 맥밀런 계획의 웅장한 설계만큼 중요하다. 랑팡 계획의 형식적인 특성은 거대한 광장을 조성하는 것이었지만 새롭고 작은 거리의 조성 없이는 효율적으로 개발하거나 활용이 어려우며 구획을 나누기 힘든 특성이 있었다. 랑팡이 방사형 대로를 우선적으로 배치하는 데 집중한 것으로 인해 직교형 거리망이 조성되었을 때 블록의 크기가 불균일하게 형성되게 되었다. 이후, 긴 블록들이 3차 거리들로 분할된 것은 랑팡이 계획하지 않은 모습이며, 골목의 발달, 공공 공간 앞 주차 구역의 조성, 방사형 대로와 격자형 거리망이 교차하는 지점의 녹지 공간 조성 또한 계획되지 않은 모습이다. 작은 거리의 조성은 계획되지는 않았지만 역사적으로 중요하며, 계획이 점진적으로 발전함에 따른 자연스러운 결과물이다. 작은 거리들은 랑팡 계획의 완성에 있어 중요한 역할을 했으며, 19세기 도시의 밀집된 거주 지역 특성을 개발하고 유지하는 데 필수적인 요소가 되었다.[3]

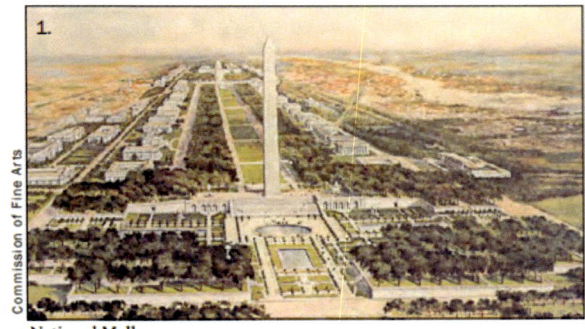

1. National Mall

2. 1927-1932, Lincoln Memorial Bridge under construction

3. Rock Creek Park

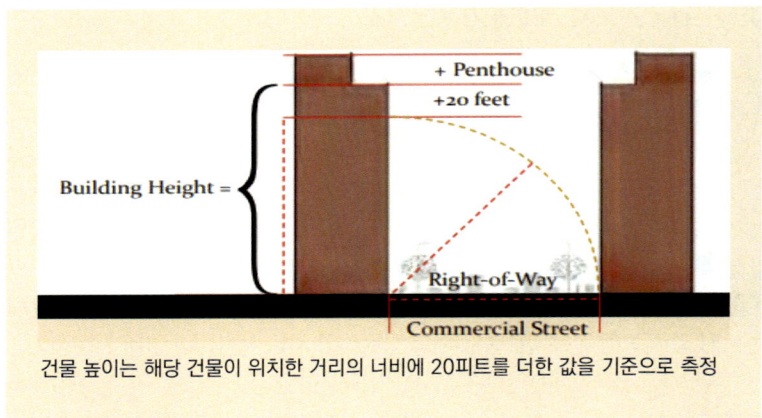

건물 높이는 해당 건물이 위치한 거리의 너비에 20피트를 더한 값을 기준으로 측정

B. 건물 높이 제한법

워싱턴 도시 이미지에 가장 중요한 기여 요소 중 하나는 명확하고 상징적인 스카이라인이다. 연방의 규제로 시행된 1910년 건물 높이 제한법(Height Act)[4]은 특히 랑팡 계획에 따른 구역과 분지 지형 내의 스카이라인의 형태를 형성하는 중요한 역할을 수행했다. 워싱턴 D.C. 내부 또는 버지니아주의 포토맥강 너머에서의 조망은 상업용 고층 빌딩이 아니라 건축적 장식물과 시민 상징물로 결정되는 스카이라인을 나타내고 있다. 건물 높이 제한법은 보행자 중심의 거리 경험에도 영향을 미치고 있으며, 이는 개방감으로 묘사된다. 특히 주목할 점은 도시의 많은 부분에 있어 지역 구획이 건물 높이 제한법보다 엄격하게 제한된다는 것이 역사적으로 나타난다.

2013년 NCPC는 컬럼비아 구와 협력하여 건물 높이 마스터플랜(Height Master Plan)[5]을 수립했다. 이 연구의 목적은 건물 높이 제한법이 국가적 지역적인 계획 목표를 충족하는지 검토하는 데 있었다. 이 계획은 시각적인 모델링 연구, 기술적인 계획 분석, 광범위한 대중의 의견 수렴을 포함한다. NCPC는 2013년 11월 워싱턴 전역에서 건물 높이 제한법 유지 및 펜트하우스 공간 점유 등을 포함하는 최종 연구 결과물을 의회에 제출하였고, 2014년 NCPC의 권고안을 반영한 건물 높이 제한법 일부개정안이 통과되었다.

건물 높이 제한법의 핵심 요소

- 건물의 높이는 건물이 위치한 거리의 너비를 기준으로 측정되며, 상업 지역에서는 추가로 20피트가 적용된다. 상업 지역은 최대 130피트, 주거 지역은 최대 90피트의 높이 제한을 두고 있으며, 펜실베니아 거리의 일부 구간은 건축물 이격을 전제로 160피트까지 높이가 제한된다.
- 건물 높이 제한법은 건축적·기능적 건축 요소에 있어서 최대의 높이 제한을 초과할 수 있는 지침을 포함하고 있다.
- 130피트의 높이 제한은 랑팡 계획에 따른 거대한 거리를 따라 수평적인 거리 단면을 형성하는 결과를 가져왔다. 즉, 건물 높이보다 거리의 폭이 넓은 구조를 의미하는 것이며, 국회의사당과 같은 전망 구조를 수평적 거리 단면으로 확장시켰다.
  랑팡 계획 내 다른 거리는 건물 높이 제한법이 허용하는 최대 높이까지 건축물이 들어서 있는 도시 구조를 보이며, 이들 거리의 단면은 건물 너비보다 건축물이 더 높은 경우가 있어 보다 상업적인 특성을 지니고 있다.
  이러한 점은 미묘하지만 도시의 기념이고 상징적인 거리 및 대로와 지역 상업 및 주거지와의 성격을 구분하는 중요한 요소로 작용된다.
- 수평적인 스카이라인은 국회의사당, 워싱턴 기념비와 같은 공공 건축물이 스카이라인 내에서 가장 시각적으로 두드러지도록 한다. 이는 상업용 건축물이 스카이라인을 지배하고 있는 여타 미국의 도시들과 다른 국가 수도의 특성을 만들어낸다.
- 건물 높이 제한법은 펜트하우스의 높이가 20피트 이하일 경우 사람의 점유를 허용하고 있으며, 이 경우 건물 상부에서 후퇴된 형태이어야 한다.

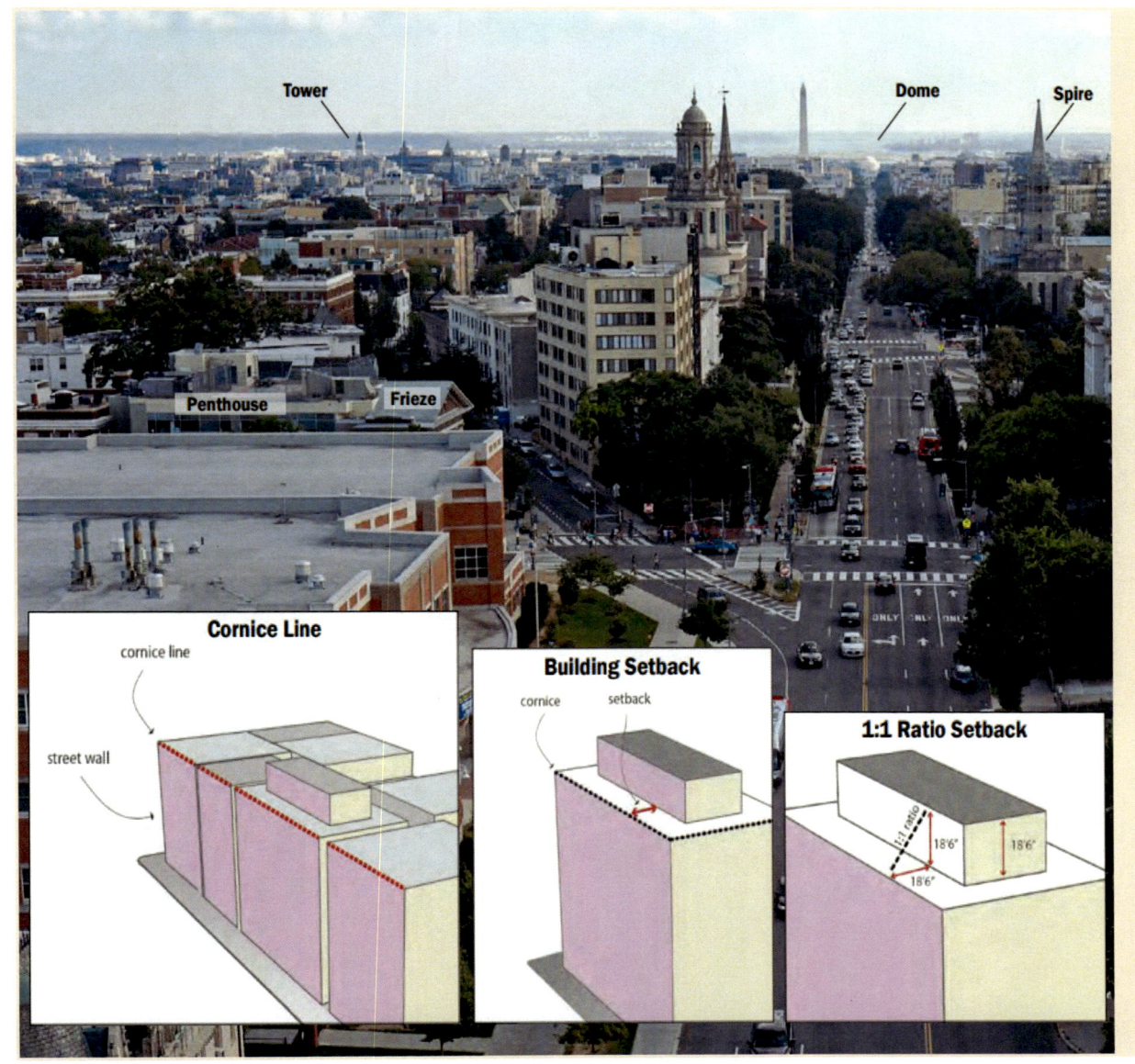

용어 및 정의

펜트하우스 : 건물 지붕 위에 위치한 구조물로 건물의 외벽으로부터 이격되어 건물 지붕 전체를 차지하고 있지 않은 형태의 구조물.
사람이 점유하거나 기계 장비 수용을 위한 공간

건축 장식물 : 건물 특성과 이목을 끄는 건축적 요소로 장식물은 심미적인 목적으로 주로 기능함.
워싱턴 D.C.의 공공 건축물, 공공 기관 건축물의 전통적인 장식물에는 첨탑, 탑, 띠장식, 돔 등임.
(건축 장식물은 기계 장비를 은폐하는 데 사용되며 일반적으로 사용되지 않는 공간에 위치)

건물 상부선 : 건물 상단의 수평적 모서리 부분을 의미하며, 이는 거리를 따라 벽을 형성하고 거리에서 바라보는 시야 구조를 형성하는 역할 수행

건물 이격 : 특정 기준점으로부터 이격된 거리로 펜트하우스 후퇴선은 건물 외벽으로부터의 이격 거리를 뜻하며, 건물 이격 거리는 건물 상부선을 식별하고 보존하는 역할 수행

1:1 비율 : 펜트하우스 이격에 적용되는 비율로 옥상 건축물의 높이와 건물 상부와의 이격 거리가 동일해야 함을 의미. 1:1 비율은 거리에서 하늘을 조망할 경우 개방감을 강화하며, 역사적으로는 거리에서 기계 장비를 보이지 않게 하기 위해 적용

Comprehensive Plan for the National Capital: Federal Elements | 83

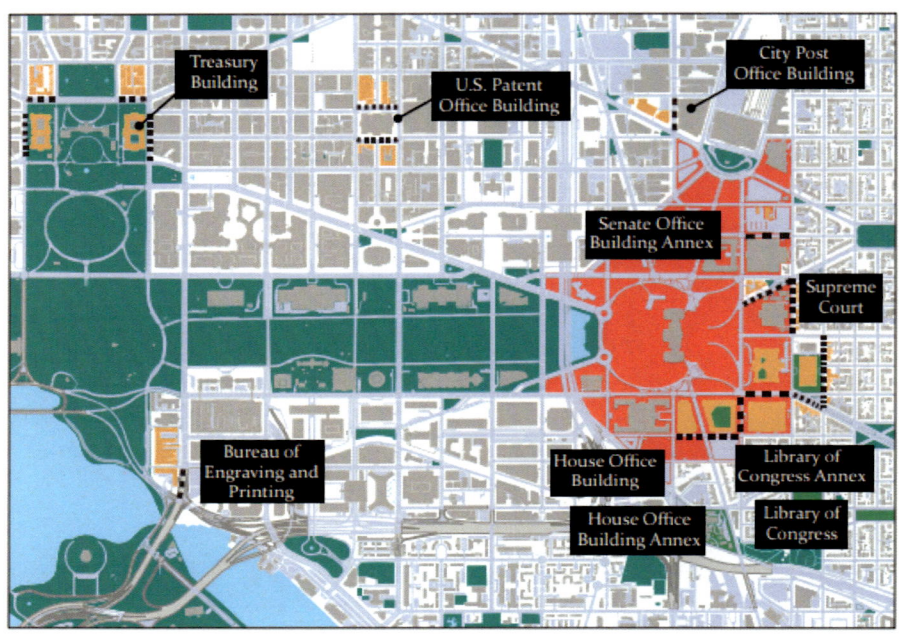

Schedule of Heights adjacent to public buildings

- - - - Schedule of Heights Location
▨ Schedule of Heights Buildings
▨ Buildings
▨ Architect of the Capitol Boundary
▨ Parks and Open Space

건물 높이 제한

건물 높이 제한법 제5조는 건물 높이 제한[6]을 규정하고 있으며, 공공 건축물과 인접한 지역에 대한 세부적인 최대 건축물 높이를 규정한다. 이 지역은 위치상의 특수성으로 인해 보다 구체적이고 제한적인 높이 제한을 필요로 할 수 있다. 이 법령에 따라 건물 높이를 더 제한적으로 규정할 수는 있지만 연방법에서 규정하고 있는 산식을 위반할 수 없으며, 컬럼비아 특별구 정부가 관리하고 있다.

참고 : 도시 계획 요소 내의 정책 지침은 현존하는 건물 높이 제한과 함께 고려되어야 하며, 적용 대상은 현행 제한 범위 내에서 규제되는 것을 전제로 한다.

1894년 건물 높이 제한법 이전에 건축된 164피트 높이의 카이로 빌딩

도시 설계 및 주요 계획·디자인 결정 과정에 영향을 미치는 법률 요약

국가 수도 계획법(National Capital Planning Act) 국가수도계획위원회를 연방 정부의 중앙 계획 기관으로 설립하고, 국가 수도 지역의 종합계획 수립, 연방 및 워싱턴 D.C. 내 개발 프로젝트 검토, 조닝 개정안 심사, 연방 수도 개선 프로그램 관리, 특별 계획 추진 등의 역할을 수행한다.

기념물 조성법(Commemorative Works Act) 워싱턴 D.C. 및 인근 지역에서 기념물과 조형물의 개발, 승인, 위치 선정 기준을 정하며, 도시 설계 유산과 공공 개방 공간을 보호한다. 국립공원관리청과 연방조달청이 관할하는 지역에 기념물이 적절히 세워지도록 한다. 2003년 개정으로 내셔널 몰 내 기념물 설치가 금지되었으며, 이는 국가수도계획위원회의 기념관 및 박물관 종합계획에서 제안된 사항이다.

컬럼비아 특별구 조닝법(District of Columbia Zoning Act) 컬럼비아 특별구 조닝 위원회가 건물의 위치, 높이, 규모, 대지 점유율, 인구 밀도, 토지 이용을 규제한다. 연방 소유지는 조닝 규정을 적용받지 않지만, 국가수도계획위원회는 조닝 조정 위원회와 협력해 연방 토지 관련 사안을 심사할 수 있다.

쉽스테드-루스 법(Shipstead-Luce Act) 워싱턴 D.C. 내 특정 지역에서 민간 및 준공공 건물의 높이, 외관, 건축 양식을 제한해 수도의 역사적·미관적 가치를 보호한다.

전선 지중화 관련 법률 1880년대부터 워싱턴 D.C.에서 공중 전선 설치를 금지하는 법이 시행되었으며, 1889년 법 개정으로 전차의 공중 전선 사용이 금지되었다. 이후 법 개정을 통해 주요 지역에서 전선 지중화가 의무화되었으며, 1888년 법령과 D.C. 법전 개정판은 보다 넓은 지역에서 공중 유틸리티 전선 사용을 금지하도록 규정했다.

C. 1870년 공원 공간에 관한 법(The Public Parking Act of 1870)

1870년 의회는 공원 공간에 관한 법[7]을 제정해 사유지에 인접한 도로 일부를 공원 공간으로 지정하고, 인근 토지 소유자가 이를 관리하도록 규정했다. 이 공간은 가로수와 보행로를 위한 공공 구역으로 조성되었으며, 랑팡 계획의 넓은 대로를 더욱 아름답게 조성해 도시 주요 상징물로 이어지는 가로수길을 형성하는 데 기여했다. 또한 이 법은 워싱턴 D.C.의 도로 체계를 공원과 같은 공간으로 조성하는 데 중요한 역할을 했다. 컬럼비아 특별구 정부는 연방 소유지가 아닌 지역 내 "공공 공간"을 규제해 조경이 유지되고 대중에게 개방되도록 관리한다. 관련 규정은 시대에 따라 변화했지만, 공공 공간을 보존하려는 법의 원래 취지는 여전히 존중되고 있다.

D. 20세기 도시 계획과 그 이후

워싱턴 D.C.의 도시 계획에 지속적으로 영향을 미치는 주요 현대 계획과 정책은 다음과 같다;

국가 수도 종합계획(The Comprehensive Plan for the National Capital) 지역 요소와 연방 요소로 구성되며, 광범위한 도시 계획 목표와 주요 자원, 그리고 경관과 관련된 내용을 포함한다.

유산 계승: 21세기를 위한 미국 수도 계획(Extending the Legacy: Planning America's Capital for the 21st Century)[8] 국회의사당을 중심으로 도시 구조를 재정비하고, 주요 남북 도로인 캐피톨 스트리트의 중요성을 강조한다. 또한, 오래된 고속도로와 철도 노선을 제거해 도시 공간의 단절을 줄이는 방안을 제안한다. 주요 경관을 개선하고, 새로운 광장과 개방 공간을 조성하는 계획도 포함된다.

기념관 및 박물관 종합계획(Memorials and Museums Master Plan)[9] 기념물과 박물관이 들어설 부지를 체계적으로 선정하기 위한 계획이다.

기념 중심지 기본계획(Monumental Core Framework Plan)[10] 중심부 주요 거리와 경관을 복원하고, 연방과 지역 사회 간의 연결을 강화하며, 기념 공간을 더욱 효과적으로 활용할 방안을 제안한다.

구역별 계획(Sector Plans) 수도권 내 각 행정구역이 수립하는 도시 계획으로, 컬럼비아 특별구 도시 계획청의 소규모 지역 계획과 알링턴 카운티의 로슬린 및 법원가 구역별 계획 등이 포함된다.

지역 계획(Area Plans) 국가수도계획위원회(NCPC)가 수립하는 세부 지역 계획으로, SW 에코디스트릭트 계획[11] 및 사우스 캐피톨 도시 설계 거리 연구[12] 등이 있다.

연방 관리 계획(Federal Management Plans) 연방 정부가 수립하는 도시 계획으로, 알링턴 국립묘지, 군인 요양원, 일부 국립공원관리청 부지에 대한 계획이 포함된다.

공공 공간 계획 및 정책(Public Space Plans and Policies) 도로 및 교통 기반 시설, 조명 관련 내용을 포함한다. 컬럼비아 특별구 교통국의 공공 영역 설계 매뉴얼[13]은 도시 전역의 공공 공간 설계를 위한 규정과 기준을 요약해 제공한다.

계획 도구: 시각적 분석 및 3D 모델링

시각적 분석과 3D 모델링은 새로운 건축 개발이 미치는 영향을 평가하는 데 유용한 도시 계획 도구이다. 아래 이미지는 국가수도계획위원회(NCPC)가 지역 관할 기관과 협력하여 중요한 국가 자원에 미치는 영향을 분석하기 위해 수행한 시각적 분석 사례를 보여준다.

이 사진은 컬럼비아 특별구 도시 계획청과 협력하여 NCPC가 진행한 건축 매싱 연구의 일부로, K 스트리트 북서쪽의 건물 높이 제안을 평가하는 과정을 나타낸다. 노스 캐피톨 스트리트는 기념 중심지로 들어가는 중요한 관문이며, 미국 국회의사당이 한눈에 보이는 주요 경관 축선이다.

이 렌더링 이미지는 SW 에코 디스트릭트 내 인디펜던스 애비뉴 남쪽에서 건물 높이와 건물 간 거리를 분석한 3D 시뮬레이션 시리즈의 일부로, 스미스소니언 캐슬의 독특한 지붕선을 보여준다.

건물 형태, 지붕 디자인, 재료 선택과 같은 설계 요소는 도시 공간이 자연스럽게 연결되도록 하는 데 중요한 역할을 한다.

이 사진은 NCPC가 알링턴 카운티 도시 계획국과 협력하여 수행한 3D 시뮬레이션 시리즈의 일부로, 인비전 코트하우스 스퀘어 계획에서 알링턴 코트하우스 지역의 건물 높이를 평가하고, 내셔널 몰에서의 경관을 분석한 결과를 보여준다.

86 | Comprehensive Plan for the National Capital: Federal Elements

Ⅱ. 경관 정책 체계(Viewshed Policy Framework)

국가수도계획위원회(NCPC)는 도시 계획 요소의 경관에 대한 기술 분석과 배경 정보를 작성했다. 고도 계획 마스터플랜 보고서(Height Master Plan)에서 위원회는 국가 수도 종합계획 내 경관 보호 연구를 추가할 것을 권고했다. 경관 관련 내용은 도시 설계 요소에 새롭게 포함되었으며, 경관과 관련된 질문 및 쟁점도 함께 다루고 있다. NCPC는 기술 부록 내 이 섹션을 작성하여, 경관 보호에 대한 계획 접근법을 설명하고 정책 개발을 지원하도록 했다. 특히 B.2 및 B.5 항목에서 해당 내용을 다루고 있다.

이 섹션의 주요 목적은 워싱턴 D.C. 및 주변 지역 내 주요 경관과 전망을 식별하고 평가하기 위한 체계를 구축하는 것이다.

또한, 다음과 같은 내용을 포함한다;

- 경관과 관련된 기술적 정보 및 지침 제공
- 경관의 주요 특성과 특징을 설명하는 간결하고 재현가능한 분석 제시
- 특정 경관에 대한 기준 설정
- 일관된 기준, 용어, 및 도시 계획 방향 제공
- 향후 연구 계획 제안

경관 유지의 일반 원칙

수도 도시의 상징성과 도시 설계 체계를 보여주는 핵심 요소 중 하나는, 국가의 상징성과 민주 제도의 위상을 강조하는 3차원 공간 구조와 시각적 질서다. 도시의 거리 수준에서 보이는 경관과 전망은 도로의 위치와 범위, 건물의 높이, 도로가 공공 공간이나 자연 공간과 만나는 지점에 따라 형성된다. 이러한 요소들은 보행자가 수도에서 경험하는 시각적 환경을 만들어내며, 일반적으로 자연적이거나 상징적인 요소가 시야에 들어오도록 우선시된다. 워싱턴의 많은 경관과 전망은 초기 랑팡 구역 내에서 특히 두드러지게 나타난다. 또한, 일부 거리 수준의 선형 경관은 지형적 분지를 넘어 멀리 확장되며, 높은 지점에서는 도시를 보다 넓은 시야로 조망할 수 있다. 이러한 파노라마 경관은 주로 자연 지형과 주변 건물의 규모에 의해 형성된다. 건물 규모, 공공 공간 구성, 거리 경관 디자인, 자연 요소는 모두 도시 경관의 질과 거리의 성격을 형성하는 데 중요한 요소들이다.

미국 국회의사당을 둘러싼 시각적 경관은 자연적인 요소로 형성되어 있다.

NCPC는 경관 유지를 위한 다음의 일반 원칙을 지지한다

- 가능한 넓은 시각적 틀과 자연스러운 배경("숨 쉴 공간")을 조성하여 국회의사당, 백악관, 워싱턴 기념탑 등 기념 공간 축 내의 주요 상징물 주변의 경관을 확보한다.

- 공공 통행 구역에 시야를 방해하는 요소가 침범하지 않도록 방지함으로써, 공공 공간의 시각적 개방성과 기능적 특성을 보존한다. 이는 랑팡 구역을 비롯해 지형적으로 중요한 지점과 도시의 주요 관문에서 특히 중요하다.
 이 구역 내에서는 이러한 보호 조치가 건물 높이 제한법이 허용하는 최대 높이까지 적용될 수 있으며, 방사형 및 축선 도로의 교차점, 보호구역이나 역사적 랜드마크 인근, 또는 중요 거리를 가로지르는 지점에서 그 필요성이 더욱 크다.

- 워싱턴 D.C. 교통국이 현재 시행 중인 특정 거리와 장소에 특화된 조명 설계 방식을 지지한다. 워싱턴 D.C.의 조명은 대부분 수직 구조이고 수평 장비는 제한적이어서, 기반 시설의 시각적 간섭을 줄이고 도시 경관을 강조하는 데 효과적이다. 중요한 건물, 공원, 기념 공간 등을 조망할 수 있는 경관이 유지되도록 기존 방식을 유지하고, 필요에 따라 새로운 방식도 장려한다. 수목과 거리 경관 요소를 함께 활용하면 효과를 높일 수 있다.

- 해설용, 방향 안내용, 광고용 등 기능성 표지판을 신중하게 배치하고 설계하는 정책을 지지하며, 이들 표지판이 이 문서에서 제시한 주요 경관을 강화하는 방식으로 설치되도록 한다.

다른 지역에서는 주요 공공 건축물을 배경으로 상업용 건물이나 간판 등이 위치할 수 있다. 이 사진은 테네시주 내슈빌의 사례이다.

Roadway infrastructure impacts the South Capitol Street view corridor. Further study is needed to address major infrastructure and develop a distinct, cohesive corridor to reinforce the quality of views to the U.S. Capitol.

NCPC studied alternatives to reconfigure the U.S. Department of Energy building and reopen 10th Street, SW. This will strengthen the quality of the street and link the waterfront and the National Mall.

Washington operated a streetcar system that utilized an underground conduit system from the 1890s-1960s.

시각적 침범

경관의 맥락에서 시각적 침범은 시야 축 안으로 침투하는 인공 또는 자연 요소를 의미한다. 이는 영구적 또는 반영구적인 구조물로서, 매우 다양한 유형을 포함할 수 있다. 예를 들어 일부 교통 기반 시설, 보안 시설, 또는 돌출 구조물이 있는 영구 건축물 등이 이에 해당된다. 다만, 잘 설계된 거리 경관 요소나 수관층(canopy)은 시각적 침범으로 간주되지 않는다. 이러한 요소들은 경관 품질을 높이고, 주요 시각 축을 따라 형성되는 공간 질서를 기반으로 한 이동 경험을 강화하는 데 기여할 수 있다.

워싱턴 D.C.의 일부 지역에서는 시각적 경관 향상을 위해 유틸리티 기반 시설을 감추거나 시각적으로 최소화하는 도시 설계 관행을 오랫동안 유지해 왔다. 예를 들어, 랑팡 구역에서는 노면 전차선과 공중 전선이 금지되었고, 조명 및 기타 유틸리티 시설도 시각적으로 최소화되었으며, 건축물 옥상 기계장비를 가리기 위해 건물 높이 제한법에서는 1:1 펜트하우스 이격 기준이 적용된다.[14] 이러한 원칙 덕분에 워싱턴 D.C.는 세계에서 가장 광범위하게 가공 전선이 없는 도시 중 하나가 되었다.

건물 높이 제한법과 함께 이러한 공공 공간 설계 원칙은 도시에 우아하고 질서 있는 특성을 부여하고, 거리 수준의 개방감을 높이고 자연환경과의 조화를 증진시키는 데 기여했다. 이러한 원칙들을 현대의 교통 및 유틸리티 기반 시설 계획에 통합하는 문제는, 해당 시설들이 공공 공간을 차지한다는 점에서 여전히 중요한 도시 설계 정책 과제로 남아 있다.

일반적으로, NCPC는 다음과 같은 시각적 침범에 대해 우려를 표한다:

- 도로의 공공 통행 구역 내부로 침범하는 요소
- 시야 축을 따라 있는 주요 국가 자원의 시각적 위상을 훼손하는 요소
- 주요 경관 요소를 시각적으로 끊어내는 요소
- 역사적·문화적 또는 기타 개방 공간 지역의 고유한 특성을 훼손하는 요소

시각적 경관을 위한 주요 논의 사항

여러 도시 설계 문제는 국가 수도 종합계획 정책을 통해 해결하기보다는, 프로젝트 수준에서 공감대 형성을 통해 다루어져야 한다.

랑팡 계획은 자연적 요소와 건축적 요소들 간의 상호작용을 위한 기회를 제공한다. 또한, 이 도시의 바로크 양식의 계획 전통은 공원과 개방 공간의 중심에 요소들을 배치하는 경향이 있다. 기념물이 포함된 공원은 본 부록에서 정의된 중요한 시각적 경관이나 전망의 범위를 정의하거나 그 안에 위치할 수 있다. 시각적 경관을 개선하고 그 안에 시민 공간을 창출하는 것은 서로 배타적일 필요는 없다. 우선순위는 부지 계획 초기 단계에서 신중히 고려되어야 한다.

프로젝트 수준에서 고려해야 할 주요 질문들은 다음과 같다:
- 제안된 요소의 규모
- 시각적 경관의 중요성
- 수직 또는 수평 방향이 설계와 환경에 적합한지 여부
- 부지 통합을 위한 도시 설계 목표와 성공적인 공공 공간 창출 목표

펜실베니아 거리(Pennsylvania Avenue)를 따라 위치한 프리덤 플라자(Freedom Plaza)가 예시이다. 새로운 기념물이나 구조물이 규모나 위치에 따라 이 장거리 조망 축을 방해할 수 있다. 반면 시야의 종점은 도시 설계의 일부이며 랑팡 계획의 핵심 요소이다.

워싱턴의 시각적 위계 유지

워싱턴의 스카이라인과 기념인 핵심 구역 내 몇몇 주요 전망은 상징적이고 기념인 건축물을 강조하는 시각적 위계를 따른다.
(시각적 질서에 관한 도시 설계 요소 A.2.3 절 참조)

시각적 경관 내에서 연방 건물과 같은 건축 요소들의 품질 있는 설계를 어떻게 장려할 수 있을까, 동시에 그 위계를 유지하는 방법은 무엇일까? 기념물과 박물관이 주요 시각적 경관 내에 제안된 것들에서 어떤 역할을 할 수 있을까? 도시의 주요 시각적 경관 내에서 새로운 기념물 요소들의 시각적 위계는 어떻게 이해할 수 있을까?

시각적 경관 정책: 방법론과 접근법

부록의 주요 목적은 워싱턴과 그 주변 지역 내에서 중요한 시각적 경관과 전망을 식별하고 평가하기 위한 체계를 만드는 것이다. 기술 부록은 국가 수도 내에서 영향을 평가하고 도시 설계의 도전 과제를 해결할 수 있는 도구를 제공한다. 시각적 경관은 워싱턴의 도시 설계를 형성하는 중요한 요소 중 하나이며, 시각적 경관 유지는 공공 공간을 창출하는 것과 같은 다른 계획 목표를 제외하는 방식으로 우선시되어서는 안 된다. 일반적으로, 시각적 경관 유지는 향후 지역 개발을 위한 다른 프로그램 목표와 설계를 비교하여 평가되고 고려되어야 하는 도시 설계의 중요한 과제이다.

(1) 다음 자료들을 바탕으로 배경 조사를 수행한다:

a. 워싱턴 도시 계획에서 제공하는 기존 계획 지침

b. 워싱턴 도시 계획의 국가사적지 등재 신청 문서

c. 국가 수도 종합계획, 기념물 및 박물관 종합계획, 유산 계획, 구조 계획, 고도 계획 등 최근 계획에서 제공하는 기존 계획 지침

d. 사례 연구. 다른 도시에서의 기존 시각적 경관 정책 평가

(2) 일반적인 시각적 경관과 전망 유형 및 기여 요소들을 식별한다:

a. 시각적 경관과 전망 유형을 나열하고 도식화

b. 어떤 시각적 경관이나 전망에 기여하는 주요 요소들을 식별
   i. 자연적 요소: 가로수, 지형, 수로
   ii. 건축적 요소: 건물 규모(높이와 이격 거리), 인프라, 거리 가구

c. 시각적 경관의 품질에 영향을 미치는 요소들을 식별한다.
   i. 가시성
   ii. 보행자 방향
   iii. 시각적 일관성
   iv. 주요 상징의 시각적 우위

(3) 국가 수도 종합계획의 연방 요소에 포함될 시각적 경관과 전망을 식별하고, 유형에 따라 분류한다. 각 분류에 대해 정책 지침을 제시하고, 이를 지도화한다.

(4) 향후 연구를 위한 실행 계획을 준비한다.

시각적 경관 유형 및 정의

이 부분에서는 다양한 시각적 경관 유형을 식별하고 공통의 용어를 정의한다. 국가 수도 지역 내에는 세 가지 유형의 시각적 경관이 있다: 파노라마 시각적 경관, 시각적 원뿔, 선형 시각적 경관 통로. 각 시각적 경관 유형의 특성은 아래에 설명되어 있으며, 주요 용어들도 함께 제공된다.

파노라마 경관: 워싱턴 D.C.의 넓은 경관은 지형과 고도 제한으로 인해 형성되며, 이는 스카이라인에서 건물들의 위계를 유지한다(명확하게 정의된 중요한 구조물과 시각적으로 경쟁하지 않도록). 또한, 고도 제한은 모든 방향에서 다양한 전망 지점에서 즐길 수 있는 넓은 경관을 가능하게 한다. 분지 지형 내에서 고도 제한이 없었다면, 국회의사당의 돔을 볼 수 있는 파노라마 경관은 사라졌을 가능성이 크고, 그 시각적 중요성은 시각적 경관 통로로 제한되었을 것이다. 따라서 스카이라인은 개별 시각적 경관 통로로서 도시 설계에서 중요한 요소이다.

시각적 원뿔: (지평선을 향한 전망) NRHP 등록 지침에 정의된 바와 같이[15], 국가 수도 내에서 시각적 원뿔은 주요 시각적 전망을 의미한다. 이 시각적 경관의 범위는 원뿔 모양이다.

선형 시각적 경관 통로: 또는 랑팡 계획 내에서 시각적 경관이 끝나는 지점은 선형 시각적 경관으로, 축선의 시각적 경로를 따른다. 이 경로는 중간 부분의 거리 경관과 같은 공공 영역 요소들로 정의되며, 시각적 경관의 끝에서 중요한 물체들이 중심점이 된다. 랑팡 도시 구역 내에서 종료되는 경관은 일반적으로 중요한 시민 건축물이나 공간을 특징으로 한다.

관측 지점: 사람이 경관을 관찰하는 지점.

중간 지대: 전경과 배경 사이의 공간.

거리 경관 또는 경관 프로그램: 시각적 경관의 구성을 돕는 중요한 공공 영역 요소. 펜실베니아 거리를 따라 내려다보면, 수관층(canopy)은 연중 대부분 국회의사당을 둘러싼 주요 시각적 요소로 작용한다.

파노라마 경관 : 알링턴 국립묘지 내 알링턴 하우스 앞 잔디밭의 전망 지점

Middle ground

Background

배경: 시각적으로 가장 먼 위치에 있는 부분으로, 전경과 중간 지대를 넘어서 있는 부분이다. 배경은 전경과 중간 지대가 배경으로 설정되는 배경 또는 캔버스로 생각할 수 있다.

시각적 침범: 시각적 경관 맥락에서 시각적 침범은 경관 구간 내로 확장된 건축물 또는 자연 요소를 의미한다. 이는 영구적이거나 반영구적인 다양한 유형의 건축물과 자연 요소를 포함할 수 있다.

예를 들어, 컬럼비아 특별구 교통국은 수평 구조가 제한된 수직 조명 요소를 사용한다. 이러한 요소들은 또한 제거 가능하다. 이러한 기능적 요소들을 배치하는 현재의 방식은 중요한 랜드마크를 향한 보행자 수준에서의 개방감을 유지하는 데 기여한다.

시각적 경관 분류 체계

도시 설계 요소, 정책 개발 및 향후 작업을 위한 목적으로, 시각적 경관은 세 가지 유형으로 분류된다. 각 유형에 대한 정책 지침은 다를 수 있다.

1. **주요 시각적 경관:** 국회의사당과 백악관을 포함한 기념 중심지에서의 시각적 경관을 포함한다. 이러한 경관은 국가 상징적인 공공 건물과 시민 공간의 시각적 중요성/위계에 기여하기 때문에 매우 중요하다.

2. **중요한 전망:** 워싱턴의 역사적 구성(워싱턴 도시 계획)에서 비롯된 다른 중요한 경관이다. 이들 중 다수는 거리 수준의 종단 경관이다. 이러한 경관은 공공 영역 요소와 거리 경관 프로그램을 제공하며, 시각적 질서를 유지하고 시민들의 거리 및 공공 공간 네트워크를 강화한다.

3. **경치가 아름다운 파노라마 시각적 경관:** 국가 수도 지역 내에서 경치가 아름다운 파노라마 경관을 포함한다. 워싱턴의 스카이라인을 포함하여, 기념 중심지 내에서 주요 구조물들을 포괄하는 넓은 경관이다. 이러한 경관은 경치와 구축된 요소 간의 관계를 이해할 수 있는 최고의 기회를 제공한다.

Tree Canopy

Visual Incursions

Terminating vista along 10th Street, NW looking toward the Smithsonian National Museum of Natural History.

Terminating vista along New Jersey Avenue, NW looking toward the U.S. Capitol.

Panoramic view of Washington from the grounds of the Our Lady of Perpetual Help Church in southeast Washington.

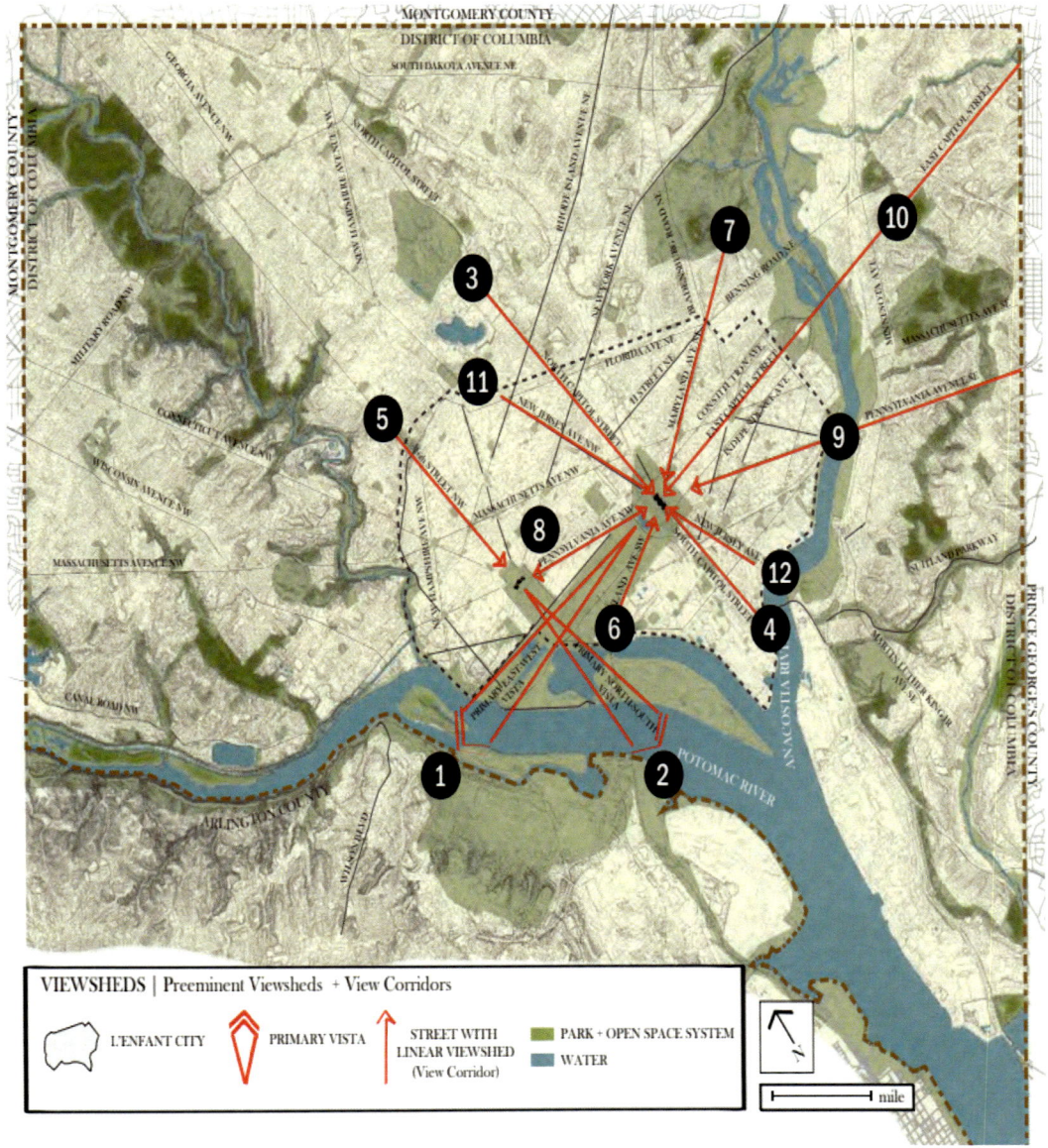

목록 | 주요 시각적 경관

이 목록에는 워싱턴 D.C. 내에서 가장 자세한 도시 설계 및 계획 지침이 필요한 도로와 지리적 구역이 포함된다. 이들 경관은 기념 중심지와 관련된 경로를 포함하며, 특히 미국 국회의사당과 백악관을 중심으로 한 경로들이다. 이러한 상징적인 경관의 특성과 품질은 가장 중요하다. 왜냐하면, 이들은 수도 도시를 상징하는 건물과 공간들의 시각적 위계에 기여하기 때문이다.

이 시각적 경관은 시각적 경관 유지에 관련된 가장 자세한 지침을 제공받게 된다.

주요 시각적 경관 목록

1. 국립공원에서 서쪽 지평선까지 주요 동서 전망
2. 백악관에서 남쪽 지평선까지 주요 남북 전망
3. 국회의사당에서 미시간 애비뉴까지 노스캐피톨 스트리트 전망, NW
4. 국회의사당에서 포토맥 애비뉴까지 사우스캐피톨 스트리트 전망, SW
5. 백악관에서 유클리드 스트리트까지 16번가 전망, NW
6. 국회의사당에서 타이달 분지까지 메릴랜드 애비뉴 전망, SW
7. 국회의사당에서 국립 식물원까지 메릴랜드 애비뉴 전망, NE
8. 국회의사당에서 백악관 부지까지 펜실베니아 애비뉴 전망, NW
9. 국회의사당에서 남부 애비뉴까지 펜실베니아 애비뉴 전망, SE
10. 국회의사당에서 남부 애비뉴까지 동부 캐피톨 스트리트 전망, SE
11. 국회의사당에서 플로리다 애비뉴까지 뉴저지 애비뉴 전망, NW
12. 국회의사당에서 팅기 스트리트까지 뉴저지 애비뉴 전망, SE

Comprehensive Plan for the National Capital: Federal Elements | 95

주요 시각적 경관: 주요 동서 전망

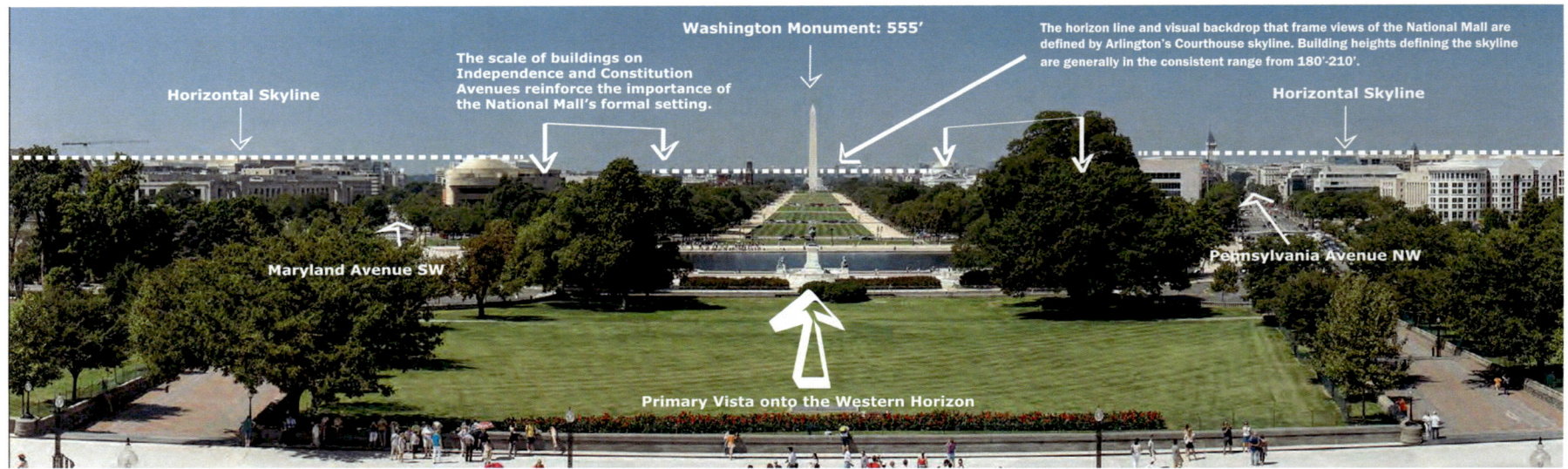

기존 상태

이 주요 전망은 국가사적지(NRHP)에 등재되어 있으며, 미국 국회의사당에서 링컨 기념관까지, 그리고 서쪽 지평선까지 이어지는 강력한 시각적 연결을 제공한다. 이 축은 도시의 공간적 질서를 설정하고 기념 중심지 내에서 시각적 품질에 기여하는 중요한 방향점이다. 버지니아주 알링턴 카운티는 이 경관을 포함하여 국가 수도 지역의 도시 설계 체계에서 중요한 역할을 한다. 코트하우스(Courthouse) 지역은 알링턴 능선을 따라 자리 잡고 있으며, 이 능선은 동서 전망의 시각적 배경으로 작용하는 자연적인 특징이다. 국립공원에서 바라본 이 경관은 일정한 나무줄기가 코트하우스의 낮고 일정한 도시 풍경을 보완하며 서쪽으로 향하는 전망을 틀어 잡고 있다. 동서 축은 더 이상 단순한 경치 좋은 전망이 아니지만, 코트하우스는 오늘날 개별적인 수직적 요소 없이 일정하게 인식된다. 이로 인해 링컨 기념관과 워싱턴 기념탑 주위의 시각적 틀과 경쟁하는 요소가 없다. 동서 축의 더 넓은 관점은 로슬린 스카이라인으로의 더 강한 전환을 포함하고 있으며, 이는 도시 배경으로의 변화이다. 이와 같이 경치에서 도시 배경으로의 전환은 이 주요 경관의 특성과 미래의 유지관리에 대한 평가를 어렵게 만든다.

중심점: 국립공원에서 지평선까지

이 전망은 미국에서 가장 중요한 시민적·문화적 공간 중 하나인 국립공원을 포함한다. 국회의사당, 워싱턴 기념탑, 링컨 기념관은 국립공원과 그 주변 경관 내에서 가장 시각적으로 중요한 구조물이다. 이 경관 안팎의 건축물과 자연 요소들의 형태와 특성은 이 경관을 통해 미국에서 가장 사랑받는 기념물과 공공 건물들을 경험하는 방식에 중요한 역할을 한다. 이 경관 내에서 중요한 자원으로는 알링턴 국립묘지와 조지 워싱턴 기념 도로가 있다.

정책 방향

국립공원의 서쪽과 남쪽 축을 따라 주요 전망에서 외부로 확장되는 시각적 경관 원뿔의 시각적 품질을 평가하기 위한 도시 설계 연구를 준비한다. 지방 정부와 협력하여 주요 토지 사용 전환을 다루고, 국립공원에서 시각적 품질을 보호하는 도시 설계 전략을 준비하고 시행하도록 한다. 이때, 건축적 요소와 자연적 요소를 모두 고려하여 진행한다.

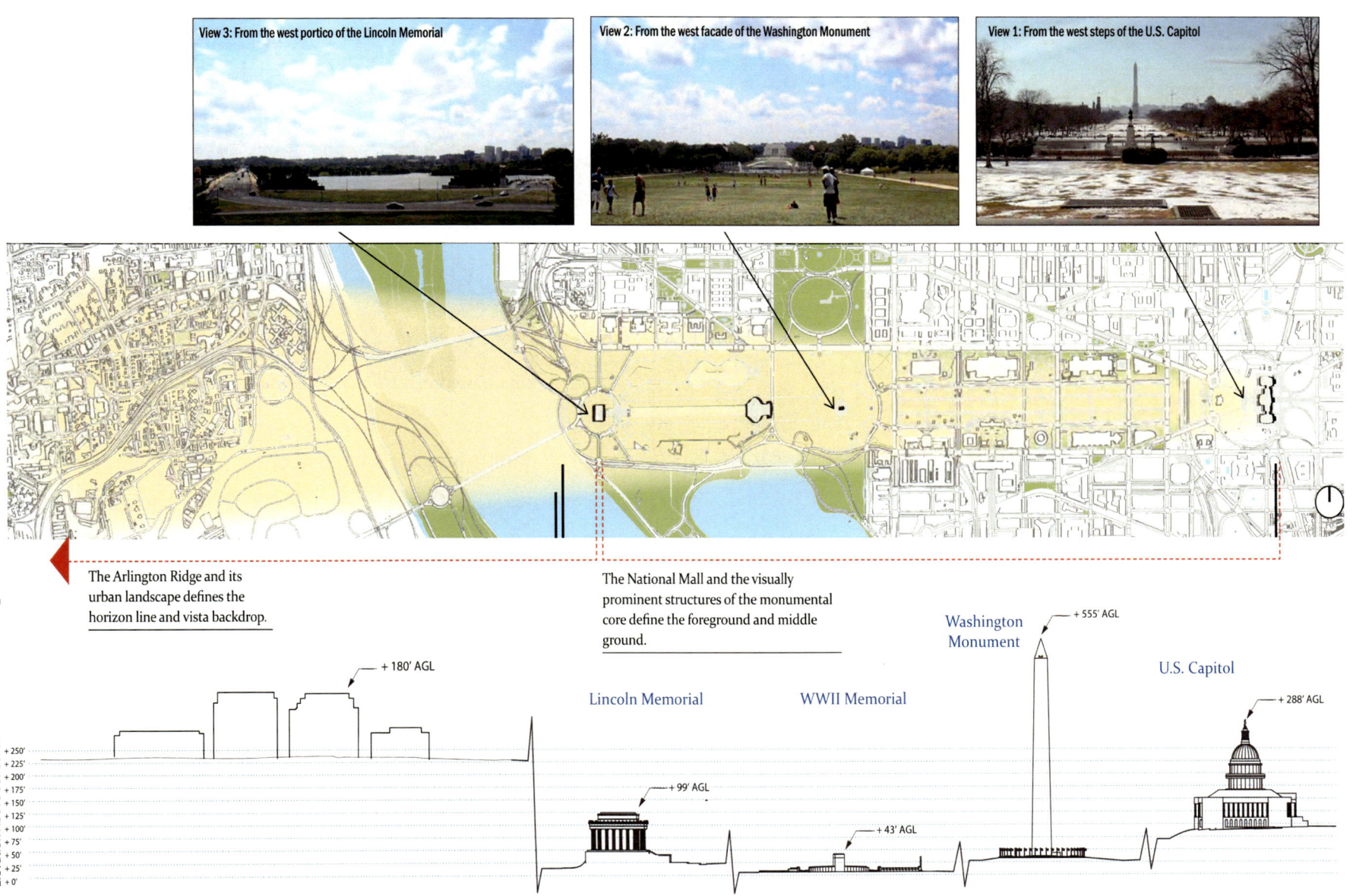

Comprehensive Plan for the National Capital: Federal Elements | 97

주요 시각적 경관: 노스 캐피톨 스트리트

기존 상태

노스 캐피톨 스트리트는 주요 축이자 기념 중심지로 진입하는 시민의 중요한 관문이다. 이 도로는 플로리다 거리 부근에서 시작하여 남쪽의 미국 국회의사당을 향해 지형이 점진적으로 낮아지는 경로를 따른다. 건물의 높이도 움푹한 지형에서 지형적 능선 방향으로 갈수록 점차 낮아지며, 이러한 자연 지형과 건물 규모 간의 관계는 국회의사당 돔의 규모감과 보행자 시야 내에서 시각적 우위를 강하게 형성한다. 국회의사당 돔은 랑팡 구역 북쪽에서 바라볼 때 탁 트인 하늘 배경과 함께 뚜렷한 시각적 존재감을 드러낸다. 랑팡 도시 내 노스 캐피톨 스트리트 구간의 가로등 및 기타 기반 시설은 보도 공간 침범을 최소화하도록 설계되어 있으며, 노스 캐피톨 스트리트와 미시간 애비뉴 북서 교차점 바로 북쪽에서는 국회의사당 돔을 향한 주요 시각적 경관이 시선을 마무리 짓는다.

계획적 관점에서 노스 캐피톨 스트리트는 동쪽 노마(NoMa) 상업 지구의 고밀도 개발과 서쪽의 전통적 저밀도 개발이 만나는 경계에 놓여 있으며, 이는 복합적인 도시 계획 과제를 야기한다. 시각적 모델에 따르면, 이 구간의 조닝(zoning)은 블록 간 경계를 명확히 하지 못해 거리 양측 건축물 간의 통일성이 약화되고 있다. 그 결과, 이 거리는 독립된 거리라기보다는 주변 지역에 종속된 공간으로 인식된다.

중심점: 미국 국회의사당 돔

국회의사당은 국가적 상징성과 '국민의 집(People's House)'으로서의 위상을 반영하기 위해 분지 지형 내 고지대에 의도적으로 배치되었다. 이러한 상징성은 국회의사당이 도시의 거리 및 공공 공간 체계 속 주요 상징축에 위치함으로써 더욱 강화된다. 오늘날 국회의사당 돔은 도시 경관 내에서 정체성을 드러내는 상징적 요소로 기능하며, 도시 고유의 스카이라인을 형성하는 데 기여한다. 국회의사당을 중심으로 형성되는 스카이라인과 거리 수준의 선형 시선은 도시 형태와 정체성을 구별 짓는 핵심 요소이다.

정책 방향

- K 스트리트 남측의 건축 규모에 대해, 블록 단위 대칭성과 국회의사당 주변의 시각적 구도를 고려한 구체적 권고안을 마련한다.
- 지형과 건축 매스(mass) 간 전환을 반영하는 도시계획 전략을 수립하고, 뚜렷하고 통합된 거리 경관을 조성하기 위한 도시 디자인 연구를 수행한다. 국회의사당을 향한 조망의 질을 강화하고, 이 거리를 도시 내 주요 관문으로서 기능하도록 한다.
- 보행자 경험 향상을 위해 수관층(canopy) 현황과 1층 상업공간 프로그램에 대한 도시 연구를 추진한다.

시각적 경관 유지에 대한 고려사항

- 국회의사당 인접 블록의 기존 건축 높이를 보존하여, 구조물 주변의 시각적 구도를 강화하는 여유 공간을 확보하고, 특히 K 스트리트 남측의 건물 높이는 규모(massing)와 건물 후퇴선을 통해 유지함으로써, 기존의 조경 중심의 시각적 틀을 보존한다.
- 전경, 중경, 배경에서 이루어지는 신규 개발의 높이, 매스, 규모를 고려하여, 국회의사당 돔과 하늘 배경 사이의 관계가 유지되도록 한다.
- 신규 건축물의 지붕선, 처마선 처리가 노스 캐피톨 스트리트를 따라 형성된 시각적 경관 축을 적절히 구성하는지 검토한다.
- 시각적 경관 축에 위치한 공공 인프라와 조경 요소가 미치는 시각적 영향을 고려한다.

Viewshed Extent Plan View

Comprehensive Plan for the National Capital: Federal Elements | 99

주요 시각적 경관: 사우스 캐피톨 스트리트

기존 상태

사우스 캐피톨 스트리트는 워싱턴으로 진입하는 주요 축이자 관문이다. 과거에는 이 축의 잠재력과 실제 물리적 상태 사이에 큰 괴리가 있었으며, 특히 사우스이스트/사우스웨스트 고속도로가 도시 구조를 단절시키고 국회의사당을 향한 시각적 경관을 차단해 왔다. 오랜 기간 동안 개발이 지체되고 빈 필지가 남아 있는 등 일부 블록은 이 지역의 단절된 도시 구조를 드러냈지만, 최근에는 야구장, 일부 건물, 제안된 프레더릭 더글러스 다리(Frederick Douglass Bridge)와 같은 신규 개발이 워터프런트와의 연계를 강화하며, 이 거리를 도시의 미래 성장축이자 기념 대로로 재정의하고 있다. 건물의 높이와 밀도는 구간마다 다양하게 나타나 향후 개발 및 시각적 경관 축 강화를 위한 기회를 제공한다. 다만, 사우스 캐피톨 스트리트가 단순한 차량 통행로를 넘어 도시 경관의 핵심 공간으로 기능하기 위해서는 거리 경관과 기반 시설의 개선이 필수적이다.

중심점: 미국 국회의사당 돔

국회의사당은 국가적 상징성과 '국민의 집(People's House)'으로서의 위상을 반영하기 위해 지형적 분지 내 고지대에 의도적으로 배치되었다. 이러한 상징성은 국회의사당이 도시의 거리 및 공공 공간 체계 속 주요 상징축에 위치함으로써 더욱 강화된다. 오늘날 국회의사당 돔은 도시 경관 내에서 정체성을 드러내는 상징적 요소로 기능하며, 도시 고유의 스카이라인을 형성하는 데 기여한다. 의사당을 중심으로 형성되는 스카이라인과 거리 수준의 선형 시선은 도시 형태와 정체성을 구별 짓는 핵심 요소이다.

정책 방향

- M 스트리트와 고속도로 사이, 그리고 그 북쪽에서 국회의사당에 이르는 구간의 건축 매스(mass)에 대한 구체적 권고안을 마련한다.
- 「사우스 캐피톨 스트리트 도시 디자인 계획(2003)」을 재검토하고, 기반 시설, 토지 이용, 공공 공간 개선에 관한 전략을 수립한다. 이 거리의 조망 품질을 강화하고, 국회의사당으로 이어지는 통합적 경관 축으로 조성하며, 도시의 주요 관문으로서의 위상을 제고하는 것이 주요 목표다. 아울러, 1층 상업 공간 프로그램 및 수관층(canopy) 개선 등 보행자 환경 향상을 위한 전략도 포함한다.

- 아나코스티아강 접점에 계획된 사우스 캐피톨 스트리트의 설계 및 프로그램 개선을 위한 추가 연구를 추진한다.

시각적 경관 유지 고려 사항

- 사우스 캐피톨 스트리트 구간에서 국회의사당의 가시성을 개선하기 위해, 현재 고속도로 인프라로 인해 방해받고 있는 상황을 고려한 교통 개선 방안을 마련한다.
- 시각적 경관 축에 미치는 공공 인프라 및 조경의 시각적 영향을 평가한다.
- 국회의사당 인접 블록의 기존 건축 높이를 유지하는 방안을 검토한다. 이는 돔의 상징성을 강조하는 여유 공간을 확보하는 데 기여한다.
- 전경, 중경, 배경에서 이루어지는 신규 개발의 높이, 매스, 규모를 고려하여, 국회의사당 돔과 하늘 배경 사이의 관계가 유지되도록 한다.
- 신규 건축물의 지붕선 또는 처마선 처리가 사우스 캐피톨 스트리트를 따라 형성된 시각적 경관 축을 적절히 구성하는지 검토한다.

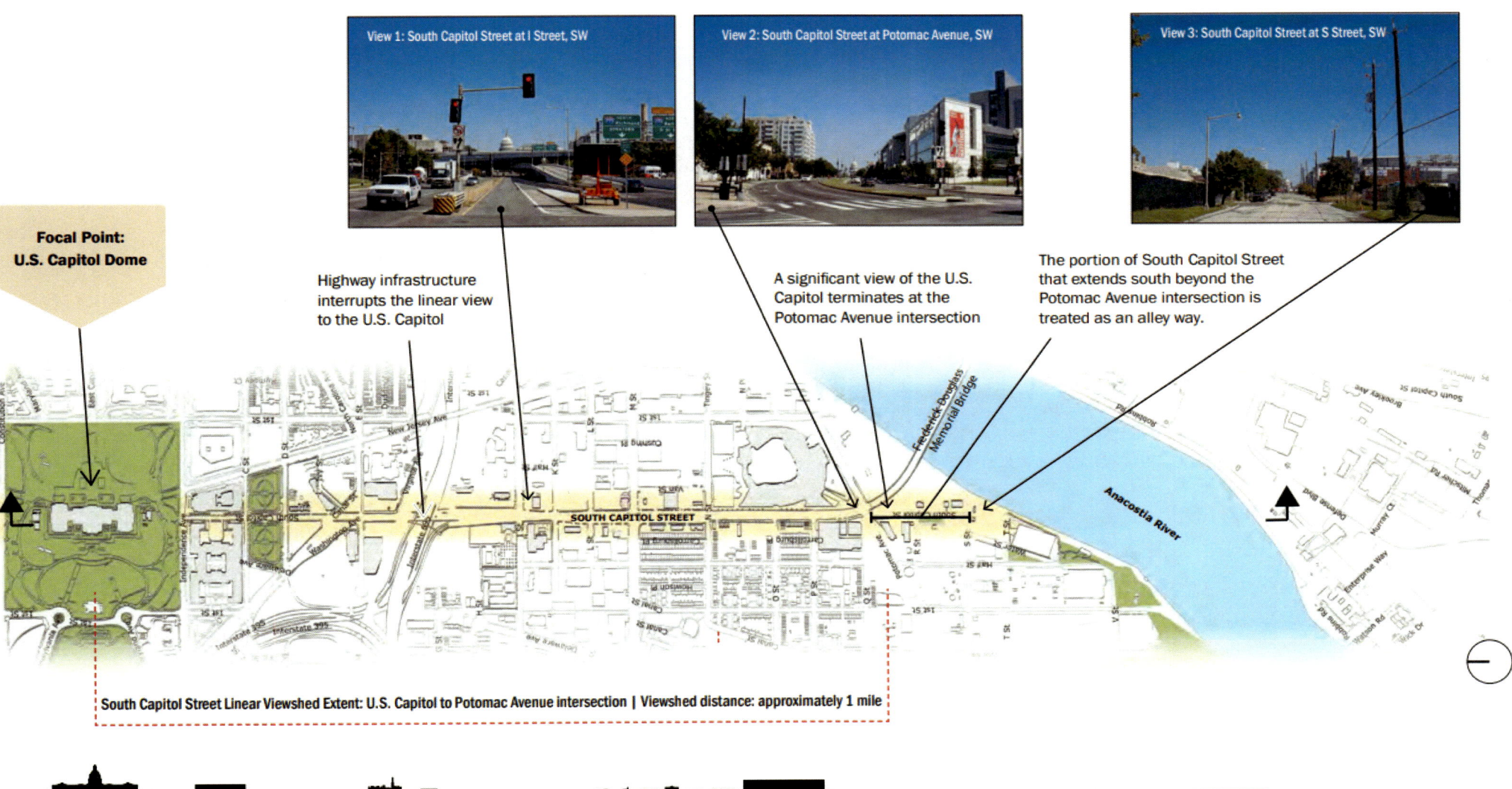

주요 시각적 경관: 16번가(16th Street), NW

기존 상태

16번가 NW는 백악관과 축을 이루는 시민 관문이며, 동시에 중요한 역사적 주거 지역의 중심축 역할을 한다. 이 구간에 포함된 주요 시각적 경관들 중에서도 가장 일관되게 유지·관리되어온 축이다. 메리디언 힐 공원(Meridian Hill Park) 북쪽 구간의 16번가는 수목 완충지대, 개방된 잔디 공간, 주거지 등이 어우러져 거리를 따라 배치되어 있다. 공원 남쪽에서는 건물 규모가 고밀도 주거, 상업, 업무 용도로 전환되며, 블록 단위에서 대체로 대칭적인 구성이다. 유클리드 스트리트(Euclid Street NW) 부근에서 절벽 지형을 가로지르며 랑팡 도시로 진입하는 지점부터 남쪽으로는 백악관을 향한 주요 시각적 경관이 형성된다. 수목 전정과 같은 소규모 개선을 통해 시각적 경관의 질을 높일 수 있으며, 도시 디자인에 영향을 줄 수 있는 주요 토지이용 이슈로는 백악관 바로 북쪽에 위치한 단일 필지의 기존 조닝과 건축 높이가 있다. 해당 부지에 허용된 최대 높이(130피트)로 건축될 경우, 거리 경관의 연속성을 해치고 백악관의 시각적 위상을 약화시킬 수 있다. 이에 대한 영향 평가와 도시 디자인 전략 제안이 추가적으로 필요하다.

중심 경관: 백악관

백악관과 그 부지는 미국 행정부를 상징하는 공간이며, 도시 계획 내에서 중요한 기준점으로 기능한다. 백악관은 펜실베니아 애비뉴(Pennsylvania Avenue)를 따라 국회의사당과 시각적으로 연결된다.

정책 방향

- 시각적 경관 유지를 위한 권고안을 마련한다.
- 백악관 인접 블록의 도시 디자인 추가 연구를 수행한다.

시각적 경관 유지에 대한 고려 사항

- 전경, 중경, 배경에서 이루어지는 신규 개발의 높이, 매스(mass), 규모를 고려하여 백악관의 시각적 위상을 유지해야 한다. 백악관은 주변 건물에 비해 규모가 작기 때문에 이 시각적 경관 축에서는 특히 이러한 요소들이 더욱 중요하게 작용한다.
- 16번가 NW(16th Street, NW)를 따라 조성된 시각적 경관 축이 신규 건축물의 지붕선 또는 처마선 처리에 의해 적절히 구성되는지 검토한다.
- 시각적 경관 축에 영향을 미치는 공공 인프라 및 조경의 시각적 효과를 고려한다.
- 수관층(canopy)을 포함한 거리 경관 계획을 수립한다.

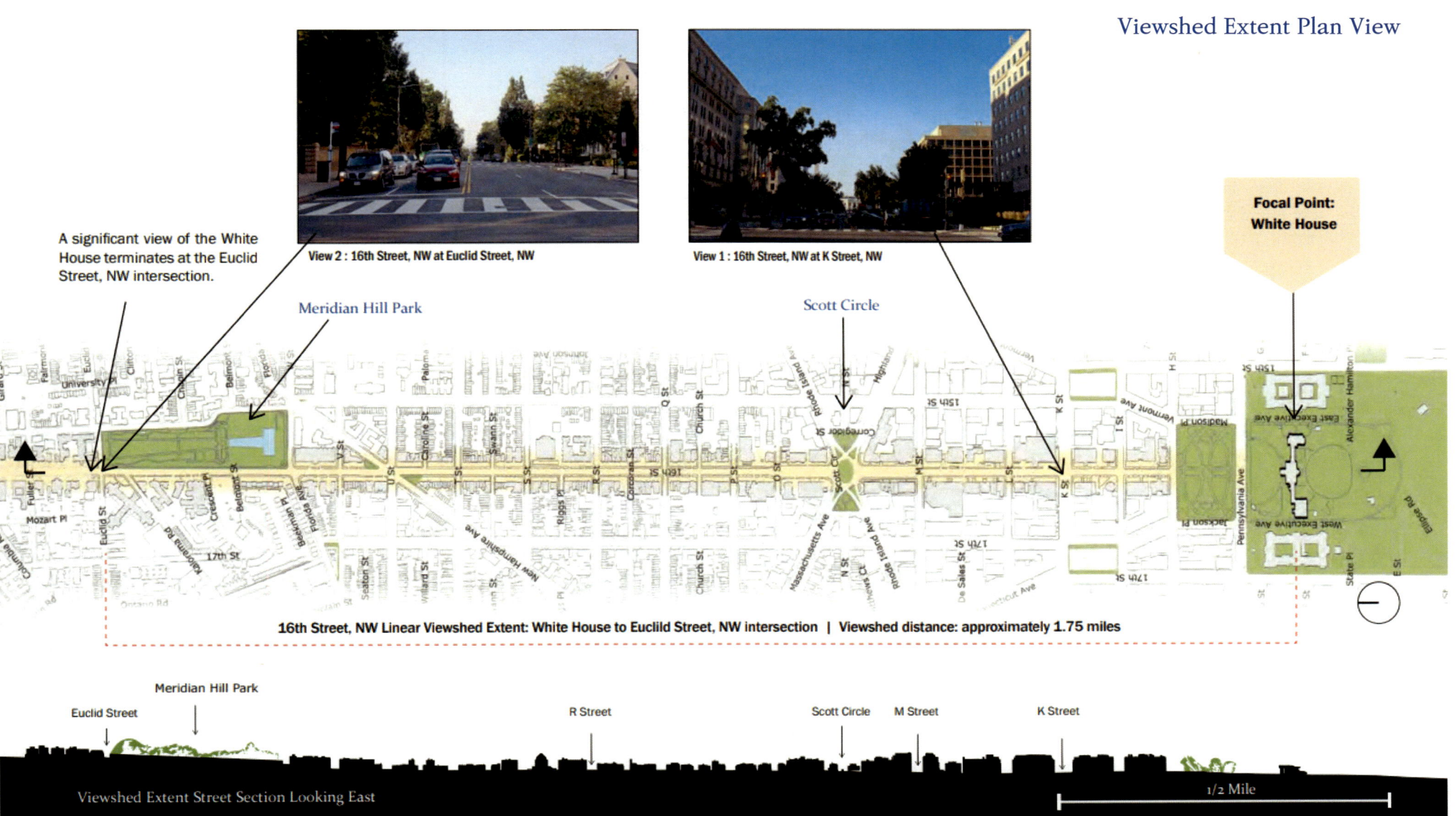

Comprehensive Plan for the National Capital: Federal Elements | 103

주요 시각적 경관: 펜실베니아 애비뉴(Pennsylvania Avenue), NW

기존 상태

펜실베니아 애비뉴 NW 구간(백악관과 국회의사당 사이)은 국가적으로 가장 중요한 역사적 간선도로 중 하나로, 입법부와 행정부를 물리적·상징적으로 연결하는 축이다. 도로 남측은 연방 삼각지의 신고전주의 건축물들이 지배하며, 연방 기관 본부와 워싱턴 D.C. 시청이 이곳에 위치해 있다. 이 구간의 건물들은 차도에서 약 25피트 후퇴해 정렬되어 일관된 거리 벽을 형성한다. 북측에는 다양한 양식과 시대를 반영한 대형 상업·업무용 건물들이 차도에서 25~75피트 떨어져 배치되어 있으며, 거리 양측 모두 일관된 건물 높이와 조화로운 수관층(canopy)을 통해 시각적 경관 축을 형성한다. 이와 같은 거리 경관 요소는 연중 대부분 주요한 시각 구성 요소로 기능한다.

거리는 시민 행사, 표현의 자유 활동, 도심 이벤트 공간 등으로 활용되며, 국회의사당과 백악관을 연결하고, 남쪽의 내셔널 몰과 연방 삼각지, 북쪽의 펜 쿼터(Penn Quarter), 중심업무지구를 잇는 중요한 연결축으로 기능한다.

1970~1990년대에는 펜실베니아 애비뉴 개발공사(PADC)가 주도한 재개발을 통해 거리와 주변 지역의 디자인과 성격이 재정립되었고, 이는 워싱턴 도심을 재생하는 기반이 되었다. 현재는 PADC의 계획과 가이드라인이 이 거리의 도시적 성격과 형태를 규정하고 있으며, 국립공원관리청(National Park Service)의 펜실베니아 애비뉴 국가사적지 관리계획[16] 또한 거리의 상징성과 유지 관리 방향을 제시하고 있다.

현재 펜실베니아 애비뉴는 노후한 기반 시설, 미흡한 유지 관리, 주변 지역과의 통합 부족, 활력 있는 거리 경관과 프로그램의 부재 등 여러 과제에 직면해 있다. 이는 시각적 경관의 질과 시민들의 일상적 공간 경험에 영향을 미치고 있다.

중심 경관: 미국 국회의사당 돔

스카이라인과 거리 수준의 선형 시선은 미국 국회의사당을 중심으로 형성되며, 워싱턴 도시 구조의 형태와 정체성을 구별 짓는 핵심 요소다. 국회의사당은 '국민의 집(People's House)'으로서의 상징성과 국가적 위상을 드러내기 위해 고지대에 계획적으로 배치되었으며, 도시 계획상 주요 교차축의 중심에 자리해 그 위상이 더욱 강조된다. 오늘날 국회의사당 돔은 도시 경관에서 뚜렷한 상징으로 기능하며, 워싱턴 D.C. 고유의 스카이라인 형성에 기여하고 있다.

중심 경관: 백악관 부지 및 대통령 공원

백악관 부지는 펜실베니아 애비뉴 중앙 구간의 서쪽 종점에 위치한다. 과거 이 거리축은 E 스트리트를 따라 엘립스(The Ellipse)와 포기 바텀(Foggy Bottom)까지 서쪽으로 연장되었다. 그러나 9·11 테러 이후 E 스트리트의 차량 통행이 차단되면서, 거리 중앙 구간의 교통 흐름에 큰 영향을 미쳤다. 현재도 보행 이동은 가능하지만, 보안 경계 시설로 인해 시각적 단절이 발생하고 있다.

정책 방향

- 펜실베니아 애비뉴의 국가적·지역적 기능을 강화하기 위한 새로운 비전을 향후 계획에 반영한다.
- 시각적 경관 유지를 위해 장기적인 유지관리, 프로그램 운영, 도시 디자인 측면에서의 전략 및 우수사례를 검토한다.
- 애비뉴가 내셔널 몰과 구별되는 고유한 역할을 수행할 수 있도록, 조망을 중심으로 기능을 재정립한다.
- 보행자가 시각적 경관을 체험할 수 있도록 접근성과 이동성을 최대화할 수 있는 방안을 검토한다.

시각적 경관 유지에 대한 고려 사항

- 전체 애비뉴 구간에서 건축 규모의 균형과 대칭을 유지하여, 국회의사당 돔의 상징성을 강조하는 '여유 공간'을 확보한다.
- 전경, 중경, 배경에서의 신규 개발이 국회의사당 돔과 하늘 배경 간의 시각적 관계를 유지할 수 있도록 높이, 매스, 규모, 이격 거리를 적절히 조정한다.
- 국회의사당 방향의 조망을 구성하는 주요 수관층 및 거리 벽면을 강화할 수 있는 기회를 모색한다.
- 신규 건축물의 지붕선 또는 처마선 처리가 연방 삼각지 건축물의 기존 지붕선을 존중하고, 국회의사당을 향한 시각적 경관 축을 적절히 구성하는지 검토한다.
- 시각적 경관 축에 위치한 공공 인프라 및 조경 요소가 미치는 시각적 영향을 종합적으로 고려한다.
- 거리 경관 및 공원 등 공공 공간 디자인이 새롭게 수립될 경우, 국회의사당과 백악관 사이의 시각적 관계가 일관되고 통합된 디자인으로 유지·강화되는지를 검토한다.

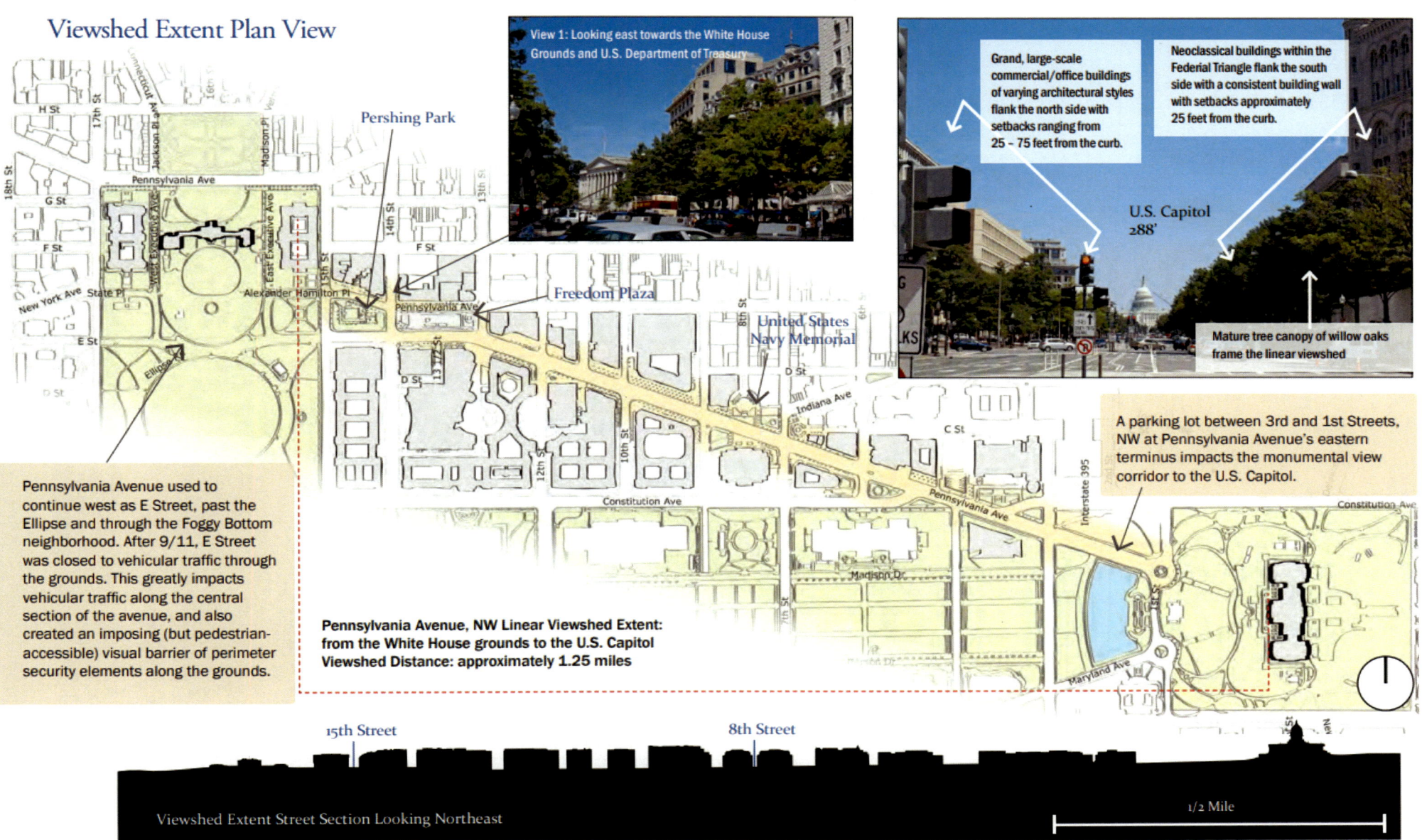

Comprehensive Plan for the National Capital: Federal Elements | 105

주요 시각적 경관 목록: 메릴랜드 애비뉴 SW

기존 상태

메릴랜드 애비뉴 SW(Maryland Avenue, SW)는 미국 국회의사당에서 방사형으로 뻗은 상징적인 거리축 중 하나로, 형태는 다르지만 위치와 구조 면에서 펜실베니아 애비뉴 NW와 연결된다.

이 거리축은 국회의사당, 연방 지정구역·개방 공간, 제퍼슨 기념관, 워터프런트 등과 시각적으로 연결된다. 그러나 도로 아래 매설된 CSX 철도선이 거리의 상당 부분을 점유하며, 도시 구조를 단절시키고 경관 품질을 저하시킨다.

중심 경관: 미국 국회의사당 돔

국회의사당은 '국민의 집'으로서의 상징성과 국가적 위상을 반영하기 위해 고지대에 배치되었으며, 도시 계획상 상징 축의 중심에 있어 그 위상이 더욱 강조된다.

오늘날 국회의사당 돔은 워싱턴 D.C.의 고유한 스카이라인을 형성하는 핵심 시각 요소이며, 국회의사당을 중심으로 한 스카이라인과 거리 수준의 선형 시선은 도시의 형태와 정체성을 구성하는 주요 요소다.

정책 방향

- 교통 기반 시설 개선 방안을 검토한다.
- SW Ecodistrict Plan과 D.C. 도시계획청의 Maryland Avenue, SW 소지역 계획에 기반하여, 공공 공간 개선 전략을 실행한다.

시각적 경관 유지에 대한 고려 사항

- 침하된 철도 인프라로 인해 시각적으로 단절된 구간을 지상 레벨로 회복할 수 있도록, 교통 및 기반 시설 개선 방안을 마련한다.
- 국회의사당 방향의 주요 조망을 구성하는 거리 경관 요소를 강화할 기회를 검토한다.
- 신규 건축물의 지붕선 또는 처마선이 메릴랜드 애비뉴를 따라 조성된 시각적 경관 축을 적절히 구성하는지 검토한다.
- 경관 축에 위치한 공공 인프라 및 조경의 시각적 영향을 고려한다.

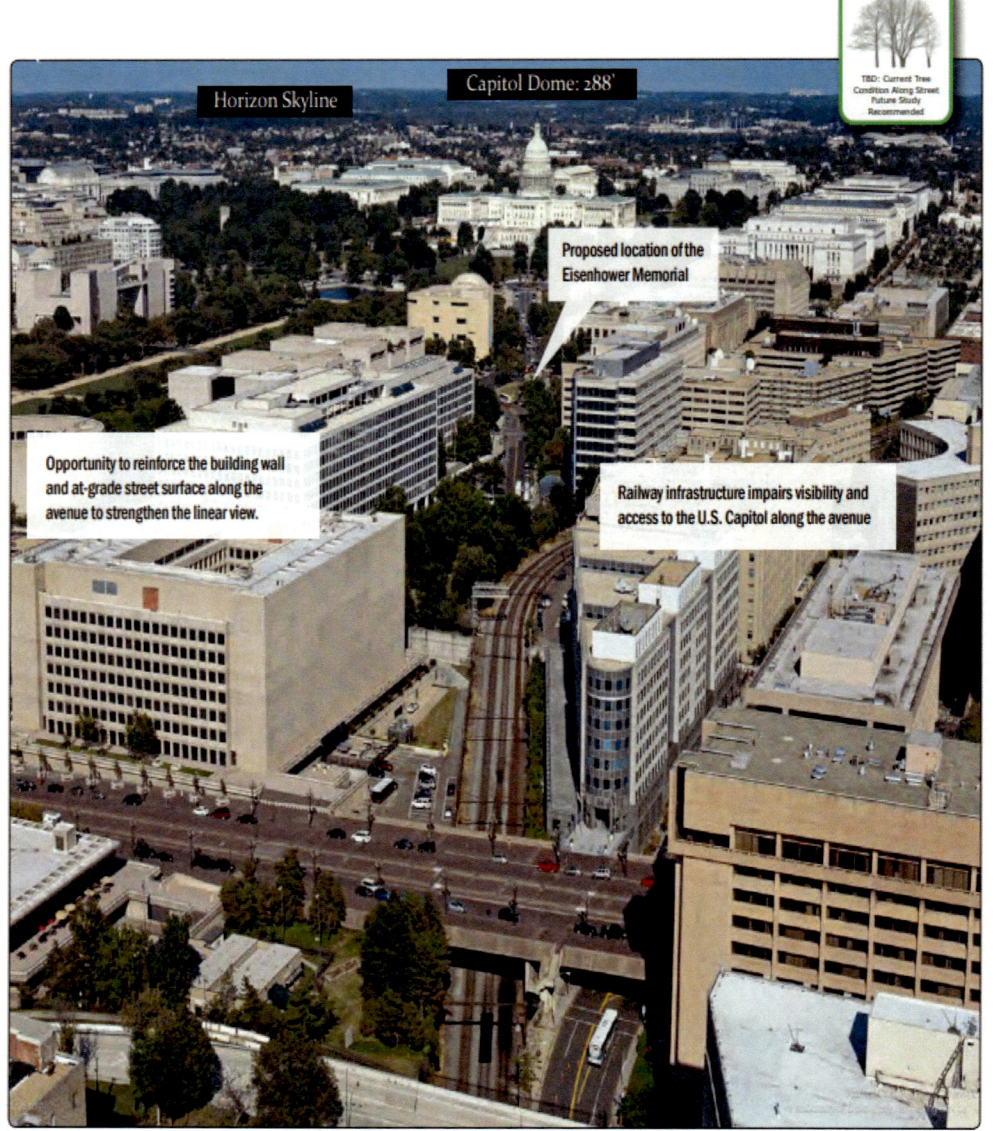

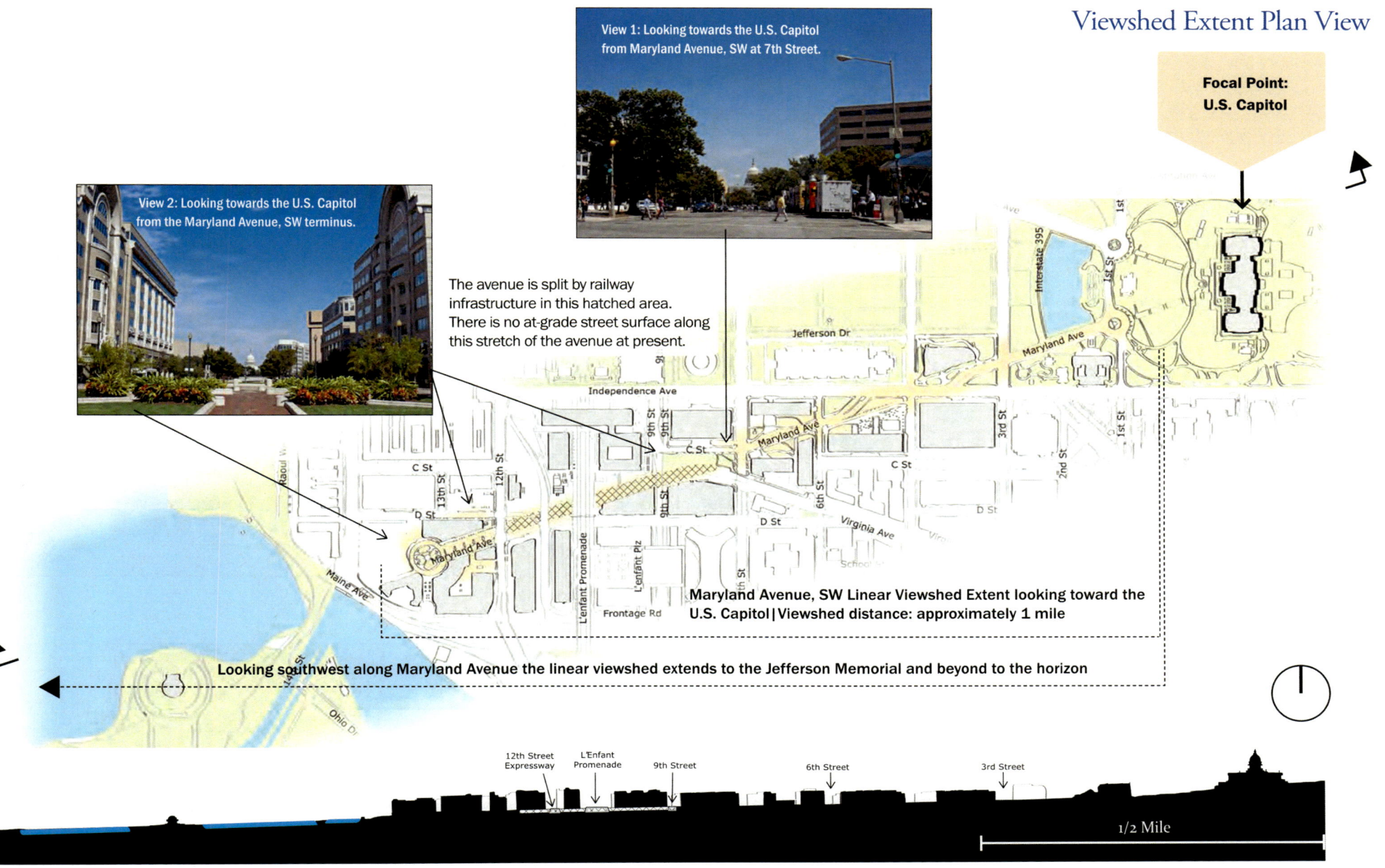

Comprehensive Plan for the National Capital: Federal Elements | 107

주요 시각적 경관: 향후 과제 및 실행 항목

다음의 시각적 경관들은 기존 조건과 시각적 품질 향상 가능성을 평가하기 위해 추가 검토가 필요하다. 모두 유사한 중요성을 지니지만, 각기 다른 조건을 갖고 있어 개별 평가가 요구된다.

정책 방향

도시 디자인 요소에는 추가 연구를 위한 실행 과제가 포함되어 있으며, 지방정부가 시각적 품질을 보호하고 강화할 수 있도록 도시 계획에 대한 전략 수립을 장려한다.

시각적 경관: 남북 주요 전망축

기존 상태

국가사적지(NRHP)에 등재된 이 전망축은 백악관에서 내셔널 몰과 제퍼슨 기념관을 거쳐 수평선까지 이어지는 강한 시각적 연결을 형성한다. 이 축은 도시 공간 구조와 기념 공간의 시각적 질서를 설정하는 기준점이다.

이 경관에는 백악관, 워싱턴 기념탑, 제퍼슨 기념관, 타이달 분지, 포토맥강, 윌슨 브리지가 포함되며, 모두 탁 트인 경관에서 두드러지는 시각적 요소다.

축을 따라 배치된 인공물과 자연 요소는 시민들이 현재와 미래에 기념물과 공공 공간을 경험하는 데 중요한 역할을 한다. 알링턴 카운티는 이 전망축을 포함한 국가 수도권 도시 디자인 체계에서 핵심적인 역할을 하며, 크리스털 시티 역시 시각적 배경의 일부를 구성한다.

또한 이 경관에는 조지 워싱턴 메모리얼 파크웨이, 로널드 레이건 워싱턴 내셔널 공항, 펜타곤, 공군 기념관 등 주요 자원도 포함된다.

시각적 경관: 펜실베니아 애비뉴 SE

기존 상태

펜실베니아 애비뉴 SE는 미국 국회의사당에서 아나코스티아강을 건너 남동쪽으로 뻗으며, 국회의사당의 조망을 제공한다. 아나코스티아강 서측에는 상업 및 주거 혼합 지역이, 동측에는 완충 공간이 넉넉한 저밀도 개발지와 포트 크릭 공원이 애비뉴를 따라 위치해 있다.

이 거리축은 기념 중심지, 역사적 주거지, 자연 경관을 연결하며, 다양한 토지 이용과 인공·자연 요소 간 전환이 향후 개발에 기회이자 과제를 제공한다. 국지적·국가적으로 중요한 조망 지점을 강화하기 위한 전략 마련을 위해 추가 연구가 필요하다.

도시계획청은 아나코스티아강 동측 펜실베니아 애비뉴 SE 구간에 대해 'Great Streets' 사업의 일환으로 종합 계획을 수립했으며, 이는 워싱턴 내 주요 거리 및 회랑을 개선·재생하기 위한 다기관 협력 노력이다.

시각적 경관: 메릴랜드 애비뉴 NE

기존 상태

메릴랜드 애비뉴 NE는 미국 국회의사당에서 동북쪽으로 뻗어 국립수목원으로 이어진다. 이 거리축은 주로 중소규모 중층 주거 지역을 관통하며, 국회의사당 외에도 스탠턴 공원 등 여러 주요 조망 지점을 포함한다.

기념 조망을 유지하고 시각적 품질을 높이기 위해, 이 경관에 대한 추가 검토와 핵심 요소 식별이 필요하다.

North-South Primary Vista

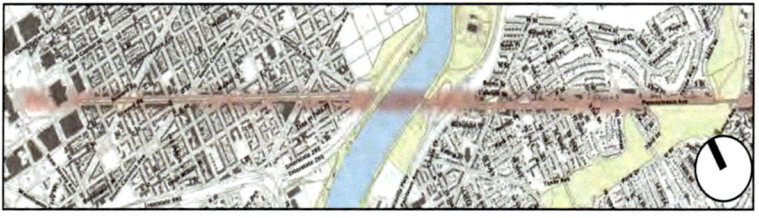

Pennsylvania Avenue, SE

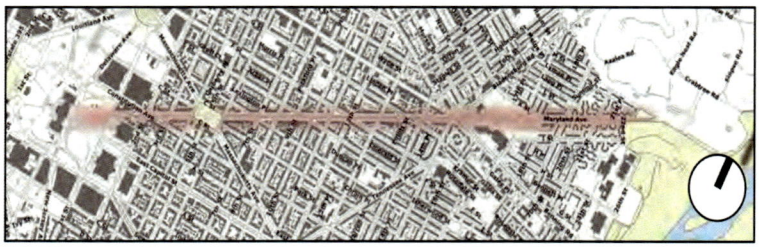

Maryland Avenue, NE

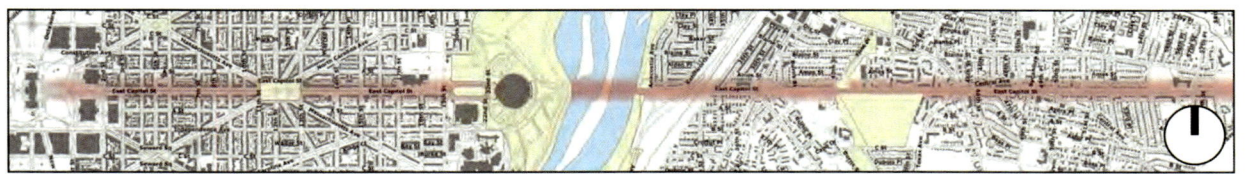
East Capitol Street

시각적 경관: 뉴저지 애비뉴 NW+SE

기존 상태

뉴저지 애비뉴는 미국 국회의사당에서 북서쪽과 남동쪽으로 뻗어 있는 방사형 거리축이다.

NW 구간은 역사적 랑팡 도시를 따라 북쪽으로 이어지며, 밀도가 낮은 개발과 성숙한 수관층이 이 구간을 구성한다. 토지 이용과 건물 규모는 국회의사당 조망을 형성하며, 그 방향은 뉴저지 애비뉴와 뉴욕 애비뉴의 교차점 부근에서 전환된다. 남쪽은 대형 상업용 건물이, 북쪽은 소규모 주거용 건물이 거리 경관을 형성한다. 거리축을 따라 국회의사당 조망의 범위와 시각적 품질을 평가하기 위한 추가 연구가 필요하다. SE 구간은 국회의사당, 아나코스티아강, 워터프런트 공원 지역을 향한 조망을 제공한다.

아나코스티아 워터프런트 이니셔티브(The Anacostia Waterfront Initiative)는 아나코스티아강 공원과 뉴저지 애비뉴 SE 사이의 연결을 다룬 비전 계획을 수립한 바 있다. 이 구간은 애비뉴와 워터프런트 공원을 시각적으로 연결하는 주요 축이며, 랑팡 구역 남단에서 아나코스티아강을 건너는 기념 입구로도 통합될 수 있다. 이 부지는 대형 기념물 또는 여러 개 소규모 기념물 조성을 위한 적합한 장소로 평가된다.

시각적 경관: 이스트 캐피톨 스트리트

기존 상태

이스트 캐피톨 스트리트는 미국 국회의사당에서 동쪽으로 뻗어 역사적 주거지를 지나 아나코스티아강을 건너며, 국가적·지역적으로 중요한 지점들을 연결한다. 이 거리축은 기념 중심지로 진입하는 도시의 관문 역할을 하며, 국회의사당 돔과 워싱턴 기념탑에 대한 장거리 조망을 제공해 중심지와 인접 지역 간 시각적 연계를 형성한다.

이스트 캐피톨 스트리트를 따라 형성된 아나코스티아강과 RFK 스타디움 부지는 주요 시각 중심점으로 기능하며, 국가 상징물과 주요 경관 요소에 대한 조망을 강화하기 위한 전략 마련을 위해 추가적인 검토가 필요하다.

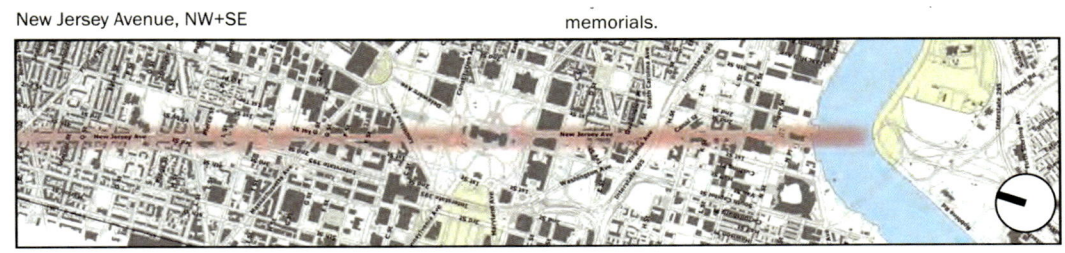
New Jersey Avenue, NW+SE   memorials.

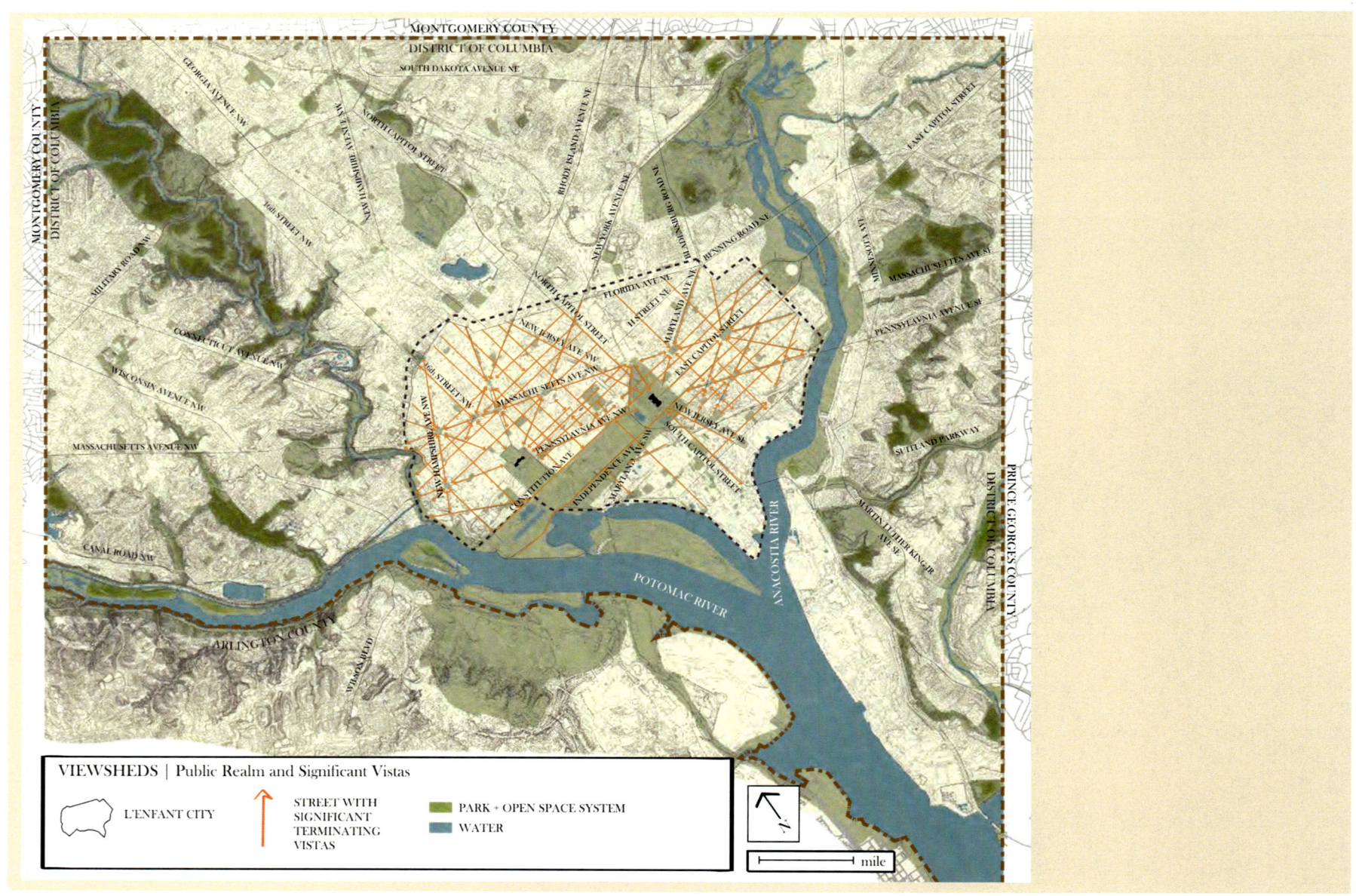

주요 전망축 목록

역사 도시 내의 공공 공간, 공공건축물, 기타 시민 기반 시설들을 연결한다.

지도에 표시된 전망들은 랑팡 계획에 따라 국가 사적지(NRHP)에 등재된 모든 경관을 포함한다.

거리 및 애비뉴를 따라 형성된 주요 전망축

다음 목록은 워싱턴 D.C.의 랑팡 계획에 대한 국가사적지(NRHP) 등재 자료를 기반으로 작성되었다.

1. 방사형 애비뉴 전망축(계획도상 주요 건축물을 비스듬히 바라보거나, 기념물과 공원을 시각적으로 연결)
   - 펜실베니아, 델라웨어, 뉴저지, 메릴랜드 애비뉴(국회의사당 조망)
   - 펜실베니아, 뉴욕, 커네티컷, 버몬트 애비뉴(백악관 인근 조망)
   - 인디애나 애비뉴(구 시청 조망)
   - 버지니아 애비뉴(워싱턴 기념탑 조망)
   - 매사추세츠, 뉴욕 애비뉴(중앙도서관 조망)
   - 루이지애나 애비뉴(유니언 역 방향 조망)
   - 뉴햄프셔, 로드아일랜드, 노스·사우스캐롤라이나, 켄터키, 테네시, 포토맥 애비뉴 등

2. 직각 방향 애비뉴 전망축(주요 건축물을 정면으로 바라보거나, 주요 공원을 따라 연결)
   - 이스트, 노스, 사우스 캐피톨 스트리트(국회의사당 조망)
   - 16번가 NW(백악관 조망)
   - K 스트리트 NW/NE(여러 공원 조망)
   - 컨스티튜션 및 인디펜던스 애비뉴(국회의사당 부지, 내셔널 몰, 포토맥 공원 조망)

3. 주요 횡단축 전망축(주요 건축물을 정면으로 바라보는 시각축)
   - 8번가 NW(구 특허청/국가기록관/중앙도서관 조망)
   - 4번가 SW/4번가½ 스트리트 NW(사법광장 조망)

4. 접선형 전망축(횡단축의 위치를 나타내며 주요 건축물을 향한 시선 제공)
   - F 스트리트 NW(구 특허청 조망)
   - G 스트리트 NW(구 특허청 및 백악관 인근 조망)
   - E 스트리트 NW(사법광장 조망)

5. 기타 정면형 전망축
   - 10번가 SW(스미스소니언 성 조망)
   - 10번가 NW(자연사박물관 조망)
   - 6번가 NW(국립미술관 조망)
   - F 스트리트 NW(재무부 및 구 행정부청사 조망)

6. 축선 기반 전망축(직각 격자 구조상 원형 공원·광장의 중심점을 연결하는 시각축)
   - 23번가 NW(워싱턴 서클/링컨 기념관 방향)
   - 19번가 NW(듀퐁트 서클)
   - P 스트리트 NW(듀퐁트/로건 서클)
   - 13번가 NW(로건 서클)
   - 14번가 NW(토머스 서클)
   - M 스트리트 NW(토머스 서클)
   - N 스트리트 NW(스콧 서클)
   - 8번가 NW(마운트버논 광장)
   - C 스트리트 NW(마켓 광장)
   - 5번가 NE/SE(스탠턴·시워드·마리온 광장)
   - C 스트리트 NE(스탠턴 공원)
   - C 스트리트 SE(시워드 광장)
   - 8번가 SE(이스턴 마켓/해군 야드)
   - D 스트리트 SE(이스턴 마켓 광장)
   - 12번가 NE/SE(링컨 공원)
   - G 스트리트 SE(가필드 공원)
   - L 스트리트 SE(리저베이션 126)

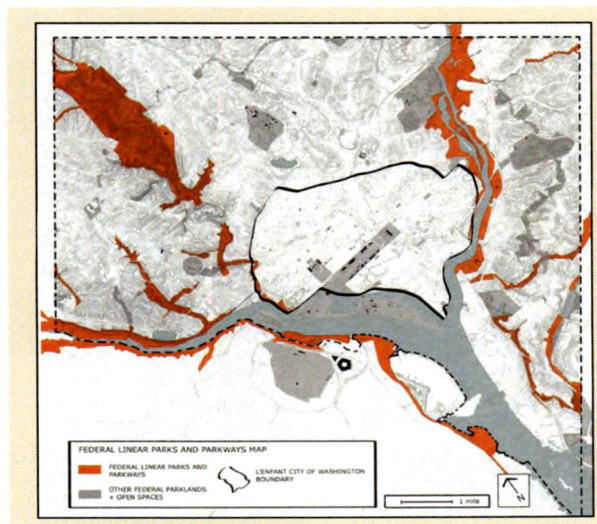 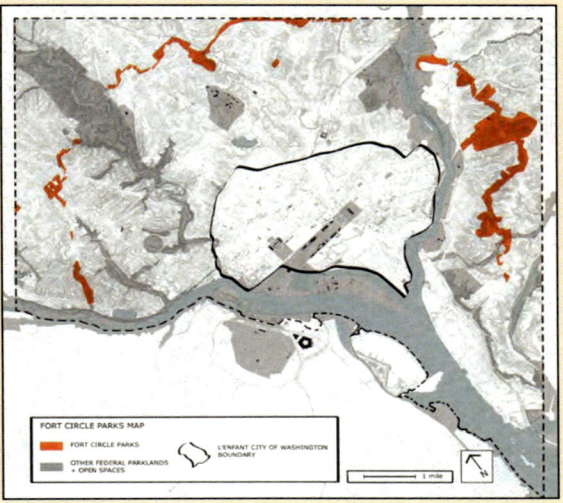 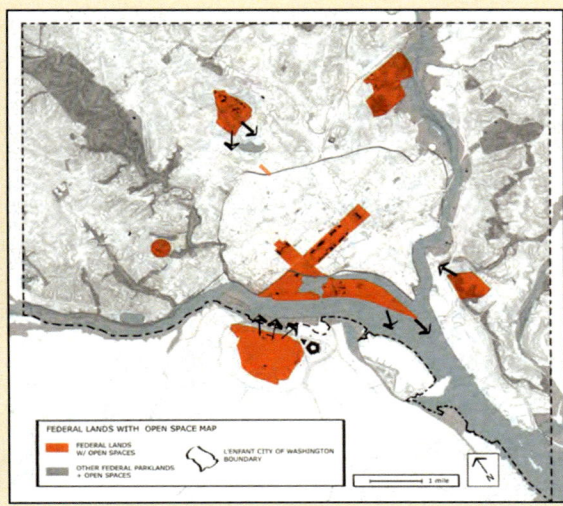

장대한 파노라마 경관

미국 수도권 전역에서 파노라마 경관을 감상할 수 있지만, 그중에서도 공공 접근이 가능한 연방 토지에서의 조망이 우선순위로 간주된다. 이들 부지는 지형적·지리적으로 전략적 위치에 자리 잡고 있어, 기념지 핵심부 및 주변을 포함한 워싱턴 스카이라인의 광범위한 전망을 제공한다.

공공 접근 가능한 연방 토지

다음은 조망이 문서화된 연방 토지 목록이다:

1. 알링턴 국립묘지: 기념 핵심부 및 스카이라인의 전반적 파노라마 전망
2. 세인트 엘리자베스 캠퍼스: 국회의사당 방향 조망
3. 군인 복지 시설: 국회의사당 및 워싱턴 기념탑 조망
4. 헤인스 포인트: 워터프런트, 아나코스티아 힐스, 알링턴 능선 조망
5. 프레더릭 더글라스 하우스

앞서 언급된 연방 토지 외에도, 포트 서클 공원(Fort Circle Parks), 해군 관측소, 국립 수목원 등 도시 내에는 파노라마 경관을 제공할 가능성이 있는 기타 공공 접근 가능 토지가 있다.

국가 수도권 내 파노라마 경관의 시각적 품질, 특성 및 기여 요소를 평가하기 위해서는 도시 디자인 측면의 추가적인 연구가 필요하다.

추가 연구를 위한 핵심 질문

- 이러한 경관의 핵심적 특성은 무엇인가?
- 각 경관의 맥락적 요소는 어떻게 정의되는가?
- 이러한 특성들은 도시 디자인 체계 형성에 어떻게 기여하는가?
- 이러한 특성을 도시 디자인 경관 정책을 통해 어떻게 강화할 수 있는가?
- 도시 내 이러한 자연 공간은 도시 디자인 관점에서 어떤 추가 가치를 제공하는가?
- 이 목록에 빠져 있는 공공 접근 가능한 연방 개방 공간은 무엇이 있는가?

미주(Endnotes)

1. National Register of Historic Place Nomination Form: L'Enfant Plan of the City of Washington, District of Columbia. October, 1990.

2. Ibid.

3. Draft National Historic Landmark Nomination for The Plan of the City of Washington, pg. 71-72, 1791.

4. Height of Buildings Act: http://www.ncpc.gov/buildingheights

5. Height Master Plan: http://www.ncpc.gov/heightstudy/

6. Schedule of Heights: https://www.ncpc.gov/heightstudy/docs/Historical_Background_on_the_Height_of_Buildings_Act_(draft).pdf

7. Public Parking Act of 1870: https://comp.ddot.dc.gov/Documents/1870%20Parking%20Act.pdf#pagemode=none

8. Extending the Legacy: Planning America's Capital for the 21st Century: http://www.ncpc.gov/ncpc/Main(T2)/Planning(Tr2)/ExtendingtheLegacy.html

9. Memorials and Museums Master Plan: http://www.ncpc.gov/ncpc/Main(T2)/Planning(Tr2)/2MPlan.html

10. Monumental Core Framework Plan: http://www.ncpc.gov/ncpc/Main(T2)/Planning(Tr2)/FrameworkPlan.html

11. SW Ecodistrict Plan: www.ncpc.gov/swecodistrict

12. South Capitol Urban Design Street Study: https://www.ncpc.gov/DocumentDepot/Publications/SouthCap/SouthCap_Part1.pdf

13. District Department of Transportation Public Realm Design Manual: http://ddot.dc.gov/PublicRealmDesignManual

14. 1888 Congressional Legislation Banning Overhead Wires § 34-1901.01 http://dccode.org/simple/Title-34/Chapter-19/

15. National Register of Historic Place Nomination Form, L'Enfant Plan of the City of Washington, District of Columbia. October, 1990.

16. Pennsylvania Avenue National Historic Site Management Plan: http://www.nps.gov/nationalmallplan/Documents/Penn/PAAV_Management_Plan_5-14-2014.pdf

제3편
업무 공간

2024

National Capital Planning Commission

The Comprehensive Plan for the National Capital | Federal Elements

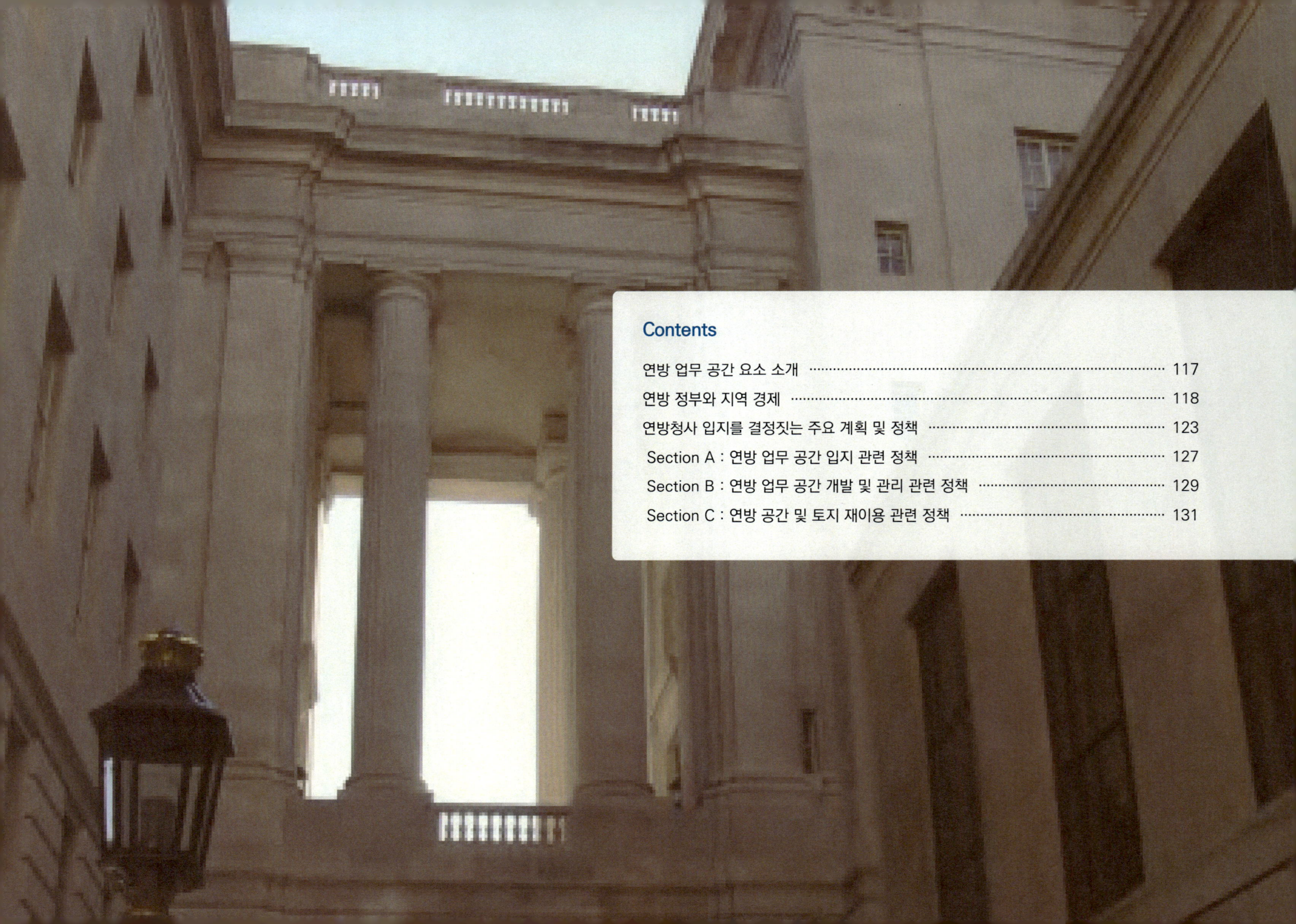

Contents

연방 업무 공간 요소 소개 ·········· 117
연방 정부와 지역 경제 ·········· 118
연방청사 입지를 결정짓는 주요 계획 및 정책 ·········· 123
Section A : 연방 업무 공간 입지 관련 정책 ·········· 127
Section B : 연방 업무 공간 개발 및 관리 관련 정책 ·········· 129
Section C : 연방 공간 및 토지 재이용 관련 정책 ·········· 131

연방 업무 공간 요소 소개

연방 정부의 목표는 연방 인력을 배치함에 있어 효율성, 생산성, 자산 가치 및 공공 이미지를 제고하고, 미국 수도권(NCR)의 경제적 복지를 증진하며, 컬럼비아 특별구를 연방 정부의 본거지로서 강조하는 것이다.

Clockwise from top left: U.S Capitol, U.S. Supreme Court, and the Pentagon

미국 건국의 선조들은 연방 정부의 수도로서 특별한 목적을 지닌 도시를 계획하였다. 도시의 역사 전반에 걸쳐 연방 정부는 정부 기능 수행에 필수적인 건물들을 건설해 왔으며, 이들의 입지, 설계, 기능은 수도권의 물리적 발전과 경제에 깊은 영향을 미쳤다. 오늘날 연방 기관은 이 지역에 집중되어 있으며, 이는 다른 도시권과 구별되는 주요한 특징이다.

이 지역의 주요 연방 업무 공간 중 일부는 국가적으로 가장 상징적인 건축물에 해당한다. 예컨대, 국회의사당, 백악관, 연방대법원, 펜타곤, 다수 부처의 본부 건물 등이 포함된다. 또한 행정 공간뿐 아니라 실험실, 연구시설, 군사기지, 공항, 농지, 마구간, 산업 및 제조부지, 창고 등 다양한 연방 업무 공간이 분포해 있다. 이들은 연방 정부의 위엄, 활력, 안정성을 상징하며, 국가적 자부심의 원천이 되기도 한다.

이 요소에서는 연방 업무 공간에 관한 주요 정책 과제와 목표를 다룬다. 그중 하나는 연방 자산과 이를 둘러싼 지역사회 및 공동체 간의 복잡한 관계를 이해하는 것이다. 연방 정부는 이 지역 경제의 핵심 소비자이자 고용주로서 교통, 환경관리, 부동산, 노동시장 등 다양한 정책 영역에 걸쳐 영향력을 행사한다. 예를 들어, 연방 정부는 민간 부문과의 구매 및 서비스 계약을 통해 상당한 영향을 미치며, 2010년에는 연방 조달이 이 지역 경제의 19%를 차지하였다. 연방·민간 소유 부지 및 시설, 연방 정부의 임대·계약 조건은 지역 경제 전반에 영향을 미친다. 연방 업무 공간의 입지 배치는 연방 정부 활동이 특정 지역에 경제 기회를 집중시키는 동시에 지역 내 공간 불균형을 초래할 수도 있다. 이에 따라 연방 정부는 지역 전반에 걸쳐 경제적 활력을 보다 균형 있게 분산하고자 노력하며, 이 과정에서 연방 시설은 행정 운영의 효율성과 생산성을 상징하는 공간으로 기능하게 된다. 이러한 상징적 관계는 워싱턴 D.C.와 인접한 주(버지니아, 메릴랜드) 지방 정부 간의 협력과 공동 관심사 형성에 기반이 되기도 한다.

두 번째 정책 영역은 내부적 관점에서 접근하며, 주로 연방 직원들의 시설, 운영, 일상적 업무 환경과 관련된 계획 이슈를 다룬다. 오늘날 연방 업무 공간은 운영 효율성, 재정 책임성, 환경적 책무라는 상호 연결된 목표에 부응하기 위해 진화하고 있다. 동시에 신기술은 보다 유연한 근무 환경을 이끌고 있다. 이러한 외부 요인은 연방 정부의 전체적인 사무 공간 수요는 물론, 사무실과 개별 업무 공간의 설계 및 기능에도 영향을 미친다.

연방 업무 공간 요소는 연방 기관과 지역사회가 협력하여 연방 소유 및 임차 업무 공간의 운영 효율성과 생산성을 높이고, 지역사회의 경제적 건강성과 정주 여건을 향상시킬 것을 권장한다. 이 요소는 도시 계획 요소 및 교통 요소를 포함한 다른 연방 요소들과 함께 작동하며, 연방 업무 공간이 지역사회의 도시 디자인, 개발, 교통 목표에 부합하도록 유도한다.

연방 정부와 지역 경제

역사적으로 경제학자들은 연방 정부가 지역 경제에서 차지하는 비중을 그 인력 규모를 통해 측정해 왔다. 그러나 오늘날에는 인력 규모가 연방 정부가 지역에 미치는 영향의 범위와 복잡성을 설명하는 요소 중 하나에 불과하다. 다음에 제시된 데이터는 연방 업무 공간 정책뿐 아니라 지역 경제에 대한 영향과 관련된 주요 동향과 수치를 담고 있다.

연방 고용

연방 정부의 규모와 그것이 지역 경제에 미치는 영향을 이해하는 것은 연방 업무 공간 계획의 중요한 요소다. 미국 경제분석국(U.S. Bureau of Economic Analysis)은 이 연방 업무 공간 요소에 포함된 연방 고용 통계의 주요 출처이며, 직원의 급여가 발행되는 우편번호를 기준으로 데이터를 수집한다. 이는 기존의 『국가 수도권 종합계획: 연방 요소』(Comprehensive Plan for the National Capital: Federal Elements)에서 사용되지 않았던 새로운 자료 출처다. 보안에 민감한 기관의 자료는 추정치를 기반으로 하며, 우체국 직원은 포함되지 않는다. 지역 차원의 연방 고용을 정확히 추정하는 일은 여전히 과제로 남아 있지만, 이 새로운 데이터 출처는 시간이 흐름에 따른 연방 고용의 규모와 분포를 보다 일관성 있게 보여준다.

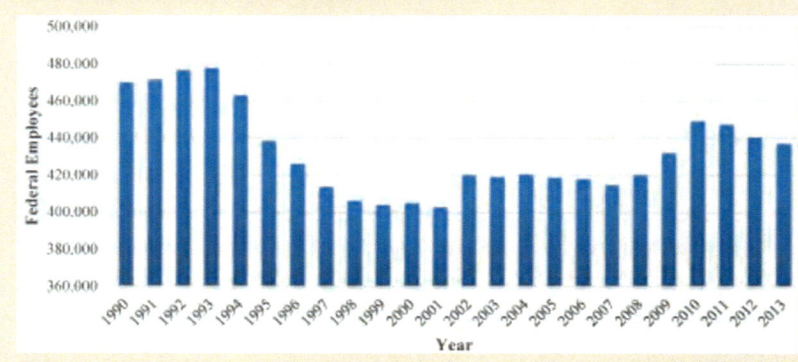

그림 1. 미국 수도권의 연방 고용 현황 (1990–2013)

미국 수도권(NCR)의 연방 고용은 1990년부터 2013년 사이에 감소하였다가 소폭 반등하였다. 1990년에는 약 47만 명의 연방 직원이 있었으며, 1993년에는 약 47만 8천 명으로 정점을 찍었다. 2001년까지 연방 직원 수는 약 40만 3천 명으로 감소하였고, 2013년에는 약 43만 7천 명으로 다시 반등하였다.

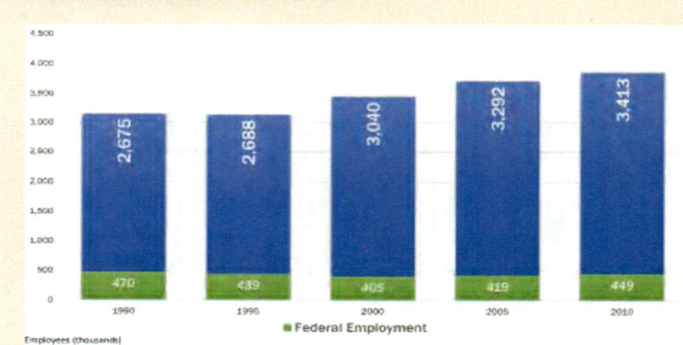

그림 2. 연방 고용과 지역 고용 비교

직접적인 연방 고용은 비교적 안정적이며, 지역 경제에서 여전히 중요한 역할을 하고 있다. 그러나 전체 지역 노동력 중 연방 인력의 비율은 1990년 17.6%에서 2013년 12.3%로 감소하였다. 이러한 추세는 1990년 이후 85만 개 이상의 일자리가 증가한 지역 경제의 강한 성장을 반영하는 것으로, 일부 성장은 연방 정부의 존재가 뒷받침한 것이다.

연방 고용: 도시 및 지역 분포

법률에 따라, 컬럼비아 특별구는 연방 정부[1]의 본거지로 규정되어 있으며, 이에 따라 연방 정부에 소속된 모든 사무소는 특별한 법적 허용이 없는 한 컬럼비아 특별구에서 운영되어야 한다.[2] 여기서 '사무소(offices)'라는 용어는 구체적으로 정의되어 있지는 않지만, 일반적으로 행정부처나 기관의 본부에 적용된다.[3]

연방 고용은 지역 경제에서 중요한 역할을 하므로, 중앙 집중과 지역 분산 간의 균형을 확보하는 것이 정책적 핵심 과제이다. 1968년 수립된 종합계획에서는 수도권 연방 인력의 60%를 컬럼비아 특별구에, 나머지 40%는 수도권 내 타 지역에 배치하는 이른바 '60:40 정책'을 제시하였으며, 이 정책은 현재까지도 유지되고 있다.

전통적으로 연방 고용은 컬럼비아 특별구에 집중되어 왔다. 1960년에는 수도권 내 연방 인력(민간과 군 인력 포함)의 63%가 컬럼비아 특별구에 근무했으며, 메릴랜드는 14%, 버지니아는 23%의 비중을 차지했다. 이후 컬럼비아 특별구의 고용 비중은 점차 줄어 1990년에는 약 52%로 낮아졌고, 2013년까지도 이 수준을 대체로 유지하고 있다.[4] 이러한 분포 변화는 군사시설 및 바이오 연구시설과 같이 워싱턴 외곽에 위치한 기관들에서 연방 고용이 증가한 데 따른 결과로 해석된다.

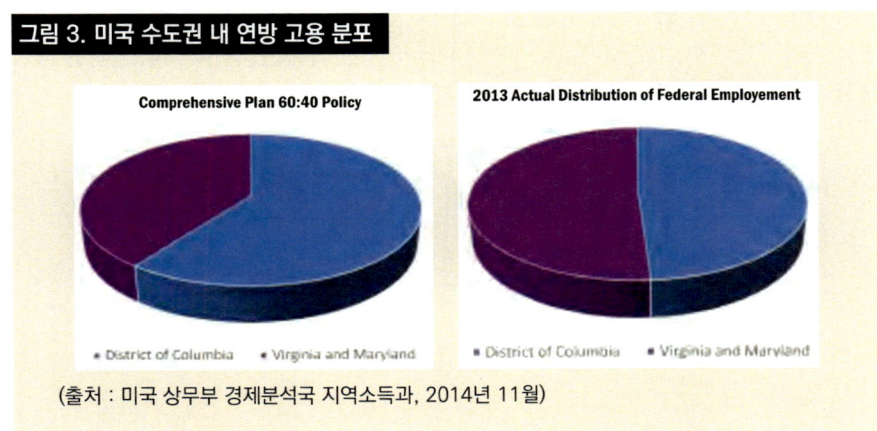

그림 3. 미국 수도권 내 연방 고용 분포

(출처 : 미국 상무부 경제분석국 지역소득과, 2014년 11월)

연방 부동산 현황

연방 정부는 이 지역에서 부동산을 가장 많이 보유하고 사용하는 단일 주체이다. 미국 조달청(GSA)은 미국 수도권(NCR) 내 연방 업무 공간 총 1억 500만 제곱피트를 관리, 신축, 건설 및 임대하고 있으며, 이는 연방 소유 건물 212개에 위치한 4,420만 제곱피트와, 임대 건물 485개에 위치한 5,630만 제곱피트로 구성되어 있다.[5] 또한, 국방부(DoD)는 수도권 내 총 3,204개 건물에서 약 7,500만 제곱피트를 관리하고 있으며, 이 가운데 2,993개의 자가 소유 건물에 7,300만 제곱피트, 211개의 임대 건물에 200만 제곱피트가 포함된다.[6]

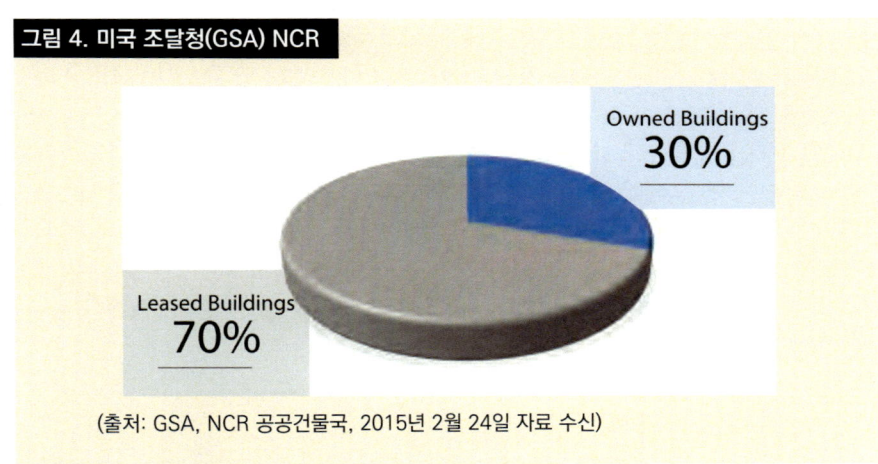

그림 4. 미국 조달청(GSA) NCR

(출처: GSA, NCR 공공건물국, 2015년 2월 24일 자료 수신)

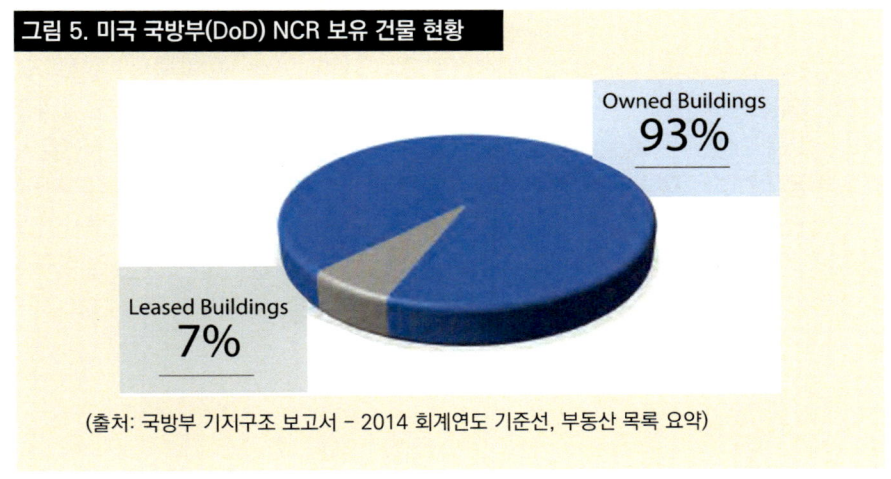

그림 5. 미국 국방부(DoD) NCR 보유 건물 현황

(출처: 국방부 기지구조 보고서 – 2014 회계연도 기준선, 부동산 목록 요약)

연방 조달

미국 인구조사국의 2001년 및 2010년 회계연도 연방 기금 종합 보고서에 따르면,[7] 미국 수도권(NCR)에서의 연방 조달 지출은 2001년 약 323억 달러에서 2010년에는 800억 달러 이상으로 증가하였다. 이러한 증가의 대부분은 국토안보 및 국방 분야의 이례적으로 큰 규모의 조달에 기인한다. 일부 성장은 [2009년 미국 회복 및 재투자법(American Recovery and Reinvestment Act)]의 영향도 있다.[8] 연방 조달은 다른 산업 및 경제 분야의 고용 창출에 파급 효과를 일으킬 수 있다. 지방 및 연방 기관은 연방 활동에 기반한 산업 부문에서 민간 부문 일자리 창출과 노동력 개발을 어떻게 장려할 수 있을지를 지속적으로 모색하고 있다. 연방 조달 지출은 2010년 회계연도에서 2013년 회계연도 사이에 110억 달러(14%) 감소하였다.[9] 향후 재정 전망은 예산 제약이 강화될 것으로 보이며, 이에 따라 각 기관은 더 높은 효율성과 제한된 예산하에서 사명을 달성하도록 압박받고 있고, 이는 연방 계약 지출의 축소로 이어지고 있다.

계약과 연방 노동 프로그램

연방 정부의 업무 성격은 시간이 지남에 따라 변화해 왔으며, 연방 직원의 역할도 변화하였다. 초기에는 서무직과 지원 업무 중심이었던 것이, 점차 기술·전문 인력, 관리자, 그리고 특화된 프로그램을 감독하는 행정 인력 중심으로 전환되었다. 과거에는 연방 직원들이 직접 수행하던 많은 서비스들이 민간 부문에 위탁되고 있으며, 그 범위는 사업관리 지원, 기술 및 전문 서비스, 그리고 이러한 프로그램에 필요한 연구 및 개발까지 아우른다. 이들 민간 계약업체는 지역의 재산세, 판매세, 기타 세입에 기여한다. 연방 정부는 이처럼 수도권 지역의 민간 노동자 상당수를 간접적으로 지원하고 있다.

업무 공간 정책을 형성하는 주요 요인들

연방 정부가 자산을 관리하는 방식은 새로운 법률, 정책, 기술에 대응하여 근본적으로 변화하고 있다. 따라서 연방의 업무 공간은 통합된 부동산 자산 포트폴리오 수준에서 개별 건물과 작업 공간 수준에 이르기까지 다양한 규모에서 영향을 받으며 변화하고 있다.

행정명령은 재정적 책임성과 환경적 책무성이라는 상호 연관된 목표를 촉진하고 있으며, 예산관리국(OMB)의 연방 부동산 자산의 효율적 활용을 위한 강력한 목표와 함께, 연방 정부의 물리적 공간 구조를 재편하고 있다.

이러한 연방 행정명령과 정책은 향후에도 지역 개발에 계속해서 영향을 줄 것이며, 이에 따라 연방 기관들은 통합, 공동배치, 부동산 매각, 임대 공간에서의 이탈, 그리고 보다 친환경적이고 소규모의 연방 소유 업무 공간으로의 이전 계획을 검토하고 있다.

변화하는 연방 업무 공간은 지역사회와 지역 전체의 미래에 중대한 영향을 미칠 수 있다. 연방 정부의 통합과 모바일 업무 환경이 지역의 개발 패턴과 지역 경제에 미치는 잠재적 영향은 아직 충분히 이해되지 않았으며, 시나리오 기반 계획 분석이나 기타 방법을 통해 면밀히 검토되어야 한다.

"공간 축소(Reduce the Footprint)"

연방 정부는 운영 효율성을 유지하기 위해 시설 수요를 지속적으로 평가하고 부동산 포트폴리오를 조정하고 있다. 이 과정에서 긴축 재정 속에서 예산을 충족시키고 공간 활용도를 높이는 것이 핵심 과제다. 「행정명령 제13589호: 효율적 지출 촉진(Promoting Efficient Spending, 2011)」[10]은 연방 기관이 민간 부동산 점유를 확대하지 않도록 하며(일부 예외 인정), 공간이 증가할 경우 통합, 공동배치, 매각 등으로 상쇄할 것을 요구하고 있다.

2013년 예산관리국(OMB)은 "공간 동결(Freeze the Footprint)" 정책을 도입해 이를 강화하였다.[11] 이 정책은 기관들이 2012 회계연도를 기준으로 사무실 및 창고 공간을 추가 확보하지 못하도록 하고 있다. 이에 따라 각 기관은 공간 감축 계획, 통제 수단, 성과 기준, 전략 등을 마련해야 하며, 상쇄 방안, 공동배치, 통합 등의 조치가 포함될 수 있다. 이러한 요건은 연방 자산의 효율적 활용과 유휴 공간 해소를 유도하고 있다.

환경 관리(Environmental Stewardship)

연방 업무 공간 정책의 또 다른 핵심 요소는 환경 관리다. 이는 연방 건물의 입지 결정에도 영향을 미친다. 2011년 환경품질위원회(CEQ)는 연방 기관이 대중교통 접근성과 보행·자전거 친화성이 높은 지역에 입지하도록 하는 「연방 시설의 지속 가능한 입지 지침(Sustainable Locations for Federal Facilities)」[12]을 발간하였다. 2015년에는 보건복지부 산하 공중보건국장이 보행과 걷기 좋은 커뮤니티 조성을 촉구하는 성명을 발표하였다. 이는 연방 건물의 계획과 설계, 근로자 건강 증진 프로그램에 긍정적인 영향을 주고 있다. 또한 「행정명령 제11988호: 홍수 범람지 관리(Floodplain Management, 1977)」[13]와 「행정명령 제13690호: 연방 홍수위험관리기준 및 의견 수렴 절차(Federal Flood Risk Management Standard and a Process for Further Soliciting and Considering Stakeholder Input, 2015)」[14]는 홍수 위험 지역 개발을 피하고 실현 가능한 대안을 우선 검토하도록 규정하고 있다.

또한 「행정명령 제13693호: 향후 10년간 연방 지속가능성 계획(Planning for Federal Sustainability in the Next Decade, 2015)」[15]은 연방 정부가 에너지 효율성 향상, 온실가스 감축, 수자원 보호, 폐기물 저감, 지속가능한 고성능 건축 등을 통해 기후변화 대응을 선도할 것을 요구하고 있다.

연방 업무 공간 요소는 연방 시설의 입지 선정 및 관리에 관한 정책을 통해 보다 지속 가능한 연방 업무 환경을 조성하는 것을 목표로 한다. 예를 들어, 연방 기관은 자사의 운영이 온실가스 배출을 어떻게 줄이고 에너지 효율 목표를 달성할 수 있을지를 반영한 최신 지속가능성 계획을 수립해야 하며, 이는 행정명령에 따라 요구되는 사항이다. 이 계획은 연방 시설이 「에너지 독립 및 안보법(Energy Independence and Security Act, 2007)」에 명시된 에너지 목표를 충족할 것을 요구하며, 이는 2030년까지 연방 시설의 에너지 순사용량을 '제로(net zero)'로 만드는 것을 목표로 한다.

연방 업무 공간 요소의 정책들은 2004년 종합계획 개정 이후 국가 및 지역 수준에서 수립된 다음과 같은 지침들을 반영하고 있다:

- 「행정명령 제13690호: 연방 홍수위험관리 기준 수립 (Federal Flood Risk Management Standards)」
- 행정명령 제13693호: 향후 10년간 연방 지속가능성 계획 (Planning for Federal Sustainability in the Next Decade)
- 「에너지 독립 안보법 (Energy Independence and Security Act, 2007)」
- 「원격근무 촉진법 (Telework Enhancement Act, 2010, H.R. 1722)」
- 「행정명령 제13589호: 효율적 지출 촉진 (Promoting Efficient Spending)」
- 「불필요한 연방 부동산 처분에 관한 대통령 각서 (Presidential Memorandum Disposing of Unneeded Federal Real Estate)」
- 「연방 시설의 지속 가능한 입지를 위한 환경품질위원회 권고안 (Council of Environmental Quality Recommendations for Sustainable Locations for Federal Facilities)」
- 「워싱턴 D.C. 및 수도권 계획 및 목표 (Metropolitan Washington Council of Government의 Region Forward Initiative 포함)」

모바일 워크플레이스(The Mobile Workplace)

연방 정부는 보다 효과적이고 효율적인 운영, 지속가능성과 성과 목표 달성, 예산 긴축 대응을 위해 모바일 업무 환경으로의 전환을 추진하고 있다. 새로운 기술과 업무 방식은 환경 관리 목표를 앞당기고, 업무 공간의 개념을 재정의하며, 직원들이 시간과 장소에 구애받지 않고 근무할 수 있도록 지원한다. 2010년 「재택근무강화법(Telework Enhancement Act of 2010)」[16]은 직원이 지정된 근무지가 아닌 승인된 다른 장소에서 업무를 수행할 수 있도록 허용하였다. 재택근무는 생산성 향상, 업무 연속성 확보, 변화하는 수요 대응에 기여할 수 있으며, 교통 혼잡 완화 등 교통 관련 목표 달성에도 도움이 된다.

이러한 모바일 워크플레이스 트렌드는 직원의 공간 요구, 임대 정책, 건물 설계 방식까지 재정의하고 있다. 건물 차원에서는 워크스테이션 소형화와 모바일 기기 활용 증가, 직원 1인당 공간 축소, 업무 공간 내 밀도 증가, 식사 공간 및 협업 공간과 같은 유연한 커뮤니티 환경 확대, 다수 사용자가 공유할 수 있는 유연한 워크스테이션 도입 등이 나타나고 있다.

미국 조달청(GSA)은 각 기관이 자사의 여건에 맞는 모빌리티 전략을 수립할 수 있도록 다양한 시나리오 기반의 맞춤형 전략을 제공한다. 이 시나리오들은 데스크 셰어링, 모빌리티, 재택근무의 활용 수준에 따라 구성되며, 교통비 절감뿐 아니라 온실가스 배출 저감 등 광범위한 환경적 효과까지 고려된다.

또한, GSA는 '적정화(right sizing)' 개념을 통해 실제 필요한 업무 공간을 산정하고, 이를 달성하기 위한 전략 수립을 지원한다. 예를 들어, 정보기술(IT) 혁신과 투자를 통해 모바일 워크플레이스를 실현하고 공간을 줄일 수 있도록 조언한다. 유연하고 개방적인 사무실 디자인, 데스크 셰어링, 호텔링(hoteling), 탄력근무제와 같은 전략은 공간 수요를 줄이고 공간 활용률을 높이는 데 크게 기여할 수 있다.

진화하는 업무 공간 접근 방식

2013년, 미국 조달청(GSA)은 연방 정부 전반에 21세기형 업무 환경을 구축하기 위한 「Total Workplace Initiative」[17]를 시작하였다. 이 계획은 각 기관이 업무 공간을 줄이고 비용을 절감하며 협업을 촉진하고, IT 지출을 보다 효과적으로 관리하며 에너지 효율을 높이도록 지원하는 데 목적이 있다.

GSA는 워싱턴 D.C. 소재 중앙청사(Central Office) 건물을 현대화하면서, 기존 역사적 건물에 119,517제곱피트의 사용 가능 공간을 추가하였다. 이 과정에서 직원이 고정되지 않은 비상설 업무 공간을 필요시 예약하는 호텔링(hoteling)이나, 책상을 공유하는 데스크 셰어링(desk-sharing)과 같은 모빌리티 전략이 도입되어, 추가로 2,300명을 수용할 수 있게 되었다. 기존 건물은 약 460,000제곱피트 규모로, 2,200명이 근무하고 있었으며 1인당 평균 208제곱피트의 공간을 사용하고 있었다. 현대화 이후 건물 전체는 약 579,000제곱피트의 사용 공간을 갖추게 되었고, 4,500명이 2,300석을 활용하며 1인당 공간 활용률은 129제곱피트로 향상되었다. 이러한 전략은 GSA가 수행한 지역 부동산 수요, 직원 근무 유연성, 대체 근무 일정, 원격근무제 등에 대한 분석에 기반한 것이다.

미국 농무부 산림청(U.S. Department of Agriculture Forest Service)도 부동산 통합의 또 다른 사례이다. 이 기관은 연방 소유 시드니 예이츠 청사와 로슬린(Rosslyn)의 2개 임대 건물을 포함해 총 206,000제곱피트에 걸쳐 762명의 직원을 수용하고 있었다. 산림청은 이 3개 건물을 통합해 예이츠 청사로 전 직원 이전을 계획하고 있으며, 이를 통해 총 공간을 108,000제곱피트로 줄이고, 직원 1인당 사용 공간도 270제곱피트에서 195제곱피트로 개선할 예정이다.

GSA 중앙청사의 사무 공간

보안

연방청사 부지를 결정할 때 보안은 매우 중요한 요소이다. 더 넓은 이격 거리(setback)와 높은 수준의 보안이 요구되는 연방 기관들은 워싱턴 D.C. 외곽이나 연방 캠퍼스 내에 입지하는 것을 고려할 수 있다. 예를 들어, 세인트 엘리자베스(St. Elizabeths), FDA 화이트오크(White Oak), 수틀랜드 연방센터(Suitland Federal Center)와 같은 연방 캠퍼스는 건물별로 개별 경계 보안을 설치하기보다는 하나의 넓은 구역에 보안 완충지대를 두는 방식을 선호하는 기관들에게 적합한 입지다. 또한, 미국 국방부는 모든 국방부 건물에 대해 최소한의 대테러 및 방호 기준을 규정한 통합시설기준(Unified Facilities Criteria)을 마련하고 있으며, 이러한 기준은 청사 부지를 선정하는 데 있어 중요한 기준으로 작용한다.

수틀랜드 연방센터는 메릴랜드주 수틀랜드에 위치한 워싱턴 D.C. 외곽의 보안이 강화된 연방 캠퍼스이다.

연방 청사 입지를 결정짓는 주요 계획 및 정책

연방 청사의 위치는 지역 내 연방 고용 분포에 중대한 영향을 미친다. 주요 과제 중 하나는 연방 고용과 관련된 활동을 수도 워싱턴 D.C.에 유지하고 유치하는 것이다. 적절한 입지 선정은 연방 운영의 효율성을 높이며, 경제 개발, 복합 개발, 대중교통 이용 증가, 도로 혼잡 완화, 환경 개선, 기반 시설의 효율적 활용, 녹지 보존 등 지역 발전 목표 달성에도 기여할 수 있다.

연방 정부의 중심지인 워싱턴 D.C.에는 연방 본부, 주요 연방 시설, 상징적 청사를 중심고용지역(CEA) 내에 집중 배치해야 한다. 이 지역은 시민, 직원, 이해관계자들이 쉽게 접근할 수 있어, 정책 결정 기관 간의 효율적 소통을 가능하게 한다. CEA 외부에 청사를 배치할 경우, 연방기관은 지역 정부가 우선 배치 지역으로 지정한 연방 고용지구나, 일자리 및 주거 확대가 계획된 광역활성화지구(Regional Activity Centers) 등을 고려해야 한다.[18] 이러한 지역에 연방청사를 배치하면 지역 경제와 도시계획 목표를 동시에 지원할 수 있다.[19]

청사 입지 결정은 다양한 계획과 정책에 따라 이루어진다. 연방 업무 공간은 수도권(NCR) 내 기관들의 입지 계획 우선순위를 제시한다.

국가수도권 종합계획의 중심고용지역(CEA)

1969년 종합계획 이래, 국가수도계획위원회(NCPC)는 워싱턴 D.C.의 공식 중심고용지역(CEA) 내에 연방 업무 공간을 배치하는 것을 우선시해 왔다. 이 지역은 상업 중심지이자 연방 고용의 핵심지로, 연방 정부의 상징적·물리적 중심이며 대중교통의 허브 역할을 한다. CEA 내 대부분의 연방청사는 메트로(Metrorail) 역에서 400m 이내에 위치하며, 보행 가능한 도로망과도 연결되어 있다. 조달청(GSA)은 이 CEA 경계 내를 워싱턴 D.C. 내 연방 임대 우선 지역으로 지정하고 있다.

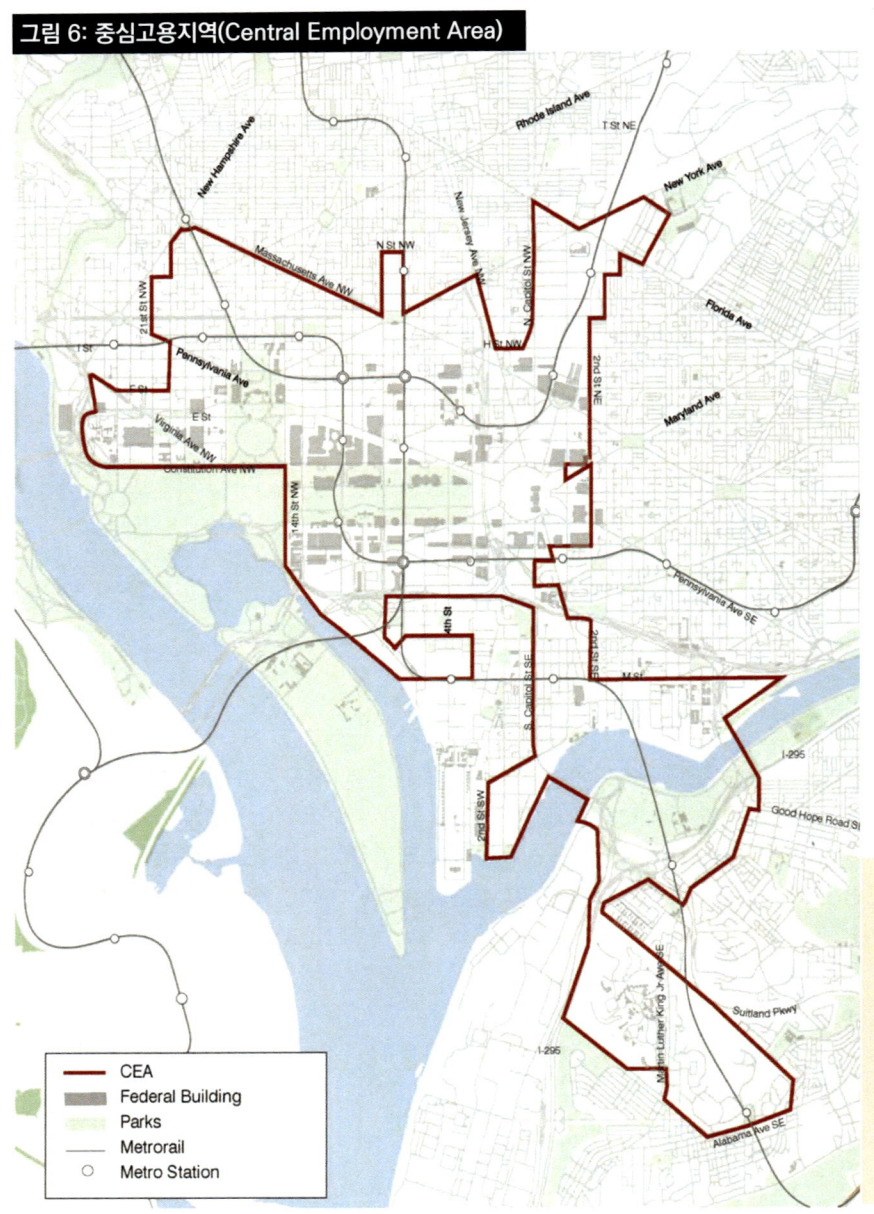

그림 6: 중심고용지역(Central Employment Area)

종합계획은 중심고용지역(CEA)을 정의하고 있으나, 그 경계를 검토하거나 갱신하는 구체적인 절차는 포함하고 있지 않다. 국가수도계획위원회(NCPC)와 컬럼비아 특별구는 CEA를 인프라 수요와 재투자 활동을 지원하는 도구로 활용하기 위해 이를 주기적으로 평가할 필요가 있다. 컬럼비아 특별구와 연방 계획요소가 갱신될 때마다, CEA가 상업, 복합용도 개발, 교통 투자 등 특별구의 우선순위를 적절히 반영하고 있는지 재검토해야 한다.

이번 계획 갱신의 일환으로 NCPC와 컬럼비아 특별구는 CEA 경계를 연방 및 특별구 계획 요소에 공동으로 반영하였다.

많은 연방 시설은 여전히 CEA 내에 위치해 있으며, 그 외의 연방 활동은 CEA 외부의 연방 고용지역에 배치되어 있다. 이들 지역은 지역 토지이용 여건이 해당 업무의 효율성과 생산성을 지원하는 곳이다. 연방 업무 환경이 변화함에 따라, 많은 연방 기관이 공간 수요와 기능 통합을 고려해 이전할 수 있다.

CEA 외 지역에 입지할 경우 사회적, 경제적, 환경적, 문화적 여건 개선에 기여할 수 있는 지역을 고려하는 것이 중요하다. 도시 지역에서는 가능하면 기회특구, 저개발 지역, 중심상업지구(CBD), 또는 지역 정부가 권장하는 고용지구에 입지하는 것이 바람직하다.[20] 연방 정부는 앞으로도 연방, 광역, 지역 차원의 정부들과 협력해 CEA 외 지역에서도 적절한 연방 고용 입지를 함께 발굴해 나가야 한다.

중심고용지역(Central Employment Area)

컬럼비아 특별구와 연방 계획요소 모두 워싱턴 D.C. 내에 중심고용지역(CEA)을 공동으로 지정하고 있다. 이 CEA에는 미국 국회의사당, 백악관, 연방대법원을 비롯해 대부분의 입법·사법·행정 기관 본부 등 기존의 핵심 연방 시설들이 포함된다. 중심고용지역은 컬럼비아 특별구의 상업 중심지로, 가장 높은 고용 밀집도를 유도하는 지역이다.

연방 청사의 지속 가능한 입지를 위한 권고사항

2010년 4월, 환경품질위원회(Council on Environmental Quality)는 미국 교통부, 조달청(GSA), 국방부(DoD) 및 기타 연방 기관과 협력하여 '연방청사의 지속 가능한 입지를 위한 권고사항(Recommendations for Sustainable Locations for Federal Facilities)'을 발간하였다. 이 지침은 연방청사 입지 결정을 위한 정부 전반의 표준으로 작용하며, 저렴한 주택 접근성, 도심 내 유휴지 개발, 중심고용지역(CEA) 내 입지, 그리고 역사적 건축물의 재활용(adaptive reuse) 등을 포함한 요소들을 고려하도록 한다. 특히 이 지침은 연방 청사를 대중교통 접근성이 높은 지역에 배치하는 것을 우선순위로 둔다.

- 가능한 경우, 건물의 주요 출입구가 대중교통 정류장에서 0.5마일(약 800m) 이내에 위치하며, 보행 접근이 용이한 지역을 우선 고려
- 정기 노선이 운영되고, 출·퇴근 시간에는 최소 10분 간격, 비 혼잡 시간대에는 15분 간격 이상으로 14시간 이상 운영[25]되는 교통서비스가 있는 곳이 적절한 입지로 간주
- 연방 개발이 대중교통 중심 개발(TOD, Transit Oriented Development)을 촉진할 수 있는 지역을 우선 고려

2011년에는 GSA를 위해 「근로자의 주거·교통·고용 선택에 관한 연구」가 수행되었다. 이 연구는 현재 및 미래 인력의 주거, 교통, 생활 선호를 반영한 입지 전략을 제안하고, 지역 차원의 성장 방향 및 교통 체계 구축 목표에 부합하도록 연방 청사의 입지를 유도할 필요성을 강조하였다.

연방 업무 공간 요소의 입지 정책 또한 이러한 방향을 반영하여 대중교통 접근성이 높은 지역을 입지 우선 지역으로 규정하고, 대중교통 접근성은 정류장에서 반경 0.5마일 이내로 정의한다. 이처럼 연방 청사를 대중교통과 연결하는 것은 수도권(NCR) 내 지속 가능한 연방 시설 체계를 구축하는 데 핵심적인 요소이다.

군 기지 재배치 및 폐쇄법

종합계획과 환경품질위원회(Council on Environmental Quality, CEQ)의 지침은 모든 연방 기관에 적용 가능한 일반 기준을 제공하지만, 일부 기관의 구체적 요구에 따라 마련된 계획도 있다. 2005년 제정된 「기지 재배치 및 폐쇄법(Base Realignment and Closure Act, BRAC)」은 전국 및 수도권(NCR) 내 국방부(DoD)의 민간 및 현역 시설에 큰 영향을 미쳤다. 일부 시설은 기능을 이전하거나 인력을 재배치했고, 일부는 폐쇄되었다. 이 법의 목적은 기관 임무 강화, 운영 효율성 제고, 자원 절약에 있다.

이 정책은 안전 확보와 대테러 대응력 강화 같은 정책 목표에 따라, 임대 공간에서 정부 소유 공간으로 이전하고, 유사 기능의 군 부서를 통합하는 '합동 기지' 구상을 추진하였다. 예를 들어, 군 의료 서비스는 조인트 베이스 아나코스티아-볼링(Joint Base Anacostia Bolling)과 월터 리드 국군의료센터(Walter Reed National Military Medical Center)로 통합되었다.

또한 이 조치는 2005~2015년 사이 NCR 내에서 가장 큰 규모의 건설 프로젝트를 다수 포함하고 있으며, 포트 벨보어, 알렉산드리아 마크 센터, 베서스다 의료센터 등이 대표적이다. 이러한 조치들로 인해 주요 고용지 재배치, 교통 등 기반 시설 변화, 사무실 임대시장에 영향이 발생했다.

이 계획은 일정의 촉박함과 마스터플랜 부재로 인해 조율 부족과 사전 대응의 한계를 드러냈으며, 현재는 이미 완료된 개발에 맞춰 사후 계획이 이뤄지고 있다.

많은 기지들이 대중교통, 인프라, 서비스가 잘 갖춰진 도시 또는 도시화 지역에 있었으나, 일부는 대중교통이나 편의시설 없이 이동되었다. 예를 들어 마크 센터(Mark Center)로의 이전은 6,400명의 직원을 혼잡한 도로망 인근으로 재배치하였고, 도로 확충 및 셔틀 운행 확대에 많은 노력이 필요했다. 이러한 영향에 대응하기 위해 국방부와 연방·주·지방 정부, 서비스 제공자 간 협의가 계속 이루어지고 있다.

그림 7: Regional Activity Centers

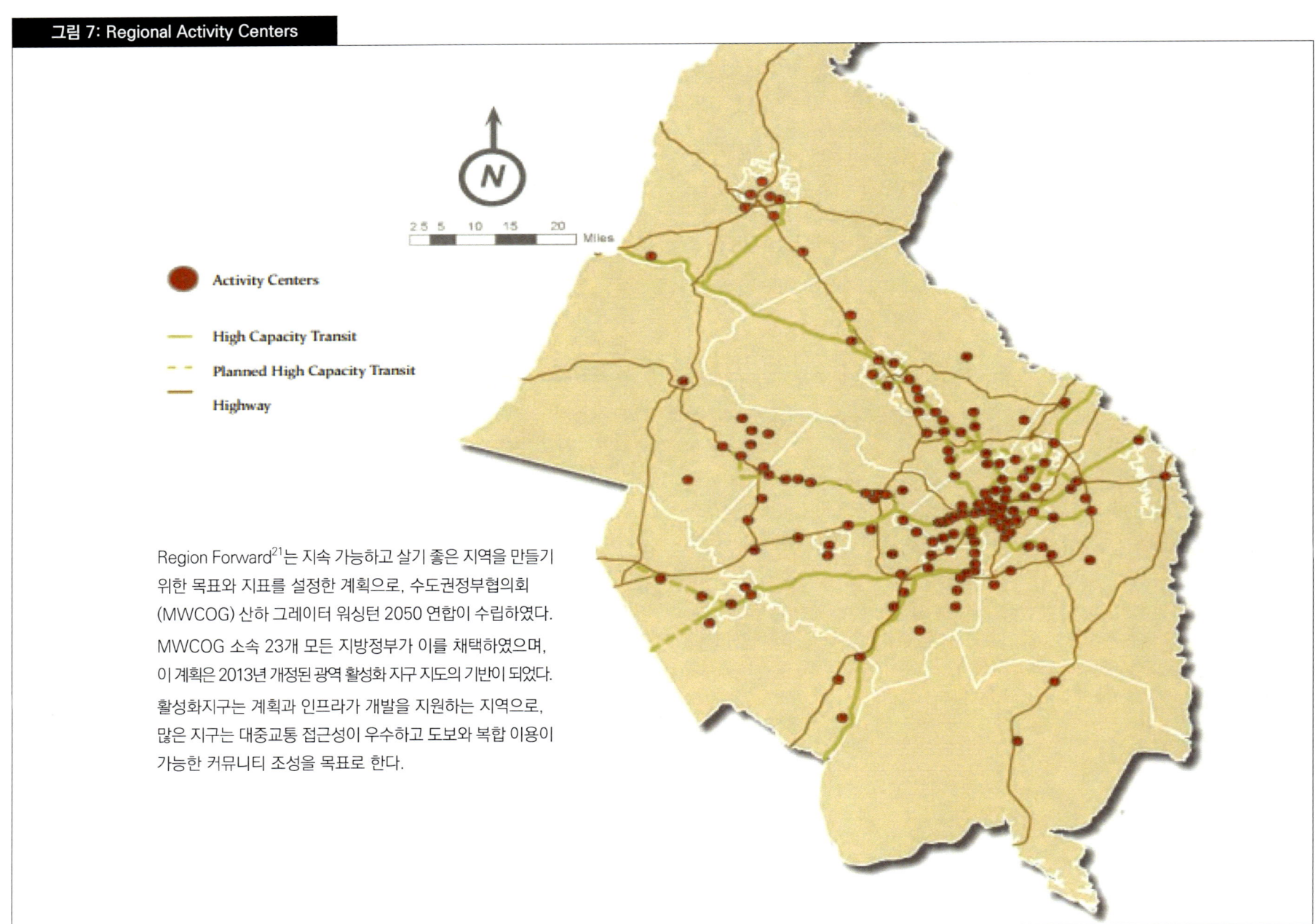

- Activity Centers
- High Capacity Transit
- Planned High Capacity Transit
- Highway

Region Forward[21]는 지속 가능하고 살기 좋은 지역을 만들기 위한 목표와 지표를 설정한 계획으로, 수도권정부협의회 (MWCOG) 산하 그레이터 워싱턴 2050 연합이 수립하였다. MWCOG 소속 23개 모든 지방정부가 이를 채택하였으며, 이 계획은 2013년 개정된 광역 활성화 지구 지도의 기반이 되었다. 활성화지구는 계획과 인프라가 개발을 지원하는 지역으로, 많은 지구는 대중교통 접근성이 우수하고 도보와 복합 이용이 가능한 커뮤니티 조성을 목표로 한다.

토머스 P. 오닐 주니어 연방 청사는 미국 연방 정부의 현대식 사무청사로 활용하기 위해 현대화 및 리노베이션됨. 2013년에 완공된 이 건물은 물 절약 및 재사용을 촉진하는 여러 기능을 갖추고 있으며, 이로 인해 유사한 상업용 건물 기준 대비 물 사용량을 45% 절감함

Section A: 연방 업무 공간 입지 관련 정책

연방 청사가 어디에 위치하느냐는 기관의 임무 수행, 운영 효율성, 그리고 주변 지역사회와 광역권에 큰 영향을 미친다. 연방 청사는 지역사회에 새로운 고용 및 경제 기회를 제공할 수 있으며, 지역 및 광역 교통망에도 영향을 미친다.

연방 업무 공간 요소에 포함된 정책은 환경, 운영, 교통과 관련된 주요 계획 목표와 우선순위를 고려해 연방 청사 입지를 결정하는 데 중점을 둔다.

연방 정부의 역할

FW.A.1 새로운 청사를 건설하기 전에, 기존 연방 소유 건물의 현대화, 보수, 재활용 가능성을 우선 고려해야 한다.

FW.A.2 연방 업무 공간은 워싱턴 D.C.의 중심고용지역(CEA) 내에 우선 배치되어야 한다. CEA 외 지역의 경우, 기회특구, 저개발 지역, 대중교통 접근이 용이한 지역, 지방 정부가 우선 입지로 지정한 지역 등을 고려해야 한다. 컬럼비아 특별구, NCPC, 기타 연방 기관은 CEA가 현재의 우선순위를 반영하고 있는지 여부를 필요에 따라 평가해야 한다.

FW.A.3 연방 업무 공간을 배치할 때 다음 기준을 고려한다:

1. Metrorail, MARC, VRE 등 정기 대중교통 노선에서 도보권(0.5마일 이내)에 위치하도록 한다.

2. 압축적 개발과 대중교통 이용 확대를 유도하는 지역 및 연방 목표를 지원할 수 있는 지역을 우선 고려한다.

3. 경제 취약 지역에 고용 창출 효과가 있는 경우, 지방 정부 및 지역 이해관계자와 협력해 입지를 선정한다.

4. 역사 지구 내 역사적 건축물을 우선 활용하고, 없을 경우 인근 대체 부지를 검토한다.

5. 상호 협업이 많은 다른 연방기관과 인접한 곳에 직원을 배치한다.

6. 민간 공급업체 접근성이 좋은 지역에 청사를 배치해 운영 효율을 높인다.

7. 다양한 주거 선택지가 가까운 지역에 배치해 직원 편의를 높인다.

8. 자연 훼손을 줄이기 위해, 훼손지나 기존 부지를 재활용하는 방식으로 개발한다.

FW.A.4 입지 선정부터 건설까지 지역 주민과 소통하며, 필요시 공공계획에 대한 기술 지원을 받는다.

FW.A.5 워싱턴 D.C. 내 연방 고용 비중이 수도권 전체의 60% 이상이 되도록 유지해야 한다.

FW.A.6 워싱턴 D.C. 도심 내에서 미국 국회의사당이나 주요 랜드마크와 상징적 시각 연결성을 갖는 대표적인 입지는 연방 업무 공간, 특히 본부 청사나 주요 기념시설 용도로 우선 확보해야 한다.

FW.A.7 연방 청사 입지가 기존 자연 자원에 미치는 영향을 고려하고, 환경자원을 보존함으로써 자연환경을 보호해야 한다.

펜실베니아 애비뉴 국가사적지(Pennsylvania Avenue National Historic Site)는 미국 국회의사당과 백악관 사이의 애비뉴 구간을 포함하며, 중심고용지역(CEA) 내에 위치한다.
이 지역은 1966년 국가사적지 등록부(National Register of Historic Places)에 등재되었으며, 연방 삼각지대 내의 여러 연방 청사를 포함하고 있다.

Section B: 연방 업무 공간 개발 및 관리 관련 정책

연방 청사가 입지하고 건설된 이후에는, 지속가능성, 에너지 효율성, 자원 관리, 교통 등 연방의 목표를 지원할 수 있도록 운영, 관리, 유지되어야 한다. 연방 업무 공간 요소에는 지역 전반의 연방 업무 공간 운영 및 관리를 위한 정책이 포함되어 있다. 이 요소는 대중교통 및 보행이나 자전거 접근성 등 대체 교통수단에 대한 접근과 개발을 지원한다.

연방 업무 공간 요소는 교통, 연방 환경, 연방 도시디자인 요소와 상호보완적 관계에 있으며, 이들 요소는 연방 시설의 지속가능성을 높이는 데 기여할 수 있다. 연방 직원과 지역 공동체에 편의를 제공하는 업무 공간 조성은 본 절의 중요한 목표 중 하나이다.

연방 정부의 역할

FW.B.1 연방 청사를 총 에너지 사용을 최소화하도록 배치, 설계, 건설, 운영

FW.B.2 모든 연방 청사에서 안전하고 건강한 근무환경을 지속적으로 제공

FW.B.3 직원과 기관의 임무에 대해 자부심과 사명감, 헌신을 불러일으킬 수 있는 업무 환경 조성

FW.B.4 카풀, 밴풀, 민간 통근버스, 대중교통 등 비 자동차 및 다인승 교통수단 이용 장려.

FW.B.5 연방 및 공공 이익에 부합하는 경우, 재택근무와 유연근무제 허용 및 장려

FW.B.6 연방 업무공간이 존재하거나 계획된 지역에 새로운 주거 선택지를 마련하는 지방 정부의 노력 지원

FW.B.7 대중교통 및 연방 청사 근처에 다양한 주거 옵션을 제공하는 직주근접(Live-Near-Your-Work) 프로그램 장려

FW.B.8 복수의 주요 건물·시설·활동이 있는 부지에는 장기 개발을 안내하는 마스터플랜 수립

FW.B.9 위원회가 요구하는 마스터플랜 절차를 통해, 시설 및 그 주변 환경의 특성 설정 보전 대상 자원과 건축물 군집, 매스 및 건축적 특성, 거리 경관 및 조경 요소, 건물 및 주변 거리·교통시설 접근성 등을 포함

FW.B.10 각 기관은 모든 자산 목록과 개발 계획이 최신 상태를 유지할 수 있도록, 최소 5년 주기로 마스터플랜을 검토하도록 장려
검토 결과는 위원회(NCPC)에 통보하고, 필요시 개정 일정을 포함한 개정안 제출
마스터플랜 개정은 변경된 여건을 반영하고, 시설 개발의 최신 현황 제공

FW.B.11 복수의 주요 시설이 있는 부지의 수용 가능한 고용 규모를 마스터플랜 과정에서 설정

FW.B.12 실제 고용 수준을 지속적으로 모니터링하고 필요시 마스터플랜을 갱신해 최신 계획 반영

FW.B.13 직원 편의를 위해 도보 또는 단시간 이동이 가능한 거리에 다양한 서비스 및 편의시설을 마련하거나, 지방 정부와 협력 개발
여기에는 식당, 소매점, 금융 및 전문 서비스, 보육시설, 건강 및 피트니스 센터, 공공 개방 공간 등을 포함

FW.B.14 기존 또는 계획된 상업지구 인근에 연방 청사가 입지한 경우, 해당 시설 내에 경쟁하는 서비스를 중복 제공하지 않도록 함.

FW.B.15 연방 업무 공간은 주변 지역과 조화를 이루고, 가능하면 지역 도시계획 목표(예: 주거지 재생)도 함께 고려하여 설계

FW.B.16 연방 청사가 도시디자인과 지역 활력을 증진할 수 있도록 지방 정부와 사전 협의

FW.B.17 연방 업무 공간의 주요 보행자 출입구는 장애인 접근성 기준(ADA)을 충족하고, 가능한 경우 메트로레일 등 대중교통과의 연계를 갖도록 배치
출입구는 대중교통 정류장 및 환승역에 최대한 인접하게 설치

FW.B.18 연방 청사 내·외부에서 대중의 접근과 이용을 장려하고, 보행자 및 자전거 이용을 포함한 공공 교통 흐름을 촉진할 수 있는 활동을 위한 공간을 제공 및 유지

FW.B.19 도심에 위치한 연방 업무 공간의 경우, 특히 1층에 다양한 용도의 공간을 포함 필요

FW.B.20 기존 연방 소유 건물의 현대화, 개보수, 신규 개발 시, 가급적 가로 수준에서 소매 또는 공공예술 등 공공 편의시설을 포함.
또한, 건물 외부에도 공공이 이용가능한 개방형 공간 조성

FW.B.21 기념물, 광장, 공공 정원, 분수, 조각, 벽화 등 공공 시민예술을 연방 청사에 포함, 시민예술 계획은 지방 정부와 협의하여 추진

FW.B.22 연방 청사 내에서는 기념 공간 및 전시 공간을 적절히 활용하고, 건물, 강당, 광장, 안뜰 등에 명패, 조각 등이 포함된 전시를 배치하며, 로비나 복도 등 공용 공간에서의 전시를 권장

FW.B.23 연방 업무 공간을 문화, 교육, 여가 등의 활동 장소로 간헐적으로 활용하도록 장려하고, 이를 위한 적절한 공간, 인프라 제공

FW.B.24 지역, 주, 연방 차원의 경제개발 조직과 협력하여, 연방 청사 근로자를 위한 재화·서비스 제공 및 일자리 창출 등을 통해 지역의 경제적 활력 지원
특히 워싱턴 D.C.를 포함한 저소득 지역의 경제 활성화 노력 포함

FW.B.25 상업, 문화, 교육, 시민, 여가, 주거 등 공공 이용이 가능한 공간이 필요하거나 지역개발 목표에 부합하는 경우, 연방 업무공간의 일부를 해당 용도로 임대하거나 공유

FW.B.26 인접 지역사회와의 민관 파트너십을 통해, 지역사회 전반의 모든 교육 수준에서 일자리 기회를 창출 및 연방 인력 수요 충족

FW.B.27 경제개발 인센티브 및 기반 시설 확충을 통해 연방 업무 공간에 필요한 재화·서비스를 제공할 수 있는 민간 활동을 유치하고, 지역사회 및 지방 정부의 참여 유도

FW.B.28 연방 청사 주변의 사회적·경제적으로 취약한 기업의 성장을 촉진하기 위해, 기존 연방 프로그램 및 자원 활용

FW.B.29 연방 연구소와 민간 연구기관, 대학, 비즈니스 인큐베이터 간의 공동 입지를 통해 신기술 개발·이전·상용화를 촉진하고, 이를 통해 연방 정부, 민간, 공공 모두에 이익이 되도록 함

FW.B.30 랑팡 구역의 중심성을 유지하고 강화하기 위해, 핵심지역 내 기존 연방 업무 공간을 현대화, 개보수 및 재활성화하고, 연방 직원 및 지역사회를 위한 공공 편의시설을 제공하며, 거리 활성화를 위한 다양한 수단 모색

FW.B.31 연방 청사 입지 결정 시, 도보, 자전거, 메트로레일, 버스 고속교통 등 비자동차 교통수단을 우선으로 고려하도록 지역 및 지방 정부와 협력

Section C : 연방 공간 및 토지 재이용 관련 정책

국가 수도권(NCR) 내 연방 공간의 통합 및 모빌리티 관련 새로운 정책은 연방의 공간 사용 면적을 축소시킬 수 있다. 국방부(DoD)와 조달청(GSA)은 임대 공간에서 연방 소유 공간으로의 이전을 주도하고 있으며, 이들 대부분은 지역의 핵심 지역에 집중되어 있다. 그 결과, 해당 지역들에는 유휴 공간이 발생할 수 있다. 연방 기관이 이러한 유휴 공간의 재개발 또는 처분을 어떻게 수행하느냐는 지역 경제 건강에 중대한 영향을 미치는 요소이다. 본 절의 정책은 연방 공간과 토지의 재사용에 적용되며, 연방 기관이 축소된 연방 공간 사용으로 인해 지역사회에 새로운 기회를 제공할 수 있도록 안내하는 틀을 제시한다.

기존 자산 활용

1976년 「공공건물 협력적 사용법(Public Buildings Cooperative Use Act of 1976)」[23]은 연방 건물의 공공 사용을 장려하며, 연방 건물의 일부에 혼합용도 활용을 포함하거나, 문화기관 또는 서비스 기관과의 공동 입주를 허용한다. 이 법은 상업, 문화, 교육, 여가 활동 등을 연방 건물 내에 유치할 수 있도록 장려한다. 워싱턴 D.C.에서는 로널드 레이건 빌딩 및 국제무역센터, 올드 포스트 오피스, 국립건축박물관 등 여러 연방 자산이 기존 건물을 개조해 공공 용도로 활용한 대표 사례로 꼽힌다.

연방 정부는 저활용 자산에 대해 재평가하는 과정에서 민관 협력 및 공공 용도 활용 방안을 고려할 수 있다.

과잉 자산

GSA는 연방 자산 처분에 있어, 기존 건설 서비스를 대가로 한 연방 부동산의 교환 등 다양한 방법을 고려하고 있다. 이 방법은 연방 정부가 필요로 하는 자산이나 건설 서비스를 제공받는 대신 연방 토지 소유권을 이전하는 방식이다.

과잉 자산을 처분할 경우, 연방 기관은 경제 개발 계획을 수립하고 이를 지역사회와 협력하여 추진해야 하며, 해당 자산이나 시설을 공공 목적(예: 개방 공간 포함) 또는 민간 용도로 사용할 수 있도록 해야 한다. 연방 자산 처분은 해당 지역사회에 부정적인 경제적 영향을 최소화하고, 지역사회 개발 문제 해결에 기여해야 한다.

과잉 자산의 처분에 대한 지침은 다음과 같은 법률에서 확인할 수 있다:

- 「국방 인가 개정 및 기지 폐쇄·재배치법(Defense Authorization Amendments and Base Closure and Realignment Act, as amended)」 (P.L. 100-526, P.L.101-510, 10 U.S.C.§2687)
- 「기반 시설 공동개발 및 노숙인 지원법(Base Closure Community Development and Homeless Assistance Act of 1994)」 (P.L.103-421, 10 U.S.C.§2687)
- 「연방 재산 및 행정 서비스법(Federal Property and Administrative Services Act of 1949)」 (개정 포함, 40 U.S.C.§471 et seq.)
- 기타 관련 법령 및 규정

월터 리드 육군 의료센터
(Walter Reed Army Medical Center)

이 지역에서 가장 큰 규모의 BRAC(군 기지 재배치 및 폐쇄법)에 따른 폐쇄는 워싱턴 D.C.에 위치한 월터 리드 육군의료센터에서 이루어졌다. 2005년 BRAC의 일환으로, 국방부(DoD)는 해당 의료센터를 폐쇄하고, 그 기능 대부분을 메릴랜드, 버지니아 등 타지역의 기지로 이전하였다. 미 국무부는 부지 북서부 약 43.5에이커를 확보해 외교사절단 센터(Foreign Missions Center)로 개발하고, 외국 정부의 대사관 건물(챈서리) 건설 용지로 활용할 계획을 제안하였다. (자세한 내용은 외교 공관 및 국제기구 요소(Foreign Missions & International Organizations Element) 참조) 또한 부지 북동부의 본청사(Main Post) 구역 67.5에이커는 연방 정부가 잉여 자산으로 지정하였으며, 이후 컬럼비아 특별구로 이관되어 재개발이 추진되었다.[22]

연방 정부의 역할

FW.C.1 추가적인 토지나 건물을 매입하거나 임차하기 전에, 현재 보유한 연방 소유 토지 또는 건물을 우선적으로 활용
각 기관은 토지 및 건물 공간의 활용률을 지속적으로 모니터링하여 자산을 효율적으로 사용 필요

FW.C.2 하나의 시설 또는 다수의 연방 직원이(200명 이상 또는 10만 평방피트 이상) 이전할 경우, 해당 지역의 경제에 부정적 영향이 최소화되도록 전략 수립

FW.C.3 연방 직원의 이전 시, 대중교통, 서비스, 저렴한 주거 옵션이 유사하거나 개선된 수준으로 제공되도록 하여 통근 가능 거리에 위치

FW.C.4 잉여 연방 자산은 주변의 개발 패턴 및 토지이용과 조율되고, 기존 지역 개발 목표 달성에 기여할 수 있도록 미래 용도에 맞춰 처분

FW.C.5 연방 자산 또는 시설이 잉여 자산으로 판단되기 전에, 새로운 연방 활동이나 민간 공공활동의 가능성 검토

FW.C.6 활용도가 낮은 공간은 기념물, 예술 공간, 소매 공간 등 공공 목적에 적합한 방식으로 적극 활용

FW.C.7 시설 요구사항 재평가 및 효율적인 자산 사용으로 저활용 공간 축소

웨스트 히팅 플랜트(West Heating Plant)

미국 조달청(GSA)은 기존 웨스트 히팅 플랜트(West Heating Plant)를 매각하고 연방 소유에서 제외하였다. 이 부지는 1,950만 달러에 개발업자에게 매각되었으며, 럭셔리 콘도미니엄과 공원을 포함한 조지타운 워터프론트 파크(Georgetown Waterfront Park)의 연계 개발 계획에 활용될 예정이다. 이 시설은 과거 정부 시설에 증기를 공급하던 역사적 난방시설이었으며, 조지타운 워터프론트 인근 2에이커 부지에 위치해 있다. 해당 부지와 건물은 유지관리 비용 절감을 위해 잉여 자산으로 지정되었으며, 처분은 「불필요한 연방 부동산 처분에 관한 대통령 각서(Disposing of Unneeded Federal Real Estate, a Presidential Memorandum, 2010.6.10. 발행)」[24]와 일치하는 조치였다.

미주(Endnotes)

1. 4 USC § 71
2. 4 USC § 72
3. See, Report of the Congressional Research Service "Location of Federal Government Offices," L. Elaine Halchin, January 28, 2003.
4. Source: Bureau of Economic Analysis
5. U.S. Department of General Services, NCR's Public Buildings Service, Data received February 24, 2015.
6. U.S. Department of Defense, Base Structure Report—Fiscal Year 2014 Baseline, A summary of the Real Property Inventory, http://www.acq.osd.mil/ie/download/bsr/Base%20Structure%20Report%20Y14
7. GMU Center for Regional Analysis, The U.S. and Washington Area Economic Performance and Outlook, Presentation, April 23, 2015.
8. Executive Order 13589: Promoting Efficient Spending, November 9, 2011
9. "Management Procedures Memorandum No. 2013-02. Implementation of OMB Memorandum M-12-12 Section 3: Freeze the Footprint," March 14, 2012.
10. Executive Order 13589: Promoting Efficient Spending, November 9, 2011
11. "Management Procedures Memorandum No. 2013-02. Implementation of OMB Memorandum M-12-12 Section 3: Freeze the Footprint," March 14, 2012.
12. Council on Environmental Quality, 76 FR 68170—instructions for Implementing Sustainable Locations for Federal Facilities, November 3, 2011.
13. Executive Order 11988: Floodplain Management, 42 FR 26951, 3 CFR 121 (Supp. 1977) and Executive Order 13690: Establishing a Federal Flood Risk Management Standard and a Process for Further Soliciting and Considering Stakeholder Input, January 2015.
14. Executive Order 11988: Floodplain Management, 42 FR 26951, 3 CFR 121 (Supp. 1977) and Executive Order 13690: Establishing a Federal Flood Risk Management Standard and a Process for Further Soliciting and Considering Stakeholder Input, January 2015.
15. Executive Order 13693: Planning for Federal Sustainability in the Next Decade, March 19, 2015.
16. Telework Enhancement Act of 2010: https://www.telework.gov/guidance-legislation/telework-legislation/telework-enhancement-act/
17. Total Workplace Initiative: http://www.gsa.gov/portal/content/178259
18. Metropolitan Washington Council of Governments Regional Activity Center Maps: https://www.mwcog.org/documents/2013/01/13/activitycenters-maps/
19. Executive Order 12072—Federal Space Management requires all federal agencies to first consider locating federal facilities in central business areas, and/or adjacent areas of similar character, to use them to make downtowns attractive places to work, conserve existing resources, and encourage redevelopment.
20. The term "qualified opportunity zone" means a population census tract that is a low-income community that is designated as a qualified opportunity zone.
21. https://www.mwcog.org/regionforward/
22. Defense Authorization Amendments and Base Closure and Realignment Act, as amended: https://www.govtrack.us/congress/bills/100/s2749/text/enr
23. Public Buildings Cooperative Use Act of 1976: http://www.gsa.gov/graphics/pbs/Coop_Use_Act_of_1976.pdf
24. Federal Property and Administrative Services Act of 1949: http://www.epw.senate.gov/fpasa49.pdf

제4편
외교 공관 및 국제기구

2024

The Comprehensive Plan for the National Capital | Federal Elements

Contents

외교 공관 및 국제기구 요소 소개 ·············· 137
외교 공관 개발 ·············· 138
공관 청사의 입지 기준 ·············· 141
공관 청사 ·············· 145
  Section A : 공관 청사 개발 관련 정책 ·············· 146
  Section B : 공관 입지에 관한 정책 ·············· 147
  Section C : 공관 시설에 관한 정책 ·············· 149
  Section D : 대사 관저에 관한 정책 ·············· 151
  Section E : 국제기구에 관한 정책 ·············· 152

외교 공관 및 국제기구 요소 소개

연방 정부의 목표는 워싱턴 D.C.의 외교 및 국제 활동 장소를 안전하고 포용적인 환경으로 계획하는 것이다. 이는 해당 활동의 위상과 품격에 걸맞게 이루어져야 하며, 세계적 수도인 워싱턴의 역할을 강화하면서 도시의 지역별 특성과 이용 방식에 민감하게 대응하는 방식으로 추진되어야 한다.

워싱턴 D.C.는 세계에서 가장 중요한 외교 중심지 중 하나이다. 전 세계에는 총 195개의 독립 국가[1]가 있으며, 미국은 이 중 191개국과 외교 관계를 유지하고 있다. 또한, 미국은 여러 국제기구와도 외교 관계를 맺고 있다. 약 185개국이 워싱턴 D.C.에 외교 공관을 두고 있으며,[2] 이러한 외교 공관은 미국 정부가 국제기관, 조직, 그리고 국가들과의 외교 관계를 원활히 유지하는 데에 중요한 역할을 한다. 외교 공관은 평화와 안정 증진에 기여하며, 국가들이 협력하여 글로벌 과제를 해결할 수 있도록 돕는다.

국가 수도 종합계획: 연방 요소(Comprehensive Plan)의 외교 공관 및 국제기구 요소는 미국이 외국 정부 및 국제기구가 적절한 장소에 외교 공관을 설립할 수 있도록 지원하는 국제적 의무를 이행하는 데 필요한 정책적 틀을 제공한다. 이는 결국 외교 및 국제 활동의 효율적인 운영을 돕는다. 또한 이 요소에는 외국이 외교 공관의 명망을 드높이고, 도시에 기여하며, 워싱턴의 각 지역이 지닌 개성을 존중하고 보존할 수 있도록 하는 정책이 포함되어 있다.

미국의 조약 의무 준수는 국가 수도의 외교 공관 수용에 있어 중요한 요소이다. 비엔나 협약(Vienna Convention on Diplomatic Relations)에 따르면, 미국 정부는 외국 정부가 외교 공관을 위한 적절한 시설을 확보할 수 있도록 지원할 의무가 있다. 협약에서는 다음과 같이 명시하고 있다. "접수국(미국)은 파견국(외국 정부)이 자국 내에서 공관에 필요한 부지를 해당 법률에 따라 취득할 수 있도록 지원하거나, 다른 방식으로 숙소를 확보할 수 있도록 도와야 한다."[3]

1982년 외교 공관법(Foreign Missions Act)[4]은 미국 내 외교 공관 및 국제기구 운영에 대한 연방 정부의 관할권을 재확인하는 법률이다. 이 법은 해외에 있는 미국 공관 및 미국 내 외교 공관, 국제기구의 안전하고 효율적인 운영을 지원하고 촉진하는 정책에 대해 명확히 규정하고 있다.

외국에서의 상호적인 입지 제공을 보장하기 위해 외교 공관법은 미 국무부(State Department) 산하에 외교 공관국(Office of Foreign Missions, OFM)을 설립하도록 규정하고 있다. 외교 공관국은 미국 내 외교 공관의 운영을 검토하고 관리하는 역할을 한다. 또한, 국무장관에게 워싱턴 D.C. 내 외교 공관의 위치와 관련된 절차 및 기준을 설정할 권한을 부여한다.

전 세계에는 195개의 독립 국가가 있으며, 미국은 이 중 191개국과 외교 관계를 유지하고 있다.

Former residential row house

Commercial office building

외교 공관 개발

외교 공관은 크기, 형태, 연식이 다양한 건물에 입주해 있다. 일부는 과거 주택으로 사용되던 연립주택이나 저택에 자리하고 있으며, 많은 공관은 공관 용도로 특별히 설계된 건물에 입주해 있다. 또 다른 공관들은 상업용 사무실 공간을 임차하기도 한다. 외교 기능이 수행되는 시설(공관의 사무 공간과 대사의 거주지)은 일반적으로 대사관(Embassy)이라고 통칭된다. 그러나 각각의 시설은 용도에 따라 다른 명칭으로 불리며, 용도는 다음과 같다:

- 대사 관저 : 대사 또는 공관장의 공식 거주지
- 공관 청사 : 외교 공관의 주요 사무 공간으로, 외교 활동 또는 관련 목적에 사용
- 공관 부속 청사(별관) : 문화 또는 군사 주재관, 영사 업무 등 공관의 외교 목적을 지원하는 용도로 사용됨. 워싱턴 D.C. 내 외교 공관의 입지와 관련하여 이 계획 요소에서는 공관 청사와 공관 부속 청사(별관)를 동일한 개념으로 간주

워싱턴에 있는 많은 외교 공관은 하나 이상의 장소에 공관 청사, 별관, 대사 관저를 두고 있다. 이 건물들은 단체 또는 개별로 워싱턴 각 지역의 활기, 다양성에 기여하며, 도시의 시각적 흥미와 고유한 개성을 높이는 데 중요한 역할을 하고 있다.

일부 국가는 워싱턴에 최소 인력만을 배치한 제한적인 외교 공관을 유지하고 있으며, 외교 관계를 지속하기 위한 필요한 수준의 기능만 수행한다. 반면, 다른 국가들은 다소 광범위한 외교 활동을 펼치며, 수백 명의 인력을 고용하여 각기 다른 기능을 수행하는 전문 사무실에서 일하게 한다. 예를 들어, 여러 외교 공관은 자국과의 수출입을 촉진하기 위해 무역 사무소를 운영하고 있으며, 많은 공관이 미 국방부와의 군사 연락을 위한 사무소를 두고 있다. 이러한 외교 및 국제 커뮤니티는 워싱턴 D.C.에서 고용을 창출하고 국제 문화와 상업을 유치함으로써 여전히 경제 성장을 이끄는 동력으로 작용한다.

외교 공관이 수도에 미치는 경제 및 재정적 영향

수도권에 있는 외교 공관들은 세계 주요 국가들을 대표하며, 대부분의 경우 이 공관들은 그 국가의 가장 규모가 큰 공관이다. 외교 공관 자체는 주요한 경제 활동 유발 요인은 아니지만, 측정할 수 있는 이익을 넘어선 경제적 영향력을 가지고 있다.

워싱턴 D.C.의 국제 비즈니스 산업

직·간접적 지출 외에도, 외교 공관은 워싱턴 D.C.의 국제 비즈니스 산업에서 핵심적인 요소로 작용한다. 이 도시의 국제 비즈니스 산업이 계속 성장하고 활력을 지속할 수 있는 것은 워싱턴이 세계 수도들 가운데 권력 중심지로서의 위상을 유지하고, 국가 간 비즈니스 기회를 창출하며, 단일 또는 다수 국가와의 회의를 위해 방문하는 이들을 끌어들이는 것과 밀접한 관련이 있다. 외교 공관은 다음과 같은 방식으로 워싱턴 D.C. 경제 내에서 중요한 성장 부문을 지원하고 촉진한다.

- 외교 공관의 워싱턴 D.C. 내 근로자 고용
- 외교 공관 직원들의 소비 지출 발생
- 외교 공관의 비급여 지출
- 외교 공관이 유치하는 당일 방문객과 숙박 동반 비즈니스 방문객 등(이들의 숙박, 식사, 쇼핑 등에 대한 지출)
- 외교 공관이 임차한 사무 공관과 직원들이 임차한 주택에 세금 징수

버지니아주의 국제 투자

2009년에서 2013년 사이, 프랑스 기업들은 버지니아주에 5억 7천만 달러 이상을 투자하여, 프랑스를 버지니아주 내 두 번째로 큰 해외 직접 투자국으로 만들었다.[5] 2014년, 주미 프랑스 대사와 버지니아주 정부는 기후 변화 대응, 삶의 질 향상, 일자리 창출, 그리고 새로운 경제 기회 마련을 위한 해결 방안 개발을 목적으로 공동 협약을 체결했다. 이 연합은 프랑스와 미국이 협력하여 버지니아에서 기후 변화와 지속 가능한 경제 발전에 공동 대응하고자 하는 의지를 상징한다.

쿠바 대사관

워싱턴 D.C.(2013)
공관청사 : 322개
대사관저 : 78개
미주기구 사절단 : 46개

일부 국가는 워싱턴에 외교 관계 유지를 위한 최소 인력만을 배치한 제한적인 외교 공관을 유지하고 있다. 반면, 다른 국가들은 상당히 광범위한 외교 활동을 수행하며, 수백 명의 인력을 고용하여 특정 기능을 담당하는 전문 사무실에서 일하게 한다. 예를 들어, 여러 외교 공관은 자국과의 상품 수출입을 촉진하기 위해 무역 사무소를 운영하고 있으며, 많은 공관이 미 국방부와의 군사 연락을 위한 사무소를 두고 있다. 이러한 외교 및 국제 커뮤니티는 워싱턴 D.C.에서 고용을 창출하고 국제 문화 및 상업을 유치함으로써 여전히 경제 성장을 이끄는 동력으로 작용한다.

최근 수십 년 동안 국제 외교의 성격은 변화해 왔다. 정치적 관계와 더불어 경제적·문화적 관계가 더욱 중요한 의미를 갖게 되었다. 외교 기능의 확대는 그에 상응하는 외교 공관 시설의 변화로 이어졌다. 공관 건물은 점점 해당 국가가 주재국과의 관계에 얼마나 중요성을 두고 있는지를 나타내고, 긍정적인 국가 이미지를 설계하는 수단으로 활용되고 있다.

전통적으로 외교 협상 공간이었던 공관 청사는 해당 국가를 대외적으로 알리는 소통 수단의 역할도 수행하고 있다. 많은 외교 공관이 정치·경제·문화적 수준에서 정부 간 관계를 강화하기 위해 공관 시설을 행사 공간으로 활용하고 있다. 건축의 힘을 통해 말이나 글로는 전달하기 어려운 메시지를 표현하며, 많은 외교 공관이 예술 전시, 콘서트, 영화 상영과 같은 공적·비공식적 문화 행사를 개최하거나, 무역, 관광을 촉진하고 자국에 대한 인지도를 높이기 위한 특별 행사를 후원하고 있다. 이러한 신규 프로그램은 큰 규모의 건물과 특별한 공간에 대한 수요를 이끌어내며, 그 결과 보안 요건 강화도 공관 청사 개발에 고려해야 할 요소가 되었다.

2004년 이후 외교 공관 : 주요 개발 현황 및 동향

2004년, 국가 수도 종합계획의 외교 공관 및 국제기구 요소가 마지막으로 개정되었을 당시, 총 169개국이 외교 공관을 운영하고 있었으며, 주거용, 비주거용 시설을 포함한 총 507개 시설에 분포해 있었다. 구체적으로 워싱턴 D.C.에 451개, 메릴랜드에 41개, 버지니아에 15개의 시설이 있었다. 워싱턴 D.C.에는 총 195개의 공관 청사가 있었으며, 그중 18개는 연방 정부 소유지에, 177개는 비연방 부지에 있었다.

1990년대 소련과 유고슬라비아의 붕괴는 21개의 신생 국가 탄생으로 이어졌고, 이들 국가는 워싱턴 D.C.에 외교 공관을 설립했다. 많은 공관들은 도시 북서부의 역사적인 소규모 타운하우스에 자리 잡았으며, 20여 년 후, 이들 국가 중 다수는 기존의 작은 시설로는 수요를 충족시키지 못하게 되었다.

2004년 이후에는 브라질, 중국, 인도, 베트남 등 외교 공관의 성장과 외교적 존재감이 확대되면서 미국 내 외교 시설이 더 큰 규모로 확장되었을 뿐 아니라, 국무부의 해당 국가 내 상호적 외교 공간 확보와 운영 역시 강화되었다.

베이징의 미국 공관 신축과 워싱턴 D.C. 내 중국 공관 신축은 상호주의 원칙이 어떻게 작동하는지를 보여주는 사례이다. 만약 국제공관센터에서 중국의 신축 계획을 수용하지 못했다면, 국무부의 베이징 내 공관 건립은 성공하지 못했을 가능성이 높다.[6]

또 다른 사례로는 조지아공화국이 워싱턴 내 다른 부지로 이전을 제안한 것이다. 국무부는 이 사안을 연방 정부의 이익과 관련한 것으로 판단하고 2005년 트빌리시에 새로운 대사관을 설립할 수 있도록 했고, 조지아 정부의 협력에 대해 감사를 표했다. 이러한 협력은 미국 외교의 안전하고 기능적인 공간을 전 세계에 확보하는 것이며, 미국 외교 활동과 국익 증진이라는 연방 정부의 사명을 성공적으로 달성하는 데 필수적 요소이다.

한편, 미국의 해외 외교 시설들이 점차 확장되고 있는데, 이는 주로 보안 요건 강화에 따른 것이다. 이러한 변화는 미국 내 외교 공관이 동일한 규모의 부지를 요구하게 되는 추가적인 압력으로 이어지고 있다. 워싱턴 내에는 넓고 미개발된 부지가 부족하여 이를 충족하는 일은 점점 더 어려워지고 있다.

이처럼, 외국 정부들이 현대적인 대사관 운영에 적합하거나 공관 청사로 사용할 수 있는 부지를 워싱턴 내에서 찾는 데 어려움을 겪는 상황에서, 국무부 역시 다른 국가에서 외교 부지를 확보하는 과정에서 다양한 도전에 직면하고 있다.

2013년 기준, 워싱턴 D.C.에는 공관 청사(청사 및 부속 청사 포함) 322개, 대사 관저 78개, 미주기구(OAS) 주재 공관 46개가 있었다.[7] 2004년 이후, 콩고공화국 대사관, 남아프리카공화국 대사관, 브라질 대사관 등 여러 공관이 개보수 및 확장 공사를 완료한 사례 중 일부이다. 현재 개발 중인 사례로는 코네티컷 애비뉴에 위치한 중국 대사관 부속 청사(2016년 여름 완공 예정)와 국제공관센터에 조성 중인 모로코 대사관이 있다. 또한, 미국과 쿠바 간 외교 관계 회복에 따라, 양국은 서로의 나라에 대사관을 다시 설립했다. 대부분의 공관 청사는 해당 국가가 직접 소유하고 있지만, 일부 공관은 오피스 건물, 소규모 상업용 건물, 또는 단독 건물을 임차해 사용하고 있다.

외교 공관의 입지 현황

워싱턴 D.C.에 위치한 모든 공관 청사는 도시의 북서부 구역에 있으며, 그 중 대부분은 16번가를 동쪽 경계로, 위스콘신 애비뉴(NW)를 서쪽 경계로 한 지역에 있다. 셰리던 칼로라마 지역이 가장 많은 청사를 보유하고 있으며, 그 인접 지역인 듀퐁 서클이 그 다음으로 많은 공관이 위치한 지역이다.

1968년, 국제공관센터법이 제정되면서 밴 네스 지역 내에 47에이커 규모구역이 국제공관센터로 조성되었고, 외교 공관들은 미국 정부로부터 부지를 임대받았다. 국제공관센터는 공관 입지 및 운영에 대한 시민들의 우려를 해결하면서 외교 공관 시설을 수용하려는 연방 정부의 필요성을 조율하기 위해 계획·조성된 특화 커뮤니티가 되었다.

현재 이 센터에는 17개의 공관 청사가 있으며, 전체 47에이커 중 모로코 대사관 부지를 제외한 모든 부지의 개발이 사실상 완료되었다. 모로코의 신규 청사에 대한 최종 개발 계획도 승인되었다.

대사관들은 주로 워싱턴 D.C.의 북서부에 위치해 있으며, 특히 매사추세츠 애비뉴 NW의 일부 구간(엠버시 로(Embassy Row))과 뉴햄프셔 애비뉴 NW 및 16번가 NW를 따라 집중되어 있다. 많은 대사관들이 듀퐁 서클, 다운타운, 포기 바텀, 조지타운, 칼로라마, 밴 네스 등 다양한 지역에 자리 잡고 있다.
외교 공관이 어디에 입지하느냐에 따라 해당 지역의 특성에 영향을 미칠 수 있다. 예를 들어, 듀퐁 서클에 위치한 다수의 대사관은 지속적인 고용 창출과 함께 역사적 보호 지구로 지정된 이 지역에 국제적인 분위기를 조성한다.[8]
이러한 대사관들은 식당이나 예술 활동에 대한 수요를 일으키며 지역만의 뚜렷한 개성을 형성하는 데 기여하고 있다.

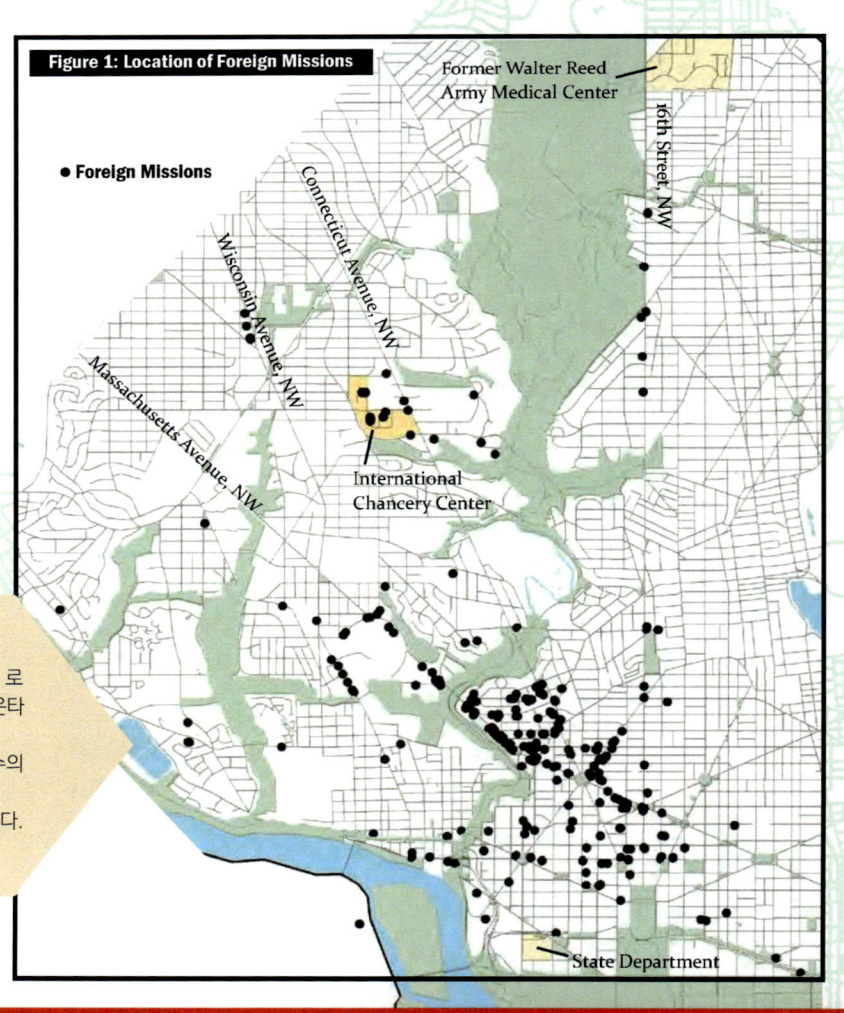

Figure 1: Location of Foreign Missions

향후 수요 전망

기존 외교 공관들이 외교 입지 확대와 업무 증가에 따라 공관 청사를 확장하려는 경우에 새로운 청사에 대한 큰 수요가 발생할 가능성이 높다. 또한, 현재 뉴욕시에 외교 공관을 두고 있는 일부 소규모 국가들이 워싱턴 D.C.에 공관 청사 신설을 결정할 수도 있다. 앞으로 생겨날 신생 국가들도 역시 미국과 외교 관계를 맺고 워싱턴 D.C.에 새로운 공관이 필요하게 될 수 있다.

새로운 외교 공관들과 기존 공관의 이전은 매년 부지 확보를 필요로 할 수 있다. 모든 외교 공관이 신규 부지를 필요로 하지는 않겠지만, 일부는 기존의 외교 공관 시설을, 다른 일부는 기존 일반 건물을 구입 또는 임차할 수도 있다. 그러나, 과거 추세를 보면 대부분은 사유지 또는 국제공관센터의 대형 부지에 대규모 신규 공관을 신축하는 경향이 있었다. 국제공관센터는 모든 부지가 개발 완료된 상태이기 때문에, 새로운 외교 공관 단지를 수용할 수 있는 연방 소유의 대규모 부지 계획이 마련되고 있다. 제안된 신규 외교 공관 단지 후보지인 구 월터 리드 육군병원(the former Walter Reed Army Medical Center) 부지에 대한 논의는 Section B : 공관 입지에 관한 정책에 자세히 나와 있다.

공관 청사의 입지 기준

외교 공관의 입지 가능한 지역

외교 공관법(Foreign Missions Act)은 컬럼비아 특별구 내에서 공관 청사를 신설, 이전 또는 확장할 때 적용되는 절차와 기준을 규정하고 있으며, 외교 공관이 규제 심의 없이 입주할 수 있는 지역과 컬럼비아 특별구 지구계획조정위원회에 의해 입주가 거부될 수 있는 지역을 구분하고 있다.

규제 심의 없이 공관 청사를 설치할 수 있는 지역은 법적 권리 지역이라고 한다. 해당 지역 내에서는 외교 공관이 지구계획조정위원회(BZA)의 별도 심의 없이 공관 청사를 설치할 수 있다. 외교 공관법은 법적 권리 지역을 상업 지역, 산업 지역, 수변 지역, 복합 용도지역으로 규정한다. 컬럼비아 특별구의 현행 용도지역 지도에 따르면, 이 지역들은 도시 전역의 네 개 구역에 걸쳐 분포되어 있다. 이 중 가장 넓고 연결된 법적 권리 지역은 도심 고용 밀집 구역에 위치해 있으며, 이 핵심 지역을 중심으로 도시 주요 대로를 따라 외곽으로 확장되어 있다. 자세한 내용은 '연방 업무 공간 요소(Federal Workplace Element)'에서 확인할 수 있다. 또한, 내셔널 몰 남쪽 지역과 아나코스티아 강 동쪽 지역에도 넓은 법적 권리 지역이 분포되어 있다.

공관 청사는 상업, 산업, 수변, 또는 복합 용도 지역으로 지정된 구역에 대해 법적 권리에 따라 입지할 수 있다.

Commercial

Waterfront

Mixed-use

외교 공관은 외교 공관법 제4306(b)(2)조에 따라, 법적 권리 지역 외의 구역에도 공관 청사를 설치할 수 있다. 이 경우에는 워싱턴 D.C. 지구계획 조정위원회(BZA)의 심의 및 불승인 대상이 된다. 해당 지역에는 중·고밀도 또는 고밀도 주거 지역뿐 아니라, 공관 용도로 적합하다고 개별적으로 판단되는 기타 지역이 포함된다. 이러한 후자의 지역에 공관 청사의 입지 여부를 결정하기에 앞서, 지구계획조정위원회(BZA)가 먼저 해당 지역에 공관 설치 적합 여부를 결정해야 하며, 이는 해당 지역에 위치한 기존 사무 공간 또는 공공기관 용도 시설의 현황 평가를 기반으로 이루어져야 한다. 또한 외교 공관법에 따라, 법적 권리 지역 외의 공관 설치와 관련한 판단은 법에 명시된 6가지 기준(제4306(d)조)을 엄격히 따라야만 한다. 법적 권리 지역 외 구역은 워싱턴 D.C.의 모든 사분면에 존재하지만, 주로 북서부 및 북동부 지역에 분포해 있다.

워싱턴 D.C. 지구계획조정위원회(BZA)

BZA(Board of Zoning Adjustment, 지구계획조정위원회)는 1938년 용도지정법[9]에 의해 설립된 준사법적 성격의 5인 구성 위원회로, 용도지역 관련 편차, 특별 허가, 행정 결정에 대한 항소 등의 사안을 심리하는 역할을 맡고 있다. 또한 BZA는 도시 내 특정 복합용도 지역에 공관 청사를 개발하려는 제안이 있을 때, 그에 대한 특별 심의를 수행하기도 한다. 외교 공관과 공관 청사 신청에 관한 사안을 심리할 때, BZA는 시장이 임명한 위원 3명과 미국 국립공원관리청 국장 또는 그 지정자, 국가수도계획위원회(NCPC) 사무총장까지 총 5명으로 구성된다.

법적 권리 지역 외 공관 청사 입지에 관한 6가지 기준
(「외교 공관법」제4306조 (d)항)

(d) 판단 기준

제4306조 (b)(2)항에 따른 공관 청사의 입지 결정 또는 용도 지정 규정이나, 지도 관련 행정 결정에 대한 항소 판단은 오직 아래 6가지 기준에 근거해야 한다.

(1) 국가 수도 내 외교 공관을 위한 적절하고 안전한 시설을 제공·지원해야 하는 미국의 국제적 의무 이행

(2) 이 조항의 이행에 대해 지구계획조정위원회(BZA)의 판단에 근거한 역사 보존의 필요성. 또한, 역사적 명소 및 지구와의 조화를 보장하기 위해 신축 공사 또는 역사적 명소의 철거·변형에 대해서는 워싱턴 D.C. 및 연방 정부의 역사 보존 관련 규정을 준수해야 한다.

(3) 부지 외(off-street) 또는 기타 주차 공간의 적정성과 주차 수요를 줄이기 위한 대중교통 접근성. 이는 연방 보호 서비스 수행 권한이 있는 기관들과 협의한 후 국무장관이 결정하는 특별 보안 요건에 따를 수 있다.

(4) 해당 지역이 충분히 보호될 수 있는지 여부. 이는 연방 보호 서비스 수행 권한이 있는 기관들과 협의한 후 국무장관이 결정한다.

(5) 워싱턴 D.C. 시장의 판단에 따른 지방 정부의 이익

(6) 국무장관의 판단에 따른 연방 정부의 이익

Former Embassy Row, 16th Street, NW

Embassy Row, Massachusetts Avenue

공관이 처음으로 집중되기 시작한 지역은 북서부 16번가 NW(16th Street, NW)의 메리디안 힐 공원(Meridian Hill Park) 인근이었으며, 1920년대 무렵에는 이 16번가가 '엠버시 로(Embassy Row)'로 불리게 되었다.

그러나 대공황 시기에 듀퐁 서클(Dupont Circle) 북서쪽 지역의 많은 대형 저택들이 공실 상태가 되었고, 세련된 지역에 외교 거점을 두고자 했던 외교 공관들이 이를 매입하였다. 1930년대 말에는, 스콧 서클(Scott Circle)에서 위스콘신 애비뉴(Wisconsin Avenue)까지 이어지는 매사추세츠 애비뉴 NW(Massachusetts Avenue, NW)가 새로운 엠버시 로(Embassy Row)가 되었다. 미국이 국제적인 강대국으로 부상하고 워싱턴 D.C.가 점차 더 중요한 외교 중심지로 발전하면서 더욱 많은 외교 공관들이 이 지역에 모여들게 되었다. 이 지역에 대한 선호도는 현재까지도 계속되고 있다.

가용 건물 : 대형 저택들이 매물로 나오면서 많은 외교 공관은 이를 구매하여 입주했다. 이후 이들이 더 큰 시설로 이전하게 되면, 신규 공관 또는 외교적 입지를 확대하려는 공관들이 이러한 구 공관을 다시 활용하는 경우가 많았다.

정부 기관 및 다른 공관들과의 근접성 : 외교 공관들이 도시의 북서부 구역(Northwest Quadrant)에 점점 더 밀집되면서, 기존의 공관 밀집 지역 근처에 공관을 두려는 수요도 그만큼 증가했다. 이 지역의 주거지 특성과 인근 외교 공관들의 위상이 많은 공관들이 이 지역에 위치하려는 이유가 되었다. 또한, 북서부에 위치한 외교 공관들은 종종 미 국무부(State Department) 본부와 가까운 위치를 선호하는데, 이는 기념 중심 지구(monumental core) 일대에 위치한 다양한 정부 기능에 쉽게 접근할 수 있기 때문이다.

과거 종합계획 정책 : 2004년에 채택된 종합계획(Comprehensive Plan)은, 20여 년에 걸친 기존 개발 패턴을 바탕으로, 기존 외교 공관의 향후 확장 가능성과 새로운 공관 부지에 대한 수요 발생 가능성을 인식하고 있었다. 워싱턴 D.C.에서 공관 개발과 관련된 계획상의 주요 과제는 특정 지역에 공관이 과도하게 집중되는 문제와, 그로 인한 교통, 주차, 소음, 토지 이용 패턴에 미치는 영향이었다. 이러한 과제에 대응하기 위해, 2004년 종합계획에서는 향후 공관 입지를 수용할 수 있는 잠재적 개발 지역을 몇 곳 지정했으며, 그중에는 16번가 NW 회랑(16th Street, NW Corridor)과 사우스 캐피톨 스트리트 회랑(South Capitol Street Corridor)이 포함되어 있었다. 또한, 은퇴군인주택지(Armed Forces Retirement Home) 내에 새로운 외교 공관 단지를 개발하는 방안도 정책적으로 권장되었다. 하지만 여건 변화로 인해, 군인 은퇴 주택지 및 사우스 캐피톨 스트리트 회랑에 외교 공관 단지를 조성하는 계획은 더 이상 실행할 수 있는 대안이 아니다.

공관 입지 결정

현재 워싱턴에 있는 모든 외교 공관은 도시 북서부 구역에 있다. 이는 역사적 개발 패턴, 건물 및 토지의 가용성, 정부 기관 및 다른 공관들과의 근접성, 이러한 입지를 장려했던 과거 종합계획(Comprehensive Plan) 정책 등에 따른 것이다.

역사적 패턴 : 이러한 입지 패턴은 워싱턴의 외교 역사 초기에 이미 형성되기 시작했다. 워싱턴에 처음 세워진 외교 공관들은 백악관 인근에 위치했고, 도시 외곽이 점차 고급 주거지로 각광받고 도시화하면서 공관들도 이동했다. 외교

주요 정책 현안과 과제 : 외교 공관법(Foreign Missions Act)은 여전히 컬럼비아 특별구 내 공관 청사의 입지를 결정하는 데 있어 연방 차원의 규제적 틀로 기능하고 있다. 외교 공관법 제4306조는 공관 청사가 법적 권리로 허용되는 지역과 워싱턴 지구계획조정위원회(BZA)의 불승인 대상이 될 수 있는 지역(D.C. 용도 지정 규정을 통해 지역 차원에서 시행됨)을 명시하고 있다. 일반적으로, BZA의 심사 절차와 법적 권리 지역에 대한 용도 제한은 연방 및 지역 정부의 이익을 모두 고려하는 맥락 속에서 공관 입지와 관련 있는 주요 계획 과제들 사이의 균형을 맞추기 위한 것이다. 예를 들어, 공관이 한 지역에 집중되면 교통, 주차, 소음, 토지 이용 패턴 등에 영향을 미칠 수 있다. 또한, 주거지 특성 보호나 개별 부지의 역사 보존과 관련된 다른 이슈들도 있을 수 있다. 이러한 요소들은 수도 내에 외교 공관을 설치하고 외교적 책무를 존중해야 한다는 연방 정부의 기본적인 이익과 조화를 이루어야 한다.

공관 입지 관련 하나의 쟁점은, 외교 공관법 제4306(b)(2)(B)조에 언급된 기타 지역의 정의 방법이다. 이는 앞서 140쪽에서 언급된 바 있다. 1983년 12월, NCPC는 지구계획위원회와 BZA에 계획 및 정책 지침을 제공하기 위해 외교 공관 및 국제기구 요소를 개정하고, 기타 지역을 구체적으로 규정하는 방법을 개발했다. 해당 지역 내 1/3은 사무 및 기관 용도, 2/3은 주거 용도로 구분하는 방식이며, 이 방법은 1/3-2/3 방식으로 불렸다. 이 비율은 저밀도, 중밀도 주거 지역으로 지정된 블록에 적용되었고, 해당 비율을 충족한 블록들은 제4306(b)(2)(B)조에 따라 공관 입지 가능 지역으로 판단되었다.

이 1/3-2/3 방법론은 원래 외교 공관법의 해석 지침을 명확히 하고, 법적 권리 지역이 아닌 곳 중 공관 입지가 적절한 구역의 구체적인 구분을 돕기 위한 것이었다. 하지만 실무적 관점에서 볼 때, 이 방법론이 다소 일관적이지 않게 적용되고, 어떤 경우에는 특정 주거 지역에 예상치 못한 정도의 공관 집중을 유발했다. 따라서, NCPC는 이번 계획 개정에서 해당 방법론을 포함하지 않았다. NCPC는 법적 권리 지역을 우선시하고, 구 월터 리드 육군병원(Walter Reed Army Medical Center) 부지에 조성될 외교 공관 단지를 공관 입지 후보지로 지지하고 있다. 법적 권리 지역 외의 공관 입지는 컬럼비아 특별구 지구계획조정위원회(BZA)의 심사 대상이다. BZA는 외교 공관법에 명시된 6가지 기준에 따라 심사하며, 이 기준은 지역과 연방의 이익을 모두 고려한다.

지구계획조정위원회(BZA)가 심사한 공관 신청 건수

연대	건수
1960's	15
1970's	17
1980's	29
1990's	31
2000's	20
2010's	8

지구계획조정위원회(BZA)는 1960년대 이후 약 120건의 공관 청사 신청을 심사했으며, 이 중 약 67%는 1982년 외교 공관법(Foreign Missions Act) 제정 이후 접수되었다. 지난 20년간 공관 청사 신청 건수는 감소 추세이다.

남아프리카공화국 대사관

핀란드 대사관

스웨덴 대사관

공관 청사(Chancery Facilities)

향후 건축 수요

과거에는 외국 정부들이 눈에 띄고 번화한 거리에 크고 독창적인 공관 청사를 신축했다. 이들 청사는 대부분 지하 주차장을 갖춘 단독 형태의 복합용 건물이었으며, 보안 시설도 점점 정교해지는 추세였다. 그러나, 현재는 신축 수요가 높은 상황임에도 불구하고, 워싱턴 D.C. 내 외교 공관 개발 또는 재개발을 위한 대규모 부지가 부족한 상태이다. 그 결과, 다음과 같은 세 가지 새로운 공관 개발 형태가 등장하게 되었다:

1. 역사적 가치가 높은 건축물의 보존·활용

2. 공실이 된 기존 공관 건물로의 이전

3. 상업용 사무실 건물 공간 임차

많은 외국 정부는 자국 공관 청사의 디자인에 건축이 지닌 상징적 힘을 활용하여 메시지를 전달하고자 한다. 공관 건물은 종종 그 나라의 정체성이나 국제사회와의 관계를 보여주는 표현 수단으로 사용된다. 예를 들어, 남아프리카공화국 대사관의 보수 및 확장 프로젝트는 과거를 존중하면서도 정치적 분쟁을 극복하고 밝은 미래로 나아가는 새로운 남아공이라는 상징적 메시지를 담고 있다. 조지타운에 위치한 스웨덴 하우스(House of Sweden)는 현대적인 스칸디나비아 건축 양식을 통해 개방성, 투명성, 민주주의와 같은 스웨덴의 가치를 구현한다. 건물은 채광이 풍부하고 공기가 잘 통하는 구조에 대형 유리창을 활용하여 이러한 메시지를 시각적으로 표현하고 있다.

지속 가능한 설계

많은 국가들이 건축 설계와 친환경 시설 보수에 지속 가능한 디자인 개념을 반영하고 있다. 핀란드 대사관은 건축 양식 안에 전통적이고 현대적인 요소를 모두 아우르며, 단순함과 투명성을 통해 핀란드 문화의 정수를 담아내고 있다. 이 건물은 미국 내 대사관 중 최초로, 미 환경보호청(EPA)으로부터 에너지 효율 우수 건물에 부여되는 ENERGY STAR 인증, 미국 그린빌딩위원회(USGBC)의 에너지 및 환경설계 리더십(LEED) 인증을 동시에 받았다. 워싱턴 D.C.에는 75개 이상의 외교 공관과 국제기구들이 모여 D.C. 그리닝 엠버시 포럼(D.C Greening Embassies Forum)을 통해 시 정부 및 시장과 약속을 체결했다. 이들은 자체 운영을 지속 가능하게 유지하고, 워싱턴 D.C.의 환경 및 에너지 목표와 일치하는 지속가능성과 효율성을 달성하기로 약속했다. 이 포럼은 미 국무부(U.S. Department of State)와 지구의 날(Earth Day) 조직이 함께 설립한 것이다.

SECTION A: 공관 청사 개발 관련 정책

향후 공관 청사 개발

워싱턴 D.C.는 국가의 수도이자 주요 외교 중심지이므로, 외교 공관들이 수도 밖으로 이전하지 않도록 도시 내에 새로운 공관 청사를 위한 개발 기회가 마련되어야 한다. 워싱턴 D.C. 내 공관 부지에 대한 지속적인 수요, 국제공관센터(International Chancery Center)의 개발 완료, 그리고 민간 소유 부지 및 개발 비용의 증가는 신규 및 확장 공관을 수용할 수 있는 추가적인 외교 공관 단지를 계획하고 조성해야 할 필요성을 보여준다. 국가수도계획위원회(NCPC)는 앞으로 더 대규모 외교 공관 부지에 대한 수요가 증가할 것으로 예상한다. 각국은 공관 부지를 선정할 때 다른 외교 공관 및 정부기관과의 접근성, 지역 특성, 비용, 보안 요건 등을 고려한다. 하지만 기존 외교 지역 내에서 이러한 필요를 충족하는 부지는 점점 줄어들고 있으므로, 향후 외교 공관 수요에 대응하기 위해 추가적인 입지 발굴이 필요하다.

향후 공관 개발 지역은 법적 권리 지역(matter-of right areas), 공관 개발과 양립할 수 있는 토지 이용, 다양한 규모의 공관을 수용할 수 있는 충분한 부지, 잠재적 재개발 및 재사용 가능성 등을 종합적으로 고려해야 한다. 이러한 지역은 외교 공관의 위상에 걸맞은 주요 입지를 제공할 수 있어야 하며, 지방 및 연방 정부의 계획 목표를 충족하고, 다양한 교통수단을 통해 쉽게 접근할 수 있어야 한다. 또한, 역사 보존과 적응형 재사용(adaptive reuse)을 촉진하고, 워싱턴 D.C.의 수도로서의 이미지와 정체성을 강화하는 데 기여해야 한다. 향후 공관 청사 개발 지역은 건물의 규모를 고려하고, 외교 공관에 대해 충분하고 안전한 입지를 제공해야 한다.

새로운 공관 청사의 개발은 외교 공관 전용 단지 및 기존에 공관 입지로 고려되지 않았던 도시 내 다른 지역들에서도 적극 장려되어야 한다. 단, 이때 공관 및 그 기능이 해당 지역의 특성과 토지 이용 패턴에 민감하게 반응하고 조화를 이루어야 한다. 공관 청사 개발은 지역 재개발, 도시 활성화, 경제 개발 목표를 강화하는 데 기여할 수 있으며, 다양하고 활기찬 지역 공동체를 촉진할 수 있다. 이미 많은 대사관이 자국 문화를 홍보하기 위해 투어, 전시, 강연, 공연 등의 행사를 개최하고 있다. 또한, 문화 프로그램을 전문으로 하는 단체들이 대사관들과 협력하여, 워싱턴의 외교 공동체를 기념하고, 도시 전역의 지역사회에 풍부하고 다양한 문화적 활력을 불어넣기 위해 대규모 축제와 행사를 기획·홍보하고 있다. NCPC는 미 국무부, 워싱턴 D.C. 정부와 협력하여, 향후 도시 내에 공관 청사 개발이 가능할 지역들을 계속 연구해야 한다.

잠재적 외교 공관 단지 개발 용지

가까운 미래에 대규모 외교 공관 단지 개발을 위한 유력한 후보지는 워싱턴 NW 지역 16번가에 위치한 구 월터 리드 육군병원(Walter Reed Army Medical Center) 부지이다. 이 부지는 2005년 국방 기지 재배치 및 폐쇄 조치의 일환으로 미 국방부가 2011년에 폐쇄하였고, 기존 기능들은 버지니아주와 메릴랜드주의 시설로 이전되었다. 국무부는 몇 년에 걸쳐 워싱턴 D.C. 전역의 다양한 후보지를 검토한 끝에, 이 월터 리드 병원 부지가 기존 국제공관센터에 상응하는 규모와 형태의 외교 공관 단지 조성에 적합한 입지라고 판단했다. 또한, 16번가는 워싱턴 D.C.에서 가장 중요한 거리 중 하나로, 백악관과 메리디안 힐(Meridian Hill)을 중심으로 형성된 역사적 대사관 지구와 시각적·상징적 연계성을 지니고 있어, 새로운 국제공관센터 개발에 적절한 입지로 평가된다.

미 국무부는 구 월터 리드 육군병원 부지 중 43.5에이커 규모의 구역에 대해 새로운 외교 공관 단지 조성을 위한 종합계획을 수립 중이다. 이는 기존의 국제공관센터와 유사한 방식으로, 종합계획을 통해 해당 용지를 여러 개발 필지로 구분하여, 장기 임대 형식으로 외국 정부에 배정하고 공관 시설 건축이 가능하게 할 계획이다. 종합계획에 따르면 이 외교 공관 센터는 약 20년에 걸쳐 단계적으로 완성될 예정이며, 약 15개국의 공관 청사를 수용할 수 있을 것으로 예상된다. 또한, 이 종합계획은 사무실, 공공시설, 주거, 상업 등 다양한 용도로 캠퍼스의 나머지 구역을 재개발하려는 워싱턴 D.C. 정부의 계획도 함께 고려하고 있다.

연방 정부의 역할

FM.A.1 외교 공관들이 공관 청사, 공관 겸 대사 관저, 그리고 공관 부속 건물을 워싱턴 D.C. 내 소유하거나 임대한 시설에 설치하도록 장려

FM.A.2 미국 수도 내 외교 공관의 향후 입지로 적합한 구역 발굴

외교 공관의 역할

FM.A.3 공관 청사를 배치할 때, 미국과 타국 간의 외교 관계를 효율적으로 수행할 수 있도록 운영 요건 충족에 노력

FM.A.4 공관 청사를 배치할 때, 시각적 흥미와 도시의 정체성을 더하여 문화적 삶에 기여하며, 다양하고 활기찬 공동체 형성에 기여

SECTION B: 공관 입지에 관한 정책

20세기 동안 워싱턴 D.C. 내 외교 공관의 수가 증가함에 따라, 공관 청사의 입지를 결정하는 데 있어 다양한 규제 방식이 도입되었다. 시간이 지나면서, 기술 기반의 분석 방법들이 향후 공관 입지 결정 안내를 위해 사용되었으나, 이는 일부 공관이 위치한 주거 지역 내에서 토지 이용을 둘러싼 논란을 야기하기도 했다.

공관 청사의 입지에서 가장 중요한 과제 중 하나는, 외교 활동을 위한 안전한 위치 계획과 주거 지역에 대한 배려 사이에서 균형을 유지하는 것이다. 1983년 종합계획에서 도입된 '1/3-2/3 방식'은, 공관 입지로 적합하지 않은 일부 주거 지역 내 공관 밀집 현상을 초래하였다. 이러한 간접적 영향으로 인해, 종합계획은 기존의 1/3-2/3 방식을 적용하지 않는 방향으로 전환되었다. 대신에 법적 권리 지역 및 지정된 외교 공관 단지와 같이 공관 용도와 양립 가능한 지역을 우선으로 채택한다. 법적 권리 지역 외에는 워싱턴 D.C. 지구계획조정위원회(BZA)의 심의를 받아야 한다. BZA는 외교 공관법(Foreign Missions Act)에 규정된 연방 및 지역의 이익을 모두 고려하는 6가지 기준에 따라 판단을 내린다. 이러한 공개적 의사결정 절차는 이해관계자의 의견 수렴과 참여를 포함하며, 외교 활동의 필요성과 주거 지역 주민들의 우려 사이에서 균형을 이루게 한다.

컬럼비아 특별구는 현재 종합계획(Comprehensive Plan)의 지역 요소(District Elements)를 개정하고 있다. 개정 과정 전반에 걸쳐, 국가수도계획위원회(NCPC), 국무부, 그리고 컬럼비아 특별구 정부는 외교 공관 입지에 적합하다고 판단되는 계획 및 정책이 외교 공관법(Foreign Missions Act)과 일치하도록 협력하여 조율해야 한다.

구 월터 리드 육군병원 부지에 위치한 국제공관센터 부지

Comprehensive Plan for the National Capital: Federal Elements

외교 공관 단지(Foreign Missions Center)

외교 공관들이 새로운 공관 단지로 청사를 이전할 것으로 예상되는 이유는 다양한 사무 공간 대안의 확보, 공관 용도에 적합한 사무 공간, 보안 요건 강화, 다른 공관들과의 근접성, 외교 공동체를 위한 편의시설 제공 등이 있다.

인센티브(Incentives) 기존 국제공관센터(International Chancery Center)에서는 외교 공관들이 유리한 조건으로 토지를 임차할 수 있었다. 임차료는 토지의 면적과, 해당 시설을 지원하기 위해 필요한 기반 시설 구축 비용을 기준으로 책정되었다. 비록 새로운 외교 공관 단지에서는 기존과 같은 저렴한 임대료를 제공하기는 어렵겠지만, 민간 시장에서 부동산을 매입하는 것보다는 토지 취득 비용이 더 유리할 것으로 예상된다.

사무 공간 대안(Office Space Alternatives) 현재 여러 외교 공관은 소규모 건물이나 상업용 건물 내의 사무 공간을 사용하고 있다. 이들 중 일부는 업무 확대 및 제공 서비스의 증가에 따라, 소형 시설에서 대형 시설로 이전하기도 했다. 시간이 지남에 따라 변화하는 공간 수요를 충족시키기 위해서는, 다양한 유형의 건물을 보유하고 있으며, 기존보다 더 짧은 임대 기간으로 외교 공관에 제공할 수 있는 외교 공관 단지가 필요하다.

적합한 사무 공간(Appropriate Office Space) 외교 공관 단지에 마련된 공관용 사무 공간은 외교 커뮤니티의 특수한 요구를 충족할 수 있다. 이는 비싼 개보수 비용 없이, 인근 지역의 주거 환경이나 특성을 해치지 않아도 가능하다. 공관이 필요로 하는 높은 수준의 보안 및 프라이버시 요건, 또는 차량 통행량에 맞는 주차 공간 등을 반영한 시설의 신축이 이에 해당할 수 있다.

보안(Security) 외교 공관 단지에 위치한 공관은 출입 통제가 용이하고 보안을 강화하기 유리하며, 공관 전용으로 신축될 경우 특정 보안 기준을 반영한 설계가 가능하다.

인접성(Proximity) 국제공관센터의 성공 사례에서 알 수 있듯, 다른 외교 공관들과의 인접성은 이전 수요를 더욱 자극하고, 외교 공관 단지 주소의 위상과 품격을 높이는 요인이 될 수 있다.

편의시설 공관이 밀집된 지역은 외교 커뮤니티를 지원하기 위해 식당, 주거시설, 소매점, 행정지원시설 등 다양한 편의시설이 필요하게 된다. 공관 단지가 조성되면, 이러한 편의시설들이 인근에 들어설 가능성이 높다.

연방 정부의 역할

FM.B.1 제안된 외교 공관 단지 부지에 공관 시설의 우선적 입지를 고려할 것

FM.B.2 법적 권리 지역에 공관 시설의 우선적 입지를 고려할 것

외교 공관의 역할

FM.B.3 지역 재생 및 경제 개발을 지원할 수 있는 곳에 공관을 입지시킬 것

FM.B.4 기존 또는 계획 중인 인접 지역의 토지 이용 및 용도(예: 업무용, 상업용, 혼합용도)가 공관 기능과 잘 어울리는 곳에 공관을 배치하되, 주거 지역의 보전에도 특별히 유의할 것

FM.B.5 외교 공관법(Foreign Missions Act)에 부합하는 범위에서 기존 공관의 개보수, 확장, 또는 재활용을 고려할 것

FM.B.6 주거 위주의 지역을 고려하기 전에, 법적 권리 지역 내 공관 부지의 가능성을 우선적으로 검토할 것

SECTION C: 공관 시설에 관한 정책

워싱턴의 연방 및 지역 계획 담당자들은 외교 공관의 수요를 충족시키는 동시에 질서 있는 도시 성장과 지역사회 개발을 촉진해야 하는 고유한 책임을 지니고 있다.

연방과 컬럼비아 특별구 도시 계획과의 일관성 확보와, 연방 및 지역의 계획과 규정 준수는 계획 수립 시 중요한 기준 중 하나이다. 이러한 기준에는 외교 공관의 필요와 균형을 이루어야 하는 역사 보존 및 도시 재생 목표가 포함되며, 그 외에도 교통 목표, 지속가능성 가이드라인, 랑팡 계획[10]이 설정한 도시 고유의 특성 보존에 대한 의지도 반영된다.(관련 내용은 연방 도시 계획 요소 참조) 아울러, 이 기준들은 향후 공관 시설에 가장 적합한 입지를 제안하기 위한 상호 보완적인 지침의 역할을 한다. 외교 공관은 규제 심사 없이 입지 할 수 있는 법적 권리 지역(matter-of-right)에 입주할 수 있으며, 이에는 상업지역, 산업지역, 수변지역, 혼합용도 지역으로 지정된 모든 지역이 포함된다.

다음 정책들은 외교 공관이 제기한 수요에 대응하고, 공관 유지에 있어 국가 수도의 고유한 품격을 높일 수 있도록 일반적인 지침을 제공한다. 새로운 공관이 신축되거나, 외교 공관이 다른 시설로 이전할 경우, 다음 정책들은 공관 개발이 해당 지역사회와 조화를 이루고, 주거지의 고유성이 보존되도록 적용되어야 한다. 또한 외교 공관이 청사를 이전할 경우, 주변 지역의 정체성에 부정적인 영향을 주지 않기 위해 기존 공관이 적절히 관리될 수 있도록 위 정책들이 적용되어야 한다.

캐나다 대사관

도시 계획(Urban Design)

외교 공관의 역할

FM.C.1 랑팡 계획의 역사적인 개방 공간 체계를 보호하고, 그 역사적 가치를 보존·강화

FM.C.2 랑팡 계획과 국가 수도의 독특한 조망과 경관이 형성하는 도시 공간(원형 광장, 사각 광장, 플라자 등)을 보존하고 발전

FM.C.3 세계적 수도의 위상에 걸맞은 건축물, 조경 설계를 통해 워싱턴의 역사적 유산 보호

FM.C.4 공관 설계 시 기존 건축물의 높이, 규모, 공간 배치 및 주변 지역의 특성과 조화

FM.C.5 주변의 건축 및 경관과 조화를 이루면서도 해당 국가의 전통 건축 양식을 반영한 건물과 조경 설계

FM.C.6 기존 공관 시설은 지역사회의 환경이나 분위기에 부정적인 영향을 미치지 않도록 적절히 유지·관리

FM.C.7 가능한 경우, 지속 가능한 부지 및 건물 설계, 녹지 공간, 수관층을 포함하고, 워싱턴 D.C.의 환경 및 효율성 목표에 부합

역사 보존(Historic Preservation)

외교 공관의 역할

FM.C.8 공관이 역사적 건물에 입지할 경우, 해당 건물을 보호·보존하며 복원

FM.C.9 공관이 역사 지구 내에 위치할 경우, 해당 지구가 지닌 건축적 정체성과 조화 고려

FM.C.10 역사적 경관을 보호하고 강화하기 위해, 해당 경관에 인접한 개발이 경관의 보존 및 복원에 기여

FM.C.11 역사적으로 중요한 자산에 대한 인식을 높이도록 장려

공원 및 개방 공간(Open Space and Parkland)

외교 공관의 역할

FM.C.12 기존의 공원과 개방 공간을 보존하고 보호

FM.C.13 인접한 개방 공간이나 공원 부지(해안 지역 포함)를 개선하고 접근가능하도록 조치

FM.C.14 수관층을 보존하고 성숙한 나무의 훼손을 피하면서 아름답고 건강한 환경을 유도하는 경관 조성

FM.C.15 공관 시설에 인접한 공공 공간을 적절히 유지·개선하여, 인근 지역의 특성 유지

접근성(Access)

외교 공관의 역할

FM.C.16 도보, 자전거, 대중교통, 자동차 등 다양한 교통수단을 통해 접근이 가능하도록 공관 입지

FM.C.17 외교관 및 직원 차량, 서비스 차량, 행사 및 배송 차량의 접근을 계획할 때 도시 디자인의 특성, 주변 지역의 특성, 교통 수용 능력을 고려

FM.C.18 보행자의 접근성을 제공하고, 인도 및 기타 편의시설을 포함하여 안전하고 깨끗하며 쾌적한 보행 환경 제공

FM.C.19 직원, 방문객, 행사 참여자를 수용할 수 있도록 민간 부지 내 충분한 오프스트리트 주차 공간 제공

FM.C.20 지역 내 산책로, 자전거 도로, 보행자 도로, 오픈스페이스 네트워크 등의 공공 연결망에 대한 방해를 최소화

FM.C.21 차량 진출입로 등 공공 공간의 장애물을 최소화하고, 서비스 공간은 주요 도로에서 떨어트리거나 눈에 띄지 않는 위치에 배치

FM.C.22 경계(외곽) 보안 시설은 건물 대지 내에 배치하며, 부득이하게 공공 공간에 설치해야 할 경우 주변 환경과 조화를 이루도록 최소화하여 눈에 띄지 않게 설계

SECTION D: 대사 관저에 관한 정책

워싱턴에 주재하는 외교 공관의 수가 증가함에 따라, 대사 관저의 수도 함께 증가해 왔다. 대부분의 공관 시설과 마찬가지로, 대사 관저 역시 이를 사용하는 국가가 소유하고 있다. 대사 관저는 도심 외곽의 메릴랜드 및 북부 버지니아 교외 지역뿐만 아니라 워싱턴 D.C. 내에도 위치해 있으며, 2013년 기준으로, 워싱턴에는 총 78개의 대사 관저가 있다.

수도권에 새로 설립되는 대사 관저의 수는, 새롭게 외교 공관을 설치하는 국가의 수와 비슷할 것으로 예상된다. 대부분의 대사 관저는 워싱턴에 위치할 것으로 보이지만, 일부는 메릴랜드와 버지니아 교외 지역에 위치할 것으로 예상된다. 워싱턴 D.C. 용도지역 규정에 따르면, 대사 관저는 주거 용도로 간주되며, 산업용으로 지정된 지역을 제외한 워싱턴의 모든 지역에 입지할 수 있다. 앞서 언급된 도시 계획, 역사 보존, 개방 공간 및 공원, 접근성에 관한 정책들은 대부분 대사 관저에도 적용된다.

외교 공관의 역할

FM.D.1 외교 공관의 장 또는 대사의 공식 거처인 대사 관저는 연방 정부의 공식 수도인 워싱턴 D.C.의 위상에 걸맞은 장소에 위치할 것

FM.D.2 대사 관저는 워싱턴 D.C. 전 지역(4개 구역 모두)에 걸쳐 주거 용도에 적합한 지역에 입지할 것

SECTION E: 국제기구에 관한 정책

국제기구들은 수도권에서 다양한 기능과 활동을 수행하고 있다. 공공 국제기구는 국제기구 면책특권법(International Organizations Immunities Act)[11](미국법전 22 U.S.C. 288-288f-2), 조약, 또는 두 개 이상의 외국 정부가 국제 문제를 수행하기 위해 체결한 기타 국제 협정에 따라 지정되거나 설립된다. 국제기구는 부동산과 인력을 기반으로 운영되는 공식적인 기관이다. 1983년에는 이 지역에 23개의 국제기구가 있었고, 2002년에는 28개, 2013년 기준으로 31개의 국제기구와 미주기구(Organization of American States, OAS)에 파견된 46개의 공관이 있다. 국제기구의 대부분은 도심 업무 지구, 특히 백악관 서쪽 지역에 위치한다. 국제기구의 부지 선정에 있어 주요한 요인은 국무부(State Department), 재무부(U.S. Department of Treasury), 그리고 기타 국제 활동들과의 인접성이다.

국제기구의 대부분은 자신들이 교류하는 연방 정부 기관, 단체, 외교 공관들과의 접근성이 좋은 고밀도 업무 지구나 복합 용도 지역을 선호한다. 이들 기관의 대부분은 임대 사무실 공간을 사용하고 있다. 국가적 상징성은 통상적으로 국제기구의 중요한 요소는 아니지만, 국제기구의 위치와 시설의 디자인은 대중 인지도를 높이는 데 기여할 수 있다. 또한, 국제기구들은 역사적인 건물을 보존·복원하고, 랑팡 계획(L'Enfant Plan)의 역사적 거리망에 위치하면서 국가 수도의 시각적 경관에도 기여할 수 있다.

외교 공관법(Foreign Missions Act)에 따라 국무장관은 국제기구에도 이 법과 관련된 조항을 적용할 수 있다. 이 경우, 앞서 언급된 정책들의 공관 관련 부분은 해당 국제기구의 사무소에도 동일하게 적용된다. 외교 공관법의 적용을 받는 경우, 국제기구는 수변 지역, 복합용도 지역, 상업지역으로 지정된 구역에 허가 없이 위치할 수 있다. 반면, 허가구역 외의 지역에 위치하려는 경우에는 지구계획조정위원회(BZA)의 심사를 받아야 한다.

국제기구의 역할

FM.E.1 국제기구의 본부는 연방 정부의 위상에 걸맞게 워싱턴에 위치

FM.E.2 다양한 교통수단을 통해 접근이 쉽도록 위치를 선정하고, 주변 토지 이용과 조화를 이루며 기구가 효율적으로 활동할 수 있도록 입지

아메리카국가기구 또는 미주기구(Organization of American States)

미주(Endnotes)

1. U.S. Department of State, Bureau of Intelligence and Research, "Fact Sheet: Independent States in the World," July 2014. http://www.state.gov/s/inr/rls/4250.htm#
2. U.S. Department of State, Office of Foreign Missions, November 2013.
3. Vienna Convention on Diplomatic Relations, Vienna, April 18, 1961. http://legal.un.org/ilc/texts/instruments/english/conventions/9_1_1961.pdf
4. Foreign Missions Act 22 U.S.C. 4301-4316: http://www.state.gov/documents/organization/17842.pdf
5. France in the United States, "France and Virginia Sign Sustainable Development Agreement," March 14, 2014, http://www.franceintheus.org.
6. U.S. Department of State, "Foreign Missions Center at the Former Walter Reed Army Medical Center Draft Environmental Impact Statement," January 2014. http://dcoz.dc.gov/about/history.shtm
7. U.S. Department of State, Office of Foreign Missions, November 2013.
8. Washington, DC Economic Partnership, DC Neighborhood Profiles, 2013.
9. Zoning Enabling Act of 1938: http://dcoz.dc.gov/about/history.shtm
10. L'Enfant Plan: http://www.ncpc.gov/ncpc/Main(T2)/About_Us(tr2)/About_Us(tr3)/History.html
11. International Organizations Immunities Act: http://www.ipu.org/finance-e/PL79-291.pdf

제5편
교통 체계

2020

The Comprehensive Plan for the National Capital | Federal Elements

Contents

교통 체계 소개 ··· 157

기본 방향 ··· 160

Section A : 지역 계획 및 목표에 부합하는 통합 교통 체계 구축 ············ 161

Section B : 지역 전역의 교통 접근성 향상을 위한 공평한 이동 수단 통합 ········ 166

Section C : 책임 있는 개발 패턴을 위한 교통과 토지 이용의 연계 ············ 170

Section D : 연방 목적지로의 효율적이고 지속 가능한 이동 촉진 ············ 174

교통 체계 소개

연방 정부의 목표는 연방 공무원, 주민, 방문객들의 다양한 요구를 충족하면서, 지역의 이동성, 교통 접근성, 환경 품질을 높이는 다중 교통수단 시스템의 개발 및 유지·관리를 지원하는 것이다.

명확하고 조율된 교통 정책은 성공적인 도시계획 전략의 핵심이다. 워싱턴 D.C. 지역은 다른 대도시권과 마찬가지로, 주거와 일, 개발 패턴, 환경 조건, 삶의 질에 영향을 미치는 중대한 교통 문제에 직면해 있다. 이 지역은 미국 내에서 혼잡한 지역 중 하나이며, 노후화된 교통 인프라에 의존하고 있다. 코로나-19 팬데믹을 계기로 확인되었듯, 안전하고 효율적인 교통 시스템을 유지하고 대응할 수 있도록 회복력을 갖춘 교통 체계를 구축하는 것은 매우 중요하다. 연방, 주, 지방 정부의 토지 이용 및 교통 정책 결정은 상호 연결되어 있으며, 지역의 성공을 위해서는 이러한 정책들이 장기적 관점에서 협력해야 한다.

연방 정부는 지역 개발에 있어 오랜 기간 중요한 역할을 해 왔으며, 이는 지역 교통 시스템의 중심축인 지하철(Metrorail) 체계 계획과 자금 지원에도 반영되어 있다. 수도권(NCR)[1] 내에는 연방 직원, 연방 시설, 관광 명소, 그 외 다양한 자산이 위치하므로, 연방 정부는 교통 서비스 및 인프라 품질 향상에 깊은 관심을 가지고 있다. 사람들을 연방 업무지구나 관광지로 효율적으로 이동시키는 것은 이 지역의 활력과 성장에 필수적이다. 연방 정부의 조치는 연방 시설의 입지 및 설계, 근로자 및 방문객의 교통수단 선택, 그리고 지역 교통망의 중요 요소에 대한 관리 방식에 큰 영향을 미친다.

연결된 다중 교통수단 체계의 개발과 유지는 교통과 토지 이용의 통합, 지역 전반에 걸친 다양한 개선책의 실행, 그리고 협력을 필요로 한다.

연방 정부는 효율적이고 다양한 지역 교통 체계로부터 많은 혜택을 얻고 있으며, 현대적 교통 인프라 구축 및 유지에 있어 지역사회에 지도력과 지원을 제공할 수 있는 독보적인 위치에 있다. 이러한 인프라 구축은 토지 이용과 교통의 연계를 강화한다.

교통 체계 요소(Transportation Element)는 1인 탑승 차량(SOV, Single-Occupant Vehicle) 사용 감소, 대중교통 이용 증가, 그리고 지속 가능한 체계 구축이라는 원칙에 기반한다. 이에 따라, 연방 정책은 효율적인 교통 계획(예: 대중교통, 자전거, 도보, 셔틀, 카풀/밴풀 등)과 개발 계획(예: 콤팩트, 혼합용도, 대중교통 중심 개발)을 촉진하여 직장 및 연방 목적지로의 접근성을 극대화하는 것을 장려한다. 또한, 이 요소에 담긴 정책들은 연방 시설 인근에 '생활-업무-여가'가 공존하는 환경을 조성하여, 연방 근로자의 이동이 지역에 미치는 영향을 최소화하도록 지원한다.

지역 교통 체계

지역의 광범위한 교통 체계는 역사적인 성장·개발 패턴과 밀접하게 연결되어 있다. 국가수도권 교통계획위원회(TPB)는 수도권의 지정된 대도시계획기구(MPO)로서, 장기 교통 계획인 Visualize 2045 : A Long Range Transportation Plan for the National Capital Region을 수립하고 현행화해야 한다. 2018년에 채택된 Visualize 2045는 지역 교통 체계[2] 전반에 대한 개요를 제공한다.

주요 교통 체계는 다음과 같다

- 고속도로 및 주요 도로: 17,000차선 마일 (약 400마일은 유료도로)
- 메트로레일: 118마일 / 91개 역
- 통근 열차: 167마일 / 39개 역
- 고속버스(BRT)·경전철·노면전차: 6마일
- 포장된 보행·자전거 전용 도로: 500마일 이상
- 자전거 전용 차로: 200마일 이상
- 15개 이상의 시내 및 통근 버스 시스템, 10개 이상의 장애인 이동 지원 서비스
- 시외 열차역 9곳, 시외 버스 정류장 14곳
- 주요 공항 3곳(볼티모어/워싱턴 국제공항, 레이건 내셔널 공항, 덜레스 국제공항)[3]

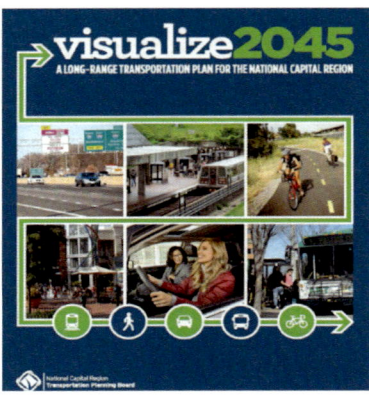

지역 교통 체계의 계획, 건설, 운영, 유지관리에는 여러 공공기관이 참여한다. 관련 있는 주요 기관으로는 메릴랜드, 버지니아, 워싱턴 D.C. 교통국이 있으며, 시·카운티 정부 또한 교통 및 토지 이용에 관한 지역 결정에 중요한 역할을 한다. 워싱턴 메트로폴리탄 교통공사(WMATA)는 지하철과 메트로버스를 운영하는 주요 대중교통 사업자이다. Amtrak은 전국 철도망과 도시 간 여객 서비스를 운영하며, MARC(메릴랜드 지역 통근열차)와 VRE(버지니아 철도 익스프레스)를 통해 각각 메릴랜드와 버지니아 지역 통근자들을 위한 서비스를 제공한다. 워싱턴 공항 공사(MWAA)는 이 지역의 주요 공항 두 곳을 관리·운영한다. 연방 정부도 주요 교통 자산을 운영하고 있으며, 이들 중 많은 시설은 지역 교통 체계의 핵심 요소이다(자세한 내용은 Section A.2 참조).

이 지역은 다양한 교통 서비스를 제공하는 공공 및 민간 교통 사업자가 잘 갖춰져 있다. 통근 버스, 택시, 라이드 헤일링(승차 공유), 자전거 및 전동 스쿠터 공유 서비스는 물론 렌터카와 공유 자동차 업체도 운영되고 있다.

지역별로 통근 수단에 있어 큰 차이가 있다. 도심 지역(워싱턴 DC, 알링턴 카운티, 알렉산드리아)에서는 45% 이상이 버스나 지하철, 13%는 도보 또는 자전거로 출근한다. 그러나 내부 교외 지역(몽고메리, 프린스조지, 페어팩스 카운티)과 외곽 교외 지역(프린스윌리엄, 라우든, 프레더릭, 찰스 카운티)에서는 대부분 자가용으로 출근하는 비율이 가장 높다.

교통 계획에 영향을 주는 트렌드

수도권 교통계획위원회(TPB)는 Visualize 2045 수립을 위해 지역 내 교통 경향을 분석했다. 지난 수십 년간 지역 일자리 증가가 지속적인 인구 증가로 이어졌다. 2000년부터 2017년까지, 이 지역은 인구가 440만 명에서 560만 명으로 100만여 명 증가했고 40만 개의 일자리[4]가 늘었다. 하지만, 최근 팬데믹으로 인해 성장이 멈추면서 향후 일자리 증가 추세는 불확실한 상황이다.

2013년, 수도권 정부협의회(MWCOG)는 기존의 도심, 우선 개발지, 교통 거점, 교외 중심지, 전통적 소도시 등을 포함한 141개의 거점 지구를 지정했다. 2045년까지 지역 인구의 약 1/3, 일자리의 약 2/3가 이들 거점에 위치할 것으로 예상되며, 수도권 교통계획위원회(TPB)[5]의 최근 연구에 따르면, 지역 개발은 거점 지구 중심으로 잘 유도되고 있는 것으로 나타났다.

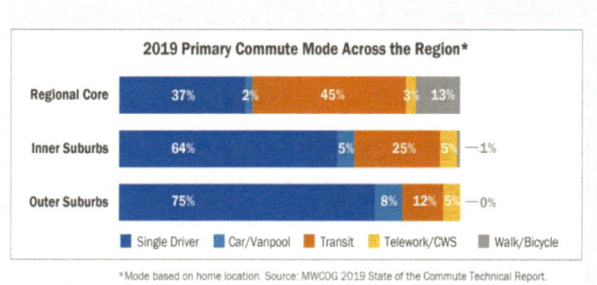

2018년 수도권 교통계획위원회(TPB)의 분석은 통근 방식의 변화를 보여주고 있다. 혼자 운전하거나 카풀하는 비율은 감소한 반면, 대중교통, 도보, 자전거 이용과 재택근무 비율은 증가했다. 그럼에도 전체 통근 수단 중 65%는 여전히 1인 차량 이용이며, 다음으로 대중교통(15%)[6]이 차지하고 있다. 2000~2016년 사이 자전거를 이용한 통근은 200% 증가했지만, 전체 통근의 1%만이 자전거로 이루어지고 있다. 지하철 평일 평균 이용객은 2008년 752,000명으로 최고치를 찍은 뒤 하락세였으나, 2019년에는 626,000명으로 전년 대비 4% 증가하며 감소세가 멈췄다.

이러한 경향에 기여하는 몇 가지 요인이 있다. 예를 들어, 재택근무와 유연근무의 증가, 공유 자전거시스템과 기타 자전거 인프라의 급격한 성장으로 비동력 교통수단 이용이 증가했으며, 지역 활동 중심지 및 대중교통이 제공되는 다른 지역에 대한 교통 및 개발 투자는 차량 이동 횟수의 감소를 초래하게 된다. 지하철 이용자 수 감소는 시스템 성능 저하, 2016년에 시작된 메트로 시스템 보수 프로그램, 우버와 같은 승차공유 서비스의 이용 증가 등 여러 요인 때문으로 보인다.

연방 직원의 출퇴근 및 기타 연방 목적지 이동

연방 정부 직원들은 다양한 방식으로 출퇴근하며, 일반 시민들보다 대중교통을 이용하는 비율이 훨씬 높다. WMATA에 따르면, 지하철 역의 절반 이상이 연방 시설을 대상으로 하며, 출퇴근 혼잡 시간대 지하철 승객의 약 3분의 1이 연방 정부의 직원이다.[7]

이는 지하철역을 연방 업무지 근처에 위치시키고, 연방 사무실을 대중교통 접근이 쉬운 곳에 배치하려는 지속적인 결정, 그리고 다양한 교통수단을 장려하는 연방 정부의 프로그램, 계획 정책, 인센티브가 성공했음을 보여준다.

연방 정부는 유연근무제 및 재택근무 옵션을 활용하여 직원들의 출퇴근 유연성을 높이고 출퇴근 횟수를 줄이고 있다. 연방 직원의 재택근무율은 48%로, 지역 평균(32%) 및 민간기업(30%)보다 높다.[8] 또한, 연방 직원들은 대중교통 및 카풀 보조금, 출퇴근 정보, 자전거/보행 서비스 등 통근 지원 서비스를 이용할 가능성이 더 크다. 연방 조직 축소[9], 이동성 증가, 기술 발전 등의 인력 구성 변화는 향후 출퇴근 양상에 더 큰 영향을 미칠 것이다.

연방 기관들은 교통관리 계획과 마스터플랜 수립을 통해 직원들의 출퇴근 방식을 파악하고 있다. 박물관, 기념물, 국립동물원 등 문화·관광 목적지를 관리하는 기관들은 방문객들이 해당 장소를 어떻게 오가고, 내부를 어떻게 이동하는지 파악하기 위해 교통 계획을 수립한다.

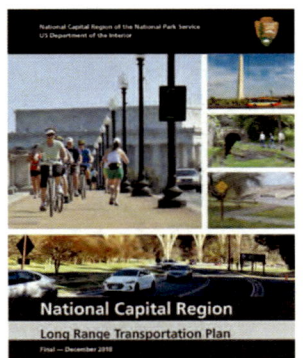

최근 국립공원관리청(NPS)은 국가 수도권 장기 교통 계획(National Capital Region Long Range Transportation Plan)을 수립했다. 이 계획은 향후 20년 간의 수도권 내 국립공원 접근성 제공 및 유지를 위한 비전과 목표, 성과 지표 등을 담고 있다. 방문객의 불편 요소에 대한 평가도 이 계획의 일환으로 진행되었으며, NPS는 각 공원에서 지역 및 광역 버스 정류장, 지하철, MARC와 같은 철도역, 공공자전거 등 대중교통 시설과의 거리를 조사했다. 그 결과, 총 52개 공원 중 40곳이 주 출입구[10]의 0.5마일(약 800m) 이내에 대중교통 시설을 갖추고 있는 것으로 나타났다. 일반적으로, 워싱턴 D.C. 도심에 가까운 공원일수록 접근성이 더 높으며, 다양한 교통수단으로도 쉽게 접근할 수 있는 경향이 있다.

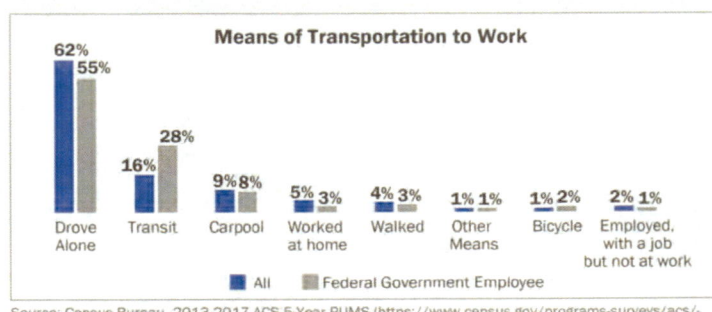

기본 방향

이 요소에서는 책임 있는 토지 이용과 개발을 촉진하고, 지역 주민·근로자·방문객의 삶의 질 향상에 기여하는 지역 다중 교통수단 시스템을 지원하기 위한 정책 지침을 제공한다. 이 항목은 네 가지 지침 원칙을 중심으로 구성되어 있으며, 이 원칙들은 연방 정부가 지역 교통 목표를 달성하고 다양한 이동 수단을 지원하며, 지속 가능한 토지 이용 결정을 촉진하는 데 있어 수행해야 할 역할을 설명한다.

또한 이 원칙은 연방 시설 및 목적지로의 안전하고 효율적인 접근을 장려하는 과정에서 위원회(NCPC)의 검토 권한과 역할도 함께 다루고 있다. 이 원칙들과 본 항목의 정책들은 종합계획의 다른 항목들과 함께 작동하여, 책임 있는 개발과 환경 보호라는 위원회의 핵심 가치를 강화한다.

A

지역 계획 및 목표에 부합하는 통합 교통 체계 구축

B

교통 접근성을 높이기 위한 공평한 이동 수단 통합

C

책임 있는 개발을 유도하기 위한 교통과 토지 이용의 연계

D

연방 시설로의 효율적이고 지속 가능한 이동 유도

Section A : 지역 계획 및 목표에 부합하는 통합 교통 체계 구축

펜타곤 시티 지하철역에는 보행자 접근로, 자전거 주차시설(수도 공유자전거 정류장 포함), 셔틀, 버스를 위한 연석 공간(curb space)이 마련되어 있다.

메트로레일 실버 라인 덜레스 공항역(Dulles Airport Station)의 개념도

교통 목표와 과제 달성을 위해 연방 정부는 지역 및 지방정부 기관, 기타 이해관계자들과 다양한 계획 활동에 대해 협력·조율한다. 이러한 조율은 연방과 지역의 수요를 모두 충족하는 통합 교통망을 구축하는 데 있어 매우 중요하다. 이를 통해 연방, 지역, 지방의 정부 기관들이 공동의 교통 목표를 달성하고, 계획되거나 제안된 교통사업의 효과와 영향을 관리할 수 있게 한다. 이러한 교통사업들은 연방 공무원과 방문객을 위한 교통 서비스를 개선하고, 지역 교통 혼잡을 크게 줄이며, 삶의 질을 높일 잠재력을 가지고 있다. 나아가 이러한 사업들은 신규 연방 시설의 주요 입지 또는 연방 인력을 위한 대중교통 접근이 가능한 주거지를 제공할 수 있는 교통 중심 개발을 더 효과적으로 지원할 수 있다.

이 절에서는 지역 계획, 목표를 뒷받침하는 통합 교통 체계를 개발하는 데 필요한 지침을 제시한다.

A.1 지역 정책 체계 및 기관 간 조율

여러 교통계획위원회(TPB)의 계획들은 교통 계획의 기초가 되는 정책적 틀을 제공한다. 장기 교통 계획 Visualize 2045는 TPB 비전(1998), 수도권 워싱턴 정부협의회가 채택한 Region Forward Initiative(2010), TPB의 지역 교통 우선순위 계획(2014)과 같은 지난 20여 년간의 계획 작업을 기반으로 한다. 이들 계획은 교통 시스템 연계, 강력한 지역 경제, 주민들의 삶의 질 향상을 촉진하기 위한 종합 전략을 담은 지역 정책 체계를 수립했다. 연방 정부는 이 계획에서 제시된 목표 달성을 지원하는 데 큰 관심을 가지고 있다.

Visualize 2045는 향후 수십 년간 이 지역이 직면하게 될 가장 큰 교통 과제를 해결하기 위해 재정적 제약을 넘어서는 장기 계획 요소와 과제를 포함하고 있다. 교통계획위원회(TPB)는 지역의 주요 과제로 도로 혼잡 증가와 예상 수요를 충족할 수 있는 충분한 대중교통 제공을 꼽고 있다. 이러한 과제를 해결하고 기존 승인된 계획에 담긴 더 큰 정책 목표를 달성하기 위하여 Visualize 2045는 다음 일곱 가지 과제를 제시한다.

- 일자리와 주거지의 근접성 제고
- 간선급행버스체계(BRT) 및 전용 교통로 확충
- 지하철 수송 능력 확대
- 원격근무 및 다양한 통근 대안 확대
- 고속도로망 확충
- 대중교통과 연계된 보행·자전거 접근성 개선
- 국가 수도권 자전거길 완성

이러한 과제들은 지역이 책임 있게 성장할 수 있도록 지원하며, 동시에 효율적이고 저렴하며 안전한 다양한 이동 수단을 제공한다. 일반적으로 이들 과제 중 상당수는 이미 시행 중이거나 계획 단계에 있다. 연방 정부는 이 과제를 추진하는 데 중요한 역할을 할 수 있으며, 관련 목표를 뒷받침하는 사업 개발에 있어 선도적 위치를 점해야 한다.

또한, 연방 정부가 지원할 수 있는 지역 차원의 목표와 정책으로는 Vision Zero가 있다. 이는 교통사고 사망자와 중상자를 전면적으로 없애고, 모든 사람에게 안전하고 건강하며 공평한 이동성을 보장하기 위한 전략이다.[11] 현재 대부분의 지방자치단체가 이 목표 달성을 위해 노력하고 있으나, 지역의 형태에 따라 해결책은 다를 수 있다. 연방 정부는 연방 재산 인근 지역의 적절한 관할기관과 협력하여 Vision Zero 전략을 실행해야 한다.

연방 정부는 지역 계획을 추진하고 교통 시스템지원을 위해 다양한 교통 계획 활동에 참여하고 있다. 이러한 활동의 주요 방식 중 하나는 수도권 대중교통청(WMATA)에 대한 재정 지원이다. 연방 정부는 매달 연방 직원들에게 교통 보조금을 제공하는 프로그램 운영을 통해 WMATA을 지원하고 있다. WMATA의 2016년 메트로레일 조사와 2018년 메트로버스 승객 조사에 따르면 출퇴근 시간대 지하철 이용자 중 36%, 버스 이용자 중 15%가 연방 직원이다.[12] 지하철은 미국 내 두 번째로 높은 일일 승객 수를 자랑하는 철도 시스템이며, 이 지역의 개발 패턴[13]을 강화한다. 교통 인프라에서 연방 정부의 고유한 역할을 고려할 때, 연방 기관은 지속적인 운영 및 서비스 확장을 위한 충분한 재원이 확보되도록 주 및 지역 기관들과 협력해야 하며, 인구 및 고용 증가에 대응하기 위한 적절한 기여를 해야 한다.

WMATA 외에도 연방 정부는 WMATA가 운영하지 않는 지역에서도 대중교통이 충분히 제공되도록 기타 교통 서비스 제공자들을 지원하는 데 관심을 가진다. 이는 교통 서비스 제공자들과 협력하여 자전거 이용자와 보행자를 위한 편의 시설을 역에 갖추도록 하고, 셔틀 및 순환버스, 라이드헤일링 서비스를 위한 정차 공간을 고려한 방식으로 설계되도록 장려하는 것까지 포함된다.

미국 동북부 회랑, 특히 워싱턴 D.C. 대도시권의 급속한 성장으로 사람들이 이 지역과 그 너머를 이동하는 방식을 크게 변화시킬 수 있는 주요 교통 사업들의 개발 또는 확대가 추진되고 있다. 고속, 대용량 여객 철도의 확장은 미국 동부의 다른 목적지 사이의 도시 간 연결성을 높일 수 있다. 이 지역 내 주요 교통사업에는 볼티모어-워싱턴 초전도 자기부상열차 프로젝트 같은 대형 사업부터, 교통량 관리를 위한 차선 확장 같은 노력까지 포함된다. 연방 정부의 직원과 방문객들은 지역 전역에서 거주하고 근무하며 방문하기 때문에 계획 수립 전 과정에 걸쳐 이러한 유형의 사업에 협력함으로써, 연방 및 비연방 이해당사자를 포함한 폭넓은 수요를 맞추는 데 관심을 두고 있다. 이러한 사업들이 지역의 교통 및 토지 이용 목표를 지원하고, 환경·역사·문화 자원에 미치는 영향을 고려하며, 각 기관의 목적 달성을 위한 수요를 충족시키는 것은 매우 중요하다.

앞으로는 민간 기업들이 교통 프로젝트에서 더 큰 운영이나 관리의 역할을 맡게 될 수 있다. 예를 들어, 퍼플라인(Purple Line)은 메릴랜드 주의 베데스다와 뉴캐롤턴을 연결할 경전철 시스템으로 현재 공사 중이다. 퍼플라인은 메릴랜드 교통청이 소유할 예정이지만, 민간 기업이 공공-민간 협력 방식으로 운영과 관리를 맡게 될 것이다. 버지니아의 I-495 고속도로 익스프레스 레인(Express Lanes)도 버지니아 교통부(VDOT)와 민간 기업 Transurban 간의 공공-민간 협력을 통해 추진된 사례이다. 버지니아 교통부(VDOT)는 고속도로를 소유·감독하며, Transurban은 자금 조달과 운영을 담당한다. 이러한 공공-민간 협력 방식은 연방 정부의 대규모 지역 교통 프로젝트에 대한 자금 지원이 줄어들면서 점차 보편화될 것으로 예상된다. 따라서, 앞으로는 여러 공공 및 민간 기관들이 협력하여, 지역 시스템의 성공을 위해 거주자와 방문객, 직장인을 대상으로 다양한 교통수단을 최적화하는 것이 중요하다.

연방 정부는 주요 지역 계획에 적극 참여하여 지역 전체의 교통 상황을 이해하고 계획이 연방의 주요 목적지에 대한 접근성 향상에 어떤 영향을 줄 수 있는지 판단하려 한다. 예컨대 몽고메리 카운티는 교통부(USDOT)로부터 지원금을 받아, 콜스빌 로드(Colesville Road)를 따라 버튼스빌(Burtonsville)과 실버스프링(Silver Spring) 시내를 연결하는 FLASH라는 새로운 간선급행버스 시스템을 건설하고 있다. 이 시스템이 개통되면 식품의약품국(FDA) 화이트오크 캠퍼스로 통근하는 직원들의 대중교통 이용이 증가할 수 있다. 이와 같은 계획 지원으로 연방 정부는 교통 혼잡 완화와 지역 연결성 강화라는 더 큰 지역 목표 달성에 기여할 수 있다.

국립공원관리청(NPS)이 투어버스 주차 관련 연구를 했으며, 이 지도는 내셔널 몰 및 메모리얼 공원 주변에 권장되는 투어버스 주차 위치를 보여준다.

메릴랜드주 몽고메리 카운티 U.S. 29 도로에 제안된 FLASH 간선급행버스(BRT) 시스템의 조감도출처: www.ridetheflash.com

관광 버스 운영

이 지역에는 연방 정부 소유의 관광지가 많고, 각 명소 간 거리가 상당히 떨어져 있어 방문객들은 종종 관광버스를 이용하여 이동한다. 특히 외국인 단체 관광객들은 관광버스를 많이 이용한다. 2015년, 국립공원관리청(NPS)은 내셔널 몰 및 기념 공원 관광버스 운영 연구를 완료하였으며, 내셔널 몰에서의 관광버스 운영에 대한 조사와 권고안을 제시했다. 이 연구는 특정 장소별 제안과 함께, 지역 차원에서 파트너 및 이해관계자와 협력하여 시행할 수 있는 광범위한 전략도 강조했다.

주로 다루고 있는 주제로 정보 제공 방식, 규정, 안내 표지판, 단속 체계, 주차 및 운영 경로 설정, 자연, 문화, 역사 자원의 보호와 같은 것들이 있다.

내셔널 몰 내부나 인근에 관광버스 주차 공간이 부족하다는 점은 교통 혼잡을 유발하여 주변 교통 시스템에 영향을 준다. 이 문제는 특히 하루 중 혼잡 시간대나 성수기에 두드러진다. 관광버스가 혼잡한 도로변에 주차하면서 시야를 방해하고 방문객의 경험이나 문화 자원에도 영향을 줄 수 있다.

연방 정부는 관광버스 운영자뿐 아니라 지역 및 지방정부와 협력을 통해 관광버스의 운행과 주차를 관리할 수 있는 전략을 수립하여 교통 흐름과 공원, 문화 자원에 대한 영향을 최소화할 수 있다.

대규모 교통 사업과 더불어 연방 정부는 다양한 교통 이슈에 대한 지역 및 지방정부, 이해관계자들과의 협력에도 관심을 두고 있다. 자전거 및 산책로 네트워크 통합을 통해 관광버스 운영을 개선하고 통근버스 시스템 간 자원 공유를 촉진하는 등 연방 정부는 이용자들이 교통 시스템을 어떻게 활용하고 경험하는지에 영향을 준다. 그러나, 자전거 도로와 산책로를 연계하는 것과 같이 연방과 지역 간 시스템을 연결하는 것은 기관별 차이로 인해 협력이 어려울 수도 있다. 일부 연방 시설의 보안 요건 또한 통합 네트워크 구축에 장애가 될 수 있다. 가능한 범위 내에서, 이용자의 경험이 단절되지 않도록 연방 및 지역의 산책로와 시스템을 물리적 설계나 규정의 일관성을 통해 통합하는 것이 중요하다.

연방 정부의 역할

T.A.1 지역 계획과 정책에 명시된 토지 이용, 환경, 경제 목표를 충족하는 포괄적이고 연결된 교통 시스템 개발 지원

T.A.2 지하철 및 간선급행버스(BRT) 등 지역 및 지방 대중교통 서비스의 수용력과 운행 확대를 지원하여 대중교통 접근성과 연방 시설 접근성 증대

T.A.3 대중교통 역에 안내 표지판을 설치하고 공유 차량 주차 공간, 자전거 및 보행자 편의시설, 셔틀버스·순환버스·공유 차량용 승하차 공간 등을 제공하여 다양한 교통수단을 수용할 수 있도록 교통 운영기관과 협력

T.A.4 워싱턴, 메릴랜드, 버지니아 간 지역 통근 열차 서비스 확대 지원

T.A.5 미국 동부 연안 지역 간 연결성을 강화하기 위해, 고속 및 대용량 여객 철도망의 확장을 지원하고, 워싱턴 유니언역을 그 지역 허브로 육성

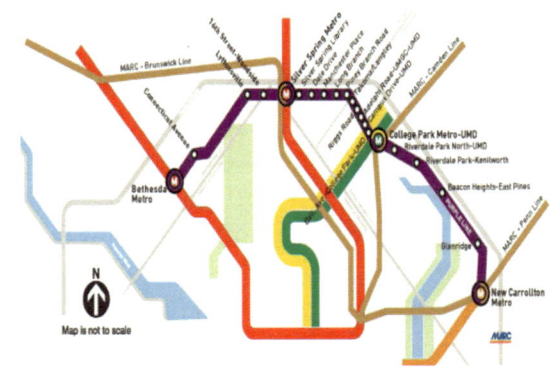

퍼플라인 경전철(Purple Line light rail system)

T.A.6 교통 이동성 향상을 위한 사업을 검토할 때, 지역의 교통, 토지 이용 목표뿐만 아니라 자연, 문화 자원에 미치는 잠재적 영향 고려

T.A.7 자전거 이용을 장려하고, 연결된 지역 자전거 네트워크 구축을 위해 관계 기관 및 이해관계자들과 협력

T.A.8 연방 목적지를 포함한 지역 내 이동 연결성을 강화할 수 있도록, 자전거 및 보행자용 연결형 트레일 시스템 구축을 위해 지역 및 지방 정부 기관과 협력

T.A.9 관할 구역이 여러 개 겹치는 지역에서도, 이용자들이 혼란 없이 이동할 수 있도록 트레일 연결과 규칙을 명확히 하기 위해서 지역 및 지방 기관과 협력

T.A.10 순환버스 및 통근버스의 운영과 주차에 대한 관리 전략을 이해관계자들과 공동 개발하여, 교통 흐름, 공원, 조망권, 문화 자산 등에 미치는 부정적 영향 최소화

A.2 연방 교통 자산의 관리 및 유지보수

교통 기반 시설의 대부분은 지방 정부와 주 정부가 소유하고 유지·관리하지만, 연방 정부가 직접 운영·관리하는 중요한 교통 자산도 많이 있다. 주로 국립공원관리청이나 미국 어류 및 야생동물관리국(U.S. Fish and Wildlife Service) 같은 연방 토지 관리기관이 수행하고 있으며, 실제로 지역 내 교통망의 핵심 연결축인 조지 워싱턴 기념 파크웨이, 볼티모어-워싱턴 파크웨이, 수틀랜드 파크웨이, 알링턴 기념 다리 등은 모두 연방 기관이 연방 자금으로 관리하고 있다. 이러한 NPS의 교통 자산은 국가적으로 중요한 명소로의 접근 및 탐방에 있어 매우 중요할 뿐만 아니라, 그 자체로 문화적으로 보존 가치가 있는 자산인 경우도 많다. 또한, 많은 NPS 관할의 교통 시설은 출퇴근 경로로도 사용되기 때문에 도심 도로와 같은 혼잡과 안전 문제에 직면해 있고, 이에 따라 시설 상태가 악화되고 유지보수 부담이 커지는 문제가 있다. 이러한 이중적인 기능(관광·통근)은 과도한 이용을 감당할 수 있도록 교통 기반 시설을 유지하는 것과 자연·문화 자원의 보존, 기관 고유 임무의 수행 사이에 긴장을 유발할 수 있다.

또한 NPS의 수도권 교통 시스템은 장기적인 지속 가능성 관점에서 재정적으로 어려움에 직면하고 있다. 최근 몇 년 동안 주요 교통 재정 프로그램이 동결되거나 삭감되거나 폐지된 경우가 있었고, 추정되는 자본·운영·유지보수 비용은 예상 재원보다 훨씬 높다. NPS는 이 지역의 교통 유지보수 필요 예산을 약 8,680만 달러로 추정하며, 연간 평균 확보할 수 있는 예산은 약 3,650만 달러이다. 그 결과, 연간 약 5,030만 달러의 예산이 부족하다.[14] 이러한 격차를 관리하기 위해 NPS는 다음과 같은 전략을 수립했다. 가용 재원을 최우선 자산(예: 다리와 주요 도로)에 집중적으로 투자하여, 교통 시설이 좋은 상태를 유지할 수 있도록 하고 이를 통해 자원 보존, 방문객 경험, 안전 확보를 위한 NPS의 목표를 뒷받침하려는 것이다.

연방 자산을 넘어, 연방 정부는 기존 교통 기반 시설의 유지보수 및 개선에도 관심을 두고 있다. 특히, 대중교통, 보행, 자전거 이용이 가능한 복합 교통축에 대한 관심이 크다. 실제로, 이 지역의 자전거 및 보행자용 주요 도로망 중 상당수는 체서피크-오하이오 운하, 록크리크 공원 등 NPS 또는 연방정부 소유의 토지 위에 있다. 이러한 교통축이 높은 이용 수요를 감당할 수 있도록 보장하는 일은 지속가능성 목표 달성, 교통 혼잡 완화, 효율적인 지역 내 이동 수단 확보를 위해 매우 중요하다.

연방 정부의 역할

T.A.11 대중교통, 보행, 자전거 이용을 지원하는 복합 교통축을 우선하여 기존 교통 기반 시설의 유지보수, 개선 지원

T.A.12 지역 통근 시스템의 일부로 기능하는 연방 인프라 유지관리를 위해 우선순위에 따른 교통 자금 배분 지원

T.A.13 공원 도로의 역사적 특성과 문화적·국가적 중요성을 보존하면서 안전성과 신뢰성을 높이기 위한 개선 지원

T.A.14 자연 및 문화 자원에 대한 영향을 최소화하는 방식으로, 산업 기준에 부합하는 안전 개선이 가능하도록 지방정부, 연방 기관, 기타 이해관계자들과 협력

알링턴 메모리얼 브리지(Arlington Memorial Bridge)는 국립공원관리청(NPS)이 관리하는 자산으로, 지역 교통망의 중요한 연결축이다.

펜실베니아 애비뉴(Pennsylvania Avenue)는 모든 교통수단을 지원하는 도로이다.

A.3 교통 계획에서의 복원력

수도권(NCR)의 안전하고 효율적인 교통 체계를 유지하려면, 연방 정부는 비상 대비와 복원력(resiliency)을 고려해야 한다. 비상 상황에서도 중요 기반 시설이 기능할 수 있고 긴급 대응 인력이 자유롭게 이동할 수 있도록 교통 자산을 유지·관리하는 것이 중요하다. 공공 안전은 특히, 비상 상황 중이거나 그 이후에는, 지역 교통 시스템이 제공하는 이동성과 접근성에 달려 있다. 연방 정부는 비상사태에 대응한 교통 기반 시설 관리를 지원하기 위하여 지역 간 조정 역할과 자체 보유한 교통 자산을 효과적으로 유지 관리함으로써 지역의 긴급 수요를 맞출 수 있다.

교통 관점에서의 복원력이란, 극한 상황이나 변화 속에서도 다양한 교통 수단을 통해 지역의 접근성을 유지하거나 빠르게 회복하는 능력을 말한다. 자연재난(폭우, 홍수, 폭염, 팬데믹 등)이나 사회재난(테러, 사이버 공격 등)은 교통 시스템을 방해할 수 있다. 이러한 상황에 대응하기 위해 연방 정부는 위험 요소와 위협을 파악하고, 교통 시스템 중단 전후에도 계속 기능하며 안정적인 이동 수단을 제공할 수 있도록 잠재적인 대응 전략을 마련해야 한다. 일부 안전 대책이나 대피 서비스는 교통수단의 일시적 또는 영구적 중단을 초래할 수 있으므로(예 : 지하철 시스템의 일시적 폐쇄) 해당 조치가 전체 교통 시스템에 미치는 영향을 신중하게 검토해야 한다.

이러한 문제에 대응하기 위한 교통 기반 시설의 설계와 계획은 과거 사례와 현재 조건을 고려한 지역 차원의 계획과 다양한 이해관계자와의 협력을 바탕으로 한 지역적인 접근이 요구된다. 교통 기반 시설을 설계, 입지 선정 또는 개선할 때, 연방 정부는 복원력을 고려한 자재 선택과 유지관리 비용을 포함한 전주기 비용을 함께 반영해야 한다.

워싱턴 컨스티튜션 애비뉴(Constitution Avenue) 일대의 홍수

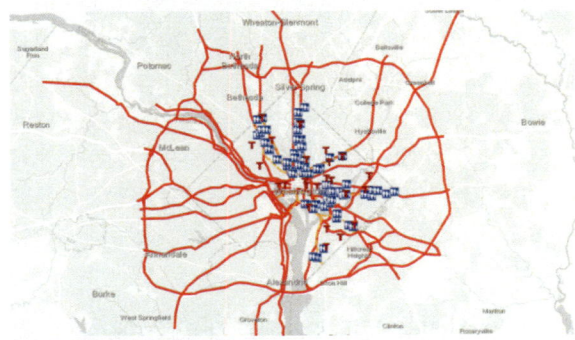

컬럼비아 특별구(DC) 대피 경로 지도
(Map of Evacuation Routes)
파란색의 보행자 집결 지점은 대피자가 시 외곽으로 이동하기 위해 버스를 탈 수 있는 위치를 나타낸다.

응급 상황에서 공중 보건 복원력

2020년 초, 전 세계의 도시들은 코로나-19 팬데믹 상황에서 지역사회의 보건과 안전을 확보하기 위한 대중교통의 활용 방식을 재정립해야 했다. 정부의 자택 대기 명령과 대중의 불안으로 인해 재택근무가 급증했고, 이를 위한 기술 투자와 업무 방식이 개선되었다. 하지만, 이 과정에서 재택근무가 어려운 업종이나 접근성이 낮은 계층이 겪는 격차 문제도 드러났다. 통근 인구가 줄면서 도로 위 차량이 줄었고 대중교통 이용도 감소했으며, 대기질이 향상되는 긍정적인 변화도 나타났다. 또한, 공공 공간(예: 공원, 자전거 도로)과 자전거 이용이 늘어났다. NCPC는 앞으로도 이런 공중 보건 위기 상황이 장기적, 단기적으로 도시계획에 미치는 영향을 계속해서 점검할 계획이다.

연방 정부의 역할

T.A.15 비상 상황에 대응하기 위한 지역의 교통 인프라 관리 노력에 협력

T.A.16 교통 인프라에 영향을 줄 수 있는 위험 요소 및 위협을 파악하고, 시스템의 신뢰성을 확보할 수 있는 대응 전략 마련에 노력

T.A.17 교통 인프라를 설계·입지 선정·개선할 때 자연재해나 인위적 위험(예: 테러, 사이버 공격 등)에 대한 자산의 회복력 고려
또한, 적절한 자재 선정 시, 업계의 모범 사례를 따르고 유지보수 비용 증가가 발생할 경우, 이를 생애주기 비용에 반영

Section B : 지역 전역의 교통 접근성 향상을 위한 공평한 이동 수단 통합

무인 대여 자전거(dockless bicycles)와 전동 스쿠터는 마이크로 모빌리티(micromobility) 교통수단 옵션으로 등장했다.

이 지역의 교통 체계는 철도 및 버스, 고속도로 및 유료도로, 자전거 및 보행자를 위한 도로 등으로 복잡하게 구성되어 있다. 또한, 최근 공유 자전거, 차량 호출 서비스, 차량 공유 서비스 등 혁신으로 근로자, 거주자, 방문객들이 지역 내에서 이동할 수 있는 선택지가 다양해졌다. 무인 대여 자전거, 전동 스쿠터와 같은 새로운 교통 기술은 도심 지역의 교통 연결성 격차를 줄인다. 모든 이용자가 공평하게 접근할 수 있는 다양한 이동 수단을 제공하는 것은 환경 보호, 자원의 효율적 활용, 건강한 삶의 방식에 있어 중요하다. 연방 정부는 이러한 목표 달성에 중요한 역할을 한다.

이 세션에서는 지역 전반에 걸쳐 다양한 교통수단을 통합함으로써 연결성을 높이고 모든 이용자가 다양한 교통 자원을 이용할 수 있도록 장려한다.

B.1 교통수단 선택지의 확대

인구가 지속적으로 증가함에 따라 수도권의 도로 혼잡도 역시 수년에 걸쳐 비례하여 증가해 왔다. 지하철, 간선급행버스(BRT) 등 다양한 교통수단이 포함된 복합 교통망을 포함하는 지역의 교통 기반 시설에 대한 상당한 투자가 이루어졌다. 하지만, 여전히 자가용 이용이 지역 내 이동에서 큰 비중을 차지하고 있다. 자동차 이용 증가는 지역 내 교통량을 증가시키고, 대기질·수질·침식 등 환경에도 영향을 미치며, 교통 기반 시설이 계속 확장됨에 따라 이를 유지·관리해야 하는 기관에는 유지보수 부담이 가중되고 있다.

NCPC는 자동차가 여전히 지역 이동에 중요한 요소임을 인식하면서도, 자동차 의존도를 줄이고 복합 교통수단을 통한 지역의 접근성 확대를 지원한다.

비록, 지역 내 일부 연방 시설에는 운전이 유일한 접근 수단일 수 있지만, 많은 시설은 대중교통, 자전거, 카풀 등과 같은 대체 교통수단 이용이 가능한 곳에 위치한다. 이러한 대체 교통수단 중 가장 포괄적이고 널리 이용되어 온 수단은 지하철, 메트로버스(Metrobus) 등 고용량 대중교통 시스템을 포함한 지역 대중교통망이다. 또한, 카풀과 밴 풀은 1인 자가용 이용을 줄이는 데 효과적으로 작용해 왔다.

대중교통이 중심지를 위주로 운영되는 특성상, 지역 전역의 다양한 목적지로의 이동성과 상호 연결성을 높이기 위해 여러 교통수단으로 구성된 종합적인 교통 체계가 중요하다. 또한, 주요 환승 허브와 목적지를 연결하는 소규모 교통 서비스나, 직원들을 위한 캠퍼스 외부 셔틀 및 내부 순환버스 같은 시스템은 첫 구간-마지막 구간 이동을 돕는 중요한 연결고리 역할을 한다. 역과 목적지를 연결하는 보행 친화적 거리는 연결성을 높이는 데 도움이 되며, 자전거 전용도로, 자전거 보호차선, 다목적 트레일, 공유 차선 표시 등 자전거 이용을 안전하게 지원하는 기반 시설도 연결성을 높이는 데 기여할 수 있다.

부담이 적은 교통수단으로의 전환은 지역 전반에서 이미 활발하게 진행되고 있으며, 특히, 연방 공무원들 사이에서 진행된다. 이는 수도권 정부협의회가 실시한 조사에서도 확인된다. 연방 공무원을 대상으로 한 여러 조사에 따르면 혼자 운전해서 출근하는 비율은 해마다 줄어드는 반면, 대중교통을 이용하는 비율은 점점 늘어나고 있다. 2013년부터 2017년까지의 미국 지역사회 조사에서는 연방 공무원과 일반 시민들 간 출퇴근 방식에 뚜렷한 차이가 있는 것으로 나타났다. 연방 공무원은 일반 시민들 보다 혼자 운전하는 비율이 8% 낮았고, 대중 교통이용 비율은 12% 더 높았다.

이러한 변화는 연방 정부가 연방 청사의 주차 수요를 줄이고 다양한 교통수단을 이용하도록 유도하기 위해 추진해 온 교통수요관리 프로그램, 재택근무 제도, 그리고 통근 지원 혜택 등이 큰 영향을 미친 것으로 보인다. 2019년 출퇴근 실태 보고서(State of the Commute Survey Report)에 따르면, 연방 정부 기관에 근무하는 응답자의 85%가 대중교통 비용 지원, 통근 정보 제공, 자전거/도보 장려 서비스, 카풀 보조금 등과 같은 서비스를 제공받고 있다고 응답했다. 또한, 연방 정부 기관은 더 체계적인 재택근무 제도를 운영하고 있어 전반적인 지역 교통 수요를 줄이는 데 기여하고 있다.[15] 2019년 조사에 따르면, 연방 직원의 재택근무 비율은 48%로 다른 어떤 고용 부문보다도 현저히 높은 수치였다. 연방 시설에서 이러한 서비스와 전략을 포함한 교통수요관리(TDM) 프로그램을 개발하는 것은 수십년 간 NCPC 정책의 주요 목표 중 하나였다.

혼잡한 지역 도로에서 대중교통 등 대체 교통수단으로 통행을 분산하게 되면, 운전을 해야만 하는 사람을 포함한 모든 이용자의 이동 수단 선택지가 넓어진다. NCPC는 일부 이용자들이 자동차를 주요 교통수단으로 사용할 수밖에 없다는 점을 인식하면서도 가능하면 1인 승용차 이용에서 벗어나는 흐름을 지속적으로 이어가고자 한다. 이에 따라, NCPC는 대중교통, 자전거, 도보, 자동차 등 다양한 교통수단을 통해 연방 시설에 더 쉽게 접근할 수 있도록 하는 정책들을 마련해 왔다. 연방 정부는 투자와 지역 정부와의 협력을 통해, 모든 이용자의 이동 수요를 맞출 수 있는 효율적인 다중 교통망(multimodal network)을 구축할 수 있다.

연방 정부의 역할

T.B.1 연방 정부는 기존 대중교통망과 연결되고, 첫 구간-마지막 구간 접근성을 높이는 새로운 다중 교통 서비스(예: 보조 대중교통, 무정차 자전거 및 전동 킥보드 같은 마이크로 모빌리티 수단)를 지역 정부가 설계하고 시행할 수 있도록 지원

T.B.2 연방 정부는 지역 정부와 협력하여 연방 시설을 오가는 자전거 이용자와 보행자가 안전하고 효율적으로 이동할 수 있도록 적절한 인프라(예: 보행 인도, 충분한 조명, 보호된 자전거 도로, 다목적 산책로 등) 확보

T.B.3 연방 건물 출입구 근처나 주차장, 환승센터 등 연방 캠퍼스 내 편리한 장소에 안전한 자전거 주차 공간 제공

T.B.4 유연하고 통합적이며 효율적인 자전거 공유망을 구축하기 위해, 지역 및 광역 자전거 공유 프로그램과 협력하여 연방 시설 내 자전거 공유 서비스 확대

T.B.5 연방 부지 내 지역 및 동네 산책로 연결을 모색하고, 연방 보안 담당자와 협의하여 적절한 출입 지점, 경로, 이용 시간 등을 설정

T.B.6 연방 시설까지 이어지는 대중교통이 충분하지 않은 경우, 연방 목적지와 대중교통 간 이동을 연결해주는 셔틀 서비스 운영.
연방 캠퍼스에 접근할 수 있도록 셔틀을 운행할 때는 캠퍼스 내 여러 건물 간을 순환하는 셔틀도 함께 제공하는 것이 필요.
모든 셔틀 시스템에는 대기 공간(쉼터, 벤치 등)과 충분한 안내 표지가 포함되어야 하며, 노선이 겹치는 여러 연방 기관 간에는 셔틀 서비스를 공동 운영하여 비용은 줄이고 서비스 품질 제고

The College Park-U of MD 지하철 역은 SmartTrip card로 무료로 이용이 가능한 자전거 및 모빌리티 이동수단을 위한 시설을 갖추고 있다.

T.B.7 지역 대중교통이 부족한 도시 지역에서는 긴밀히 협력하는 여러 연방 기관 간 또는 여러 기관의 사무실 간 연결을 위해 도심 간 셔틀 서비스 운영

T.B.8 연방 토지 내에 일반 시민이 이용할 수 있는 자전거 거치대, 공유 자전거 정거장, 차량 공유 주차 공간을 설치하고, 설치가 어려운 경우에는 지자체와 협력하여 연방 시설 인근에 이러한 시설이 마련될 수 있도록 조정

T.B.9 카풀 차량과 저공해 차량 사용을 우선하는 도로 개선사항을 지지하며, 특히 대용량 대중교통 수단이 우선 통행할 수 있는 전용 차선 확보를 포함한 개선 추진

B.2 교통 형평성

효과적인 다중 교통수단 네트워크를 구축하려면 모든 이용자가 이동 수단에 접근할 수 있도록 보장하는 것이 중요하다. 과거에는 비용 부담이나 물리적 연결 부족 등을 이유로 특정 이용자가 교통 서비스에서 소외되는 경우가 있었다. 예컨대, 많은 고속도로가 저소득층 거주지를 지나가지만, 이 지역 거주민들은 차량 구매 및 유지 비용이 부담되어 해당 고속도로를 이용하지 못하는 경우가 있었다. 더 저렴한 교통수단인 대중교통조차 대중교통이 가장 필요한 지역사회에 직접 연결되지 않는 등의 공백이 존재할 수 있다. 한편, 무인 대여 자전거, 전동 스쿠터처럼 유연한 교통수단은 대중교통과 목적지를 잇는 첫 구간-마지막 구간의 연결성을 높여줄 수 있지만, 이러한 서비스는 스마트폰 사용이 필수이기 때문에 일부 이용자에게는 접근성의 장벽이 되기도 한다.

교통망이 최적의 혜택을 줄 수 있도록 하려면, 지역 교통 계획은 형평성 있는 접근성에 초점을 맞춰야 한다. 이를 위해 소득 수준이나 신체적 능력과 관계없이 모든 이용자의 접근성을 높일 수 있는 새로운 교통 서비스 개발이나 물리적인 개선이 필요하다. 또한, 교통 시스템이 필요한 지역사회에 기존 및 계획 중인 대중교통 시스템을 확충하는 일도 포함되어야 한다. 교통계획위원회(TPB)는 지역사회가 형평성 중점 지역(Equity Emphasis Areas)[16]을 지정함으로써 교통 계획과정에 참여할 수 있도록 했다. 워싱턴 내의 이 지역들은 저소득층 및 소수 인종 인구 비율이 평균보다 높다. 형평성 중점 지역 지정은 정부의 프로그램, 정책, 활동 등이 취약계층에 부정적인 영향을 주는 것을 방지하는 데 도움이 될 것이다.

교통 서비스를 개발하거나 확장할 때, 대중교통 운영기관과 정부 기관은 취약 계층에게 과도한 부담이 발생하지 않도록 교통망이 통과하는 모든 지역사회에 미치는 잠재적 영향을 충분히 고려해야 한다. 과거 교통 정책 결정으로 일부 지역사회는 불균형적 영향을 받아왔다. 예를 들어, 미국 도시들을 관통하는 주간 고속도로망(Interstate Highway System)의 확장은 대표적인 사례이다. 이러한 현상은 곳곳에서 확인할 수 있는데, 워싱턴 D.C. 남동부 지역이 대표적으로 아나코스티아 프리웨이(Anacostia Freeway)는 아나코스티아강 동쪽 주거 지역과 서쪽의 여가·문화시설 사이에 물리적인 장벽을 형성하여 주민들의 접근을 어렵게 만들고 있다. 이 고속도로는 또한 아나코스티아강 건너편에 있는 캐피톨 리버프런트(Capitol Riverfront)나 사우스웨스트 워터프런트(Southwest Waterfront)와 같은 지역이나 이웃한 지역으로의 보행 접근도 차단하고 있다.

도심 고속도로가 수명을 다했거나 대규모 개선이 필요하면 이를 대체하거나 지역사회를 복원하기 위한 도시 구조와 도로망을 재구성할 수 있다. 또한, 대중교통, 산책로, 보행로 등을 포함한 다중 교통수단 체계를 교통 서비스가 부족했던 지역까지 확장함으로써 이들 지역의 교통 접근성을 높일 수 있는 기회도 존재한다.

연방 정부의 역할

T.B.10 모든 소득 수준과 능력을 지닌 이용자들이 접근할 수 있는 다양한 이동 수단을 지원하는 다중 교통수단 체계 구축

T.B.11 이미 개발됐더라도 교통 서비스가 부족한 지역까지 대중교통 서비스 지역을 확장하거나 개선하는 노력 지원

T.B.12 교통 체계 개발 사업이 저소득층 및 소수집단에 주는 부정적 영향 최소화

T.B.13 지역 내 물리적 단절을 초래하는 고속도로 등 교통 기반 시설을 철거하거나 덮는 작업을 추진하는 연방, 지방정부의 노력 지원.
이때, 교통 기반 시설로 인해 불균형적으로 큰 영향을 받아온 지역사회를 우선 고려

T.B.14 모든 이용자가 접근할 수 있도록 지역 교통망과 연방 정부 소유지 간의 연결성을 높이기 위해 보행로, 도로 등을 포함한 접근성 개선을 지방정부와 협력하여 추진

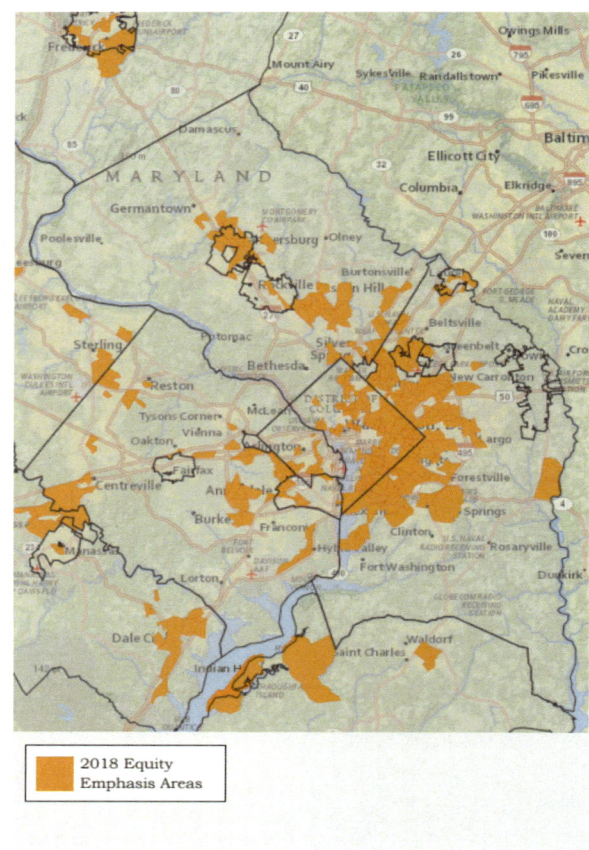

2018 Equity Emphasis Areas

B.3 새로운 교통수단의 등장

NCPC의 교통 정책은 전통적인 교통수단에 주로 초점을 맞춰왔지만, 최근 몇 년 사이 새롭고 혁신적인 교통수단이 확산되면서 지역 내 교통 접근성을 개선할 수 있는 기회가 되고 있다. 예를 들어, 무인 대여 자전거와 전동 스쿠터가 지역 전역에 도입되었으며, 더 많은 도심 지역으로 연방 기관 통근자와 방문객들의 목적지 이동을 돕는 수단으로 활용되고 있다. 승차 호출 서비스(ride-hailing) 역시 교통수단 간의 첫 구간-마지막 구간 연결 개선에 기여해 오고 있다.

아직 이러한 영향은 명확히 파악되지 않았지만, 자율주행차량의 대규모 도입도 머지않은 미래에 이루어질 가능성이 높으며, 연방 시설에 접근하는 방식이나 주차 수요에 변화를 줄 수 있다. 또한, 최근 수상택시, 고속 페리 시스템처럼 전통적인 교통수단이 아닌 교통 서비스의 확대도 이루어지고 있다. 이러한 서비스는 포토맥 강을 따라 주요 경제 중심지와 관광지를 연결하면서 통근자와 방문객의 교통 수요를 충족시켜 지역 교통망의 부담을 줄이고 있다.

NCPC는 새로운 교통수단들의 부상이 교통 접근성을 잠재적으로 크게 높일 가능성이 있다는 점을 인정한다. 다만, 이에 따라 새롭게 발생하는 과제들 또한 부정적 영향을 줄이기 위해 효과적으로 관리해야 한다는 점을 강조한다. 특히, 전동 스쿠터의 도입은 빠른 속도와 민첩한 움직임에 익숙하지 않은 보행자 및 차량과의 충돌을 유발했다. 또한, 무분별하게 주차된 공유자전거와 전동 스쿠터는 보행자의 이동을 방해하고, 거리 경관을 해치며, 연방 시설이나 주요 목적지에서의 운영에 갈등이 있을 수 있다. 이러한 상황은 일부 연방 기관에 특히 큰 부담이 되었으며, 일부 기관들은 연방 시설에 방치된 공유 이동 수단의 급증에 대해 불만을 표출해 왔다. 또한, 차량 호출 서비스(ride-hailing)는 교통 접근성을 높이지만, 차량 주행 거리 증가를 초래했으며, 다른 교통수단과 도로변 공간을 두고 경쟁 상황을 만들게 되었다.

연방 기관들은 새로운 교통수단을 효과적이고 안전하게 수용하려면 사전 계획이 필요하다는 점을 인식하면서 이러한 교통수단이 연방 시설을 오가는 직원과 방문객의 연결 공백을 해소할 수 있는 경우, 그 활용을 장려해야 한다.

연방 정부의 역할

T.B.15 수상택시 시스템의 확대를 지원하여 대체 통근 수단을 제공하고, 수변 관광지와 고용 중심지에 대한 접근성 강화 필요
이 과정에서 보안, 임무 수행 요건, 교통 연계성, 토지 이용 문제를 해결하기 위한 연방 기관과의 협력 필수적임

T.B.16 지역 교통기관 및 새로운 교통 기술 제공자와 협력하여 이러한 서비스가 지역 이동성을 개선하고 1인 자가용(SOV) 의존을 줄이는 동시에 부정적 영향을 최소화

T.B.17 필요시 도로구역(right-of-way) 내 교통 효용성이 높은 활동을 수용할 수 있도록 전용 연석 공간과 공공 공간 제공 방안 검토

T.B.18 연방 목적지 및 인근에 차량 호출 서비스 전용 승하차 지점을 지정하여 주차 수요를 줄이고 교통 순환을 개선하며, 다른 교통수단과의 충돌 최소화

T.B.19 무인 모빌리티(dockless mobility) 프로그램에 대한 지방정부 운영 주체와 연방 기관 간 협력을 장려하여, 연방 재산에 대한 복합교통 접근성을 높이는 한편, 물리적·시각적 혼잡과 같은 잠재적 부정적 영향 최소화

사우스웨스트 워싱턴의 더 워프(The Wharf)에는 수상 택시(water taxi)가 운행되고 있으며, 이 서비스는 포토맥 강을 따라 주요 경제 거점과 관광 목적지를 연결하는 또 하나의 교통수단을 제공한다.

Section C : 책임 있는 개발 패턴을 위한 교통과 토지 이용의 연계

유니언역(Union Station)은 통근 및 광역철도 체계를 포함한 여객열차의 주요 거점이다.

노마-갤러뎃 대학교 역 / 뉴욕 애비뉴 메트로역(NoMa-Gallaudet U / New York Ave Metro Station)은 형평성 중점 지역에 위치하며, 최근 몇 년간 이용객이 증가하였다.

토지 이용과 교통에 관한 결정은 서로 긴밀히 연결되어 있으며, 지역의 주거 여건에도 직접적인 영향을 미친다. 교통 혼잡, 사회기반시설 비용, 주택의 접근성, 온실가스 배출 같은 문제들은 교통과 토지 이용 간 의사결정을 어떻게 통합하느냐에 따라 좌우된다. 지하철역이나 도로, 교량, 주차장, 자전거 도로, 보도 같은 교통 시설의 위치는 주변의 개발 유형에 직접적인 영향을 준다. 반대로, 특정 지역에 대한 개발 형태는 사람들이 출퇴근하거나 집이나 다른 목적지에 갈 때 어떤 교통수단을 선택할지를 좌우하게 된다. 이 지역은 인구와 일자리의 모든 측면에서 계속 성장하고 있으므로 토지 이용 계획과 교통 계획을 긴밀히 연계하는 것이 더 중요하다. 이는 보행자와 자전거의 안전을 확보, 대중교통 서비스 강화, 도로망 연결성 개선 및 여러 교통수단을 연계하는 교통 접근 방식을 장려하기 위함이다. 이 절 에서는 책임 있는 개발 패턴을 촉진하기 위해 교통 계획과 토지 이용 결정을 통합하는 데 필요한 지침을 제공한다.

C.1 지역 대중교통 중심의 개발

지역 내 이동성 개선 및 경제 활동 촉진은 지역 경제와 전반적인 삶의 질을 위해 둘 다 중요하다. 지역에 거주하고 일하는 많은 인력을 보유한 연방 정부는 지속 가능한 개발을 촉진할 핵심 주체이다. 이러한 책임은 연방 직원들의 통근이 지역에 주는 영향의 최소화에 그치지 않고 직원들이 직장과 대중교통 거점과 더 가까운 곳에 거주하도록 유도하고 대중교통 및 복합 교통수단에 대한 투자, 밀도 높은 개발과 대중교통 중심 개발을 촉진하는 지역 차원의 전략 추진까지 확장된다. 또한, 주요 교통축과 환승 거점을 따라 다양한 소득 계층을 위한 주택 선택지를 제공하려는 노력도 지원한다.

연방 정부는 밀도 높은 대중교통 중심 개발을 지원하고 연방 근무지를 지역의 우선 성장 거점인 지역의 활동 중심지에 두는 방식으로 도시 확산 억제를 지원할 수 있다. 지역 활동 중심지는 주로 기존 도시 중심지, 교외의 타운센터, 전통적인 도시, 교통 허브 중심으로 형성된다. 이러한 지역에는 대중교통 중심지 인근에 고밀도의 주택이 들어서는 경우가 많다.

메트로폴리탄 워싱턴 정부협의회의 Visualize 2045 계획은 2045년까지 지역 활동 중심지에서 주택과 고용이 증가할 것임을 강조하고 있다. 특히, 대중교통을 중심으로 한 새로운 교통 연결망이 이러한 성장을 뒷받침하여 도시 확산, 통근 시간, 교통 혼잡을 줄일 수 있다고 본다.[17] 신규 연방 업무지를 지역 활동 중심지에 배치하고 지역 및 지방정부 기관들과 협력함으로써 연방 정부는 대중교통 중심 개발과 대중교통 접근이 쉬운 고용 기회를 지역 전역에 걸쳐 지원할 수 있다. 연방 정부는 연방 업무지와 주요 시설을 대중교통 거점 인근에 배치하고, 대중교통 이용을 장려함으로써 고밀도의 개발을 촉진할 수 있다. 이를 통해 자가용 의존도를 줄이고, 다양한 교통수단 선택지를 제공할 수 있다.

연방 정부의 역할

T.C.1 연방 정부 청사 입지 결정으로 직장 근처에 주택을 조성할 수 있도록 인센티브 제공, 다양한 교통수단을 통한 출퇴근 지원, 통근 시간 단축을 위해 연방 기관과 지방정부 간 협력 체계 구축

T.C.2 주요 교통축을 따라 다양한 소득 계층을 위한 여러 유형의 주택을 공급하려는 노력 지원

T.C.3 연방 직원과 방문객의 대중교통 접근성 극대화를 위해 지하철역, 기타 환승센터 또는 다중 교통축에 위치하거나 인접한 밀도 높은 개발 지원

T.C.4 대중교통 이용 극대화 및 모든 이용자에게 향상된 연결성 제공을 위해, 고도로 개발된 지역과 지역 활동 중심지에 복합 환승센터를 개발하고 이에 대한 접근성을 높이도록 장려

C.2 연방 시설 개발

연방 시설(업무지구, 문화시설 등)의 위치, 설계에는 기관 고유 임무, 보안 요건, 운영상 필요, 예산 등 여러 요소가 영향을 미친다. 연방 직장 요소(Federal Workplace Element)는 신규 직장을 대중교통 접근이 쉬운 지역에 배치하도록 지침을 제시하고 있다. 이 섹션의 정책은 그러한 방향성을 강화하고, 연방 기관이 교통 체계와 연계된 시설을 계획·설계하여 책임 있는 개발 패턴을 촉진할 수 있도록 방향을 제시한다. 신규 연방 업무시설, 문화시설 등은 다양한 교통수단이 통합된 복합 교통축에 인접하도록 고려하고 가능하면 대중교통 접근이 용이한 지역에 우선 위치해야 한다.

이 지역에는 서로 다른 시대의 도시 계획·설계 방식을 반영한 다양한 시설들이 존재한다. 예를 들어, 워싱턴 도심의 워싱턴 해군 조선소나 해군 병영 같은 시설은 오래된 건물로 보다 밀집되고 도보 친화적인 개발 양식을 갖추고 있으며, 버지니아주의 Fort Belvoir처럼 교외에 있는 시설과는 다른 특성을 지닌다. 일반적으로 도심지에 있는 시설은 대중교통 접근성이 뛰어나고 교통수단 선택의 폭도 넓다. 그러나, 해군천문대는 도심에 있지만 대중교통이 충분히 연결되어 있지 않아 직원, 방문객들이 주로 자가용을 통해 이동해야 한다.

지하철을 포함한 지역 대중 교통망은 다수의 주요 연방 고용 중심지를 연결하도록 설계되어 있다. 따라서, 연방 정부는 대중교통망의 혜택을 누릴 수 있도록 연방 업무시설을 위치시키려는 의지를 보여준다. 동시에, 보안 요건이나 기관의 임무 특성에 따라 일부 연방 건물과 캠퍼스는 연방 시설 근무자나 지역사회의 대중교통 시설 연결이 제한될 수 있다. 이러한 점으로 보도, 산책로, 도로 등 지역 교통에 혼선이 발생하기도 한다. 따라서, 새로운 연방 시설의 입지를 결정할 때 이러한 요소 간 균형을 고려해야 하며, 보안 조치로 인한 교통망 단절을 최소화하고, 가능한 경우, 연방 시설 내·외부의 연결성과 통행도 확보하는 것이 중요하다.

시설의 위치와 대중교통 또는 기타 교통수단의 이용 가능성은 사람들의 이동 행태에 영향을 주며, 지역 및 광역 교통망에 미치는 영향의 정도를 결정한다. 이미 대중교통, 보행자, 자전거 인프라가 구축된 지역에 있는 연방 시설은 이러한 인프라와 연계하고 규모와 디자인 측면에서도 조화를 이루어야 한다. 반면, 교외 지역에 있는 연방 시설은 모든 교통수단(도보, 자전거, 차량 등)이 인접한 도로와 시설 내부를 자유롭게 오갈 수 있도록 직접적 연결성을 확보하여 연속적인 교통 흐름을 만들어야 한다. 다만, 보안상 이유로 인해 직접적 또는 연속적인 교통망을 확보하기 어려운 경우, 출입구나 주요 진입 지점은 다양한 교통수단이 접근할 수 있도록 설계해야 한다.

또한, 연방 업무 공간 요소(Federal Workplace Element)에서 논의된 것처럼, 새로운 기술 및 업무 방식으로 시간과 장소에 구애받지 않는 근무 환경이 가능하다. 유연한 근무 형태는 환경 보호 목표 달성을 지원할 뿐 아니라, 사람들의 이동 방식 변화에도 영향을 줄 수 있다. 한편, 2016년 교통 요소에서 원격근무, 탄력 근무제, 대중교통 비용 지원 제도의 활용 장려 정책들은 이번 연방 업무 공간 요소 개정안에도 반영되었다.

연방 기관은 사업이 교통망에 미치는 영향을 평가하고 사업 완료 이후에도 교통망이 적절히 기능할 수 있도록 필요한 완화 대책을 마련해야 한다. 또한, 교통사업을 계획할 때는 가능하면 투수성 포장재, 생물저류지, 생태 수로, 빗물 정원, 식생 수로과 같은 녹색 인프라를 포함할 수 있도록 고려해야 한다. 아울러, 연방 정부는 완전한 거리 접근을 반영하는 전략을 지원해야 한다. 이는, 보행자, 자전거 이용자, 운전자, 대중교통 이용자를 포함해 모든 사용자가 안전하게 접근할 수 있도록 거리를 설계해야 한다는 원칙을 의미한다. 교통 개선은 시설이나 거리 경관의 설계·배치·규모·재료 선택 과정에서, 역사 지구나 조망 회랑, 또는 디자인 지침이 적용되는 지역 등 주변 맥락을 반드시 고려해야 한다.

메릴랜드 화이트오크(White Oak)에 위치한 식품의약국(FDA) 캠퍼스

연방 부지의 개발 방식은 교통 수요와 내부 순환 체계에 상당한 영향을 준다. 연방 캠퍼스는 주차하고 도보로 이동하는 구역으로 설계되어야 하며, 하나의 개발 구역 안에서 다양한 기능이 모여 있어야 한다. 건물 간 이동은 연결성과 연속성이 확보된 전용 산책로, 자전거 전용 도로, 보행로를 통해 가능해야 한다. 잘 설계된 촘촘한 개발 구역은 건물 간 이동 시 차량 의존도를 낮추고 보행이나 자전거 이용을 장려하는 도심 환경을 조성할 수 있다. 또한, 주변에 상업시설이나 식당 등이 부족한 지역에 있는 캠퍼스의 경우, 다양한 기능(근무, 식사, 쇼핑 등)을 함께 배치하는 것이 직원들에게 편의를 제공하고 지역 도로의 혼잡 완화에 도움이 된다.

연방 정부는 주차시설을 설치·운영할 때 다양한 요소를 신중히 고려해야 한다. 연방 부지 내에 주차장을 설계할 때는 인근 지역의 용도와 조화를 이루는 디자인을 고려하고 보도나 공용 공간에 영향을 줄 수 있는 진입로 설치를 최소화하는 것이 중요하다. 또한, 주차장은 자전거 거치대나 보관함 같은 편의시설을 통합해 다양한 교통수단을 연계할 수 있어야 한다. 나아가, 향후 주차 공간이 필요하지 않을 때를 대비하여 다른 용도로 전환할 수 있는 유연한 구조로 설계되어야 한다.

예를 들어, 식재 완충지대를 조성하거나 조명을 특정 방향으로 제한적으로 설치하는 등의 방법을 통해 주차시설이 주는 시각적 영향을 줄일 수 있다. 또한, 주차시설 내부에 소매시설(예: 편의점, 카페 등)을 함께 배치하는 방식도 그 대안이 될 수 있다. 지하주차장이 가장 바람직하지만, 부득이 지상 주차장을 설치해야 할 경우, 환경친화적인 방식으로 설계해야 한다. 주차 공간이 더 이상 필요 없게 된다면, 해당 부지는 개방된 공간으로 전환하거나 계획된 개발사업에 활용하는 것이 바람직하다.

연방 정부의 역할

T.C.5 가능한 경우 근무지, 문화시설, 기타 목적지들을 다양한 교통수단이 연결되는 복합 교통축 인근에 배치할 수 있는 기회를 최대한 활용하고 대중교통 접근성이 좋은 위치를 우선적으로 고려

T.C.6 연방 캠퍼스나 근무지가 지역 및 광역 교통망과 연결될 수 있도록 내부 통로와 출입 경로를 확보해야 하며, 보안 조치로 인한 교통망 단절이나 불편이 최소화되도록 노력

T.C.7 교통 개선 사업은 주변 지역의 기존 교통망 및 이용 가능한 서비스와 조화

T.C.8 도로 경관 요소의 설계, 배치, 규모, 자재 선정 시, 해당 지역의 맥락(역사 지구, 조망 보호 구역, 관련 디자인 가이드라인 등) 고려

T.C.9 개발 사업이 교통 체계에 미치는 영향을 평가하고, 사업 완료 후에도 체계가 적절히 기능할 수 있도록 완화 대책을 마련하되, 특히 다중 교통수단 해결책을 강조

T.C.10 연방 캠퍼스 출입구와 부지 내 모든 건물을 연결하는 보행자 전용 산책로, 보호된 자전거 전용로, 보도를 포함한 연결성 있는 전용 교통망 구축

T.C.11 교통사업에 녹색 인프라 조치를 통합하여 지속가능성 목표 달성

T.C.12 연방 캠퍼스 내에서 사용자들이 현장에서 목적지 간을 쉽고 편리하게 이동할 수 있도록 고밀도 개발과 보행·자전거·셔틀 / 대중교통 인프라 및 안내 체계의 연계 장려

T.C.13 토지 이용 효율성과 도시 설계 측면에서 노상주차보다 주차 구조물을 우선시하며, 가능하다면 지하에 배치하도록 장려

T.C.14 노상주차장은 환경친화적으로 설계되도록 유도하며, 투수성 포장재, 생태 수로, 녹색 지붕, 태양광 패널 등의 요소 적용

T.C.15 주차 구조물은 주변 맥락에 조화를 이루도록 설계하고, 가능하다면 다른 용도 통합이나 향후 재활용이 가능하도록 장려

T.C.16 노상주차장이 더 이상 필요하지 않을 경우, 이를 제거하고 개방 공간으로 전환하거나 계획된 개발 용지로 활용하도록 유도

T.C.17 주차시설은 보행자와 자전거 접근을 방해하지 않게 배치하며, 공공도로에서의 가시성 최소화

T.C.18 가능한 한 연석 진입부(curb cuts)를 줄일 수 있도록 주차시설 출입구 통합

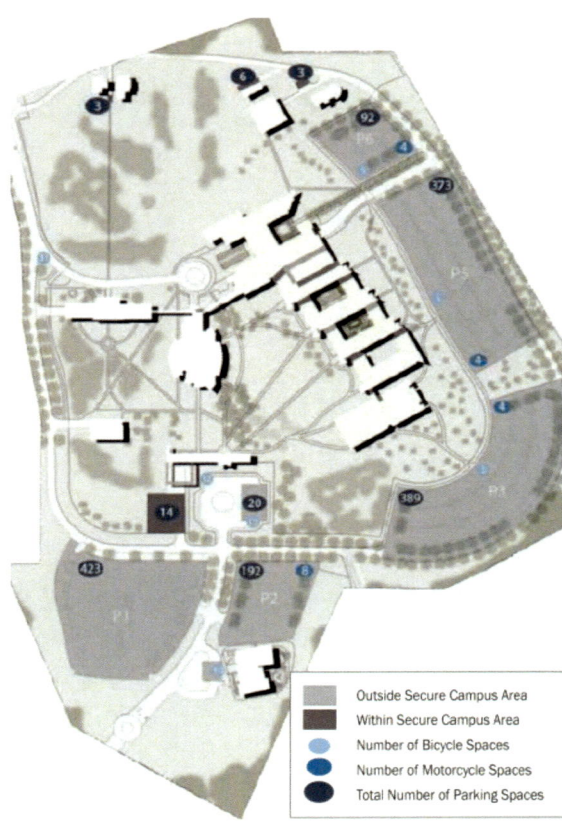

메릴랜드 화이트오크(White Oak)에 위치한 식품의약국(FDA) 캠퍼스

C.3 기념 중심지의 복합 교통축

워싱턴 D.C.의 도로와 가로망은 국가 수도로서 도시의 이미지와 정체성을 형성하는 공공 공간이다. 도시 계획 및 역사 보존 지침은 이러한 거리의 중요성과 디자인 품질을 강조하면서 보존·유지·적응에 대한 지침을 제시한다. 이 거리의 대부분은 복합 교통축의 역할을 한다. 이 부분에서는 이러한 자원들을 교통 현안과 관련하여 다루는 지침을 제시한다.

도시 설계 요소(Urban Design Element)에서 정의한 기념 중심지(Monumental Core)는 국회의사당 부지 백악관, 내셔널 몰, 연방 삼각지 그리고 그 주변의 정부 청사, 시민 공간, 문화적·상징적 건물들을 포함한다. 이러한 중대한 공간적 배경으로 인해, 기념 중심지의 가로망은 다른 수도 도시의 거리와는 차별화되는 강력하고 일관된 정체성을 가진다. 예를 들어, 백악관과 국회의사당을 연결하는 펜실베니아 애비뉴(Pennsylvania Avenue)는 복합 교통축(Multimodal corridors)으로 기능하는 동시에 각종 축제, 기념행사 등을 위해 일시적으로 통행이 제한되기도 한다. 이러한 가로망은 각종 행사를 수용함과 동시에, 모든 이용자에게 안전하고 신뢰할 수 있는 이동 수단을 제공할 수 있도록 설계되어야 한다. 펜실베니아 애비뉴는 다양한 교통수단이 잘 갖춰져 있으나, 연방 삼각지 구간에서 남북을 관통하는 보행 연결성과 국회의사당 부지 및 대통령 공원(President's Park)을 동서로 잇는 보행 동선은 부족한 상태이다. 또한, 이 도로에는 차량 소통 수준을 유지하면서도 기타 용도로 전환할 수 있는 여유 도로 공간이 존재한다.[18]

펜실베니아 애비뉴 계획(The Pennsylvania Avenue Initiative)은 보행자, 자전거 이용자, 대중교통 이용자들을 더 잘 수용할 수 있도록 공공 공간의 균형을 재조정하고, 연결성을 개선하기 위한 전략을 모색하고 있다. 이 전략에는 주행차로 폭 축소, 소규모 교차로 조성, 보행 및 자전거 전용 구역의 명확한 지정, 교통 완화 조치 등이 포함될 수 있으며, 이를 통해 기념 중심지의 특성을 존중하면서도 보다 균형 있고 효율적인 교통 체계를 구축하는 것을 목표로 한다.

연방 정부의 역할

T.C.19 기념 중심지의 특성을 존중하면서도 안전하고 편리하며, 형평성 있는 이동 수단을 제공하는 복합 교통축의 개발 지원

T.C.20 기념 중심지의 가로망이 복합 교통축으로 기능하도록 보장하되, 각종 행사와 집회를 수용할 수 있는 유연성 허용

T.C.21 주행차로 폭 및 보도 모서리 곡률(대형 곡선 반경) 축소 등을 포함해 가용 도로 공간(right-of-way) 내 주행차로를 재구성함으로써, 복합 교통수단 간 균형 잡힌 이동이 가능하도록 지원

펜실베니아 애비뉴는 워싱턴 도심에 위치한 복합교통축(multimodal corridor)이다.

Section D : 연방 목적지로의 효율적이고 지속 가능한 이동 촉진

교통 관리계획과 주차 정책은 접근성 개선 및 자원 효율적 활용, 환경 보호, 그리고 전반적인 삶의 질 개선을 위한 중요한 수단으로 함께 작용한다. 연방 직원과 주요 목적지들이 밀집해 있는 지역 특성을 고려할 때, NCPC의 정책은 여러 교통수단이 연결된 접근성을 높이고 자원을 많이 소모하는 교통수단(특히 1인 차량 이용)에 대한 수요를 줄이는 데 목적이 있다.

D.1 교통 관리계획(TMP)

교통 관리계획은 연방 시설의 단지나 부지를 대상으로 수립되는 계획으로 단기 및 장기 교통 목표를 설정하고 이를 달성하기 위한 교통수요관리전략을 포함한다. 이 전략은 출퇴근 혼잡 시간대 이용자를 줄이거나, 전체 교통량을 감소시키며, 차량 공유를 장려하고 수용력이 있는 교통수단으로 이용을 전환하는 등 이용자의 이동 방식을 변화시키는 데 목적이 있다. 교통 관리계획은 연방 시설이 지속 가능한 방식으로 운영되도록 지원하고 직원들의 통근 방식을 더 효율적이고 환경에 부담이 적은 수준으로 조정하며, 교통 혼잡을 완화하는 역할을 한다. 나아가, 배출가스와 불투수 면적, 주차 수요를 줄여 보다 효율적이고 친환경적인 시설 조성에 기여한다.

교통 관리계획에는 단기 및 장기 교통 목표, 실행 방안과 모니터링 체계가 함께 포함되어야 한다. 목표에는 시설에 적용되는 직원 주차 비율에 맞춰 자동차 주차 공간을 줄이는 방안이 포함되어야 한다. 통근 수단별 목표치는 해당 시설의 대중교통 접근성 및 비자동차 인프라 수준을 고려하여 설정해야 한다. 또한, 기관은 재택근무, 탄력 근무제 등 대체 근무 형태의 교통 영향 관리에 대한 기여 가능성도 함께 검토해야 한다. 더 나아가 법이 허용하는 범위 내에서 직원들에게 기관 주차 요금을 부과하거나, 주차 제공 시에는 이를 과세 혜택으로 간주하는 등 장기적 전략을 모색할 수도 있다. 이러한 접근은 자가용 이용을 줄이고 주차 비율 목표 달성에 기여할 수 있다. 연방 기관은 정기적으로 직원 및 인접 지역사회 단체와 소통하여, 교통 혼잡을 완화하고 지속가능성 목표를 달성할 수 있는 교통 관리계획을 수립해야 한다.

NCPC는 모든 마스터플랜과 교통과 관계가 있다고 판단되는 모든 사업에 대해 교통 관리계획을 수립할 것을 요구한다. 예를 들어, 직원이나 방문객의 수가 증가하여 특정 직장이나 목적지로 이동하는 인원이 늘어나거나 용도가 변경되는 경우, 교통 및 순환에 영향을 주는 물리적 개조나 개선을 제안하는 사업 등이 해당된다. 교통 관리계획의 복잡성 수준은 사업의 범위와 교통·순환에 미치는 영향의 맥락과 강도에 따라 달라진다. 교통 관리계획을 수립할 때 연방 기관은 해당 계획이나 사업이 지역 교통 기반 시설에 영향을 미치는지를 검토하고 영향을 최소화하기 위한 적절한 완화 조치를 마련해야 한다.

시설의 교통 여건이 어떻게 변화하고 있는지 교통 관리계획이 교통 수요를 효과적으로 관리하고 있는지를 파악하는 것은 매우 중요하다. NCPC는 2년마다 신청 기관과 점검을 진행하고 교통수단별 분담률 정보를 포함한 교통 지표에 관한 현황 보고서를 제출하도록 요구한다. 교통 관리계획의 요건, 교통수요관리 전략, 점검 및 보고 의무에 관한 보다 자세한 사항은 교통 요소 부록과 NCPC 제출 지침(NCPC Submission Guidelines)을 참조하면 된다.

연방 정부의 역할

T.D.1 연방 시설 대상으로 교통 관리계획을 수립하되, 근로자·주민·방문객의 요구를 충족시키면서도 지역 차원의 이동성, 교통 접근성, 환경의 질을 높일 수 있는 복합교통 체계 장려.

T.D.2 교통 관리계획의 일환으로 통합 교통 수요관리 프로그램을 마련하여 지역 교통 혼잡에 대한 영향을 줄이고 환경을 개선하며, 연방 목적지의 주차 수요 최소화

T.D.3 기존 교통수요관리 프로그램과 교통 지표, 특히 시설의 교통수단 분담률을 지속 점검

교통 관리계획은 계획 기간 전반에 걸쳐 지속 참고할 수 있는 지침서로 활용하고, 기관이 NCPC의 주차 비율 정책을 준수하고 1인 차량(SOV) 이용을 줄이는 데 기여

Transportation Management

교통 체계 요소 부록은 교통관리계획(TMP)과 교통수요관리(TDM)의 요건을 상세히 규정하고 있으며, TMP의 목적 및 마스터플랜, 사업 심사 과정에서 위원회가 이를 활용하는 방법을 설명한다. 또한, TMP 수립을 위한 지침과 일반적인 구성 체계를 제시하며, TDM이 교통 목표 달성과 연방 정부 운영이 지역 교통 체계에 미치는 영향을 관리하는 데 어떤 역할을 하는지도 설명한다. 이 부록에는 연방 시설에 적용할 수 있는 TDM 전략, 관련 사례연구, 그리고 NCPC가 최근 심사한 TMP 사례도 함께 제시되어 있다.

D.2 직장 내 주차

주차 공간의 가용성은 개인의 통근 방식을 결정하는 가장 중요한 요인 중 하나이다. 이러한 현실을 감안할 때, NCPC는 수십 년간 연방 직장에서 제공되는 주차를 제한하거나 축소하는 주차 비율의 중요성을 강조해 왔다. 나아가 주차 공급의 축소가 복합 교통수단 선택지를 확대하는 교통관리 전략으로 보완될 경우, 연방 정부가 지역 교통 혼잡에 미치는 기여도를 줄이고, 환경의 질을 개선하며, 주차 관리 비용을 절감하는 효과를 가져올 수 있다. 주차 비율은 연방 기관이 제한된 주차 구역에 대한 수요를 줄이기 위한 창의적인 방안을 모색하도록 유도하고, 직원들로 하여금 지역 자원에 미치는 통근 부담을 줄이도록 장려하는 역할을 한다.

1970년대 지하철 체계가 등장한 이래, 이러한 주차 비율은 NCPC의 사업 심사 과정에서 핵심 요소가 되었다. 주차 비율은 직원 1인당 주차 공간 수를 기준으로 하며, 해당 지역의 대중교통 접근성을 반영하여 네 개의 일반 구역으로 구분된다.[19] 이 비율은 워싱턴 D.C. 중심부 및 대중교통 서비스와 가까울수록 밀도가 높아지는 지속 가능한 지역 개발 패턴을 강화하는 역할을 한다.[20] 또한, 이러한 개발 패턴은 연방 공무원이 가장 많이 근무하는 곳이 워싱턴 D.C.라는 현실을 반영한다. 따라서, 대중교통 접근성이 높은 중심부에 가까운 시설일수록 보다 엄격한 주차 기준이 적용되며, 외곽 지역의 시설은 상대적으로 더 많은 주차 공간을 유지할 수 있다. 엄격한 주차 기준이 적용되는 연방 시설은 대중교통 친화적이고 압축적인 개발을 계획하고, 더 강화된 교통관리계획(TMP)을 시행해야 한다.

이 절의 정책은 지역 내 각 구역(zone)에 대해 대중교통 접근성을 기준으로 직원 1인당 허용되는 주차 공간을 부여하고 있다. 추가적인 정책은 직장 내 주차시설의 설계, 배치, 접근 방식 및 밀접하게 연계된 교통수요관리(TDM) 조치에 관한 방향을 제시한다. 또한, 이러한 정책은 주차 공간 개발을 최소화하기 위해 시설 인근 이해관계자와의 협력을 장려한다. 다른 경우에는 연방 직원의 주차 수요가 인근 주거지 주차 공간을 점유하지 않도록 제한하기 위해 협력이 필요할 수 있다.

연방 업무 공간 요소(Federal Workplace Element)에는 접근성이 떨어지는 외곽 지역에 직원이 밀집되는 시설을 신설하지 않도록 하는 정책을 포함한다. 이는 기반 시설 확충이 비효율적이고 비용이 많이 들며, 점점 더 어려워지고 있기 때문이다. 다만, 시설 신규 개발 과정에서는 교통 접근성을 사전에 충분히 고려하여 계획할 수 있으므로 보다 효과적으로 교통을 수용하거나 새롭고 혁신적인 교통수단을 반영할 수 있다. 이러한 접근은 기존 시설을 사후에 개조하는 것보다 일반적으로 복잡성과 비용 측면에서 유리하다. 신규 시설의 입지를 정할 때 모든 기관은 해당 지역 정부와 협력하여 교통 수요를 줄이고, 가능하다면 해당 시설이 NCPC의 주차비율 기준을 초과 달성할 수 있도록 해야 한다.

신청 기관은 종합계획(Comprehensive Plan)의 연방 요소에서 해당되는 정책을 준수해야 한다. 그러나, 교통 관련 개발에는 본질적으로 불확실성이 존재한다. 예컨대, 교통수요관리 프로그램을 위한 재원이 확보되지 않는 등의 어려움이 발생할 수 있다. NCPC는 이러한 불확실성과 복잡성을 인지하고 있다. 더 광범위한 목표가 중요한 일부 드문 상황에서는 주차 비율 규정에서 벗어나는 것이 적절할 수도 있다. 특정 사업에 대한 예외 요청 기준이 NCPC 제출 지침(NCPC Submission Guidelines)에 상세히 규정되어 있다.

(https://www.ncpc.gov/review/guidelines/).

수도권 연방 주차 연구

NCPC는 미국 교통부의 존 A. 볼프 국립 교통시스템센터와 협력하여, 모범 사례와 활용할 수 있는 지역 교통 데이터를 바탕으로 주차 비율 정책을 평가하였다. 본 연구에는 교통 관련 문헌 검토, 지역 정부들의 주차 정책 분석, 그리고 국가 수도권 내 연방 시설의 현재·미래의 교통 접근성 평가가 포함돼 있다.

본 연구는 NCPC의 정책 개선을 위해 다음과 같은 권고사항을 제시하였다.

- NCPC의 주차 정책과 절차를 데이터 기반, 표준화, 성과 중심으로 개선할 것. 이 권고는 교통 접근성과 계획된 지역 대중교통, 고속도로 개선을 바탕으로, 연방 시설 주차 정책을 수립하는 데이터 기반 접근 방식을 통해 구현되었으며, 정책 T.D.4에 반영되어 있다.

- 특정 시설에 대한 주차 비율 예외 허용의 공식 절차를 마련할 것. 모든 시설은 마스터플랜 과정에서 규정된 주차 비율을 따라야 하지만, 개별 사업의 경우 예외를 허용하는 절차가 마련되었으며 이는 NCPC 제출 지침에 설명되어 있다.

- 연방 시설의 교통수요관리 프로그램 성과를 정기적으로 점검할 것. 이 권고는 정책 T.D.3에 반영되어 있으며, 점검에 관한 상세 내용은 교통 요소 부록에 기술되어 있다

그림 1. 역사적 중심지(Historic Core Area)의 주차 비율

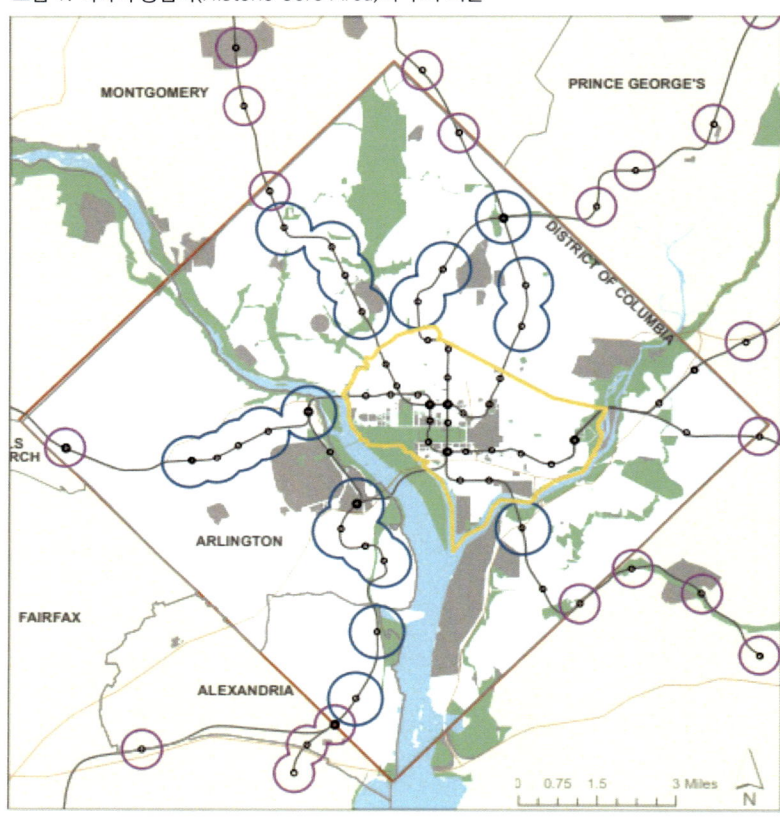

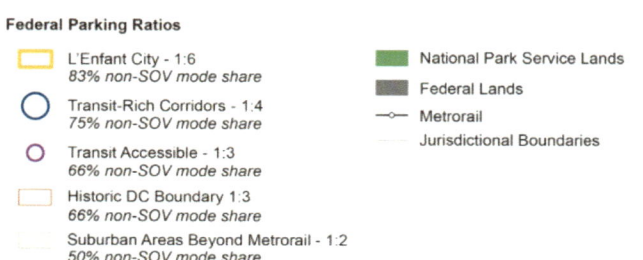

연방 정부의 역할

T.D.4 다음 구역별 주차 공간 대비 직원[21] 비율을 준수(그림1 참조)

랑팡 시가지 : 랑팡 시가지에서는 주차 비율이 직원 6명당 1면(1:6)을 초과해서는 안 된다. [1인 자가용 외의 교통수단 분담률 83%]

대중교통 밀집축 : 워싱턴 D.C.의 역사적 중심지 경계 내 지하철 접근성이 좋은 지역에서는 주차 비율이 직원 4명당 1면(1:4)을 초과해서는 안 된다. [1인 자가용 외의 교통수단 분담률 75%]

대중교통 접근 가능 지역 : D.C. 역사적 중심지 경계 구역의 나머지 지역과, 지하철역으로부터 2,000피트 이내의 교외 지역에서는 주차 비율이 직원 3명당 1면(1:3)을 초과해서는 안 된다. [1인 자가용 외의 교통수단 분담률 66%]

지하철이 닿지 않는 교외 지역 : 고속차량전용차선(HOT/HOV)이나 고빈도 통근철도로 서비스되는 지역을 포함한 그 외 지역에서는 주차 비율이 직원 2명당 1면(1:2)을 초과해서는 안 된다. [1인 자가용 외의 교통수단 분담률 50%]

두 구역의 경계에 시설이 위치하는 경우, 더 엄격한 주차 비율이 적용

T.D.5 지속가능성 강화를 위해, 다인승 및 에너지 효율 차량에 대해 편리한 위치에 우선 주차 공간 제공

T.D.6 연방법에 따라, 장애를 가진 직원의 전용 주차 공간은 건물 출입구까지 가장 가까운 경로에 연결된 곳으로 배치

T.D.7 특정 연방 근무지에서 공식 업무를 수행하는 임시 이용자에게 제공되는 주차는 제한되어야 하며, 이러한 공간은 정책 T.D.4에 규정된 직원/주차 비율 산정에서 제외

다만, 주차 수요가 많은 목적지는 제4절 (D.3) 관련 주차 정책 참조

T.D.8 기관의 임무 수행에 필요한 범위 내에서 관용 차량 등을 위한 제한된 주차 공간을 제공할 수 있으며, 이 공간은 정책 T.D.4에 규정된 직원/주차 비율 산정에서 제외

T.D.9 시설 내 신규 주차장의 건설 전, 연방 시설 인근의 기존 주차 공간을 임차하여 주차 수요를 맞추는 방안을 검토

단, 이 공간은 정책 T.D.4에 규정된 직원/주차 비율 산정에 포함

T.D.10 인접 지역사회에 대한 교통 결정의 부정적 영향을 최소화해야 하며, 여기에는 주차 수요의 확산과 교통 혼잡도 포함

T.D.11 법적 허용 범위 내에서 교통수요관리 수단으로 직원에게 기관 주차 요금을 부과하거나, 이를 과세 혜택으로 간주하는 방안을 검토해야 하며, 전체 1인 자가용 이용을 최소화

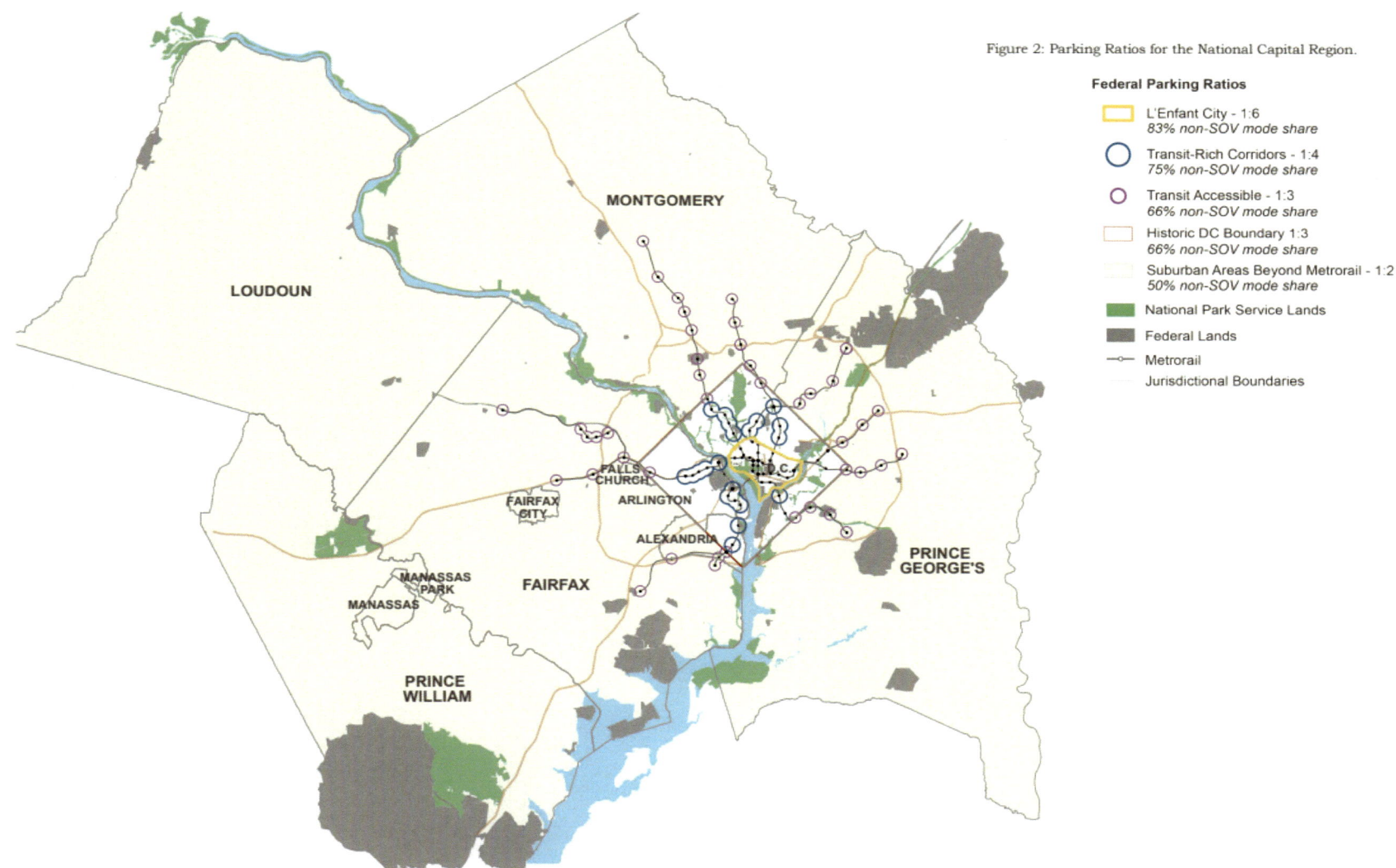

Figure 2: Parking Ratios for the National Capital Region.

Comprehensive Plan for the National Capital: Federal Elements | 177

D.3 방문객 주차(Visitor Parking)

수도권은 연방 정부의 중심지라는 역할과, 지역 내 다양한 문화적·자연적 자원 덕분에 미국에서 가장 많은 방문객이 찾는 지역 중 하나이다. 이 지역에는 국가적으로 중요한 기념물과 추모비뿐 아니라 군사 시설 내의 식료품점·영화관과 같은 일반적 직장이 아닌 연방 시설도 포함된다. 또한, 세계적 수준의 연방 연구기관에서 운영하는 교육·연수 또는 컨퍼런스 센터 등도 방문객을 맞이하는 기관의 임무 중 하나이다.

인기 있는 방문객 시설들은 워싱턴 도심에 집중되어 있지만, 많은 방문 목적지는 독립 시설 또는 연방 캠퍼스 내 시설로서 지역 전역에 분포해 있다. 이러한 분산된 특성 때문에 방문객의 접근성에 제약이 따르며, 목적지까지 도달할 수 있는 교통수단의 다양성이 높아질 수 있다. 따라서 방문객이 목적지를 오가는 이동뿐 아니라, 목적지에 도착한 이후의 교통수단 선택지를 관리하는 것이 중요하다.

내셔널 몰과 같은 워싱턴 내 많은 시설들은 지하철이나 자전거 등 여러 교통수단을 통해 쉽게 접근할 수 있다. 반면, 버지니아의 그레이트 폴스 파크(Great Falls Park)와 같은 일부 지역 시설은 자동차로 접근하는 것이 가장 쉽다. 또한 지역 전역에서 복합교통망이 빠르게 확장됨에 따라 접근성 수준은 꾸준히 변화하고 있다. 따라서 주차를 포함하여 이러한 시설들의 교통 수요는 위치별로 다르다.

방문객의 목적지, 특히 국가적 명소의 주차 수요는 계절, 요일, 그리고 특별행사 개최 여부에 따라 달라질 수 있다. 벚꽃 축제와 같이 교통수요가 가장 높은 행사 기간에는 기관들이 자가용 대신 대중교통 이용을 강조하는 경우가 많다. 따라서, 방문객 주차는 최대 수요를 충족시키는 것보다는 일반적인 고빈도 방문일에 예측할 수 있는 합리적 수준의 수요를 기준으로 산정되어야 한다.

연방 정부의 역할

T.D.12 직장이 아닌 연방 시설(주거, 상업, 기관 용도 등)에 대한 적정 주차 기준을 마련하기 위해서는 우선 해당 지방자치단체의 주차 정책을 참조
명확한 지침이 없는 경우, 연방 정부는 다른 유사한 지역 기준이나 업계 모범 사례에 부합하는 적정 주차 비율을 자체적으로 설정

T.D.13 특히 지역의 더 외곽에 있는 목적지의 경우, 주차 공간을 확대하기에 앞서 복합교통 접근성을 강화할 수 있는 다양한 교통관리 기법을 우선으로 검토
이러한 전략에는 다목적 보행·자전거 겸용 도로 연결 개선, 버스 시설 확충, 보행로 설치, 보행자 안내 체계 개선 등이 포함 가능

T.D.14 방문객 목적지의 현재 주차 여건과 향후 계획이나 사업에 따른 예상 주차 수요를 평가하여 주차시설 확충의 필요성 입증
이러한 연구에는 주차 혼잡도, 회전율, 그리고 자원 상태나 방문객 경험에 미치는 영향에 대한 평가 포함

내셔널 몰(National Mall) 행사에 참석한 방문객들

미주(Endnotes)

1. The National Capital Region, as defined in the National Capital Planning Act includes Washington, DC; Montgomery and Prince George's Counties in Maryland; Arlington, Fairfax, Loudoun, and Prince William Counties in Virginia; and all cities within the boundaries of those counties.
2. The jurisdictions within the Transportation Planning Board's defined National Capital Region also includes Frederick and Charles Counties in Maryland, outside of NCPC's defined NCR. Several federal agencies participate as non-voting, ex-officio members of the TPB, including the National Park Service, NCPC, Federal Highway Administration and the Federal Transit Administration.
3. Visualize 2045: A Long-Range Transportation Plan for the National Capital Region, Metropolitan Washington Council of Governments Transportation Planning Board, 2018, p.11.
4. Visualize 2045, p. 5.
5. Travel Trends of the Metropolitan Washington Region, Metropolitan Washington Council of Governments Transportation Planning Board 2018. https://gis.mwcog.org/webmaps/tpb/traveltrends/
6. Ibid.
7. WMATA Metro Snapshot, April 2018.
8. 2019 State of the Commute Survey - Draft Technical Report
https://www.mwcog.org/file.aspx?D=wVVFcy6c4%2froBLQPOi3kBq8jLrfTOMP8QTerR%2fMx%2fno%3d&A=9axCbEOkWXCjDoxUAR81V9zBTFuKuzfadgWer6%2fTTQE%3d
9. https://www.whitehouse.gov/wp-content/uploads/2017/11/m-15.01Reduce-the-Footprint-Policy.pdf
10. National Capital Region Long Range Transportation Plan, National Park Service, 2018, p.85.
11. https://visionzeronetwork.org/about/what-is-vision-zero/
12. Data was provided in WMATA's public comment letter dated November 6, 2019.
13. https://www.wmata.com/initiatives/strategic-plans/upload/KMSRA-Strategic-Plan-Jan-2019.pdf
14. National Capital Region Long Range Transportation Plan, National Park Service, 2018, p.xiii.
15. 2019 State of the Commute Survey - Draft Technical Report
https://www.mwcog.org/file.aspx?D=wVVFcy6c4%2froBLQPOi3kBq8jLrfTOMP8QTerR%2fMx%2fno%3d&A=9axCbEOkWXCjDoxUAR81V9zBTFuKuzfadgWer6%2fTTQE%3d
16. Source: gis.mwcog.org/webmaps/tpb/clrp/ej
17. Visualize 2045, p. 48.
18. https://www.ncpc.gov/docs/Pennsylvania_Avenue_Action_Plan_Summary_May2018.pdf
19. NCPC will reevaluate the parking ratios when updating the Transportation Element, and may make modifications if needed to reflect major changes in regional accessibility.
20. In measuring public transit access, the ratios define reasonable walking distance as 2,000 feet (about a 10-minute walk).
21. Employees, for the purposes of the Federal Transportation Element, refers to both federal employees and on-site contractors, who would have regular commute patterns to a federal facility

Contents

교통 수요관리 ·· 183

교통 관리계획 ·· 184

교통 수요관리

개요(Overview)

교통수요관리(TDM)는 이용자의 선택권을 극대화하기 위해 설계된 일련의 전략을 의미한다.[1] 전통적으로 TDM 전략은 통근 차량 공유(ride-sharing)에 중점을 두었으며, 차량 내 탑승 인원 확대 및 대중교통 이용률 제고, 이동 시간·필요성 조정 등의 다양한 방안을 포함해 왔다. 이러한 전략들은 여전히 교통수단 선택에 중요한 역할을 하고 있다. 최근에는 기술 발전 및 이동 수단 확장의 결과(무인 대여 자전거, 전동 스쿠터 등), 개인의 이동 결정이 더 역동적이고 유연해졌다. 이에 대응하여 TDM 전략은 새로운 교통수단을 포괄하도록 진화하고 있으며, 이용자들에게 확장된 교통 선택지를 제공하고 있다.

TDM과 연방 정부

효과적인 TDM 전략은 연방 기관이 NCPC의 주요 정책 목표인 환경 보호 및 지속 가능한 개발, 교통 혼잡 완화, 에너지 절약, 삶의 질 향상을 달성하는 데 기여할 수 있다. 또한, 연방 시설 주차 비율을 충족하기 위해 주차 수요를 줄이는 데에도 도움을 준다. 교통 체계 요소(Transportation Element)에 담긴 정책들은 교통 수요관리의 주요 목표를 제시하고 있으며, 연방의 계획 수립 과정에서 TDM을 적극 추진하기 위한 기본 틀을 제공한다.

연방 정부는 380만 명의 근로자가 종사하는 이 지역에 연방 직원 42.9만 명과 40만 명 이상의 계약직 인력을 두고 있으므로, 교통 체계의 효율성과 신뢰성 보장에 많은 관심을 가지고 있다.[2] 연방 정부는 교통 관련 의사결정에서 주도적 역할을 할 수 있는 위치에 있으며, TDM으로 직원들의 출퇴근 이동 방식에 영향을 주면서 자체적인 이동 수요를 충족시킬 수 있다. 또한 TDM은 국립 동물원 등과 같은 방문객 목적지에도 적용되어 방문객들이 지역 내 이동 방식을 개선하는 데 기여할 수 있다.

지역 내에서 연방 시설의 입지는 해당 시설이 지역 및 광역 교통 체계에 미치는 영향과 직원·방문객의 이동 행태에 직접적으로 작용하며, 결과적으로 해당 시설에 적합한 TDM 전략의 범위와도 연결된다. 일반적으로 워싱턴 도심에 가까이 위치한 시설은 더 다양한 교통수단을 이용할 수 있고 자전거 및 보행 기반이 잘 구축되어 있다. 이러한 시설들은 대체로 복합교통수단 이용을 더 잘 지원하고, 1인 자가용(SOV) 의존도를 줄일 수 있다. 따라서, 이러한 도시형 시설을 대상으로 한 TDM 전략은 정책 개정이나 대중교통 인센티브 제공과 같은 프로그램적 변화에 중점을 두어 복합교통 이용을 촉진하는 방향으로 설계될 수 있다.

반대로, 워싱턴 도심에서 멀리 떨어져 있고 교통수단 선택지가 적은 지역의 연방 시설은 1인 자가용(SOV) 이용을 줄이기 위해 프로그램적 전략과 물리적 전략을 모두 포함하는 더 종합적인 TDM 접근을 요구한다. 이러한 전략은 연방 시설이 지역 교통 자원을 효과적으로 활용할 수 있도록 지방 정부와의 긴밀한 협력을 포함한다. 예컨대, 지역 대중교통 노선이나 계획된 자전거·보행 기반 개선 등이 이에 해당한다. 예를 들어 시설 인근에 대중교통이 제공되는 경우 해당 기관은 관련 서비스 제공자와 협력하여 편리한 대중교통 서비스를 도입할 수 있다. 연방 시설이 어디에 위치하든지 연방 기관은 공격적인 교통 목표를 설정하고 다양한 TDM 전략 실행을 통해 SOV 이용 최소화를 위해 노력해야 한다.

연방 시설의 계획·개발은 시설 내·외부 모두에서 이동 행태에 큰 영향을 준다. 연방 기관은 TDM 전략을 도입하여 지역 교통 혼잡에 대한 영향을 최소화하고 교통 효율성을 높일 수 있다. 계획 수립 과정에서 연방 기관은 지역 및 지방 기관과 협력하여 지속 가능성 목표를 달성하고, 연방의 교통 의사결정이 주변 지역에 미치는 영향을 최소화하는 TDM 전략을 마련해야 한다.

효과적인 교통수요관리(TDM) 전략

국가 수도권 연방 주차 연구(National Capital Region Federal Parking Study)는 주차 수요를 효과적으로 줄일 수 있는 여러 교통수요관리(TDM) 전략을 제시했다. 이 연구는 TDM 전략의 범주를 정책 및 프로그램, 토지 이용 관리로 구분한다. 정책 및 프로그램에서 이 연구는 연방 기관에 유용할 수 있는 다음과 같은 전략들을 제시한다 :
통근 감소 프로그램, 능동적 통근(걷기, 자전거 등), 대중교통·주차·자전거 수당, 자전거 주차시설 설치 및 제공, 보행 환경 개선, 재택근무 및 대체 근무제, 교통 완화, 대중교통 개선.

토지 이용 관리 측면의 주차 연구에서는 자동차 의존도를 줄이고 그에 따라 주차 수요를 완화할 수 있는 수단으로 공유 주차와 토지 유보를 제시하고 있다. 공유 주차란 인접한 부지가 동일한 주차 공간을 사용하되, 요일이나 시간대를 다르게 운영하는 것을 의미한다. 토지 유보(land banking)란 향후 주차 수요 발생에 대비하여 미개발 용지 또는 저밀도로 개발된 공간을 주차용으로 활용할 수 있도록 보존해 두는 것을 의미한다.

수도권 내 기관들은 교통 계획 과정에서 다양한 TDM 전략을 검토해 왔으며, 이는 기관 내부의 정책·지침뿐 아니라 시설 입지, 도시·교외의 맥락, 보안 수준과 같은 외부 요인에 따라 달라질 수 있다. 성공적인 TDM 프로그램은 교통 요소에서 제시된 지역 교통 목표를 달성하고, 1인 자가용(SOV) 이용에 대한 의존을 줄이기 위해 다양한 개별 전략을 결합할 수 있다. 이러한 전략은 단순하고 비용이 거의 들지 않는 카풀 게시판 설치와 같은 방안에서부터 대규모 연방 캠퍼스 내부 및 주변 이동을 지원하는 셔틀버스 운영과 같은 더 복잡하고 영향력이 큰 방안까지 다양하다. 그중에서도 가장 성공적인 전략은 연방 직원 대상의 대중교통 보조금 및 재택근무 프로그램이다. 대중교통 보조금을 확대하거나 자전거·카풀·밴풀 이용에 보조금이나 기타 인센티브를 적용하는 것도 SOV 이용을 감소시킬 수 있다.

일반적으로 효과적인 교통수요관리(TDM) 전략은 다음과 같은 범주의 조치들로 구분될 수 있다:

- 정보 공유(예: 직원 교통 담당자 지정)
- 주차 관리(예: 주차 지침 수립, 주차 요금 부과)
- 재택근무 또는 대체 근무제(예: 기관 임무에 부합하는 범위 내의 탄력 근무제 활용 장려)
- 보조금 프로그램(예: 자전거 통근 보조금 제도 시행)
- 지역·광역 협력(예: 지역 대중교통 운영기관과 협력하여 시설 접근성 개선)
- 이동 수단 옵션(예: 보행자 및 자전거 이용 종합계획 수립)
- 토지 이용 및 도시 설계(예: 시설 현대화 사업으로 자전거 보관소, 사물함, 샤워 시설 설치)

가격 책정을 활용한 교통수요관리(TDM) 수단

기관이 제공하는 주차 공간에 요금을 부과하는 것은 주차 수요를 줄이고 주차 비율 목표를 달성하기 위한 전략 중 하나이다. 이 전략의 시행은 각 기관의 권한에 달려 있으나 이동 행태를 변화시키고 주차 수요를 줄이며, 기존 주차시설이 있는 토지를 다른 기관의 임무에 활용할 수 있도록 하는 효과적인 수단이 될 수 있다. 교통 요소는 교통수요관리(TDM) 수단으로 직원에게 제공하는 주차를 유료화하거나, 법이 허용하는 범위 내에서 이를 과세 혜택으로 간주하는 방안을 검토할 것을 권장하고 있다.

연방 조달청(GSA)은 2014년부터 많은 시설에서 직원 무료 주차를 제공하지 않도록 정책을 변경하였다. 이로써 GSA는 대중교통 이용과 원격·모바일 근무 방식을 장려함으로써 교통 혼잡 완화 및 지속가능성 목표 달성을 추구한다.

교통 관리계획

개요

교통 관리계획(TMP)은 연방 시설의 단지 또는 특정 부지에 대해 수립되는 계획으로서 단기 및 장기 교통 목표를 설정하여 목표 달성을 지원하는 교통수요관리(TDM) 전략을 문서화한 것이다. 일반적으로 TMP는 시설이 지속 가능한 방식으로 운영될 수 있도록 하고 직원들의 통근 행태를 효율적이고 환경에 미치는 영향이 적은 수준으로 조정하는 데 기여해야 한다. 또한, TMP는 연방 직원 주차 비율을 포함하여 교통 요소에 규정된 연방 교통 정책을 해당 시설이 어떻게 충족할 것인지 제시하는 것을 목적으로 한다.

1984년부터 NCPC는 연방 시설을 대상으로 직원 주차 비율 정책을 운영하였으며, 주차 규모를 제한함으로써 바람직한 개발을 유도하고 더 큰 환경 목표를 달성하고자 하였다. 이 비율은 해당 부지에서 이용 가능한 대체 교통수단 수준에 따라 설정되며, 기존 및 계획된 대중교통과 가까울수록 더욱 엄격하게 적용된다. 이러한 정책을 충족하기 위해 시설은 다양한 교통수요관리(TDM) 전략을 포함한 TMP을 수립하여 연방 직원들의 1인 자가용 의존을 줄여야 한다. SOV 통근을 제한함으로써 기관은 도로 혼잡, 배출가스, 불투수 면적, 주차 수요를 줄이고 주차 기반 구축·유지에 따른 비용도 절감할 수 있다.

주차 비율 예외 – 종합계획 vs 개별 프로젝트?

종합계획(Master Plan) 단계에서는 주차 비율 예외가 허용되지 않지만, 개별 프로젝트 차원에서는 검토될 수 있다. 마스터플랜은 보통 20년의 계획 기간을 기준으로 기관의 임무 수요, 새로운 활동이나 변화하는 활동, 인력 및 방문객 추계, 시설 여건을 종합적으로 고려하는 포괄적 문서이다. 또한 미래 교통 변화 수용과 같은 복잡한 계획 과제를 다루며 장기 교통 목표를 달성하도록 설계된다. 따라서 종합계획은 교통 체계 요소(Transportation Element) D.2절에서 규정한 장기적인 주차 비율 달성 방안을 반드시 제시해야 한다. 다만, 종합계획의 이행 과정에서 개별 프로젝트가 구상되는 경우, 한시적 수요에 대해서는 주차 비율 예외가 검토될 수 있다.

TMP와 NCPC 심사 절차

NCPC는 모든 종합계획과 직원이 교통에 영향을 줄 수 있다고 판단한 모든 사업에 대해 교통 관리계획(TMP) 수립을 요구한다. 교통에 영향을 줄 수 있는 사업으로는 특정 직장, 목적지로 이동하는 직원 또는 방문객 수의 증가, 기존 용도의 변경, 교통 및 순환에 영향을 미치는 물리적 개조·개선 제안 등이 있다. TMP의 복잡성 수준은 사업 유형, 그리고 교통·순환에 미치는 영향의 맥락과 강도에 따라 달라진다. 직원이나 방문객이 적은 소규모 부지의 경우, 현황 평가와 간단한 TDM 전략 목록만 포함하는 최소한의 문서로도 충분할 수 있다. 반면, 대규모 부지는 더 포괄적인 데이터 수집·분석과 강력한 TDM 전략 프로그램을 포함해야 한다.

연방 기관은 계획 초기 단계에서 NCPC, 지방 정부, 교통 계획 담당자와 협의하여 지역 및 광역 차원의 현행·미래 교통 문제와 기회를 파악해야 한다. 종합계획과 개별 사업, 이에 수반되는 TMP는 그 포괄적 범위와 상대적 복잡성으로 인해 많은 협의가 필요할 가능성이 높다. 보도 확장·조명 개선, 자전거 노선 확충 등 계획된 개선 사항과 메트로폴리탄 워싱턴 지방정부협의회의 전망 계획에 반영된 지역 개발·교통 기반 구축 사업은 향후 교통수단 선택과 직장 주차 수요에 영향을 주게 된다. 따라서, 연방 계획 담당자는 1인 자가용(SOV) 외의 교통수단 이용을 장려하기 위해 추가적인 대중교통 서비스나 기반 개선을 적극적으로 요구할 필요가 있다.

TMP는 필수적인 종합계획 갱신 또는 사업 제출시 NCPC 심사를 받아야 하며, 필요시 관련 지역·광역·주 기관으로 넘겨질 수 있다. 신청 기관은 계획 과정에서 위원회 및 지역·주 기관이 제시하는 모든 의견을 검토하고 재원 여건과 부지 외의 인프라 개선 상황이 허용하는 범위 내에서 새로운 전략과 프로그램을 반영할 준비가 되어 있어야 한다. 종합계획에 대한 연방 차원의 의무적 회부 절차는 NCPC 제출 지침(Submission Guidelines)에 상세히 규정되어 있다.

교통 관리계획(TMP)의 개요

TMP와 종합계획(Master Plan)은 서로 긴밀히 연계되어 수립되어야 하며, 물리적 환경과 이동 행태가 분리될 수 없다는 인식이 전제되어야 한다. 종합계획은 혼합용도 개발, 고밀도 개발, 기존 또는 계획된 대중교통 노선 인근 개발을 촉진하는 건전한 전략을 통해 TMP 목표를 뒷받침해야 한다. 성공적인 TMP는 이를 뒷받침하는 종합계획에 의존하며, 종합계획의 효과적인 실행 역시 교통 계획을 통합하는 과정에서 가능하다.

교통 관리계획(TMP)은 실용적인 문서로 기능해야 하며, 기관의 수요 변화, 직원의 인구통계학적 특성, 부지 내·외 교통 여건의 변화를 반영하여 개정되어야 한다. 또한, 종합계획 갱신과 연계해 개정되어야 한다. 이러한 계획은 교통 여건에 대한 면밀한 분석(예: 지역 교통망, 부지 내 인프라, 직원 통근 특성)을 토대로 하며, 기관 내·외부 자료를 활용한 가정을 통해 목표를 설정한다. NCPC는 연방 기관이 캠퍼스·시설의 예상되는 변화를 정확히 반영할 수 있도록 최소 5년마다 종합계획과 TMP를 재검토할 것을 요구한다. 일반적으로 TMP에는 다음과 같은 요소들이 포함된다.

1. 목표·목적이 명확히 규정된 서론
2. 현행 및 계획된 교통 체계 설명
3. 이동 패턴 및 행태 분석
4. 예상되는 교통량 및 영향
5. 교통수요관리(TDM) 전략
6. 이행 방안
7. 점검 및 평가

1. 서론

서론에는 교통 관리계획(TMP)이 종합계획을 어떻게 지원하는지를 요약하고 연방 시설의 예상 성장 및 개발 개요를 제시하며, 교통 목표와 과제를 명확히 기술해야 한다. 목표는 단기·중기·장기의 시간적 범위를 기준으로 설계되어야 하며, TMP 내에서 구체적으로 제시되어야 한다. 연방 신청 기관은 특정 근무지의 교통 목표를 설정하기 위해 NCPC 및 지방 정부와 협의하도록 권장된다. 서론에는 1인 자가용(SOV) 이용 축소 및 NCPC 정책 준수에 대한 연방 기관의 의지를 보여주는 정책 성명서가 포함되어야 한다.

NCPC 주차 비율은 2030년까지 예상되는 미래 대중교통 접근성 토대의 연방 근무지를 위한 목표치로 설정되어 있다. 따라서, 특정 시설의 장기 교통 전망을 검토하는 모든 연방 교통 관리계획(TMP)은 해당 주차 비율을 충족할 수 있도록 교통수요관리(TDM) 전략과 교통수단 분담률 목표를 포함해야 한다. 주차 비율의 예외 적용은 종합계획 내 개별 프로젝트가 위원회 심사에 제출될 때만 검토될 수 있다. 예외 및 신청 기관이 충족해야 하는 기준에 대한 추가 정보는 NCPC 제출 지침(Submission Guidelines)에서 제시한다.

교통 관리계획 수립 시 고려해야 할 주요 질문:

1. TMP의 목적은 무엇이며, 지역·주(州)·지방 교통계획 및 사업을 어떻게 지원하는가?
2. 직원인구는 어떻게 변화할 것으로 예측되는가?
3. 해당 시설에서 계획된 주요 건설 사업과 개선 사항은 무엇이며, 시설에서의 이동 패턴에 어떤 영향을 미칠 것인가?
4. TMP의 목표와 과제는 무엇인가? 특히, 통행 감소, 교통수단 분담, 차량 점유율과 관련한 구체적 목표는 무엇인가?

2. 기존 및 계획된 교통 체계 설명

교통 관리계획(TMP)에는 연방 시설 내부와 인접 지역의 기존 교통 체계에 대한 설명과 분석, 그리고 계획 중인 인프라 및 서비스 개선 사항이 포함되어야 한다. 연방 캠퍼스·시설을 둘러싼 기존 환경을 충분히 이해하는 것은 더 효율적이고 지속 가능하며 비용이 절감되는 이동을 위해 어떤 변화가 필요한지 파악하는 데 중요하다. TMP는 지역 도로망 및 주차 시설, 대중교통 시설, 보행·자전거 시설에 대한 설명을 포함해야 한다.

기존 교통 체계와 함께 TMP에는 시설 인근(반경 5마일 이내)에서 계획 중인 지역 및 지방 교통 인프라 또는 서비스 개선 사항을 기술해야 한다. 연방 기관이 TMP를 수립할 때는 향후 교통사업을 고려하여 시설이 이러한 개선을 어떻게 활용해 교통수요를 관리할 수 있을지 검토해야 하며, 연방 직원의 접근성을 극대화하기 위해 교통 서비스 제공자와의 구체적 협의가 필요한 지점이 어디인지도 확인해야한다.

교통 관리계획 수립 시 고려해야 할 주요 질문:

1. 현재 통근자는 시설을 오가는 데 어떤 교통수단을 이용하는가? 과거에는 어떤 교통수단을 이용했는가? 어떤 추세가 있는가?
2. 해당 시설에서 이용할 수 있는 교통수단의 범위는 무엇인가? (대중교통, 통근열차, 공유자전거, 자전거·보행 경로, 다인승 차량 전용도로 등)
3. 직원에게 제공되는 교통 프로그램이나 인센티브는 무엇이 있는가? (카풀·밴풀, 재택근무, 대체 근무제 등)
4. 해당 시설에 직원·방문객을 위해 제공되는 주차는 어느 정도인가? 시설이 NCPC 주차 비율을 준수하고 있는가?
5. 시설 인근에서 계획 중인 지역·지방 교통사업은 무엇이며, 이러한 사업이 시설로의 이동에 어떤 영향을 미칠 것인가?
6. 인근의 지역 거점에서 주거 선택지를 확대하는 개발이 계획되어 있는가? 그러한 개발이 향후 보행·자전거·대중교통 분담률 증가로 이어질 수 있는가?

3. 이동 패턴 및 통근 행태

교통 관리계획(TMP)은 계획과 조사 자료, 그리고 향후 예정된 종합계획 개발을 바탕으로 교통 목표를 설정해야 한다. 이러한 목표를 적절히 수립하기 위해서는 통근 행태, 직원 주거 현황, 1인 자가용(SOV) 외의 교통수단 이용 시 장애 및 기회 요인에 대한 상세한 평가가 포함되어야 한다. 수년간의 인력 주거 패턴 변화를 분석하면, 직원들이 근무지 인근이나 대중교통 역·정류장 주변의 접근성 높은 거주지를 선택하는지 파악할 수 있으며, 이는 SOV 이용 감소에 기여할 수 있다. 우편번호나 인구통계 구역 단위의 데이터를 활용한 주제별 지도는 근로자 거주지의 변화 양상을 시각적으로 보여주는 데 유용하다. 통근 조사에서는 SOV 외의 교통수단 이용 시 장애 요인과 통근 패턴을 바꾸려는 의향에 관한 자료를 수집해야 한다. 이러한 정보는 자가용 외의 교통수단으로 전환할 가능성이 있는 근로자를 대상으로 한 맞춤형 홍보·교육 활동에 기관이 집중할 수 있도록 지원한다.

교통 관리계획 수립 시 고려해야 할 주요 질문:

1. 시설로 이동하는 직원 또는 방문객은 어디에 거주하는가? 직원 거주지가 지난 5~10년간 어떻게 변화했는가?
2. 직원/방문객은 현재 어떤 교통수단을 통해 시설에 도착하는가?
3. 거주지에서 시설까지 통근/이동 시간은 얼마나 걸리는가?
4. 직원/방문객은 하루 중 어느 시간대에 근무/이동을 하는가?
5. 자가용 외의 교통수단 통근에 있어 어떤 장애 및 기회 요인이 있는가? 이동 행태를 전환하기 위해 해결할 수 있는 장애 요인이 있는가?
6. 연방 기관 직원에게 재택근무나 대체 근무제가 허용되는가? 허용된다면 이러한 제도가 직원의 이동 패턴에 어떤 영향을 미치는가?
7. 대중교통 보조금, 자전거 통근 프로그램 등 어떤 형태의 통근 혜택이 제공되고 있는가?
8. 대체 교통 서비스 확대나 이용자 인센티브 제공(셔틀버스 운영, 대체 교통수단 보조금 등)이 직원 및 방문객의 이동 행태에 어떤 영향을 미칠 수 있는가?

4. 예상되는 통행 및 교통 영향

교통 관리계획(TMP)에는 예상되는 직원 인구 변화나 종합계획에서 검토되는 개발 사업이 교통 체계 및 연방 시설 접근에 어떤 영향을 주는지에 대한 분석이 포함되어야 한다. 이 분석은 주변 도로망, 대중교통 서비스, 자전거 및 보행 접근성에 미칠 영향을 예측해야 한다. 또한 이 항목에는 교통수단별 피크 시간대 교통량 예측과 차량 유형별(예: 공용차량, 카풀·밴풀, 통근 차량, 방문객 등) 기존 및 계획된 주차 현황 요약이 포함되어야 한다. 향후 개발이 부정적 교통 영향을 초래할 것으로 예상될 경우, 이에 대한 완화 조치를 TMP 목표에 반영해야 하며, 이는 관련 환경 규제 준수 문서와도 일관되게 마련되어야 한다.

교통 관리계획 수립 시 고려해야 할 주요 질문:

1. 종합계획의 이행은 주변 도로망, 대중교통 서비스, 보행·자전거 노선을 포함한 교통 체계에 어떤 영향을 미칠 것인가?
2. 교통 체계에 발생할 수 있는 부정적 영향을 완화하기 위한 대책은 무엇인가?
3. 종합계획에서 신규 주차시설이 제안되는가? 주차 공간 신설이 NCPC 주차 정책 준수에 어떤 영향을 미칠 것인가?

5. 교통 수요관리

TMP에는 각 기관이 시설로의 이동을 관리하고 주차 수요를 줄이며, NCPC 주차 비율 목표를 달성하는 데 도움이 되는 다양한 TDM 전략이 포함되어야 한다. 구체적 전략은 차량 이동을 최소화하고 모든 시간대에 1인 자가용 이용을 억제하는 방향으로 설계되어야 하며, 서론에서 제시된 교통 목표와 일치해야 한다. 또한, 이러한 전략이 시설의 목표 교통수단 분담률 달성에 어떻게 도움이 될 수 있는지를 평가해야 한다. 이 전략들은 종합계획 개발과 관련된 특정 교통 영향을 완화해야 하며, 지역·지방 기관과 협력하여 마련되어야 한다. TMP에는 각 전략의 세부 내용, 기대 효과, 성과 측정 지표, 조치들 사이의 상호 관계에 대한 평가가 포함되어야 한다.

TDM 전략은 교통 영향의 규모와 맥락에 따라 달라져야 한다. 교통 영향이 경미한 경우, 안내 표지 개선, 자전거 공유소, 자전거 거치대, 카풀·밴풀 전용 주차 공간과 같은 작은 개선만으로도 통행 행태 변화에 충분히 기여할 수 있다. 반대로, 교통 영향이 상당할 것으로 예상되는 경우에는 셔틀 시스템, 신설·확충된 보도, 다목적 보행·자전거길과 같은 보다 광범위한 전략이 필요할 수 있다. 궁극적으로 연방 계획 담당자는 근무지 자체뿐 아니라 연방 시설과 인근 대중교통 정류장·역, 외부 개발지 사이를 연결하는 경로에서도 보행·자전거 환경이 안전하고 편리하도록 조성해야 한다. 때에 따라 재택근무나 대체 근무제도 또한 기관이 목표를 달성하는 데 효과적인 TDM 전략이 될 수 있다.

> **교통 관리계획 수립 시 고려해야 할 주요 질문:**
>
> 1. 예상되는 교통 영향의 범위는 경미한가, 중대한가?
> 2. 교통 영향을 완화하는 데 가장 효과적인 교통 수요관리(TDM) 전략은 무엇인가?
> 3. TDM 전략은 어떻게 주차 수요를 줄이고, 해당 시설의 목표 교통수단 분담률 달성에 기여하는가?

6. 이행

TMP에는 구체적인 성공 약속과 이정표가 포함된 이행 전략을 담아야 하며, 이를 통해 모든 시간대에 차량 이동을 최소화하고 1인 자가용 이용을 억제해야 한다. 미래의 1인 자가용이 아닌 교통수단 분담률 목표는 교통수요관리(TDM) 전략으로 뒷받침되어야 하며, 이에는 실행 단계, 일정, 역할과 책임, 비용·재원, 성과지표가 포함되어야 한다. TDM 프로그램의 성공적인 실행을 위해서는 직원 및 기관 경영진과 협력하여 변화에 대한 인식적·실질적 장벽을 극복하는 과정이 필요하다.

직원 교통 담당자(ETC) 제도는 TMP를 실행·관리·운영하는 효과적인 방법이 될 수 있다. ETC의 역할과 책임은 기관마다 다르지만, 일반적으로 통근 프로그램과 정책을 개발·시행·갱신하고 시설의 TMP를 관리·감독하는 역할을 담당한다. 워싱턴 수도권 정부협의회는 지역 내 연방 ETC를 위한 주요 지원기관으로 활동하며, NCPC 직원 또한 승인된 교통 관리계획 실행에 대한 지침을 제공할 수 있다. 기관 경영진은 ETC에게 실질적인 의사 결정 권한을 부여하고 강력한 지원을 제공해야 한다. 또한, 기관은 ETC가 정기적으로 직원 통근 설문을 실시하고 직원 대상 정보 설명회나 박람회를 개최하며, 홍보자료를 제작·배포하고 인근 연방 캠퍼스와 프로그램을 조율할 수 있도록 충분한 재원을 배정해야 한다. 아울러 ETC가 지역·광역·국가 차원의 교육과 훈련에 적극 참여하여 TDM 관련 전문성을 발전시킬 수 있도록 지원해야 한다.

> **교통 관리계획 수립 시 고려해야 할 주요 질문:**
>
> 1. TMP의 성공적 이행을 위한 구체적 단계는 무엇인가?
> 2. TMP와 권장되는 TDM 전략을 이행하기 위한 일정, 타임라인, 그리고 이에 따른 목표는 무엇인가?
> 3. 직원 교통 담당자는 TMP를 실행할 수 있도록 경영진으로부터 충분한 예산, 자원, 지원을 확보하는가?

7. 모니터링 및 평가

교통 관리계획의 모범 사례로서 연방 근무지는 TDM 성과를 평가하고 필요시 전략을 조정할 수 있는 모니터링 절차를 도입해야 한다. 여기에는 특정 전략을 시행한 뒤, 그것이 1인 자가용(SOV) 이용 비율을 줄이는 데 효과적이었는지(또는 기타 교통 목표를 달성했는지)를 검증하고, 효과가 없을 경우 다른 전략을 적용하는 과정이 포함된다. 이러한 모니터링 절차에는 정기적인 통근자 설문조사가 반드시 포함되어야 하며, 현장 교통 모니터링, 교통 영향 연구 수행, 인사 부서와의 협력 등 기타 정보 수집 활동도 활용될 수 있다. 교통 데이터는 사전에 설정된 목표·지표와 비교 측정되어, TMP의 효과성을 입증해야 한다.

내부 모니터링 절차와 더불어, NCPC는 교통 여건이 시간이 지남에 따라 어떻게 변화하고 있는지, TDM 프로그램이 교통수요를 효과적으로 관리하고 있는지를 파악하기 위해 정기 보고가 매우 중요하다고 본다. 이에 따라 NCPC는 모든 마스터플랜 보유 시설 또는 교통에 영향을 미치는 사업, 특히 주차 비율 예외(parking ratio deviation)를 신청하는 사업에 대해, 격년 단위로 특정 교통 지표 제출을 요구한다.

이 격년 보고는 TMP 추진 현황을 NCPC에 제공하기 위한 것이며, 일반적으로 각 기관이 교통계획 목표 평가를 위해 이미 수집하고 있어야 하는 데이터에 기반한다. 최소한 시설은 이 보고 과정에서 최신 교통수단 분담률(mode split) 자료와 위원회가 해당 시설의 교통 목표 달성에 가장 큰 잠재적 기여를 할 수 있다고 판단하는 일부 TDM 전략의 진행 현황을 반드시 제출해야 한다. 이러한 보고 체계는 위원회가 시설 단위의 교통 동향을 파악하고, TMP가 교통 목표 달성에 충분히 기여하고 있는지를 판단하는 데 도움을 줄 것이다. NCPC 직원은 보고 절차 개시와 완료를 위해 기관과 협력하여, 필요한 정보가 적시에 제공되도록 조정할 것이다.

> **교통 관리계획 수립 시 고려해야 할 주요 질문:**
> 1. 기관은 TMP와 관련된 TDM 전략의 성공을 어떻게 측정할 것인가?
> 2. TMP가 교통 목표를 달성하지 못할 경우, 기관은 이행 접근 방식을 어떻게 조정할 것인가?
> 3. 통근자 설문조사 등 필수 모니터링 절차를 완료하기 위한 일정은 어떻게 되는가?

모니터링 예시 질문

1. 귀 기관은 TMP에서 설정한 주요 이정표를 달성했는가? 진행 중인 이정표는 무엇인가?
2. 마스터플랜 승인 이후, 주차에 영향을 미치는 사업이 시행된 것이 있는가? 위원회가 제시한 예외나 조건 관련 사항도 포함하라.
3. 건물/캠퍼스 인근, 교통에 영향을 주는 새로운 인프라가 조성된 것이 있는가?
4. 현재 직원 수는 얼마인가?
5. 현재 주차 비율(parking ratio)은 얼마인가?
6. 직원 통근 패턴에 따른 교통수단 선택 정보를 제공하라.

사례연구 및 모범 사례

다음 요소들은 최근 NCPC에 제출된 종합계획/TMP 사례에서 발췌한 것으로, 향후 교통 관리계획의 수립, 분석, 프로그램 운영에 있어 모범적인 사례로 평가된 것들이다. 이는 연방 기관 신청자가 TMP를 개발할 때 창의적으로 접근할 수 있도록 돕기 위한 것이다. 아래 예시들은 물리적 개선에서부터 홍보·인식 제고 활동에 이르기까지 다양한 전략들이 어떻게 교통 수요를 관리하고 이동 행태에 영향을 미칠 수 있는지를 보여준다.

국립표준기술연구소(NIST) - 게이더스버그 캠퍼스

2018년 마스터플랜은 1인 자가용 외의 교통수단 이용을 장려하기 위한 다양한 향후 개선 사항을 반영하고 있다. 주요 내용에는 캠퍼스 외곽에 통행권(easement)을 설정하여 두 개의 보행·자전거 경로를 연결하는 산책로를 조성하는 방안, 보안 캠퍼스 내부로의 대중버스 진입 허용, 향후 계획된 간선급행버스(BRT) 노선 이용을 촉진하기 위한 부지 내 보행자 전용 가로 조성 등이 포함된다. 또한 캠퍼스 내 여가용 산책로 네트워크 구축과 향후 편리한 지점에 자전거 공유소를 설치할 가능성도 제시하고 있다.

포트 벨부아(Fort Belvoir)

2015년 TMP는 전체 교통 영향 감소와 NCPC 주차 목표(1:1.5, 즉 67%) 달성을 지원하기 위해 유용하게 활용될 수 있는 잠재적 TDM 전략의 포괄적 목록을 포함하고 있다. 이 목록은 주차관리, 기관 간 협력, 지역 협력, 정보 홍보, 교통수단 선택, 토지 이용 및 시설 등 다양한 범주로 구분된다. 또한 각 전략을 단기(2년), 중기(5년), 장기(10년 이상) 실행 항목으로 구분하고, 각 전략의 중요성, 목적, 그리고 기관과 직원에게 주는 이점을 구체적으로 설명하고 있다.

미 해병대 기지 콴티코(MCBQ)

자전거·보행 이동계획(Bicycle and Pedestrian Mobility Plan)은 기지의 TDM 프로그램의 핵심 요소로, 보행·자전거 인프라를 개선·확충하는 것을 목표로 한다. 이 계획은 기존 보행·자전거 교통 여건에 대한 상세 평가를 포함하고, 구체적 개선 조치를 식별하며, 향후 20년간 각 조치의 이행 방법을 제시한다. MCBQ는 보행자와 자전거 이용자를 위한 안전한 훈련 환경 조성, 인구의 건강 및 복지 증진, "한 번 주차(park once)" 환경 조성을 중점적으로 추진하고 있다. 개선된 현장 보행·자전거 여건은 또한 기지로의 지속 가능한 통근을 촉진할 것이다.

식품의약국(FDA) - 화이트오크 연방연구캠퍼스

TMP는 캠퍼스의 물리적 환경, 주변 맥락, FDA 직원의 통근 행태에 근거하여 도출된 다양한 잠재적 TDM 전략과 관련된 도전과 기회를 심도 있게 논의하고 있다. TDM 목표는 최근 실시된 통근자 설문조사 데이터를 토대로, 실행 단계별 이행계획표(implementation phasing plan table)를 통해 요약된다. 이 계획표는 향후 권장되는 실행 조치에 따른 1인 자가용 외의 교통수단 분담률 변화 전망을 명확히 제시한다.

미주(Endnotes)

1. https://ops.fhwa.dot.gov/plan4ops/trans_demand.htm
2. Draft Federal Workplace Element, July 11, 2019, p.3.

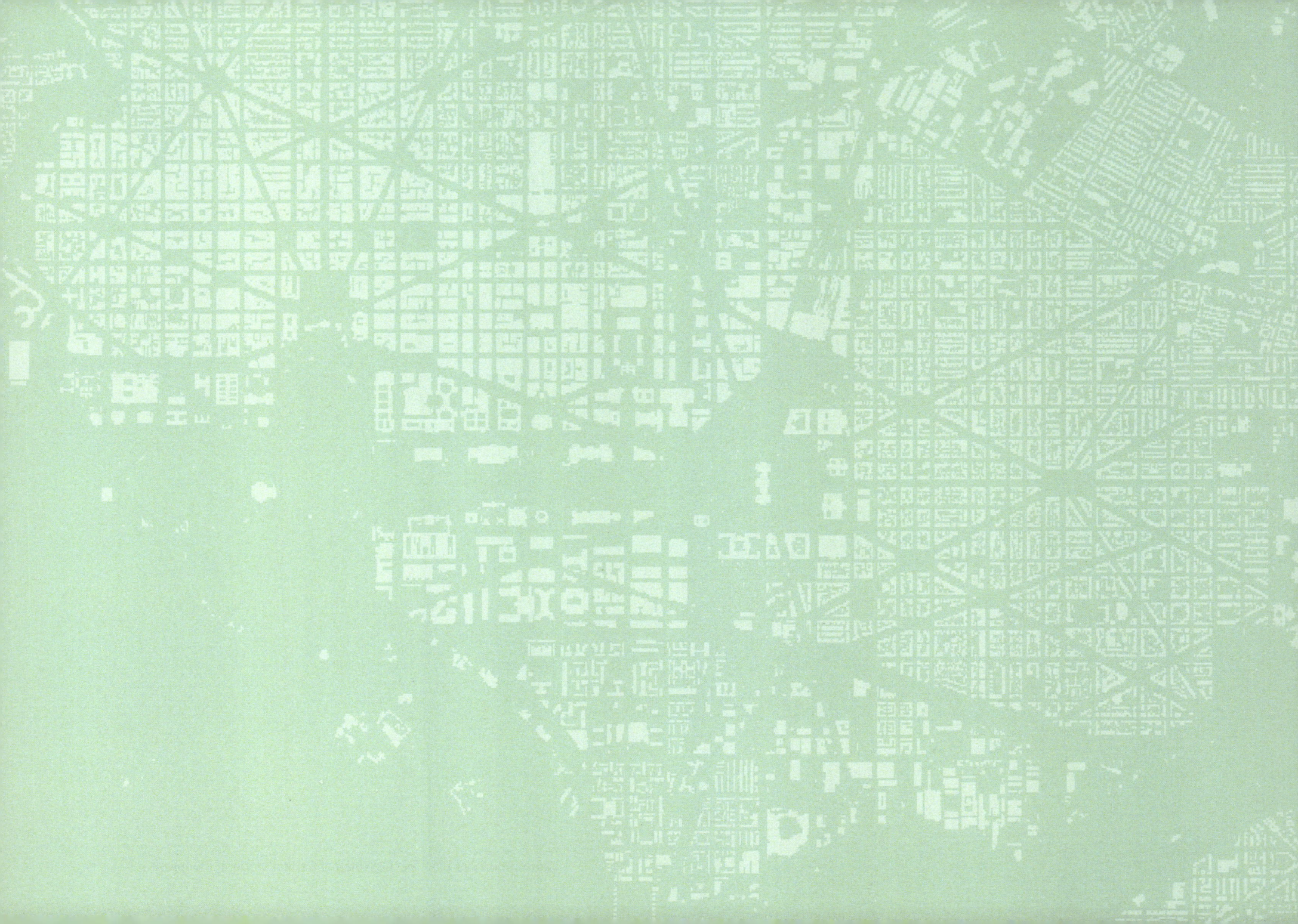

제6편
공원 및 개방 공간

2024

The Comprehensive Plan for the National Capital | Federal Elements

Contents

공원 및 개방 공간 요소 개요 ·· 195
기본 원칙 ··· 200
   Section A. 공원 및 개방 공간의 역사적 요소 보호 ··· 202
   Section B. 자연 자원에 대한 지속 가능한 관리 장려 ·· 214
   Section C. 공원 내 기념물 설치의 균형 ··· 222
   Section D. 공원 및 개방 공간의 접근성 및 연결성 ·· 225
   Section E. 공원 내 다양한 용도의 균형 ··· 229
   Section F. 통합적 공원 및 개방 공간 체계 구축 ··· 232

Chesapeake & Ohio Canal National Historical Park

Prince William Forest Park

Gerorgetown Waterfront Park

Fort Dupont Park

Great Falls Park

공원 및 개방 공간 분류

이 항목에서는 공원과 개방 공간을 하나 또는 여러 개의 다음과 같은 주요 범주로 나누어 설명한다.

문화경관(Cultural Landscapes)

역사적 사건, 활동, 인물과 연관되었거나 특정한 설계 양식 또는 미적 가치를 지닌 특성을 나타내는 지리적 공간. 인간의 개입에 의해 영향을 받고 형성된 경관으로, 자연 요소와 인공 요소가 함께 구성되어 있다.

자연 공원(Natural Parks)

지형, 숲, 습지, 하천 계곡, 지류 공원, 야생동물 보호구역, 보전 지역 등 자연 또는 반자연적 공간으로, 자연환경과 생태계, 식생 및 야생동물의 보전·보호·복원을 목적으로 한다.

워터프런트 공원(Waterfront Parks)

강과 수로 및 그 주변의 공공 공간으로, 수변 활동이 통합된 공원 유형을 말한다.

레크리에이션 공원(Recreation Parks)

하이킹, 캠핑, 소풍, 운동장, 수영장, 스케이트장, 놀이터 등 야외 여가 활동을 위한 시설을 갖춘 공원이다.

산책로, 공원로, 녹지축(Trails, Parkways, and Greenways)

자동차, 자전거, 보행자 등이 이용하는 선형 경로이거나, 자연 또는 인공 요소를 따라 조성된 선형 생태 통로를 의미한다.

기본 원칙

이 항목은 연방 및 지역의 이해관계를 균형 있게 고려하면서, 지역의 공원과 개방 공간을 보호하고 강화하며, 그 형성을 지원하기 위한 정책적 방향을 제시한다.

다음의 기본 원칙들은 이 항목의 구성 틀을 이루며, 지역 공원과 개방 공간이 직면한 현안, 추세, 과제, 기회를 반영한다.

이 원칙들은 관리, 활용, 유지보수, 계획, 설계의 개선을 통해 통합된 비전을 제시하며, 하나 이상의 공원 및 개방 공간 유형에 적용될 수 있다.

또한, 연방 도시설계, 역사 보존, 환경, 방문자 및 기념 관련 항목에서도 관련 정책 지침을 함께 제시한다.

Section A

공원 및 개방 공간의 역사적 요소 보호

량팡 및 맥밀런 계획은 워싱턴 D.C.의 공원 및 개방 공간 네트워크 형성에 큰 영향을 미쳤으며, 이는 도시 정체성을 규정짓는 기반이 되었다.

수도권의 성장과 함께 다양한 계획과 설계 흐름이 공원 조경 유산에 기여하였으며, 다수의 역사적 공원과 조성된 경관은 경관적·건축적 가치를 지닌 문화유산으로 평가된다.

일부 자연 및 인공 요소는 경관 조망축을 형성하여 미관을 높이고 방문객의 경험을 향상시킨다.

이러한 자원을 보호하면서 현대적 이용을 수용하기 위해서는, 공원의 지역적 맥락을 고려하고 이용자 수요와 이해관계 간의 균형을 유지하는 접근이 요구된다.

Section B

자연자원에 대한 지속 가능한 관리 장려

연방 정부는 이 지역의 주요 공원 및 개방 공간의 소유자이자 관리자로서, 자연자원을 미래 세대를 위해 보호·관리할 중요한 책임을 지닌다. 이는 경관의 심미적 가치 보호까지 포함되는 포괄적 관리 역할이다.

과거와 현재의 계획은 지역의 지형과 자연환경을 적극 반영하고 있으며, 많은 공원과 개방 공간은 습지, 하천 계곡, 범람원, 산림 등 다양한 지형과 생태 환경을 포함하고 있다.

이러한 자연자원은 과도한 이용, 환경 변화, 서식지 단절, 빗물 유출, 외래종 확산 등 개발과 관련된 위협에 직면해 있으며, 이에 대한 보호가 필요하다.

Section C

공원 내 기념물 설치의 균형

국가 수도의 공원 및 개방 공간 체계에서 기념물은 중요한 역할을 한다.

기념물의 기능과 공원의 다른 용도를 균형 있게 조화시키는 것이 성공적인 공공 공간을 만드는 핵심이며, 주로 국립공원에 위치하여 주요 경관을 형성하는 요소로 중요하다.

대형 기념물은 조경과 구조물 등 여러 요소로 구성되며, 공간이 제한됨에 따라 규모와 배치가 중요해진다. 많은 기념물이 도시 공원 내에 위치하고, 이들 공원은 사색 공간과 활동 공간의 균형을 필요로 한다. 기념물이 외곽 지역으로 확산됨에 따라, 지역 공원의 일상적 기능과 기념 기능의 균형도 중요해진다.

Section D

공원 및 개방 공간의 접근성 및 연결성

공원에 대한 접근성과 통과 동선은 인접 지역사회 및 방문객과의 연계를 강화하고, 다양한 이용 경험을 확대한다.

공원과 개방 공간을 연결하면 지역 단위의 공원 시스템이 구축되며, 이는 생태적 연결성 확보에도 기여한다.

연방 공원의 접근성은 기관의 보안 및 운영 목적에 따라 상이하며, 개선을 위해서는 물리적·시각적 연결 강화와 단절 구간 해소가 필요하다.

이는 공원을 고립된 공간이 아닌, 통합된 시스템으로 인식하고 계획하는 접근을 요구하며, 도로, 보행로, 산책로, 광장 등과의 연계를 통해 이동성을 높여야 한다.

Section E

공원 내 다양한 용도의 균형

지역이 계속 성장함에 따라, 공원과 개방 공간은 더 많은 사람과 다양한 용도, 프로그램을 수용해야 할 필요성이 커질 것이다.

공원은 공공 집회, 축하 행사, 교육, 여가뿐만 아니라 생태적·환경적 혜택을 제공하고, 환경 변화에 대응하며, 기념물 설치와 교통 및 야생동물 통로로서의 역할도 한다.

일부 공원은 과도한 이용으로 인해 문제를 겪고, 다른 공원은 접근 제한, 부족한 시설, 안전 문제, 부적절한 표지판, 관리 소홀 등으로 이용이 적다.

이러한 문제를 해결하고, 자연 및 문화 자원을 보호하면서 변화하는 수요에 맞춰 공원의 활용과 프로그램을 보다 효과적으로 개선하는 것이 중요하다.

Section F

통합적 공원 및 개방 공간 체계 구축

공원과 개방 공간은 행정 경계를 넘고, 다양한 기관과 이해관계자가 계획, 보존, 관리에 관여한다.

공원의 질을 향상시키고 통합적 공간 체계를 구현하기 위해서는 기관 간 협력과 조정이 필수적이다.

연방 및 지방정부, 지역사회, 이해관계자 간의 협업은 공원의 설계, 이용, 유지관리에서 유연성과 창의성을 높이는 데 기여한다.

Section A.
공원 및 개방 공간의 역사적 요소 보호

공원 및 개방 공간 체계는 시대별로 조성된 다양한 역사적 요소를 포함하고 있으며, 이는 방문객에게 다채로운 경험을 제공한다.

랑팡 계획에서 유래한 도심 소공원들과, 메릴랜드의 Piscataway 공원과 같은 자연공원 내 역사 자원은 이 지역의 발전 과정과 역사적 면모를 잘 보여준다. 본 절은 현대적 기능을 수용할 필요성을 인식하면서도, 공원 및 개방 공간의 역사적 요소를 보호하기 위한 정책적 방향을 제시한다.

A.1 공원 및 개방 공간의 역사

A.1.1 랑팡 계획 시대 (1800–1850)

랑팡 계획은 워싱턴을 독특한 지형적 분지의 중심에 배치하여, 강의 자연미를 강조하고 주변 고지대에서의 광활한 조망을 가능케 했다.

가로망과 개방 공간을 중심으로 조직된 이 계획은 물리적·시각적 위계를 형성하며, 오늘날까지 공원 및 개방 공간의 구조를 결정짓고 있다.

이 계획은 내셔널 몰, 국회의사당 부지, 대통령 공원과 같은 대규모 공원뿐 아니라, 도로와 가로의 교차점에서 형성된 소규모 공원의 기초가 되었다. 계획의 기하학적 구성은 원형, 사각형, 삼각형 형태의 녹지를 만들어냈으며, 이는 넓고 공원처럼 설계된 대각선 도로와 교차하는 지점에 위치한다. 계획의 핵심 구상 중 하나는 공원 내에 분수, 기념비, 조형물 등 시민예술의 요소들을 포함하는 것이었다.

대표적인 예로는 Farragut 광장, McPherson 광장, Dupont 원형광장, Franklin 공원, Lafayette 공원, Lincoln 공원, Stanton 공원 등이 있으며, 이 외에도 다수의 삼각형 소공원이 각 지역사회 내에 존재한다.

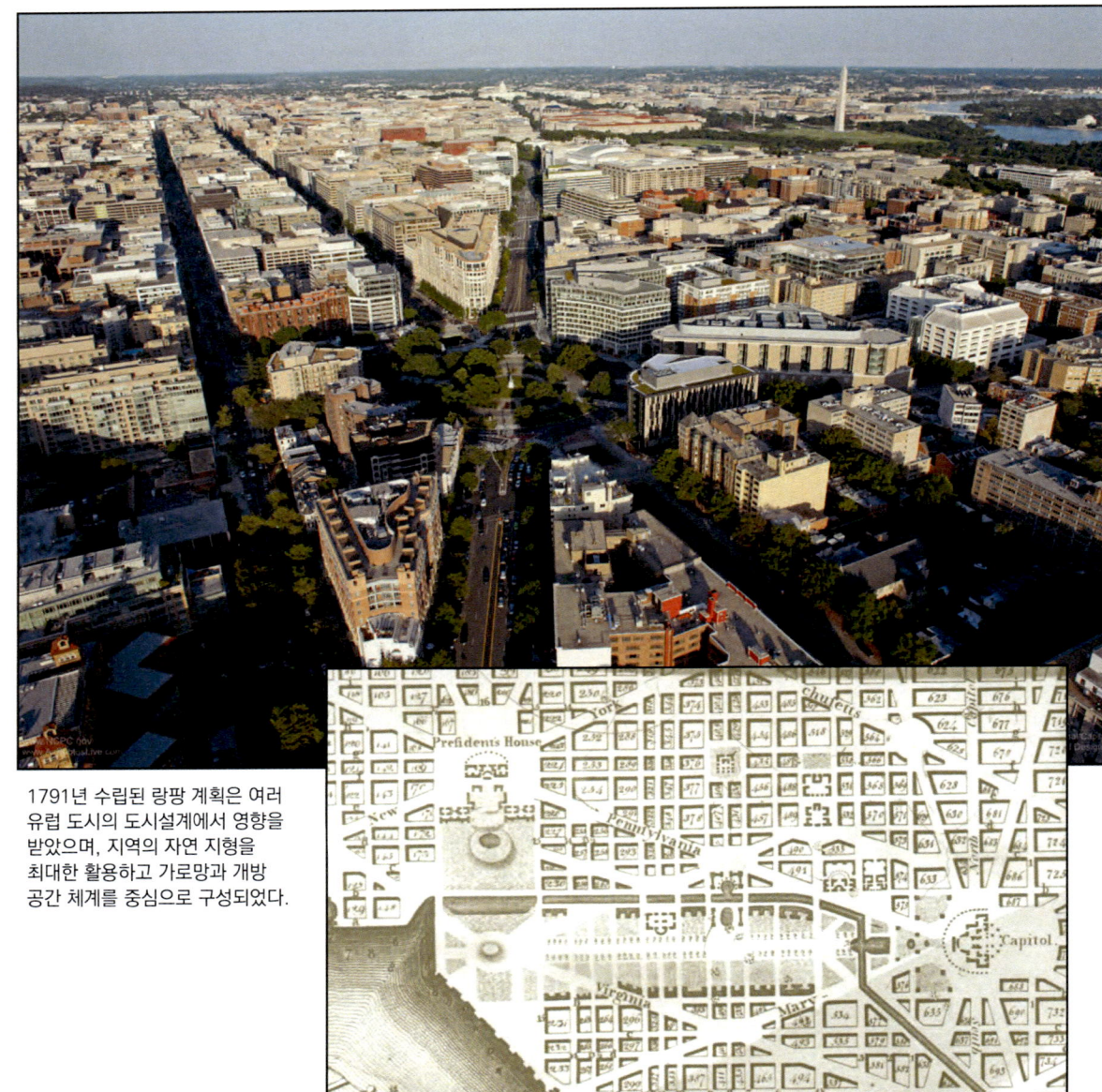

1791년 수립된 랑팡 계획은 여러 유럽 도시의 도시설계에서 영향을 받았으며, 지역의 자연 지형을 최대한 활용하고 가로망과 개방 공간 체계를 중심으로 구성되었다.

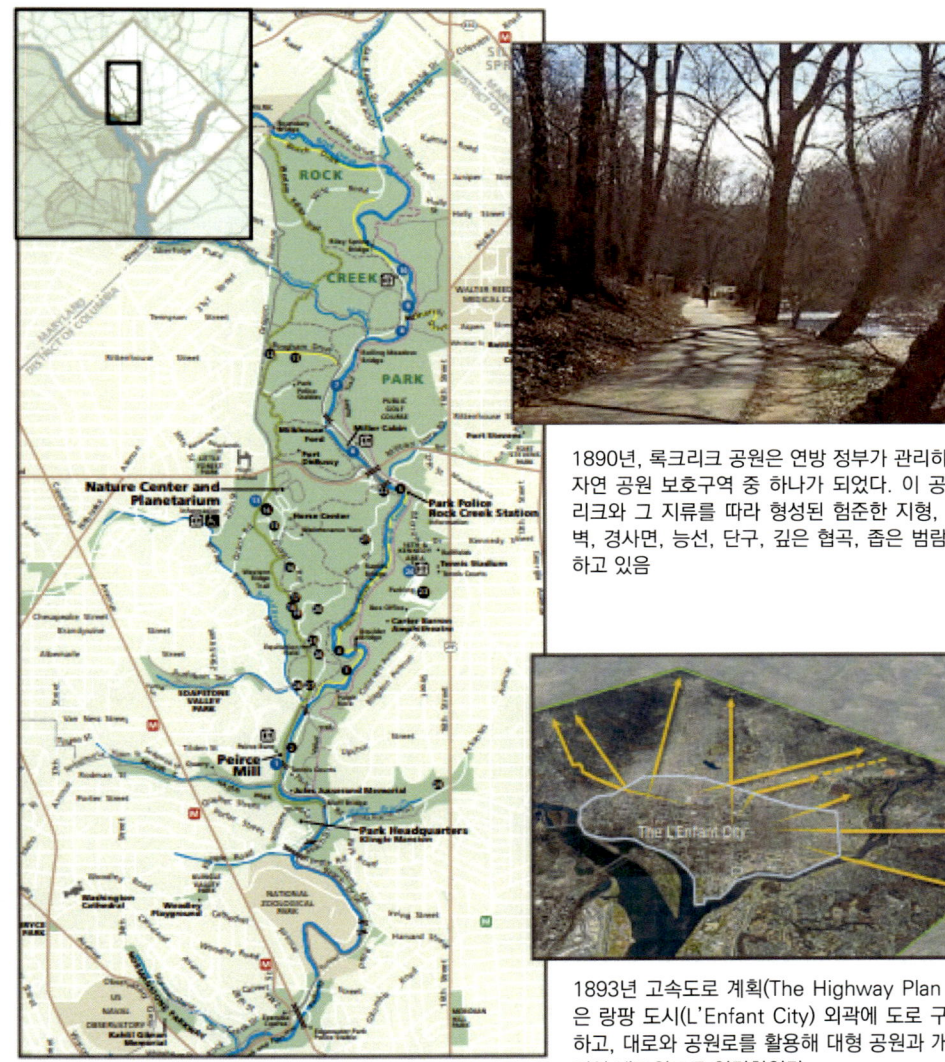

1890년, 록크리크 공원은 연방 정부가 관리하는 최초의 자연 공원 보호구역 중 하나가 되었다. 이 공원은 록 크리크와 그 지류를 따라 형성된 험준한 지형, 가파른 절벽, 경사면, 능선, 단구, 깊은 협곡, 좁은 범람원을 보호하고 있음

1893년 고속도로 계획(The Highway Plan of 1893)은 랑팡 도시(L'Enfant City) 외곽에 도로 구조를 설정하고, 대로와 공원로를 활용해 대형 공원과 개방 공간을 지역 네트워크로 연결하였다.

A.1.2 남북전쟁 및 빅토리아 시대(1850–1900)

남북전쟁 이후 워싱턴 D.C.의 인구가 급증하면서 랑팡 계획의 여러 요소들이 실행되기 시작하였다. 당시 내셔널 몰을 국가의 대표적인 공원으로 조성하려는 관심이 높아졌고, 이에 따라 앤드루 잭슨 다우닝(Andrew Jackson Downing)은 랑팡의 원안에서 벗어난 새로운 구상을 제안하였다. 그는 곡선형 산책로와 도로로 연결된 개별 공원을 나무로 둘러싸인 구조로 설계하였으며, 이는 대통령 공원의 엘립스(Ellipse)와 라파예트 공원에 반영되었다.

이 시기 워싱턴은 전쟁 피해를 복구하고, 기반 시설 및 공공 공간을 정비해 수도로서의 위상을 제고하고자 하였다. 미국 육군 공병단(USACE)은 랑팡 계획에 따라 도로, 공원, 개방 공간의 체계적인 건설에 착수하였고, 가로변 조경과 공원 조성 등을 통해 시민 중심의 보행 환경이 강화되었다.

1873년, 의회의 의뢰로 프레더릭 로 옴스테드(Frederick Law Olmsted) 시니어는 미국 국회의사당 부지 설계를 맡게 되었으며, 건물 북쪽, 남쪽, 서쪽을 감싸는 대리석 테라스를 제안하였다. 그는 고전 양식의 건축과 조화를 이루는 대칭적 조경을 구상하고, 조경 가장자리, 낮은 담장, 가로등, 나무, 관목, 곡선형 산책로를 배치하여 국회의사당의 경관을 풍부하게 하였다. 또한 그는 록 크릭 공원의 일부로 국립동물원을 설계하는 데에도 핵심적인 역할을 하였다. 1890년 의회에 의해 설립된 록 크릭 공원은 미국 최초의 도시 내 자연공원 중 하나로, 현재는 미국에서 가장 큰 자연 도시공원 중 하나로 꼽힌다.

도시가 원래의 랑팡 계획 범위를 넘어 확장됨에 따라, 새로운 개발지에도 원 계획의 원형 교차로, 소규모 공원, 격자형 가로망 등의 요소가 도입되었다. 옴스테드와 그의 사무소가 1893년에 수립한 도로 계획안은 랑팡 계획의 연장선상에서 도시 외곽의 도로체계를 정비하고, 대형 공원과 개방 공간을 대로로 연결하는 체계를 구축하였다. 이 계획은 지형에 반응하는 곡선형 파크웨이를 포함하여 이를 지역 네트워크로 확장하였으며, 대표적인 사례로는 록 크릭 공원에서 포토맥강까지 이어지는 네브래스카 애비뉴(Nebraska Avenue), 아나코스티아강을 따라 배치된 미네소타 애비뉴(Minnesota Avenue), 지형에 따라 계획된 맥아더 불러바드(MacArthur Boulevard)와 알라바마 애비뉴(Alabama Avenue) 등이 있다.

Comprehensive Plan for the National Capital: Federal Elements

A.1.3 맥밀런 계획 시대 (1900-1950)

1901~1902년에 수립된 맥밀런 계획(McMillan Plan)은 시티 뷰티풀 운동(City Beautiful Movement)의 영향을 받아 렝팡 계획의 비전을 강화하고, 기념 중심지에 신고전주의 건축 양식을 정립했으며, 도시 전역에 걸친 공원 체계 구축을 제안했다. 이 계획은 내셔널 몰(National Mall)의 공간 배치를 체계화하고, 서쪽과 남쪽 끝에 주요 기념물을, 북쪽과 남쪽에는 박물관과 공공건물을 배치하는 구상을 담고 있다.

이에 따라 미 육군 공병대(USACE)는 포토맥강과 아나코스티아강을 준설해 이스트 포토맥 파크(East Potomac Park)를 조성하고, 워싱턴 기념탑 남서쪽 습지를 준설해 웨스트 포토맥 파크(West Potomac Park)를 형성했다. 이후 25년간 링컨 기념관(Lincoln Memorial), 알링턴 메모리얼 브리지(Arlington Memorial Bridge), 유니언 역(Union Station) 등 주요 시설이 건설되었다.

이 계획은 또한 남북전쟁 시기의 요새들을 공원 체계에 통합할 기회로 보았고, 연방 정부는 포트 베이어드(Fort Bayard), 포트 스티븐스(Fort Stevens), 포트 스탠턴(Fort Stanton), 포트 슬로컴(Fort Slocum), 포트 마한(Fort Mahan), 포트 리노(Fort Reno) 등의 부지를 확보해 공원으로 전환했다. 이들 요새는 '포트 서클 드라이브(Fort Circle Drive)'라는 공원도로로 연결될 예정이었으나, 완공되지는 못했다. 그럼에도 이들 유적은 국가 수도의 주요 개방 공간 자산으로 남아 있다.

맥밀런 계획은 도시 전역에서 녹지 접근성을 높이기 위해 공공 공원과 개방 공간을 연결하는 체계를 제안했고, 이에 따라 연방 정부는 글로버-아크볼드 공원, 아나코스티아 워터프런트 공원, 메리디안 힐 공원 등 다양한 공원을 확보했다. 록 크릭 파크 내 카터 배런 원형극장, 시어도어 루스벨트 섬, 케닐워스 수생 식물원, 솝스톤 밸리 공원, 덤바튼 오크스 공원 등도 이 시기에 확보되거나 소유권이 이전되었다.

연방 정부는 광역 공원 체계 조성에도 힘썼으며, 맥밀런 계획은 하천과 강변을 따라 공원 도로(scenic drive)와 공원을 확보할 것을 제안했다. 록 크릭-포토맥 파크웨이(Rock Creek and Potomac Parkway)는 웨스트 포토맥 파크, 국립동물원(National Zoo), 록 크릭 파크를 연결하는 최초의 공원 도로 중 하나였다.

1924년, 연방 의회는 국가 수도권의 종합적 계획 수립을 위해 국가 수도 공원 및 계획 위원회(현 NCPC)를 창설했고, 계획 범위는 워싱턴 D.C. 외에 메릴랜드(몽고메리, 프린스 조지 카운티), 버지니아(알링턴, 페어팩스, 라우든, 프린스 윌리엄 카운티)로 확장되었다.

1930년 제정된 캐퍼-크램튼 법[6](Capper-Cramton Act)은 이러한 광역 공원 체계를 법적으로 뒷받침했으며, NCPC에 "중요한 자연 및 역사 자원의 보전" 권한을 부여하고, 하천 계곡 보전 및 공원도로 확보 자금 조달을 가능하게 했다.

이 법에 따라 조지 워싱턴 기념 공원도로(George Washington Memorial Parkway) 부지 확보, 록 크릭 파크의 메릴랜드 연장(Rock Creek Regional Park), 아나코스티아 공원 확장, 1938년 케닐워스 공원 및 수생 식물원 편입 등이 추진되었다. 미 육군 공병대는 아나코스티아강변에 방파제를 설치하고, 준설토로 습지를 매립해 공원 개발 기반도 마련했다.

당시 추가로 확보된 토지에는 체서피크 & 오하이오 운하(Chesapeake&Ohio Canal), 포트 워싱턴(Fort Washington), 그린벨트 파크(Greenbelt Park), 프린스 윌리엄 포레스트 파크(Prince William Forest Park), 케이톡틴 마운틴 파크(Catoctin Mountain Park) 등이 있으며, 광역 공원 체계 확장과 자원 보전에 기여했다.

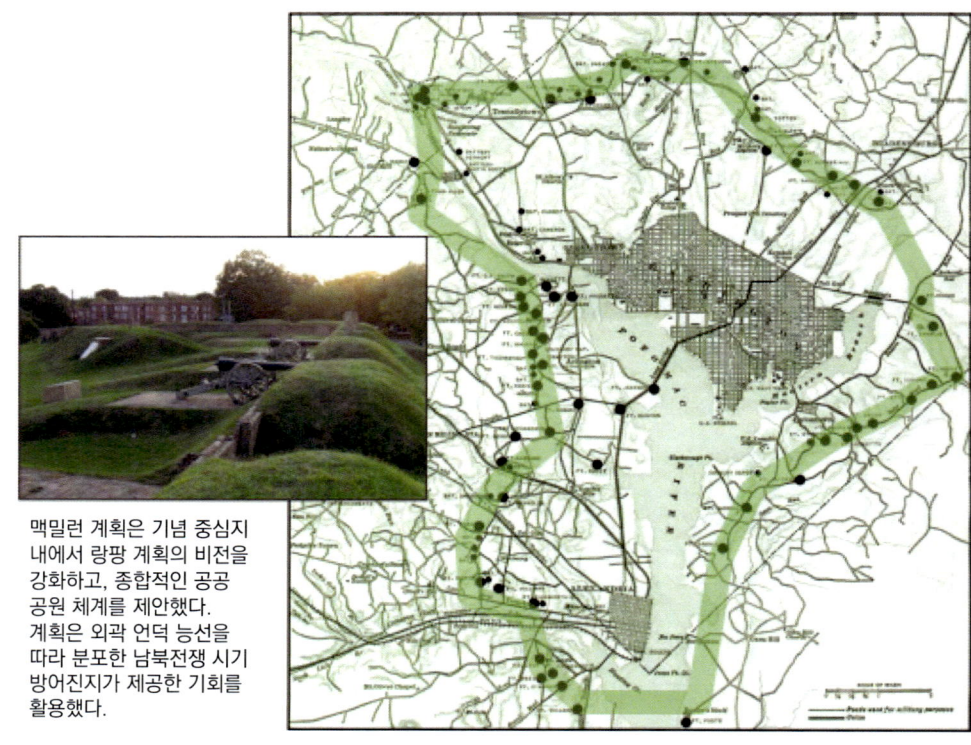

맥밀런 계획은 기념 중심지 내에서 렝팡 계획의 비전을 강화하고, 종합적인 공공 공원 체계를 제안했다. 계획은 외곽 언덕 능선을 따라 분포한 남북전쟁 시기 방어진지가 제공한 기회를 활용했다.

A.1.4 제2차 세계대전 이후 시대: 1950-1973

제2차 세계대전 이후, 지역의 팽창과 함께 공원 체계도 성장하고 변화하였다. 워싱턴 D.C. 내 연방 정부 청사의 증가와 외곽 지역에 연방 시설이 들어서면서, 공원 도로의 역할과 기능에도 변화가 생겼다. 파크웨이는 교통로로 기능했을 뿐 아니라, 수도로 향하는 위엄 있는 진입 경로를 제공하고, 지역의 공원·직장·주거지를 연결하며, 하천 및 운하 회랑을 보호하고 홍수 조절 기능을 제공함으로써 환경적 이점도 제공하였다.

볼티모어-워싱턴 파크웨이는 그린벨트 공원을 관통하여 포트 미드(Fort Meade), 벨츠빌 농업연구센터(Beltsville Agricultural Research Center) 등 주요 연방 시설을 워싱턴 D.C.와 연결하였다. 마찬가지로, 수틀랜드 파크웨이는 국가 방위 고속도로로 구상되어 앤드루스 공군기지를 워싱턴과 연결하였다.

20세기 중반에는 도시 계획의 재조정, 도시 재개발 사업, 기능주의와 심미적 이상을 결합하고 전통적 양식과 규범을 거부한 디자인 운동이 등장하였다. 사우스웨스트 워싱턴은 그 대표적 사례로, 전체 지역이 변모하며 건물과 경관이 현대주의 양식으로 재구성되었다. 이 시기에는 건물 사이의 광장에 콘크리트와 같은 인공 재료를 활용하고, 단순한 식재를 통해 녹지 공간을 조성하였다. 현재의 배네커 공원(Banneker Park)인 10번가 산책로와 전망대는 이 지역의 도시 재개발 프로그램의 일부였다. 새로운 시민 및 기념 건축물들은 현대주의 운동의 원칙을 채택하였다.

이 시기의 대표적인 현대주의 경관으로는 내셔널 갤러리 동관 광장, 랑팡 플라자 일부, 국립 동물원 내 지역, 허시혼 조각 공원(Hirshhorn Sculpture Garden), 국립수목원, 펜실베니아 애비뉴, 알링턴 국립묘지에 대한 마스터플랜 등이 있다.

1960년대 말에 이르러 환경 계획의 중요성이 인식되기 시작했고, 역사 보존에 대한 관심이 높아지며 공원의 이용 방식과 복원 방안에도 영향을 미치기 시작했다. 랑팡 및 맥밀런 계획에서 제시된 많은 공원들은 하천 계곡, 급경사지, 강 주변에 위치하고 있었으며, 이들은 중요한 자연 자원 지역으로 인정받았다. 자연사에 대한 대중의 이해를 증진시키고 경관의 아름다움, 희귀성, 다양성을 보존하기 위해, 의회는 1964년 토지 및 수자원 보전 기금법을 제정하였다. 이와 유사하게, 1966년에 제정된 국가역사보존법은 역사적 자산 및 경관이 국가사적지등록부에 등재될 수 있는 기반을 마련하였다.

이후 여러 경관들이 등재 대상에 포함되었는데, 여기에는 랑팡 및 맥밀런 계획의 원형 광장과 사각광장, 워싱턴 남북전쟁 공원(Civil War Defenses of Washington), 케닐워스 수생식물원(Kenilworth Aquatic Gardens) 등이 포함된다. 워싱턴 외곽 지역의 주요 유적지인 포트 워싱턴(Fort Washington)도 함께 등재되었다.

1986년, 미국 헌법 제정 200주년을 기념하여 로널드 레이건 대통령은 이 정원을 헌법을 기리는 살아있는 유산으로 선포했다.

내셔널 갤러리 동관 광장의 모더니스트 조경은 고전주의 양식의 서관과 현대적인 동관을 연결한다.

1970년, 미국 건국 200주년(Bicentennial) 준비를 위해 공원 인프라, 역사 보존, 해설, 방문객 서비스 등을 포함한 공원 개선 사업 예산이 증액되었다. 주요 수혜 지역은 내셔널 몰(National Mall) 종합 마스터플랜, 컨스티튜션 가든(Constitution Gardens) 개발, 펜실베니아 애비뉴 계획, 체서피크-오하이오 운하(Chesapeake & Ohio Canal)의 수문 및 견인로 복원 등이다.

이 프로그램은 지역 공원 개선도 목표로 농구 코트, 소프트볼장 등 편의 시설을 추가하였다. 아나코스티아, 포트 듀폰트(Fort Dupont)에는 스케이트장이, 워싱턴 남북전쟁 공원 일부에는 자전거 도로가, 포트 스탠턴(Fort Stanton)에는 피크닉 공간이, 포트 토튼(Fort Totten)에는 유아 놀이 공간(tot lot)이 조성되었다.

A.1.5 자치권 획득 이후 시대: 1973년-현재

자치권(Home Rule) 획득 이전까지는 워싱턴 D.C.의 모든 공원 공간의 계획과 관리를 연방 정부가 담당했다. 이 시기에 공원 시스템은 지역적·국가적 수요를 모두 충족하며, 연방 부지를 활용한 개방형 공공 공간 조성과 레크리에이션 센터 지정 등의 역할을 수행했다.

1973년 자치법(Home Rule Act)의 제정으로 워싱턴 D.C.에 지방 정부가 수립되자, 연방 정부는 국가적 중요성이 낮다고 판단되는 일부 공공 토지를 D.C. 정부에 이양하였다. 더 일반적인 방식은 사유권은 연방 정부가 유지한 채, 특정 용도(예: 공원 및 레크리에이션, 교육, 교통 등)로 지방 정부가 활용할 수 있도록 관할권을 이전하는 방식이었다. 이양된 부지 중 다수는 학교 운동장, 거리 공간, 지역 레크리에이션 센터 등과 연계된 개방 공간이나 레크리에이션 시설이었으며, 다양한 D.C. 행정 기관이 이를 관리함으로써 행정 구조와 책임의 변화를 반영하였다.

이전 수십 년 동안의 공원 확보 및 설계 발전이 기초를 마련한 가운데, 1970년대 후반부터는 문화경관의 식별, 해설, 보존에 대한 인식이 높아졌다. 자치 이후 연방 정부와 D.C. 정부는 공원 공간 확보에서 벗어나, 자원 효율화, 공원 유지 및 개선, 공원 시스템 강화를 목표로 협력해 왔다.

이런 협력의 대표적 사례는 아나코스티아 워터프론트 이니셔티브(Anacostia Waterfront Initiative)이며, 이는 2003년 아나코스티아 워터프론트 프레임워크 플랜(Anacostia Waterfront Framework Plan) 수립으로 이어졌다. 이 계획은 연방 및 D.C. 기관 간의 협업을 통해 아나코스티아 강변의 미래 비전을 마련하였고, 아나코스티아강을 지역의 핵심 자원으로 재인식하는 데 중요한 전환점이 되었다.

또한, 2014년에는 펜실베니아 애비뉴 이니셔티브(Pennsylvania Avenue Initiative)가 출범되었다. 이는 펜실베니아 애비뉴가 도시와 국가의 이중적 정체성을 갖는다는 점에서 미래 변화에 대응하기 위해 마련된 것이다. 이 계획에는 국가수도계획위원회(NCPC), 국립공원관리청(NPS), 연방조달청(GSA), D.C. 정부가 참여하였다. 특히, 미국 국회의사당과 백악관 사이의 애비뉴 구간은 기념 요소, 공원, 광장 등이 위치한 국가사적지로, 의사당 방향의 상징적 조망을 강조하는 웅장한 거리 경관이 특징이다.

이번 이니셔티브는 전후 도시 개발 맥락에서 랑팡 및 맥밀런 계획의 원칙을 적용했던 1974년 펜실베니아 애비뉴 계획을 기반으로 하며, 이 거리의 미래를 국가 수도의 시민 행사 중심지이자 도시 대로로 재구상하고 있다.

워싱턴 D.C. 차이나타운 공원

1918년에 조성된 아나코스티아 공원은 최근 100주년을 맞이했다. 이 공원은 워싱턴 중심에서 교육, 여가, 지역사회 활동의 기회를 제공한다.

A.2 문화자원 및 경관의 보존

이 지역의 공원 및 개방 공간 체계는 앞서 언급된 모든 시대의 문화자원과 경관을 포함하고 있다. 문화자원이란 과거 인간 활동의 물리적 증거를 의미하며, 특정 공동체와 전통적으로 관련 있는 유적지, 구조물, 경관, 유물 또는 자연물 등을 포함한다. 공원과 개방 공간에서 자주 발견되는 문화자원의 유형에는 고고학적 유적, 역사적 구조물, 문화경관, 민족적 자원이 있다.

워싱턴의 경우, 랑팡 계획은 다수 도시공원의 기초가 되었으며, 이 경관의 복원 및 보호는 중요한 과제로 간주된다. 이와 마찬가지로, 이 지역의 여러 공원들은 지역적 정체성과 경관 형성에 기여하는 문화경관으로서, 국가적 및 지역적으로 중요한 건축 및 조경 유산을 반영하며, 그 미적 가치와 역사적 중요성, 그리고 방문객 경험을 풍부하게 하는 조망권을 보호하고 있다.

이 지역에서 가장 널리 알려진 문화경관은 내셔널 몰로, 국가 행사, 특별 이벤트, 표현의 자유 활동, 다양한 형태의 여가 활동이 이루어지는 장소로 활용된다. 몰의 자원과 개방 공간을 보호하기 위해, 법적으로 규정되지 않은 대규모 행사나 집회, 축제는 기념 중심지(monumental core) 또는 그 외 적절한 지역에서 개최하는 것이 바람직하다.

기타 지역의 문화경관은 소규모 도시 삼각형 공원부터 록 크리크 공원(Rock Creek Park), 체서피크 및 오하이오 운하 국립사적지(Chesapeake & Ohio Canal National Historical Park), 매너서스 국립전장공원(Manassas National Battlefield Park), 그리고 워싱턴 남북전쟁 공원까지 다양하게 분포한다.

대부분의 계획 경관 및 전통 경관은 토지, 공기, 수자원, 식생, 야생동물 등 자연자원과 밀접하게 연관되어 있으며, 이러한 상호작용은 경관의 보존 및 관리에 중요한 요소로 작용한다.

체서피크-오하이오 운하 국립 사적공원은 자연과 여가를 즐길 수 있는 공간을 제공할 뿐만 아니라, 운하가 국가 역사에서 수행한 중요한 역할을 전하고 있다.

문화경관은 역사적 건축물과 구별되는 특성을 지닌다. 도시 계획 요소[7](Urban Design Element)에서 언급된 바와 같이, 워싱턴 D.C.의 설계와 배치는 자연환경의 영향 아래 형성되었으며, 이는 연방 정부 주요 건물과 시민 공간을 둘러싼 공원 및 녹지의 조성으로 이어졌다. 문화경관의 역사적·심미적 가치를 보존하기 위해서는 자연 요소와 인공 구조물 모두를 보호하는 것이 매우 중요하다.

연방 정부는 지역 공원의 역사적 요소를 보호하고, 다양한 설계 시대와 주요 계획이 기여한 유산을 존중하면서도 오늘날의 용도에 부합하도록 기능 개선을 균형 있게 도모해야 한다. 이에 따라, 연방 기관들은 문화자원 보호의 책임을 지니며, 개발 제안이 미치는 영향을 신중히 평가할 의무가 있다. 특히 조망권 보호는 문화자원에까지 확장되어야 하며, 경관의 미적 품질과 특성, 주변 환경의 조화에 이르기까지 포함된다. 문화경관의 보존과 관리는 각 공원의 개별 관리계획, 역사적 구조물 보고서, 문화경관 보고서와 긴밀하게 연계되어야 한다.

연방 정부의 역할

POS.A.1 워싱턴 시 계획(랑팡·맥밀런 계획)에 포함된 광장, 원형광장, 연방 삼각지 등 시민 거리 및 역사적 조경을 보존·복원 및 향상

POS.A.2 내셔널 몰의 축선과 역사적 조경을 시민 예술의 완성된 작품으로서 보호 및 유지

POS.A.3 내셔널 몰 및 주요 공원의 자원과 개방 공간 보호를 위해 야외 문화행사 등을 몰 외의 기념 중심지나 수도권 내 다른 장소로 유도

POS.A.4 문화경관의 자연 및 인공 요소 전반을 보존 유지

POS.A.5 문화경관을 국가·지역적 중요 건축 및 조경 유산으로 인식하고 보호·관리

POS.A.6 수도권 환경의 맥락을 구성하는 주요 문화·자연 자원을 지닌 공원과 개방 공간의 정체성 보호

POS.A.7 문화경관과 공원 및 개방 공간 체계의 미적 품질, 역사적 가치, 방문객 경험에 기여하는 조망권을 보호 또는 복원

문화경관의 유형 (미국 NPS 기준)

1. 계획경관 (Designed Landscape)

조경가 등 전문가에 의해 특정 스타일이나 전통에 따라 의도적으로 설계된 경관. 미적 가치가 중요하며, 인물이나 사건과의 연관성 또는 조경 이론의 발전을 보여주는 사례가 포함됨.

예: 공원, 캠퍼스, 저택 부지 등

미국 국립수목원

2. 전통경관 (Vernacular Landscape)

지역 주민의 생활과 활동을 통해 자연스럽게 형성된 경관. 기능적 역할이 크며, 일상적 문화와 환경을 반영함.

예: 농촌 마을, 농업 지대, 산업 단지 등

피스카타웨이 공원

3. 역사경관 (Historic Site)

역사적 사건, 활동, 인물과의 연관성으로 가치가 있는 경관.

예: 전쟁터, 대통령 생가 등

4. 민족경관 (Ethnographic Landscape)

특정 공동체가 문화유산으로 인식하는 자연 및 문화자원을 포함한 경관. 의례 장소, 성지, 식물·동물 자원 등이 구성 요소로 포함됨.

예: 종교적 성지, 전통 거주지, 신성한 지형 등

프레더릭 더글러스 국립사적지

A.3 설계된 경관의 섬세한 적응

워싱턴은 주로 랑팡 및 맥밀런 계획의 비전을 반영한 신고전주의 건축과 조경으로 알려져 있으나, 도시의 전국적인 디자인 정체성은 다양한 시대의 영향을 받아 형성되어 왔다. 이에는 메리디안 힐 공원의 이탈리아풍 조경, 대통령 공원(President's Park)과 같은 빅토리아식 정원 전통의 조경, 그리고 컨스티튜션 가든(Constitution Gardens)이나 프랭클린 D. 루즈벨트 기념관(Franklin Delano Roosevelt Memorial)과 같은 모더니스트 조경이 포함된다. 이외에도 모더니즘 및 포스트모더니즘 시기에 설계된 공원과 광장에는 사우스웨스트 워터프론트(Southwest Waterfront)의 배너커 공원(Banneker Park), 펜실베니아 애비뉴의 프리덤 플라자(Freedom Plaza), 퍼싱 공원(Pershing Park), 마샬 공원(Marshall Park) 등이 있다.

특정 건축 및 조경 양식이 점차 영향력을 잃어감에 따라, 이들의 대표적인 사례를 어떻게 보존할 것인가에 대한 문제는 역사 보존가와 도시계획가들 모두에게 중요한 과제가 되고 있다. 동시에 이러한 조경을 변화시킬 때는 이용자의 요구, 프로그램 변화, 주변 환경의 변화를 종합적으로 고려하는 것이 중요하다.

조성된 조경은 다양한 압력에 직면하고 있다. 주변 지역의 변화, 이용 방식과 관리 체계의 변화 등이 그 예다. 인접 토지의 재개발은 조경 공간의 활용, 접근성, 동선 등에 영향을 미칠 수 있으며, 고속도로나 다리 같은 장벽의 도입, 보행자 접근을 어렵게 만드는 교통 체계의 변화, 볼라드나 화분처럼 보안 목적으로 설치되는 구조물도 보행자 동선을 변경시킬 수 있다. 예를 들어, 배너커 공원은 원래 사우스웨스트 10번가의 종점으로 설계되었으나, 사우스웨스트 워터프론트 지역의 새로운 개발과 보행자 및 자전거 이용의 증가에 대응하여, 2018년 공원에 새로운 계단과 경사로가 설치되면서 내셔널 몰과 워터프론트를 잇는 중요한 보행 연결로의 기능이 강화되었다.

조성된 조경의 변화는 물리적 요인에 의해서만 발생하는 것이 아니다. 도시 환경이 더욱 밀집되고 인구 구조가 변화함에 따라, 시민들이 여가, 기념, 집회 공간에 대해 갖는 기대 역시 달라지고 있다. 그 결과, 조성된 조경 또한 시대의 흐름에 따라 적절히 변화될 필요가 있다.

메리디언 힐 공원

미국 국회의사당 부지 및 내셔널 몰

퍼싱 공원

배너커 공원

Comprehensive Plan for the National Capital: Federal Elements | 209

경관과 그들이 제공하는 필요는 또한 발전해야 한다. 많은 도시 공간은 사용 변화, 새로운 프로그램의 목표, 기반 시설의 개선, 자금 조정 및 지속적인 유지 관리 문제를 수용할 필요가 있다. 예를 들어, 2014년 의회는 펜실베니아 애비뉴에 위치한 도시 공원인 퍼싱 공원에 1차 세계 대전 기념관을 통합하는 것을 승인했다. 그 결과, 공원의 원래 디자인에는 기념인 요소와 관련된 사색 공간이 추가될 예정이다.

최근 내셔널 몰에 대한 개선은 사용의 유형과 강도에 반응하며, 경관이 어떻게 적응해야 하는지를 보여준다. 내셔널 몰은 국가적인 기념행사, 퍼레이드, 축제, 의식, 집회는 물론 지역 행사도 개최되는 장소이다. 시간이 지나면서, 이러한 이벤트들은 몰의 파손을 초래했으며, 그로 인해 잔디가 마모되고, 토양이 압축되며, 배수가 불량해졌다. 국가적인 중요성을 가진 주요 공공 공간으로서, 내셔널 몰은 대규모 인원들을 유연하고 효율적이며 지속 가능한 방식으로 수용할 수 있어야 한다. 2016년에 완료된 개선 작업은 내셔널 몰 계획에 따라 보도와 포장 구역을 넓혀서 통행을 개선하고, 공공 이벤트가 경로에서 더 잘 이루어지도록 하며, 잔디와 경관 지역을 보호했다.

설계된 경관을 수정해야 하는 이유에 관계 없이 복원, 재활성화 또는 재설계가 적절한 처치인지 판단하기 전에 주요 사항을 고려하고 평가하는 것이 중요하다. 이러한 평가는 경관의 역사와 진화, 원래의 디자인 의도, 현재의 사용 패턴, 그리고 지역 및 국가적 맥락을 명확히 하는 데 도움이 될 수 있다.

또한, 수정은 다양한 사용자들을 고려하고, 좌석과 그늘을 제공하며, 사회적 상호작용의 기회를 촉진하고, 주변 지역과의 물리적 및 시각적 연결을 유지해야 한다. 설계된 많은 경관은 특정 시대와 맥락을 대표하며, 수정이나 개선을 고려할 때 이러한 요소들이 중요하게 여겨질 수 있다.

연방 정부의 역할

POS.A.8 설계된 경관을 현대적인 프로그램 목표와 사용자 요구를 충족시키기 위해 개선할 때, 다양한 시대의 계획 원칙과 디자인 특징을 균형 있게 고려

POS.A.9 특별한 디자인 및/또는 문화적 의미가 있는 최근 경관의 가치를 인정해야 하며, 서로 다른 시대와 스타일을 대표하는 공원과 경관 특성을 보존하여 역사적 연속성과 진화 유지

POS.A.10 일부 경관에 대해서는 그 원래 디자인 의도가 여전히 중요한 의미를 지닐 수 있다는 점을 인식해야 하며, 설계된 경관에 대한 적응이나 개선 시에 원래의 디자인 의도를 고려

POS.A.11 설계된 경관에 대한 적응이나 개선 시에, 주변 지역과의 물리적 또는 시각적 연결을 강하게 유지하고 개선

POS.A.12 설계된 경관에 대한 적응 시, 랑팡 계획과 맥밀런 계획에 뿌리를 두고 워싱턴의 디자인 진화와 설계된 경관의 특징을 강화

설계된 경관 평가 시 주요 고려 사항

설계된 경관을 평가할 때, 기존 공간과 제안된 개선 사항을 맥락에 맞게 일관되게 고려해야 한다. 다음 사항들을 염두에 두고 평가하는 것이 중요하다.

1) 공간 사용
현재의 사용 및 사용자가 시간이 지나면서 어떻게 발전했는지 이해한다. 기존 사용자의 필요와 수정된 사용자 그룹이 프로그램과 제안된 개선 사항을 정의하는 데 어떻게 기여하는지 비교한다.

2) 설계 특성
사이트 요소, 스타일, 편의시설 등을 포함한 기존 설계 특성을 파악하고, 이를 통해 독특한 경관의 성격과 역할을 정의한다. 기존 조건과 제안된 개선 사항을 비교하여 프로그램의 변화와 그 잠재적 영향을 이해한다.

3) 원래 디자인 의도
제안된 개선 사항을 평가할 때 원래 디자인에 관한 정보를 고려한다. 여기에는 사이트의 공간 배치, 스타일, 사이트 요소 등이 포함된다.

4) 설계 맥락
경관의 주변 맥락을 평가한다. 이는 인접한 토지 이용, 인구통계, 물리적 및 시각적 특성 등이 경관의 인식과 사용에 어떻게 영향을 미칠 수 있는지를 포함한다. 이 맥락을 활용하여 경관이 주변 환경에 어떻게 반응하고 그 안에서 어떻게 적응할지를 파악한다.

5) 성능 및 유지관리
기존 경관의 전체적인 성능과 기능을 이해하여 내재된 설계 문제와 유지관리 한계를 파악한다. 이 정보를 바탕으로 기존 설계를 개선하거나, 배수 관리, 수자원 관리 등과 같은 사이트 시스템의 새로운 설계를 계획한다.

6) 역사적 및 문화적 중요성
제안된 개선 사항을 평가할 때 경관의 역사적 및 문화적 중요성을 고려한다. 이는 경관의 특징적인 요소, 시각적 특성, 문화적 전통, 그리고 특정 디자이너와의 연관성을 포함한다.

워싱턴 D.C.의 야경 스카이라인

A.4 기념 중심지 공원의 섬세한 조명

기념 중심지 공원의 야간 조명은 국가 수도워싱턴의 정체성과 경험을 강화할 기회를 제공한다.

이러한 공원에서의 조명은 안전과 시각적 편안함을 보장하는 것뿐만 아니라, 도시의 이미지와 야경 경험에 중요한 역할을 한다. 워싱턴의 야경 이미지는 이 도시를 전국적으로, 나아가 전 세계적으로 인식 가능하게 만드는 중요한 시민 기념물들의 건축 조명과 밀접하게 연관되어 있다.

워싱턴 D.C.에서 가장 저명하고 상징적인 다섯 개의 시민 기념물은 국회의사당, 백악관, 워싱턴 기념탑, 링컨 기념관, 그리고 제퍼슨 기념관이다. 이들 기념물은 야간에 부드러운 흰색 건축 조명과 내셔널 몰 및 인근 공원들의 상대적인 어두움 속에서 두드러지며, 이는 의도적인 조명 계층의 일부로, 기념물들이 야경에서 우선적으로 강조되도록 한다. 기념 중심지의 북서쪽 끝에 위치한 존 F. 케네디 공연예술센터 역시 중요한 기념물로, 그 건축 조명은 야경에서 중요한 역할을 한다.

기념 중심지 공원 내의 시민을 상징하는 기념물들이 워싱턴을 대표하는 독특한 상징인 것처럼, 원형 교차로, 광장, 공원에 위치한 중요한 기념물들과 추모 기념물들도 이 도시의 특성을 대표하는 중요한 요소이다.

워싱턴 D.C. 전역의 공원들은 주요 거리 교차로를 정의하며, 도시의 야경 정체성에 기여한다. 이러한 공원들에서의 조명 설계는 공원의 중심 요소들을 강조하는 것뿐만 아니라, 인근의 토지 사용 특성, 자연 및 문화 자원, 인근의 역사적 자산, 그리고 중요한 경관을 고려하는 것이 중요하다.

조명 기술이 발전함에 따라, 건축물과 도시의 특성을 조명하는 능력도 지속적으로 변화하고 있다. 기술 발전은 복잡한 조명 설치, 조작의 용이성, 다양한 색상과 조명 수준을 가능하게 한다. 정교한 조명 디자인은 일시적인 특별 행사뿐만 아니라 지속적인 용도로도 사용된다. 워싱턴의 야경 이미지를 보호하기 위해서는 여러 가지 조명이 어떻게 공원과 개방 공간에 영향을 미치는지, 그리고 자연 환경을 포함한 도시의 기존 조명 계층과 야경 정체성에 미치는 영향을 신중하게 고려해야 한다.

연방 정부의 역할

POS.A.13 워싱턴의 이미지를 보호하고, 국회의사당, 백악관, 워싱턴 기념탑, 링컨 기념관, 제퍼슨 기념관을 포함한 상징적인 시민 기념물들이 형성한 조명 계층 유지

POS.A.14 내셔널 몰, 이스트 포토맥 공원, 컬럼비아 섬 및 인근 공원들의 어둡고 최소한으로 조명이 설정된 환경을 유지하여, 워싱턴의 상징적인 시민 기념물들의 조명이 더욱 돋보일 수 있도록 유지.

POS.A.15 야경 이미지 보호를 위해 조명 제안서를 평가하거나 조명 표지판의 위치와 방향을 고려할 때, 내셔널 몰의 교차축을 포함한 워싱턴의 야경 이미지 보호

POS.A.16 기념 중심지 공원 주변의 배경 조명 효과를 최소화

Section B: 자연 자원에 대한 지속 가능한 관리 장려

공원과 개방 공간은 지속 가능하고 살기 좋으며 아름다운 지역을 형성하는 데 중요한 자원이다. 이러한 공간은 생태적으로 공기와 수질을 개선하고, 신체적·정신적 건강을 증진시키며, 서식지 연결 통로와 자연 보호구역을 제공하고, 지하수 보유를 증가시키는 데 기여한다.

또한 공원은 모든 연령과 경제적 배경을 가진 개인, 가족, 친구들이 모이는 사교의 장으로서 사회적 가치를 지니며, 도시공원은 여가 활동의 기회를 제공하는 중요한 공공 공간으로 삶의 질에 필수적이다. 커뮤니티 정원이나 어린이 놀이터 같은 동네의 개방 공간은 주민들을 하나로 모으는 역할을 할 뿐만 아니라, 녹지 공간의 가치에 대한 교육적 기능도 수행한다.

보전의식은 기존 자원의 가치를 이해하고, 책임감 있게 사용하며 보호하는 것에서 시작된다. 지속 가능한 방식을 채택하고, 개인이 자연을 아끼는 행동을 실천할 수 있도록 알리는 것도 중요하다. 다양한 연방 기관과 인접 행정구역 간의 협조는 행정 경계를 넘는 공원과 자연 자원을 관리할 때 핵심적인 요소이다.
본 정책 섹션은 해당 지역의 고유한 자연 자원을 조명하고, 이 자원들을 앞으로도 보호하고, 적절히 활용하며, 더욱 향상시킬 수 있도록 방향을 제시한다.

B.1 지역 내 자연 자원 지대

이 지역에는 독특한 지질학적 특성, 고유 생태계, 식물과 동물의 서식지, 그리고 아름다운 경관을 보호하는 다양한 자원이 존재한다. 이러한 자원에는 지형적 특성, 녹지축, 수로, 그리고 하천 계곡 공원 등이 포함된다.

B.1.1 지형적 특성

이 지역의 지형은 그 고유한 성격과 경관을 형성하는 데 기여하는 핵심 자연 자원입니다. 대표적인 지형으로는 랑팡 도시[8]를 둘러싼 분지를 이루는 구릉 지대, 포토맥강과 록크리크를 따라 형성된 절벽과 협곡, 워싱턴이 위치한 해안평야와 피드몬트 고원(Piedmont Plateau), 그리고 지역의 서부 및 북서부에 위치한 산악 지대 등이 있다. 이 지역의 지질, 지형, 그리고 지형적 변화는 다양한 식물과 동물 군집의 서식지를 형성하는 데 기여한다.

그레이트 폴스 공원은 포토맥강의 그레이트 폴스가 지닌 독특한 지질학적 특성과 아름다운 경관을 보호하고 있다.

랑팡 도시와 그 주변의 저지대 및 주변 경계는 분지 지형을 이루고 있다. 이 분지는 플로리다 애비뉴 절벽(Florida Avenue escarpment), 아나코스티아 언덕(Anacostia Hills), 알링턴 언덕(Arlington Hills)으로 둘러싸여 있다. 분지 지형의 숲으로 덮인 능선은 기념물 중심지(monumental core)의 탁 트인 전경을 제공한다. 고지대와 저지대가 자연스럽게 공존하고, 넓게 퍼진 수목과 수목선은 이 지역 특유의 경관과 전망을 구성하며, 특히 고지대에서 바라보는 풍경은 독특한 시각적 경험을 선사한다.

이 지역의 지형과 경관은 해안평야와 피드몬트 고원의 지질 특성을 반영하고 있다. 낮고 평탄한 해안평야는 얕은 내륙 만과 굽이치는 강들이 특징이다. 그보다 서쪽으로는 완만한 구릉지인 피드몬트 고원이 펼쳐져 있으며, 이 언덕들은 서쪽에 위치한 더 높은 산악 지대로 이어지는 계단처럼 보인다. 해안평야와 피드몬트 고원의 대표적인 지형은 벨츠빌 농업연구센터(Beltsville Agricultural Research Center), 패턱센트 연구보호구역(Patuxent Research Refuge), 메이슨 넥 국립야생동물보호구역(Mason Neck National Wildlife Refuge), 볼티모어-워싱턴 파크웨이(Baltimore-Washington Parkway), 포트 미드(Fort Meade), 해병대 기지 콴티코(Marine Corps Base Quantico), 프린스 윌리엄 산림공원(Prince William Forest Park) 등 여러 연방 정부 소유 지역에 보존되어 있다.

Manassas Battlefield Park, Virginia

Soapstone Valley Park, Washington, DC

포토맥 협곡(Potomac Gorge)과 록크리크 계곡(Rock Creek Valley)을 포함한 강과 하천의 절벽과 협곡은 고도가 급격히 변화하는 지역으로, 평온한 상류의 강과 시냇물이 장관을 이루는 폭포선(fall line)에서 만나는 곳이다. 이러한 절벽과 협곡은 대부분 자연 그대로의 상태를 유지하고 있으며, 인공적인 구조물의 침해 없이 보존되어 있다.

블루릿지 산맥(Blue Ridge Mountains)은 지역의 서부 및 북서부에 위치한 불 런(Bull Run), 사우스 카톡틴(South Catoctin), 슈가로프(Sugarloaf) 산 등을 포함하며, 동쪽의 버지니아 피드몬트(Virginia Piedmont)의 완만한 구릉 위로 우뚝 솟아 있다. 이들 자연 지역의 일부는 수도권 외곽에서도 관측할 수 있으며, 예를 들어 슈가로프 산은 몽고메리 카운티 북부에서 보인다.

B.1.2 녹지축(Greenways)

녹지축은 이 지역의 녹색 경관을 형성하는 데 중요한 기여를 하며, 지역의 고유한 정체성을 부여하는 요소이다. 녹지축은 일반적으로 하천이나 능선과 같은 자연 지형 또는 폐철도, 유틸리티 회랑과 같은 인공 구조물을 따라 조성된 초목이 우거진 개방 공간 또는 미개발 토지를 의미한다.

이들은 주로 환경적인 회랑으로 기능하며, 산책로(trail)나 경관도로(scenic drive)와 같은 연속적인 순환 경로를 포함하기도 한다. 녹지축 기능을 하는 선형 공원의 예로는 멜빈 헤이즌 공원(Melvin Hazen Park), 솝스톤 밸리 공원(Soapstone Valley Park), 글로버-아크볼드 공원(Glover-Archbold Park), 아나코스티아 강변(Anacostia River shoreline), 그리고 워싱턴 남북전쟁 방어선(Civil War Defenses of Washington)의 일부 구간이 있다.

산책로가 조성된 녹지축은 기존의 여가 활동 기회를 확장하고, 대체 교통수단을 위한 경로도 제공된다. 이러한 녹지축은 도시, 교외, 농촌 지역을 가로지르며 걷기, 자전거 타기, 승마 등 다양한 레크리에이션 활동에 이상적인 환경을 제공한다.

녹지축을 따라 풍부하게 자란 수목과 식생은 도시화된 수도권을 포함한 광범위한 지역에 자연 경관과 공원의 느낌을 더해주며, 메릴랜드와 버지니아 교외 지역까지 이어진다. 워싱턴 시내 구역 내 녹지축은 주로 국립공원관리청(NPS)이 관리하며, 도시 외곽으로 나가면 주 및 지방 정부가 그 관리를 담당한다. 녹지축이 자생 식물로 구성된 식생 완충지대로 조성될 경우, 지역 생태계를 보호하는 데 기여할 수 있다. 또한 하천과 운하를 따라 조성된 녹지축은 수질 개선, 범람원의 침수 피해 감소, 야생동물 서식지 제공, 이동 경로 지원 등의 역할도 수행한다.

B.1.3 강과 수로

강과 수로는 여가 활용과 경관적 가치 덕분에 소중한 자원이다. 식물과 동물의 서식지를 제공하고, 고유 생태계를 보호하며, 교통 기능도 수행한다. 포토맥강, 아나코스티아강, 체서피크 만은 이 지역의 주요 수자원이다. 워싱턴에서는 이 두 강이 동포토맥공원(East Potomac Park)의 헤인스 포인트(Hains Point) 부근에서 합류해 'Y'자를 이룬다. 워싱턴 D.C. 강변의 약 90%는 연방 소유 토지에 있다.

이 지역의 강변은 자연 또는 반자연 상태이거나 인공 호안(seawall)이 조성된 형태입니다. 자연 강변은 케닐워스 공원(Kenilworth Park), 수생 식물원(Aquatic Gardens), 마운트 버논(Mount Vernon) 남쪽의 만과 곶, 그레이트 폴스(Great Falls), 다이크 습지(Dyke Marsh), 포인트 오브 록스(Point of Rocks) 등에서 찾아볼 수 있다. 이 생태계는 수계 보호, 토지 보호, 오염물 여과, 서식지 제공 등 다양한 기능을 하며 도심 속 여가 공간으로도 활용된다.

내셔널 몰의 타이달 분지(Tidal Basin), 웨스트 포토맥 공원(West Potomac Park), 동포토맥 공원(East Potomac Park), 아나코스티아강 일부에는 인공 호안이 조성돼 있다. 이는 수로 준설과 홍수 조절 목적이 있지만, 침식·노후화·해수면 상승의 영향을 받고 있다. 특히 아나코스티아강은 인공 호안으로 인해 자생 습지가 제한된다.

수변의 완충지대(riparian buffer), 숲, 성장한 나무들은 급경사면과 범람원(floodplain)을 보호하며 침식과 오염 유입을 막는다. 인공 호안이 있는 동·서포토맥 공원, 타이달 베이슨, 아나코스티아 공원도 여가와 기념 공간으로 활용된다.

도심 강변 공원은 다양한 여가를 수용한다. 헤인스 포인트(Hains Point), 아나코스티아 공원은 조용한 여가를, 조지타운 워터프런트 공원(Georgetown Waterfront Park)은 활동적인 여가를 제공한다. 민간개발지구 근처인 사우스웨스트 워터프런트의 워프(The Wharf)도 활동적 여가 공간이다.

반면, 연방 소유 공원은 조용한 여가, 경관 보호, 기념 목적에 중점을 둡니다. 서포토맥 공원과 타이달 분지는 기념물이 있고, 동포토맥 공원은 미래 기념물 부지로 지정됐으며 현재는 골프장, 테니스장, 수영장 등이 있다. 동포토맥 공원 남단의 헤인스 포인트는 포토맥강, 아나코스티아강, 워싱턴 운하를 조망할 수 있는 인기 소풍 장소이다.

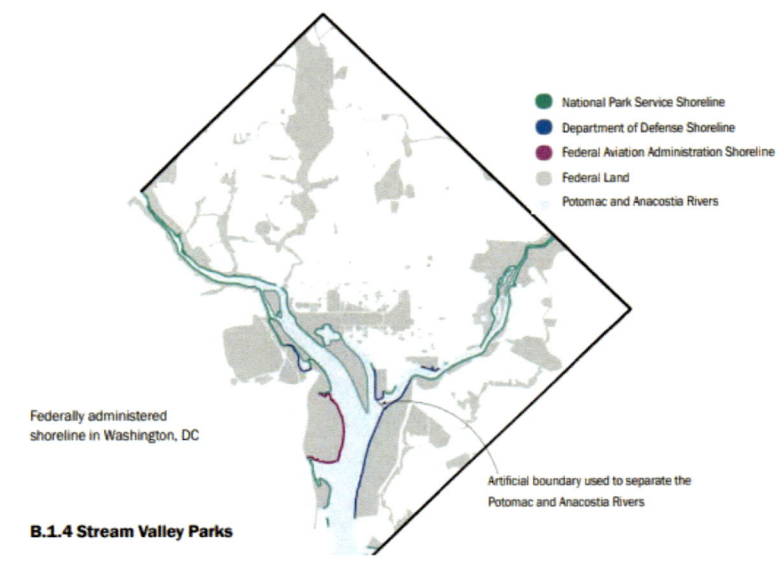

B.1.4 Stream Valley Parks

B.1.4 하천 계곡 공원

이 지역의 하천 계곡 공원은 강, 시내, 지류를 따라 조성된 자연림 및 산림 지역을 포함하며, 생태적·경관적 가치가 높다. 숲이 우거진 수변 완충지대는 영양염류, 퇴적물, 오염물질의 유입을 걸러주고, 제방 침식 방지, 수류 흐름 완화, 그늘 제공을 통해 민감한 생물 종의 적정 수온 유지에 기여한다. 이 공원들은 녹지축의 기능도 수행하며, 수로·운하 주변 식생 완충지대는 야생동물의 서식지와 이동 통로를 지원한다.

워싱턴 D.C.의 범람원 70%, 산림지 68%, 급경사지[9] 72%가 강과 하천 계곡 공원으로 보호되고 있다. 주요 하천 계곡인 록크리크(Rock Creek), 옥슨 런(Oxon Run), 와츠 브랜치(Watts Branch) 등도 대부분 공원으로 보존된다.
이는 조기 계획 노력의 결과이며, Capper-Cramton 법(CCA)을 통해 연방 자금으로 여러 하천 계곡 공원이 매입·보호되었다.

워싱턴 D.C. 내 연방 소유 강변 대부분은 국립공원관리청(NPS)이 관리하며, CCA 법은 아나코스티아 공원을 계곡 상류로 확장하고, 록크리크(Rock Creek), 포토맥강(Potomac River), 아나코스티아강(Anacostia River)의 수질과 흐름 유지 책임을 명시한다. 또한 이 법은 하천과 강 주변 산림 및 자연 지역의 보전을 촉진하는 법적 기반이 되었다.

Capper-Cramton 법(Capper-Cramton Act)

Capper-Cramton 법은 수도권에 종합적인 공원, 공원도로, 놀이터 체계를 조성하기 위한 자금을 배정함과 동시에, 특정 하천 계곡을 매입하여 토지를 보전하고 지역 수로의 수질을 보호하기 위한 자금도 함께 배정하였다. 워싱턴 D.C. 외 지역에서 매입된 토지는 해당 주 정부 또는 지정된 공원 관리 기관의 명의이다. 대표적인 예로는 캐빈 존 크리크(Cabin John Creek), 페인트 브랜치(Paint Branch), 노스웨스트 브랜치(Northwest Branch), 슬리고 크리크(Sligo Creek) 등이 있다.

Capper-Cramton 법을 통해 수도권에서는 총 2,200에이커 이상의 하천 계곡 공원이 보전·보호되었다. 이 법은 토지 매입 자금 외에도, 당시 국가수도공원계획위원회(현 NCPC)가 CCA에 따라 매입된 공원 내 개발 사업을 승인할 수 있도록 권한을 부여하여, 이 지역의 소중한 수계망과 공원지역을 영구히 보호하고 보존할 수 있도록 하였다.

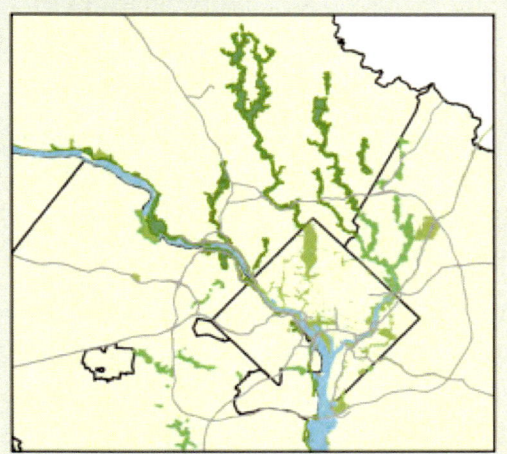

Capper-Cramton 공원은 이 지역의 소중한 수계망과 공원지를 영구히 보호하고 보존하는 역할을 한다.

B.2 자연 자원 지대의 보전 관리

연방 정부는 이 지역의 숲, 공원, 수로, 해안선, 습지, 수변 회랑 등 많은 자연 지역을 보호하는 데 있어 중요한 보전 관리 역할을 수행하고 있다.

B.2.1 환경적으로 민감한 지역

많은 자연 지역은 식물과 동물의 서식지를 제공하고 지속 가능한 생태계를 유지하는 데 기여하기 때문에 환경적으로 민감한 지역이다. 이러한 지역은 생물 다양성, 토양, 수자원 및 기타 자연 자원의 장기적 보존에 필수적이다. 보호된 토지와 수계망이 상호 연결된 시스템을 유지하면, 기후 변화에 따라 야생 동물이 자연스러운 이동 경로를 따라 이동할 수 있다.

이 지역의 해안선은 침식과 홍수에 취약한 매우 민감한 지역이다. 해안선, 수변 완충지대, 산림, 성장한 나무들은 급경사면과 범람원을 보호하고, 침식을 방지하며, 퇴적물과 오염물질이 수역으로 유입되는 것을 줄이는 데 중요한 역할을 한다.

B.2.2 회복력 있는 해안선

인공 호안과 자연 해안선 모두에서 지속적인 보전 관리 활동은 강력한 폭풍에 대응하고, 변화하는 수위에 적응하며, 오수 및 빗물 오염을 줄이는 데 기여할 수 있다. 헤인스 포인트(Hains Point)에서는 만조 시 강물이 자주 인공 호안을 넘쳐 인근 산책로를 물에 잠기게 한다. 아나코스티아 공원과 타이달 분지에 조성된 인공 호안 구간에는 여러 기념물이 있으며, 여가 공간으로도 중요한 역할을 한다.

노후화된 인공 호안 지역에서는 수위 변동과 그 영향을 관리할 수 있도록 복원 기법이나 식생을 활용한 자연 해안선 도입을 고려하는 것이 중요하다. 이와 함께 습지를 재조성하고, 수변 완충지를 조성하며, 식물 등 자연 요소를 활용해 수변을 안정화하는 '생태 호안(living shoreline)'을 설치하면 침식을 줄이는 동시에 퇴적물 제거 및 수질 개선에도 도움이 된다.

B.2.3 Capper-Cramton 공원의 특성과 환경

Capper-Cramton 공원은 습지, 급경사지, 민감한 서식지 등 환경적으로 민감한 지역을 포함하며, 강·수로·하천을 따라 분포해 있다. 연방 정부는 국가수도계획위원회(NCPC)의 검토 권한을 통해 공원 내 개발을 감독하며, 수계와 공원지를 지속적으로 보호·보존한다.

보전 관리는 지방 공원 당국과 협력하여 공원의 고유한 특성과 환경을 보호하는 데 중점을 두며, 개발이나 정비가 기존 공원 이용과 조화를 이루도록 한다. 하천 수질 개선, 접근성 향상, 자원 확충 등 공공 이익을 포함한 사업은 장려된다.

조화로운 개선 사례로는 하천 계곡 공원 내 습지 및 초지 조성, 광역 산책로 연결을 위한 다목적 산책로 설치, 공원 접근성을 높이는 보행교, 연결 산책로 설치가 있다.

대부분의 개발 개선은 수계 및 빗물 관리와 관련되며, '그린 스트리트'와 같은 설비나 녹색 기반 인프라는 자연환경 보전에 효과적이다. 이에 따라, 바이오 리텐션 연못(bio-retention basins), 바이오 스웰(bio-swales), 식생 기반 빗물 처리 방식이 권장된다. 하천 주변에는 자연형 제방 복원 기법을 적용해 경사면 보호 및 침식 방지를 도모하는 것이 바람직하다.

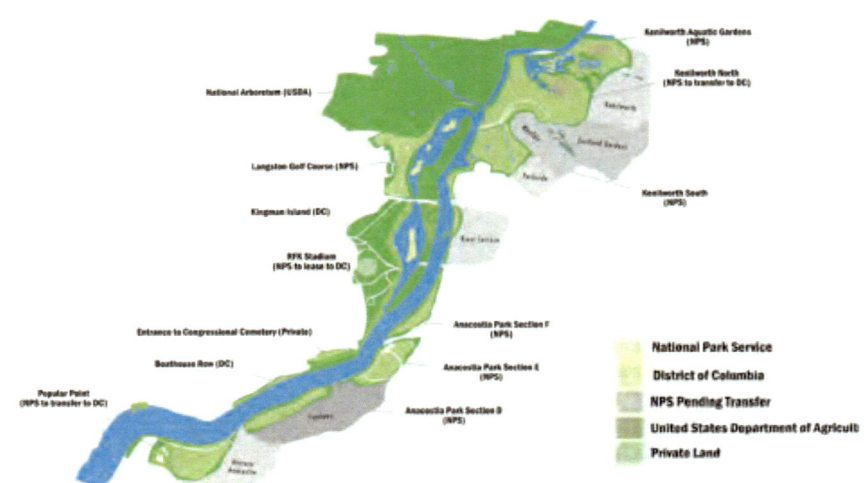

B.2.4 소중한 경관 보호(Viewsheds)

또 하나의 중요한 보전 관리 책임은 자연 지역과 관련된 조망권(viewshed)을 보호하는 것이다. 도시 계획 요소(Urban Design Element)는 워싱턴 도시 계획과 관련된 주요 조망을 문서화하고 있지만, 자연 지역으로 관리되는 많은 공원과 개방 공간도 중요한 조망권을 보호하거나 자연 지형의 경관을 감상할 수 있는 시야를 제공한다. 이와 마찬가지로 고지대에서는 저지대 경관을 방해 받지 않고 조망할 수 있다.

소형 셀타워, 통신탑, 안테나 등 유사 구조물을 설치할 때는 민감한 입지 선정을 통해 조망권을 보호해야 한다. 또한 강이나 수로 인근 개발은 수변의 경관적 특성과 정체성에 영향을 줄 수 있으므로, 개발의 규모와 질량(mass and scale)은 인근 개방 공간의 경관적 가치와 조화를 이루어야 한다.

B.2.5 밤하늘 보전(The Night Sky)

과도한 인공조명으로 인한 빛공해(light pollution)를 줄이는 것은 밤하늘과 자연환경을 보호하는 데 매우 중요하다. 빛공해는 공원의 이용 경험을 저해할 수 있으며, 인근 지역의 사용에도 부정적인 영향을 미칠 수 있다.

식물과 동물은 먹이 섭취, 수면, 번식, 이동, 포식자로부터의 회피 등 중요한 생존 활동을 위해 빛과 어둠의 주기에 의존한다. 인공조명은 길 찾기, 보안, 미관 등의 측면에서 필요하지만, 야행성 생물의 생태 기능을 방해하고 환경적으로 민감한 지역에 악영향을 미칠 수 있다.

빛공해는 주로 위쪽이나 측면으로 빛을 발산하는 조명기구에서 발생한다. 따라서 공원 내부 및 주변에서 광공해를 최소화하는 것은 공원의 자연성과 경관을 보호하는 데 중요하다. 조명 설치 시 조도의 양과 위치를 신중하게 고려하고, 조명기구의 배치와 설계를 전략적으로 수행함으로써 빛공해를 줄일 수 있다.

아나코스티아 공원 (Anacostia Park)

아나코스티아 공원은 Capper-Cramton 자금으로 매입된 공원으로, 이 지역에서 가장 큰 규모의 여가 공간 중 하나이다. 워싱턴 D.C. 아나코스티아 강변을 따라 약 1,100에이커 규모의 면적을 차지하며, 자연 지역, 문화 유산지, 관리된 수변 지역, 공공 여가 시설 등으로 구성되어 있다.

아나코스티아 공원은 고밀도 도시 지역과 아나코스티아강 사이에 위치한 중요한 도시 공원으로, 흰머리수리(bald eagle)와 같은 다양한 동식물의 서식지를 제공하는 자연 해안선, 강의 수질 보호에 기여하는 산림과 습지, 그리고 지역 주민과 방문객을 위한 다양한 여가 활동 공간을 포함하고 있다.

2010년 아나코스티아 워터프런트 이니셔티브 – 10년의 성과 보고서에서는 여러 D.C. 및 연방 기관이 협력하여 강과 수변을 복원하고 활성화하기 위한 비전, 성과, 목표를 제시했다. 이 계획은 컬럼비아 특별구와 연방 정부 간의 장기적 협력 관계를 토대로 하며, 핵심 목표 중 하나는 아나코스티아강의 환경적 상태를 복원하는 것이었다.

연방 정부의 역할

POS.B.1 다음과 같은 지역의 자연 지형과 특성을 보호·개선 필요

    a. 강·하천, 계곡·절벽, 해안 공원 체계

    b. 강·하천의 절벽 및 협곡

    c. 강의 발원지 및 저수지

    d. 분지 지형의 숲, 능선

    e. 기타 중요한 경관·생태 요소

POS.B.2 수변 경관, 습지, 급경사지, 성숙한 나무, 하층 식생, 범람원, 숲, 투수성이 높은 토양과 같은 자연 해안선 보호 복원

POS.B.3 산책로나 도로 개선이 있더라도, 녹지축(greenways)이 환경적 혜택을 지닌 자연 자원으로 역할을 할 수 있도록 보호·유지

POS.B.4 지형적 특성, 녹지축, 강 및 수계망, 하천 계곡 공원, 숲을 보호·보존하여 경관·생태·문화·여가 자원으로서 가치를 지속할 수 있도록 노력

POS.B.5 도시 수변이 수위 변화에 회복력, 적응력을 갖추도록 유도하고, 자연 해안선의 서식지 복원 시 인공 구조물 사용 지양

POS.B.6 연방 부지 내 나무, 식생, 자연 지역, 개방 공간의 보존·유지를 통해 야생동물 서식지 지원, 경관 가치 개선 및 심미적 특성 고양
위와 같은 공간 보존을 위해 연방의 미션과 요구와 조화를 이뤄야 함

POS.B.7 포토맥강, 아나코스티아강의 수질을 보호하고 개선하기 위한 토지 이용 및 조치를 장려하고, 인공 및 자연 해안선을 복원하여 생태, 경관, 여가 자원 강화

POS.B.8 Capper-Cramton 공원의 고유한 특성과 환경을 보호하여 공원 및 개방 공간 체계의 핵심 요소로 유지

POS.B.9 Capper-Cramton 공지 개선은 기존 공원 용도와 조화시켜야 하며, 하천 수질 개선, 접근성 증진, 자원 보호 등 공공 이익 사업 장려

POS.B.10 지형적 특성을 고려한 자연 지역에서 고밀도 도시 환경으로의 점진적인 전이를 위해 공원, 수목, 자연 지대 활용 장려

POS.B.11 포토맥 협곡(Potomac Gorge)과 관련된 절벽, 협곡은 자연 상태로 보존하고, 고지대(highlands)와 주변 지역은 인공 구조물 없이 개발 지역과 점진적으로 연결

POS.B.12 해안 지대 및 인접 지역의 개발 시 경관축(view corridors)을 보존하고, 개방 공간 특성에 부합하는 규모와 질량(mass and scale) 유지

POS.B.13 소형 통신 인프라, 통신탑, 안테나 등 설계 시, 연방 공원 및 인접 지역 설치를 지양하고, 불가피할 경우 다음 사항을 고려

    a. 자연 경관 및 문화 경관, 도시 광장, 개방 공간의 조망권 보호

    b. 안테나와 타워의 시인성(visibility)을 저감하는 혁신적 계획 고려

POS.B.14 자연 공원 및 민감 지역 내부 및 그와 인접한 지역의 빛공해를 최소화하고, 안전 확보 범위 내 최소 밝기·에너지 효율 조명 사용
조명의 방향, 색온도 등을 신중히 고려, 필요시 기존 조명 개조, 에너지 효율이 높은 기구 사용

POS.B.15 차광 장치(shields) 사용 등으로 도심 및 자연 자원 인근 공원의 조명기기에서 발생하는 눈부심(glare)과 시각적 방해를 최소화

배니커 공원 (Banneker Park)

B.3 공원 및 개방 공간의 지속 가능한 실천

공원과 개방 공간은 급변하는 환경 조건 속에서도 지역사회가 성공적으로 적응하고 지속적으로 번영할 수 있도록 중요한 역할을 한다. 공원이나 경관에 지속 가능한 접근 방식이란, 자연 지역을 보호하고, 야생동물 서식지를 개선하며, 인간의 이용 및 유지관리 방식이 환경에 해를 끼치지 않도록 하는 것을 의미한다.

연방 환경 요소(Federal Environment Element)에서 강조하듯이, 지속 가능한 실천은 공원과 개방 공간의 건설, 개보수, 유지관리 전반에 적용될 수 있다. 이러한 실천은 물과 에너지 소비를 줄이고, 재생에너지 사용을 확대하는 데 기여한다.

지속 가능한 실천을 효과적으로 이행하기 위해서는 공원 파트너, 지역사회, 기타 이해관계자들의 참여가 필수적이다. 연방 정부는 공원과 개방 공간의 생태적 기능과 역사적 가치를 교육하고 인식을 높일 수 있는 기회를 마련할 수 있다. 해설 안내판, 교육 프로그램, 지역사회 청소·식재·유지관리 활동을 통해 사람들이 자연 환경과 소통하고 직접 참여할 수 있도록 유도하면, 환경과 경관에 대한 지속적인 보전 의식을 고취할 수 있게 된다. 환경보전과 관련된 실천이 활발하게 이루어질 수 있는 주요 지역은 다음과 같다.

B.3.1 그린 인프라(Green Infrastructure) 기법

그린 인프라 솔루션은 자연적인 물 순환을 보호, 복원, 모방하며, 그 결과 빗물 유출과 홍수를 줄이는 데 기여한다. 이러한 기법은 빗물을 지하로 침투시키거나, 나중에 재사용할 수 있도록 모아두는 방식으로 빗물 관리를 효과적으로 수행한다.

주요 기법에는 다음이 포함된다 : 바이오 리텐션 구역(bio-retention areas), 식생 스웰(vegetated swales), 투수성 포장(permeable pavements), 녹색 지붕(green roofs), 빗물 수확 시스템(rainwater harvesting)

이러한 기법은 지역의 빗물 관리 기준을 충족하고, 수자원을 관리하며, 오염을 방지하고 보다 지속가능한 도시 환경을 조성하는 데 큰 도움이 된다. 더불어 에너지 수요를 줄이고, 식수 사용량을 감소시키며, 유지관리 비용도 절감할 수 있다.

또한, 기존에 관로로 덮여 있던 하천을 지상으로 복원(daylighting streams)하는 것은 하천을 보다 자연스러운 상태로 되돌려, 수변 환경을 개선하고 생태·경관·경제적으로 다양한 혜택을 제공한다. 복원된 하천이나 지류는 빗물 관리분만 아니라 시민의 체험 및 자연 회복력에도 긍정적인 영향을 미친다.

RFK 스타디움 (RFK Stadium)

국립수목원(National Arboretum)

마운트 버논 트레일(Mount Vernon Trail)

워싱턴 D.C. 북서부(NW Washington, DC)

B.3.2 불투수 포장면(Non-Porous Surfaces)

처리되지 않은 빗물 유출은 종종 기름, 먼지, 화학물질 등의 오염원을 포함하여 하천과 강으로 직접 흘러들어가 수질을 심각하게 훼손할 수 있다. 지표수의 수질과 지하수 자원을 보호하기 위해, 강과 하천, 수변 지역 인근에는 불투수 포장면의 사용을 지양해야 한다. 공원의 다른 지역에서도 불투수 포장의 사용은 최소화하고, 아스팔트나 콘크리트 대신 투수성 포장재(permeable surfaces)를 사용하는 것을 고려해야 한다. 투수성 포장은 자연 지면에서 일어나는 물 순환을 모방하며, 빗물 유출을 줄이고, 빗물이 지하로 스며들 수 있도록 도와준다. 또한 오염물질을 걸러내고, 빗물 저류조나 물 저장 공간의 필요성을 줄이며, 침식과 홍수 발생도 완화한다.

B.3.3 자연 지역 내 자생 식물 (Native Plant Species in Natural Areas)

이 지역의 많은 공원과 조경은 외래 관상 식물, 형식적인 식재 구성, 그리고 다양한 식물군으로 잘 알려져 있다. 그러나 자생 식물은 자연 생태계의 기초이며, 특히 환경적으로 민감한 지역에서 중요한 역할을 하고 있다. 자생 식물은 생물 다양성 유지에 기여하고 특정 생태계에 잘 적응되어 있으며, 야생 동물에게 적합한 먹이와 서식처를 제공하고 있다.

역사적 조경지에서는 경관의 역사적 정체성을 유지하기 위해 기존 식물을 동일한 종으로 교체하는 것이 중요하다. 하지만, 자연 지역에서는 자생 나무와 식물들이 지역 환경에 더 잘 적응하고, 물을 덜 필요로 하며, 정착된 이후에는 유지관리도 거의 필요하지 않는다.

B.3.4 도시 수관(Urban Tree Canopy)

성숙한 나무를 보호하고, 공원 및 도시 거리의 수관층(tree canopy)을 확대하는 것은 공기와 수질 개선에 기여하며, 나뭇잎이 빗물을 가로막아 유출을 줄이고 흡수를 돕는다. 또한 그늘을 제공하고 도시 열섬 현상을 완화하며, 냉방 효과로 에너지 사용도 줄일 수 있다. 자연 지역의 수관과 하층 식생은 다양한 생태계를 조성하고, 야생 동물의 서식지를 제공하며, 토양에 빗물 침투를 촉진한다. 이 지역이 계속 성장함에 따라, 성숙한 나무와 수관·녹지 덮개의 가치 인식은 주요 과제로 다루어져야 한다.

POS.B.16 하천 복원 및 식재를 통해 자연 해안 지역을 보다 자연스럽게 보존·복원하고, 회복력 있는 환경을 조성해야 한다.

POS.B.17 수변 인근의 불투수 포장(특히 주차장) 설치를 지양하고, 기존 주차장은 가능하면 철거 후 여가용 조경 공간으로 복원

POS.B.18 성숙한 나무를 보호하고 도시 수관층과 조경 덮개를 확대하여 장기적인 환경·미관 효과 증대

POS.B.19 수목 보호구역, 숲, 하층 식생 등을 보존·보호하여 지역의 자연 환경 향상

POS.B.20 도시 지역에는 내구성 있는 수종을, 자연 지역에는 자생식물 위주로 유지관리 부담이 적은 녹지 조성

POS.B.21 하천, 산책로, 공원, 개방 공간의 정비·식재·외래종 제거 등에 지역사회와 비영리 단체의 참여 기회를 확대·지원

POS.B.22 생태 기능에 대한 인식을 높이고, 교육, 해설판, 기술 활용 등을 통해 공원·개방 공간 전반에서 지속 가능한 실천을 장려

Section C: 공원 내 기념물 설치의 균형

기념물은 워싱턴의 상징적인 경관을 대표하는 요소로, 공원 체계와 밀접하게 연결되어 있다. 워싱턴 도시계획은 도시 디자인의 기본틀과 공원 체계를 설정하였으며, 기념물 계획의 기반이 되었다. 워싱턴의 기념물은 주로 도심 공원과 개방 공간에 위치하고 있지만, 때로는 자연 경관 속에도 조성되어 있다. 이 정책 섹션은 공원 내 기념물과 관련된 가장 일반적인 계획 및 디자인 이슈에 대한 가이드라인을 제공한다.

C.1 기념물의 위치 선정 및 설계

2012 기념물 동향 및 실천 보고서와 국가수도계획위원회(NCPC)의 최근 기념물 설계안 검토[10]에 따르면, 워싱턴 도시계획 보호, 역사 보존, 공원의 특성·이용·규모·공간 순환과 기념물 경험 간의 균형과 같은 공통 이슈가 제기되고 있다. 기념물 설계 시, 설계 가이드라인은 발전 단계에서 계획 이슈를 다룰 기준과 틀을 제공하고 있다. NCPC는 마틴 루터 킹 주니어 기념물(Martin Luther King, Jr. Memorial), 우크라이나 기근 희생자 기념물(Victims of the Ukrainian Manmade Famine Memorial), 드와이트 D. 아이젠하워 기념물(Dwight D. Eisenhower Memorial) 등에서 이러한 사항을 고려해 부지별 설계 지침(site-specific guidelines)을 채택했다.

기념물 설계에서 워싱턴 도시계획과 역사적 자산 보호는 핵심 고려사항이다. 이 도시계획은 자연 요소와 인공 구조물 간의 상호 조망(recipient view)을 창출해 왔으며, 기념물은 공원·개방 공간 중심에 놓이고, 조망축의 중심이 되기도 한다. 기념물 조성 시 도로, 공공통행권, 건축선, 조망축 등 기존 요소의 보존을 고려해야 하며, 기념물 배치와 기존 요소와의 관계는 공공 공간 성격과 공원 활용도에 영향을 준다. 경관적 또는 기념 요소는 조망축의 경계·프레임으로 작용하며 개방감을 유지하고 맥락과 조화를 이루어야 하며, 새로운 기념물은 기존 주요 조망권을 훼손해선 안 된다.

기념물 승인 절차

기념물 설치법(CWA, Commemorative Works Act)은 컬럼비아 특별구 및 인근 지역의 연방 토지에 설치되는 새로운 기념물의 개발, 승인, 위치 선정 절차를 규정하고 있으며, 해당 절차는 국립공원관리청(NPS)과 연방조달청(GSA)이 관할한다. 기념물 및 박물관 종합계획(Memorials and Museums Master Plan)과 방문객 및 기념 요소(Visitors & Commemoration Element)는 기념물 승인 절차에 대한 추가적인 지침을 제공하고 있다.

이 계획은 기념물의 위치와 설계에 관한 지침을 제시하고, 워싱턴 D.C. 및 버지니아 내 기념물 후보지를 식별한다. 방문객 및 기념 요소는 기념물 포함 방문지 전반에 대한 정책 및 가이드라인을 명시하고 있으며, CWA에 따라 기념물 승인 절차에 참여하는 여러 연방 기관을 나열하고 있다.

국가수도계획위원회(NCPC)와 미국미술위원회(U.S.Commission of Fine Arts)는 기념물의 선호 부지 및 설계안에 대한 검토 및 승인 권한을 가지고 있다. 이들 기관은 법의 취지를 충실히 반영할 수 있도록, 제안된 기념물에 대해 부지별 설계 지침(site-specific guidelines)을 마련할 수도 있다.

성공적인 기념물, 공원은 장소성을 실현할 수 있는 다양한 기회가 존재하는 장소에 위치한다.

기념물 계획과 설계의 핵심 과제는 기념 요소가 결합된 사색적인 공간과 공공 공간으로서의 즐거움 사이에서 균형을 이루는 것이다. 기념물 설치법(CWA, Commemorative Works Act)은 신규 기념물 설치 시 개방 공간, 기존 이용, 문화·자연 자원을 최대한 보호할 것을 요구하고 있지만, 이러한 목표 달성을 위한 구체적 실행 지침은 제시하고 있지 않는다.

최근 기념물은 주제나 부지 조건에 따라 면적이 다양하나 과도한 부지 면적 점유는 지양하고 있다. NCPC와 다른 연방 기관들은 기념물의 주제를 고려하고, 다른 용도를 수용할 수 있는 공공 공간과 대비하여 적절한 기념 공간 규모에 대해 신중하게 검토해야 한다. 아울러, 기념 공간은 다양한 행사와 프로그램을 수용해야 하므로, 맥락에 맞는 설계가 공원과 공공 공간으로서의 성공을 좌우한다

기본 방향이 설정되면, 개별 기념 요소의 크기는 주제, 규모, 인접 건축물 및 경관, 역사적 자산, 현재의 부지 및 공원의 특성과 기능에 기여하는 요소 등 주변 맥락과 관련이 있는 여러 요인에 맞춰 결정되어야 한다.

워싱턴의 연방 공원과 개방 공간은 도로의 교차점 및 제한된 근린공원 지역에 위치하여 시민들이 접근 가능한 유일한 녹지로 활용된다. 근린공원의 기념 요소는 지역사회의 정체성을 형성하는 동시에 방문객에게는 존엄성과 품격을 기대하게 한다. 이러한 공간은 주민 모임, 놀이터와 같은 일상의 기능도 병행하므로 성공적인 도시 공원 조성을 위해 기념성과 지역 수요의 균형이 중요하다. 가장 성공적인 사례로는 듀퐁 서클(Dupont Circle), 링컨 파크(Lincoln Park), 스탠턴 파크(Stanton Park)처럼 기념공간과 공원 기능을 함께 수행하는 공간이 있다.

또한 동선과 접근성은 기념물 설계의 핵심 고려 요소이다. 방문 경험과 공공 공간으로서의 기념물의 성공을 위해 다양한 규모를 고려한 명확한 교통 흐름을 제공하는 것이 중요하다.

부지 선정 시 도시 내에 위치하는 것이 필수적이며, 설계 단계에서는 보행자, 자전거, 차량, 관광버스의 접근성뿐 아니라 장애인법 충족도 고려해야 한다. 그리고 경우에 따라, 주차 및 차량 하차 공간을 제한하여 주변 환경과 조화를 이루는 것이 바람직하다. 기념 공간은 광역 교통망과 연결돼야 하며, 방문객의 이동·경험을 충분히 고려한 설계가 필요하다.

대형 도시 공원은 기념과 여가를 포함한 다양한 용도를 수용할 수 있다. 링컨 공원에는 링컨 대통령의 노예 해방 기념 동상과 시민권 운동가이자 교육자인 메리 맥클라우드 베튠(Mary McLeod Bethune)을 기리는 기념물이 설치되어 있다. 이 공원에는 두 개의 놀이터, 넓은 잔디 공간, 휴식 공간도 마련되어 있다.

연방 정부의 역할

POS.C.1 기념물의 규모, 맥락, 부지 기능에 따라 사색 공간과 공공 수요 사이 균형 필요

POS.C.2 새로운 기념물이 공원의 고유한 특성과 기능을 해치지 않도록 기존 요소들을 보존

POS.C.3 조경과 구조물의 균형을 유지하고, 기념 공간을 따로 확보하여 다양한 공원 사용 및 기능 제공

POS.C.4 근린 공원은 지역 주민의 복합적 이용 기능을 고려하여 기념물 요소를 조화롭게 배치

POS.C.5 워싱턴 도시계획의 통행권, 도로, 조망축(vistas) 등 도시 설계 구조를 보호하고, 랑팡 계획에 따른 광장 등의공간을 기념물 후보지로 보존
주요 조망을 방해하는 시각적·물리적 구조물 지양

POS.C.6 기념물은 주변 건물·경관·자산과 조화를 이루도록 배치하며, 건축선·규모·질량(massing) 등을 고려

POS.C.7 기념물 조경은 인접한 거리 경관과 연결되어 물리적, 시각적으로 자연스러운 전이 공간 형성

POS.C.8 공원, 기념물, 주변 환경 간 시각적 연결성과 전이를 시각적으로 개선 및 강화

POS.C.9 방문객과 통행자의 이용을 고려한 이동 경로는 기념 공간과 공원을 인접한 교통망과 연결하기 위한 기준 충족

C.2 창의적인 프로그램과 혁신적인 기념물 고려

공원 공간과 기념 목적의 균형을 이루기 위해서는 신중한 프로그램 기획이 요구된다. 공원 시스템에 대한 수요가 증가함에 따라, 기념 공간 내 다양한 프로그램과 행사가 열릴 수 있도록 하는 것이 중요하다. 이를 수용할 수 있는 공간을 제공하는 것은 공원을 활기차고 역동적인 공간으로 만드는 데 기여하며, 기념물의 의미를 더욱 풍부하게 할 수 있다. 이러한 프로그램은 기념 주제와 관련될 수도 있지만, 기념 공간의 성격을 존중하고 문화적 또는 자연적 자원에 부정적인 영향을 주지 않는 한, 기념 주제와 무관한 행사도 허용될 수 있다.

프로그램 기획과 함께, 연방 정부는 미래의 기념물 형태가 어떻게 변화할 수 있을지, 그리고 기념 공간 방문을 어떻게 지속적으로 의미 있는 경험으로 만들 수 있을지를 고려해야 한다. 2016년, NCPC, 국립공원관리청(NPS), 반 알렌 인스티튜트(Van Alen Institute)는 "미래의 기념물(Memorials for the Future)"이라는 아이디어 공모전을 공동 개최해, 기념물에 대한 새로운 인식과 감정, 경험 방식을 재구상하고자 했다.

이 공모전에서는 다양한 주제를 포용하는 기념물, 시간의 흐름에 따른 재해석이 가능한 구조, 다중의 서사를 담을 수 있는 포맷, 기술을 활용한 표현 방식, 국가적 맥락은 물론 지역적 경험을 존중하는 설계와 같은 새로운 접근법을 제시했다

연방 정부의 역할

POS.C.10 문화 및 자연 자원, 방문객 경험에 최소한의 영향을 주는 범위에서, 기념 공간 내 창의적인 프로그램 및 행사 지원.

POS.C.11 문화 및 자연 자원, 방문객 경험에 영향을 최소화하는 임시 기념물 또는 예술 작품의 설치 지원

POS.C.12 임시 설치물, 비전통적 재료, 기술 기반 형식 등 대체적인 기념 방식 장려

미국 해군 기념물(United States Navy Memorial)의 설계는 기념물과 도시 맥락을 성공적으로 통합한 사례로, 공식 행사, 비공식적인 사회적 교류, 휴식을 위한 유연한 공간을 제공한다.
이 공간은 지역 주민, 직장인, 관광객들이 일상적으로 다양한 활동을 위해 활용하고 있다.

미래 기념물 아이디어 공모전에서 얻은 교훈은, 기념물이 계속 발전하고 다양한 이야기와 혁신적 디자인을 반영할 수 있도록 추가적인 탐구가 필요함을 시사한다.

Section D:
공원 및 개방 공간의 접근성 및 연결성

이 지역에는 다양한 유형의 공원과 개방 공간이 존재하며, 이는 여러 행정구역(도시 및 주)을 넘나들어 분포해 있습니다. 효과적인 공원 관리 측면에서는 행정 경계가 중요할 수 있지만, 공원을 이용하고자 하는 방문객들에게는 중요하지 않다. 연방 정부는 이 지역의 주요 토지 소유 주체로서, 공원과 개방 공간 간의 접근성과 연결성을 유지하고 개선할 수 있는 독자적인 위치에 있다.

접근 가능한 공원 시스템을 조성하기 위해서는 새로운 공간을 확보하는 것이 필요할 수도 있지만, 그보다 더 중요한 것은 기존 공간을 새로운 방식으로 활용하고, 공원과 이용자 간의 새로운 연결 고리를 마련하며, 전체 공원 시스템이 어떻게 작동할지를 통합적으로 사고하는 것이다. 또한, 기존 공원 간의 물리적·시각적 교통 연결망을 새롭게 조성하는 것은 특히 개방 공간이 부족한 지역에서 접근성을 높이는 데 효과적이다. 예를 들어, 보행 친화적인 거리망은 교통 진정화(traffic calming), 자전거 도로, 넓은 보도, 휴게 공간 등을 포함함으로써 거리 자체가 공원과 지역사회를 연결하는 공간이자 커뮤니티 모임 장소로 기능하게 만든다. 이처럼, 연결된 거리 체계는 보행 및 자전거 이용을 장려하며, 공원 이용 경험이 지역사회로 확장될 수 있도록 한다.

또한, 그린 인프라 기법과 식재는 시각적으로 공원의 공간감을 거리까지 확장시켜, 통합된 경험을 제공하는 데 기여한다. 이 정책 섹션에서는 지역 내 공원 및 개방 공간에 대한 보행 중심 접근성과 다중 교통수단 간 연결성 강화를 우선순위로 두는 방법에 대한 지침을 제시하고 있다.

D.1 물리적·시각적 장벽 해소

이 지역에는 다양한 공원과 개방 공간이 있지만, 물리적·보행 접근성은 여전히 여러 요인으로 도전 과제이다. 대형 건물, 고속도로, 철도, 급경사지, 보안 울타리 등의 물리적 장벽은 접근성을 제한한다. 유사하게 보도·산책로 등의 기반시설이 미비하거나 관리가 부족한 경우도 공원 및 개방 공간으로의 연결성을 저하시키고 있으며, 공원 입구의 가시성 부족, 안내 표지 부족, 과도한 식생 등 시각적 장벽도 공원의 활용도를 떨어뜨린다. 따라서, 지역사회와 공원과 개방 공간을 잘 연결하려면 물리적·인지적 장벽 모두를 제거하는 것이 중요하다.

이 지역의 공원과 개방 공간은 규모가 큰 자연 공원 또는 너무 작은 포켓 공원이 많아, 중간 규모의 여가·편의 시설이 부족하고 일부 지역은 녹지로의 접근성에 한계가 있다. 또한, 일부 공원은 이동성 제약이 있는 이용자층을 충분히 수용하지 못하고 있다.

이러한 문제는 유지관리 예산 부족이나 공원과 개방 공간을 물리적으로 연결하는 시설에 대한 투자 부족으로 시간이 지날수록 악화될 수 있다. 따라서 접근성과 연결성 문제는 초기 계획 및 개발 단계부터 고려하는 것이 중요하다. 특히, 공원 접근이 제한된 지역에서는, 연방 정부가 기존 공원과의 연결성 향상 기회를 발굴하고, 모든 연령, 능력, 소득, 배경을 가진 사람들이 이용할 수 있도록 접근성을 확보해야 한다.

워싱턴 D.C. 공원 및 개방 공간의 잠재력을 극대화하기 위한 아이디어

워싱턴 D.C.의 공원은 고르게 분포되어 있지 않으며, 공원의 규모와 상태의 차이는 이용 가능성에 영향을 미치고, 물리적·인지적 장벽은 접근을 제한한다. 2010년에 발표된 Capital Space: 워싱턴 D.C. 공원 및 개방 공간의 잠재력을 실현하기 위한 아이디어 보고서는 공원에 도보로 접근하기 어려운 지역들을 강조했다. 이러한 지역에서 주거 인구가 지속적으로 증가함에 따라, 공원에 대한 수요는 더욱 심화될 것이다. 이에 따라 D.C. 행정기관들은 이러한 수요를 충족할 수 있는 공간을 계획하고 개발할 책임이 있으며, 연방 기관들 역시 수도를 찾는 방문객 수의 증가에 어떻게 대응할지를 고민해야 한다. 연방 정부와 D.C. 지역 정부 간의 긴밀한 협력은 공원 접근성과 도시 성장 문제를 해결하는 데 핵심적이다.

D.2 수변에 연결하고, 수변을 따라 연결하기

수변 지역은 지역 전체를 아우르는 방문지이자 인근 지역사회를 위한 공공 공간 기회를 제공한다. 수변을 따라 이어지는 보행 연결망 구축에는 더 많은 보도, 산책로, 데크 등 시설이 요구된다. 도시 지역에서는 보행자의 안전을 확보하기 위해 다양한 이해관계자의 참여가 필요하며, 앉을 공간, 수변 활동 공간, 소규모·대규모 모임 장소 등 다양한 공공 공간 기회도 제공해야 한다.

다양한 교통수단을 아우르는 연결은 수변 공원으로의 접근성과 활용도를 높이는 데 기여한다. 최근 워싱턴 D.C. 재개발로 여러 개의 신규 수변 공원이 조성되고 강으로의 연결성도 개선되었다. 야즈 파크(Yards Park)는 옛 동남부 연방 센터 부지에 조성되어 포장·조경 공간, 수경 시설, 공연·이벤트 공간, 강 전망 장소 등을 갖추고 있다. 아나코스티아 리버워크 트레일(Anacostia Riverwalk Trail)은 야즈 파크를 지나며 수변을 따라 아나코스티아 공원과 많은 주거 지역을 연결한다.

다른 진행 중인 재개발 사업들도 보행자 경험을 향상시키고 강을 따라 또는 강을 가로지르는 연결 경로를 확장하고 있다. 프레더릭 더글러스 메모리얼 브리지(Frederick Douglass Memorial Bridge)에는 보행자·자전거 도로가 계획되어 아나코스티아강을 건너고 주변 지역 및 기존 산책로와 연결된다. 포토맥강을 따라 추진 중인 REACH(케네디 센터 확장 계획)는 케네디 센터와 록크리크 포장 여가 산책로(Rock Creek Paved Recreation Trail), 수변 공간을 안전하게 연결하는 통로를 조성한다.

사우스웨스트 워터프런트의 더 워프(The Wharf)는 식당, 가게, 사무실, 콘서트 홀 등 다양한 시설과 산책로를 갖추고 있으며, 배니커 공원(Banneker Park)을 내셔널 몰과 수변을 연결하는 통로로 전환했다. 배니커 공원 연결 프로젝트는 보행자 및 자전거의 접근성 개선, 나무 식재, 조명 설치, 빗물 관리 개선을 포함한다. 11번가 다리 공원(11th Street Bridge Park)도 아나코스티아 공원 양쪽을 연결하는 보행자 통로로 조성될 예정이다.

케네디 센터 리치(REACH)

신 프레더릭 더글러스 메모리얼 브리지

배니커 공원 연결 프로젝트

11번가 다리 프로젝트

D.3 기존 산책로의 네트워크 강화

이 지역 산책로는 국가적으로 중요한 문화·자연 자원, 공원, 주요 목적지를 연결하고 있다. 강력하고 연계된 육상·수상 산책로 시스템은 레크리에이션, 다중 교통수단 이용, 교육 기회를 제공한다. 걷기, 자전거, 보트, 승마 등 다양한 방식으로 이용되고 있다. 산책로는 공원과 사람을 연결하고, 운전 시 대안 경로를 제공하며, 교통 인프라의 핵심 역할을 하고 있다. 산책로는 아름다운 경관을 따라 이어지고, 생태적으로 민감한 지역을 통과하기도 한다.

연방 국립공원 내 포장된 산책로는 약 100마일(160km)이며, 워싱턴 D.C., 2개의 주, 5개 카운티, 알렉산드리아 시를 경유한다. 복잡한 산책로 네트워크는 특히, 서식지 및 민감 구역에서 세심한 계획이 필요하다. 연방 정부는 다양한 자연·역사적 명소를 안전하고 즐겁게 연결하고, 사람들이 걷고 달리며 자전거로 출퇴근할 수 있는 공간으로 조성하기 위해 노력하고 있다.

산책로는 지역, 광역, 국가적 수준의 시스템 중 하나 이상에 속할 수 있으며, 연방이 구축·관리하는 구간은 광역 네트워크의 일부로 기능한다. 지역이 성장함에 따라 산책로의 이용 수요가 증가하고 있으며, 연방 및 지방정부는 통근자 및 방문객의 요구 충족과 산책로 네트워크의 확대와 관련된 과제들에 직면하고 있다. 지역에 수백 마일에 달하는 산책로가 있지만 통합된 연결망은 부족하고, 탐색이 쉽지 않은 경우가 많다.

> **포장 산책로 연구 (Paved Trail Study)**
>
> 2016년, 국립공원관리청(NPS)은 포장 산책로 연구(Paved Trail Study)를 완료했으며, 포장 산책로 네트워크[12]에 대한 향후 계획과 조정을 위한 비전을 수립했다.
>
> 이러한 산책로는 종종 역사적 경관, 아름다운 조망 지역, 생태적으로 민감한 구역을 가로지른다.

산책로 구간은 여러 기관에 의해 관리되고 있으나, 각기 다른 기준과 예산 제한으로 인해 연계가 어려운 경우도 있다. 접근성 개선, 안내 표지 확충은 산책로를 다른 지역 및 광역 시스템과 연결하는 데 도움이 되고 있다. 또한, 산책로를 근린 공원, 여가시설, 커뮤니티 공간과 연결하는 것으로 자연·역사·문화 체험 기회를 확대할 수 있다.

국가 산책로 체계(National Trails System)로 지정된 경관이 좋고 역사적인 산책로에는 포토맥 유산 국가경관산책로(Potomac Heritage National Scenic Trail, PHT)가 포함되며, PHT는 포토맥강 하구부터 앨러게니 고지대까지 이어진다. 공식적으로 지정된 PHT는 여러 공원과 보호 구역, 역사적인 장소와 지역, 특히 수도를 관통하고 있다. 이 지역에서 PHT 네트워크의 구간은 체서피크 & 오하이오 운하 견인로(C&O Canal Towpath), 워싱턴 남북전쟁 방어선 도보 노선, 마운트 버논 트레일(Mount Vernon Trail), 남부 메릴랜드 포토맥 유산 자전거 노선 등을 포함하고 있으며, 워싱턴 D.C., 메릴랜드, 버지니아를 연결한다.

최근 완공된 아나코스티아 리버워크 트레일 케닐워스 구간(Kenilworth Segment of the Anacostia Riverwalk Trail)은 아나코스티아 공원과 메릴랜드 프린스 조지 카운티(Prince George's County)의 블레이든스버그 수변 공원(Bladensburg Waterfront Park)을 연결하며, 3마일 길이의 연결 구간은 총 16마일에 걸쳐 있는 산책로의 일부로서 워싱턴, 메릴랜드, 버지니아를 연결하고 있다. 이 구간은 자전거 이용자에게 안전하고 접근성 높은 노선을 제공하고 있으며, 자연 지역에 대한 접근 편의성도 제공한다.

다른 산책로 네트워크는 남북전쟁 당시 요새 유적지를 연결하는 워싱턴 남북전쟁 방어선 하이킹·자전거 트레일으로 포트 스탠턴에서 포트 메이핸까지 약 7마일(11km) 이어지며, 수도 전경과 남북전쟁 역사를 탐방할 수 있는 기회를 제공하고 있다. 요새 유적지로의 접근성 개선, 기존 구조물에 대한 보존 교육 및 인식 제고, 길 찾기 안내 및 해설 안내 표지 개선은 산책로 시스템 향상에 기여할 것이다.

산책로는 여가, 다양한 교통 수단, 교육을 위한 행정 구역 간 통합된 네트워크를 형성하고 있고, 경관이 뛰어난 지역에 설치되어 주요 문화유산 및 자연 지역을 연결하고 있다. 하지만, 이러한 경로는 범람원, 급경사지, 습지 등 환경적으로 민감한 지역을 통과하므로 이러한 지역의 산책로 개발은 철저한 조사와 세심한 설계를 통해 이루어져야 한다.

운트 버논 트레일(Mount Vernon Trail)은 포토맥 강을 따라 이어지며, 워싱턴 D.C.의 스카이라인을 막힘없이 조망할 수 있는 경관을 제공한다.

D.4 연방 개방 공간에 대한 대중 접근 장려

공원 외에도, 이 지역에는 시민들의 접근이 가능한 다양한 연방 소유의 개방 공간이 존재한다. 대표적인 예로는 국립수목원, 알링턴 국립묘지, 국립동물원의 일부 구역 등이 있다. 이들 공간은 각각 고유의 임무를 수행함과 동시에, 여가, 교육, 생태적 가치 제공 등에서 공원과 유사한 기능을 하고 있다. 지역 수변을 따라 위치한 연방 소유지는 수변에 대한 대중의 접근과 수변을 따라 이동할 수 있는 연결성을 적극 고려해야 한다. 예를 들어, 미국 해군 천문대, 군 복지 주택단지(Armed Forces Retirement Home), 세인트 엘리자베스 캠퍼스(St. Elizabeths Campus), 지역 내 군사 시설 등 연방 캠퍼스 내 개방 공간은 보안 및 임무 운영상의 이유로 접근이 제한적이다.

그러나, 이들 부지의 연방 활용 방식이 변화함에 따라 보안 조건과 임무 요건도 변화할 수 있다. 따라서 연방 캠퍼스들은 정기적으로 보안 요건을 재검토하고, 산책로 개방 가능성을 포함해 공공 접근성을 검토하도록 장려해야 한다. 또한, 연방 정부가 관리하는 개방 공간에 대해 제한적이거나 간헐적인 대중 접근 기회를 제공할 수 있는 방안도 함께 검토되어야 한다.

버지니아 포힉 베이(Pohick Bay), 포트 벨부아(Fort Belvoir)

연방 정부의 역할

POS.D.1 수도권 공원 시스템을 통합하고 접근 가능한 구조로 만들기 위해 도로, 보도, 광장, 산책로를 통한 공원 및 개방 공간 연결 계획 개선

POS.D.2 공원과 개방 공간에 안전하고 편리한 보행 접근성을 제공하고, 도로·교량 등 장벽을 통과하거나 우회하는 보행 연결 계획 마련

POS.D.3 지역 공원 시스템과 인접한 지역사회의 입구, 접근 지점 선정 고려

POS.D.4 포토맥강, 아나코스티아강 수변을 따라 개방 공간을 연결하고, 적절한 곳에는 수상으로의 접근성도 장려하여 연속적인 개방 공간 체계 구축

POS.D.5 보행 및 다중 교통수단 연결, 길 찾기 표지 개선 등을 통해 수변 공원 접근성 제고

POS.D.6 공원, 개방 공간, 자연 지역, 주요 목적지를 연결하는 광역 산책로 체계를 개발·개선·유지하고, 이를 국가 산책로 체계와 연계

POS.D.7 프로젝트 계획·설계 시 산책로 조성 및 기존 체계 연결 기회를 식별하고, 신규 개발이 연결성 개선을 방해하지 않도록 추진

POS.D.8 워싱턴 남북전쟁 방어선 내 요새 유적지 접근성과 연결성 개선 및 기존 도로, 보도, 산책로를 활용하여 주변 지역과 연결

POS.D.9 보안이 허용하는 범위 내 연방 소유의 수변 공간에 대한 접근 촉진

POS.D.10 연방 소유 또는 인접 부지의 개방 공간에 대해 임무·보안 요건을 고려해 공공 접근을 제공하고, 자연·문화 자원 영향은 최소화
필요한 경우 협력 프로그램을 통해 제한적 접근 기회 마련

POS.D.11 개방 공간 체계에 기여할 수 있는 연방 캠퍼스·시설 부지를 보존하고, 가능한 경우 공공 접근이나 통과 허용

Section E: 공원 내 다양한 용도의 균형

공원의 가장 큰 강점 중 하나는 여러 가지 용도와 기능을 수용할 수 있는 유연성이다. 여기에는 여가활동, 교육, 기념, 축제, 시위, 교통 등이 포함된다. 공원은 소중한 경관 조망축(viewshed)은 물론, 자연 및 문화 자원도 보호하며, 기후 변화 대응, 교통 및 야생동물 이동 경로로서의 기능도 수행한다. 그러나 다양한 용도가 공존하다 보면 갈등이 발생할 수 있으며, 이는 관리 측면에서 도전 과제가 될 수 있다.

이 정책 섹션은 공원 시스템 내에서 다양한 용도를 조화롭게 수용하면서도, 자연적·문화적 요소를 보호할 수 있도록 하는 지침을 제공하고 있다.

여름철에 골든 트라이앵글 BID가 주최하는 파라컷 프라이데이(Farragut Fridays)는 지역 직장인, 주민, 방문객들이 함께 모여 즐길 수 있는 즐겁고 창의적인 활동들로 구성된 무료 종일 행사이다.

펜실베니아 애비뉴는 시민들이 자주 모이는 공공 집회 공간으로 활용된다.

E.1 도시 공원에서 다양한 활동 수용

공원은 다양한 이용자 집단의 요구를 수용하고, 활동적인 여가(Active recreation)와 정적인 여가(Passive recreation)를 모두 제공할 수 있다. 도시 지역처럼 개방 공간이 제한적인 곳에서는 공원이 여러 용도와 프로그램 수요를 동시에 수용해야 한다. 때때로 도시의 도로 공간도 임시 공공 집회 공간으로 기능하기도 한다.

도시 공원에서는 연방 기관과 지방정부 간의 성공적인 협력 사례들이 많다. 이러한 협력은 지역 주민의 참여를 유도하고, 의미 있고 풍요로운 경험을 제공한다. 예를 들어 국립공원관리청(NPS)은 도심 공원 내 다양한 활동 프로그램을 운영하기 위해 지역 단체, 상권 활성화 구역(BID) 등과 협력하고 있다. 대표적인 사례로는 국립사적지인 메리디안 힐 공원(Meridian Hill Park)이 있다. 이 공원은 드럼 서클, 춤 공연, 지역 커뮤니티 활동 등 다양한 활동을 단차가 있는 잘 연결된 공간 내에서 수용하고 있다. 또한, 사회적·문화적 교류의 장이자, 역사적 가치를 보존하면서도 다양한 이용자들의 활동을 조화롭게 수용하는 공간이다.

E.2 광역 공원에서 여가 활용의 균형

이 지역의 연방 정부가 관리하는 많은 공원과 개방 공간은 해당 기관의 고유 임무 및 연방 법령에 따라 이용과 관리가 이루어지지만, 지역 주민과 방문객에게 여가 활동 기회도 제공하고 있다. 교육적·해설 프로그램을 포함한 여가 활동은 공원 내 역사적·자연적·문화적 자원 보호 및 보존을 통해 미래 세대에게 가치를 전달할 수 있다.

체서피크 & 오하이오 운하 국립역사공원(C&O Canal National Historical Park)은 과거에 석탄, 목재, 농산물 운송로로 활용되었던 포토맥강을 따라 조성되어 있다. 오늘날 이 공원은 문화경관으로서 미국 역사에서 운하의 역할을 소개하는 임무와 함께, 하이킹, 캠핑, 보트 타기, 낚시, 승마 등 다양한 여가활동을 제공하고 있다.

또한, 프린스 윌리엄 숲 공원(Prince William Forest Park)은 약 15,000에이커 규모의 지역 최대 자연 보호 구역 중 하나로, 국립공원 시스템 내 최대 피드몬트(Piedmont) 숲의 대표 사례로 다양한 동식물의 서식처이자, 생태적 보호구역으로 기능한다.

미국 어류 및 야생동물국(U.S. Fish & Wildlife Service)이 관리하는 파턱슨트 연구 보호구역(Patuxent Research Refuge)은 야생동물 연구를 지원하기 위해 설립된 미국 유일의 국립 야생동물 보호구역이다. 미국 지질조사국(U.S. Geological Survey)은 파턱슨트 야생동물 연구센터(Patuxent Wildlife Research Center)를 통해 보호구역 내에서 대부분의 연구를 수행하고 있다. 수십 년의 변화 속에서도, 야생동물과 서식지 보호 및 보전을 위한 연구와 관리 기법 개발이라는 파턱슨트의 사명은 거의 변함없이 유지되고 있다. 이 보호구역은 또한 하이킹, 사냥, 낚시, 교육 프로그램 등의 활동도 제공하고 있다.

프린스 윌리엄 숲 공원은 자연경관을 배경으로 여가 활동 및 연구 기회를 제공한다.

E.3 공원 도로(Parkways)의 경관 가치 보호

공원 도로는 여유로운 운전 경험을 통해 주요 방문지를 연결하도록 설계된 선형 조경형 공원이다. 20세기 초, 연방 정부는 식생이 풍부한 공원 회랑을 따라 여러 공원 도로를 계획·개발했다. 이 도로들은 본래 아름다운 경치를 감상하며 주행할 수 있는 도로(scenic drives)로 고안되었으며, 대형 공원과 연방 시설을 연결하고 국가 수도로의 접근로, 여행 경로, 환경적 측면의 회랑 역할을 수행했다. 현재는 국립공원관리청(NPS)이 관리하며, 주요 교통축이자 경관 조망권을 보호하고, 보행·자전거 산책로 등 여가 시설도 포함하는 경우가 많다. 이 지역의 대표적 공원 도로에는 록 크리크 및 포토맥 파크웨이(Rock Creek and Potomac Parkway), 조지 워싱턴 기념 파크웨이(George Washington Memorial Parkway), 볼티모어-워싱턴 파크웨이(Baltimore-Washington Parkway), 수틀랜드 파크웨이(Suitland Parkway), 클라라 바튼 파크웨이(Clara Barton Parkway)가 있다. 이들은 개방 공간 보존에 기여하며, 경관적 또는 목가적 조망(pastoral views)을 제공하고 있다.

볼티모어-워싱턴 파크웨이는 본래 공원 도로였지만 현재는 주요 출퇴근 경로로 기능하며, 교통 수요와 도로 안전 기준을 여가 공간으로서의 기능과 조화시킨다. 이 도로는 숲으로 둘러싸인 경관 교통 회랑(scenic, forested transportation corridor)으로, 미 농무부 벨츠빌 연구 구역(USDA's Beltsville Research Area), NASA 고다드 비행센터(NASA's Goddard Spaceflight Center), 포트 미드(Fort Meade)와 같은 연방 시설을 연결하는 것으로 계획되었다.

록 크리크 및 포토맥 파크웨이는 록 크리크 계곡 하단의 협곡을 따라 조성되었으며, 가장 잘 보존된 초기 공원 도로 사례로 평가받고 있다.

조지 워싱턴 기념 파크웨이는 연방 정부가 처음으로 종합 설계한 현대식 공원 도로로, 초기에는 마운트 버논(Mount Vernon)과 같은 역사적 지역과 워싱턴 D.C.를 연결하고 포토맥강 자연 환경 보호를 목적으로 조성되었으며, 상징적인 기념물들을 조망할 수 있다. 공원 도로는 인접한 문화 자원 또는 민간이 관리하는 문화경관의 조망권도 보호하고 있다. 특히, 마운트 버논 기념 고속도로(Mount Vernon Memorial Highway) 구간, 피스카타웨이 공원(Piscataway Park), 포트 워싱턴, 포트 헌트 등은 역사 경관의 맥락을 구성한다. 유사하게, 메릴랜드 측 구간에는 클라라 바튼(Clara Barton)의 이름을 딴 구간이 있으며, 포토맥강 메릴랜드 연안을 따라 수도순환도로까지 이어진다. 클라라 바튼 파크웨이에는 체서피크 & 오하이오 운하 견인로(C&O Canal Towpath)로 접근할 수 있는 진입 지점들이 마련되어 있다.

수틀랜드 파크웨이는 조인트 베이스 앤드류스와 사우스 캐피톨 스트리트를 연결하며, 의전 행렬, 방문객, 출퇴근 경로로 활용되고 있다.

공원 도로가 지속적으로 직면하는 과제는 교통 수요와 현대 도로 기준을 공원 및 여가 공간으로서의 기능과 조화롭게 균형을 이루는 일이다. 특히, 출퇴근 도로로 기능하는 공원 도로는 차량·보행자·자전거 이동 흐름을 전략적으로 계획해야 하며, 경관 조망권 보호, 주변 개발 관리, 시각적·물리적 침해 최소화가 중요하다. 더불어, 공원 도로 체계를 종합적으로 고려하면서 모든 인프라 개선은 그 정체성을 유지하고 영향은 최소화해야 한다. 또한, 개선 사항을 제안할 때는 토양 둔덕(berm)의 위치, 식생 종류, 옹벽 처리 방식 등도 함께 고려해야 한다.

록 크리크(Rock Creek) 및 포토맥 파크웨이(Rock Creek and Potomac Parkway)는 가장 잘 보존된 초기 공원 도로 개발 사례 중 하나이다.

E.4 공원의 보안 계획

도시 계획 요소는 워싱턴 D.C.[11]의 연방 시설 및 공공 공간에 대한 영구적인 보안 개선을 위한 지침을 제공한다. 이러한 정책 중 다수는 공원과 개방 공간에도 적용될 수 있으며, 순환 체계, 설계 맥락, 심미성, 시각적 품질 등의 문제를 다룬다. 공원의 안전 및 보안 기능을 고려할 때는 공원이 누구에게나 개방 공간이라는 인식을 유지하는 것이 중요하며, 다양한 활동과 용도를 고려하고, 물리적·시각적 연결성을 확보하며, 안전한 공공 집회 공간을 유지해야 한다. 공원의 보안 개선은 역사적 자산의 위치, 이용자의 필요, 주변 용도, 이동 흐름 등을 위협 수준과 함께 고려해야 하며, 유지관리, 운영, 프로그램 전략과 연계되어야 한다.

연방 정부의 역할

POS.E.1 기관의 사명에 부합하고 자연 및 문화 자원을 보호하는 공원과 개방 공간을 계획하고 설계해야 하며, 필요시 다양한 연령층의 요구를 수용하고 활발한 여가 활동 기회를 고려

POS.E.2 도시 공원에서는 다양한 활동과 프로그램을 수용하여 방문객의 경험을 풍부하게 하고, 다양한 인구와 연령층의 필요를 반영하며 자원을 보호하고 그 영향을 최소화

POS.E.3 특별행사 수용을 위해 인접 도로 등 주변 공간을 활용하여 기존 공원의 일시적 확장 지원

POS.E.4 수변 공원에서는 다양한 활동과 프로그램을 수용하되, 수변의 회복탄력성과 문화적·자연적 특성 보호 및 강화

POS.E.5 산책로 및 공원 도로(trail 및 parkway) 개선 및 유지관리 시 조망권에 미치는 영향을 최소화하고, 이들의 자연적·역사적 가치 고려

POS.E.6 공원, 개방 공간, 산책로, 공원 도로 인접 지역의 개발로 인한 영향을 최소화하여 해당 공간의 자연적 및 역사적 특성 보호.

POS.E.7 아나코스티아 리버워크 트레일(the Anacostia Riverwalk Trail)의 공원 같은 환경을 지역 정부와 협력하여 유지·개선하고, 다양한 여가 활동을 제공하는 지역 자원으로 활용

POS.E.8 공원 도로 체계의 일부로서 안전하고 편리하며, 독립적인 다목적 산책로 계획을 포함

POS.E.9 공원의 안전 및 보안 개선으로 인한 영향을 최소화하여, 공원이 여전히 개방적이고, 다양한 사용자와 활동을 수용하며, 물리적·시각적 연결성을 유지하고, 유지관리 및 운영 전략과 일관되도록 유지

Section F : 통합적 공원 및 개방 공간 체계 구축

이 지역의 공원과 개방 공간은 지방의 경계, 행정 구역, 지리적 경계를 넘어 존재한다. 연방, 주, 지방정부뿐 아니라 교육기관, 민간 토지 소유자, 기타 이해관계자들이 공원 부지를 소유하고 관리하고 있다. 이러한 공원 및 개방 공간 체계를 통합적으로 관리·유지하기 위해서는 긴밀한 협력과 파트너십이 필요하다. 특히 광범위한 공원과 개방 공간을 보유한 연방 정부는 지역 목표 달성에 있어 핵심 파트너로서 독보적인 역할을 할 수 있다.

이 정책 섹션에서는 공원 및 개방 공간의 계획, 관리, 보호 과정에서 협력과 조율을 위한 기회를 제시한다.

F.1 통합된 지역 개방 공간 네트워크 구축

통합된 공원 및 개방 공간 체계를 계획하려면 이해관계자들과 협력하고, 공원, 개방 공간, 녹지축, 산책로를 강화하고 연결하기 위한 공동의 비전을 수립해야 한다. 연방 정부가 관리하는 토지를 지역 공원과 연결하려면 협력과 파트너십이 필수적이다. 예를 들어, 워싱턴 D.C.의 록크리크 공원은 몽고메리 카운티의 록크리크 지역 공원과 인접해 있으며, 공원 자원과 방문객 경험을 관리하기 위해 국립공원관리청(NPS)과 카운티 간의 긴밀한 협력이 필요하다.

협업은 현재와 미래 세대를 위한 충분한 공원 공간을 확보하고, 수질 개선, 서식지 연결, 교통망 연계 등 광역 지역 과제를 해결하기 위해 매우 중요하다. 예를 들어, 연방 및 지방정부 간 협력을 통해 여러 행정 구역을 지나는 산책로가 여가와 교통의 기능을 모두 충실히 수행하도록 할 수 있다.

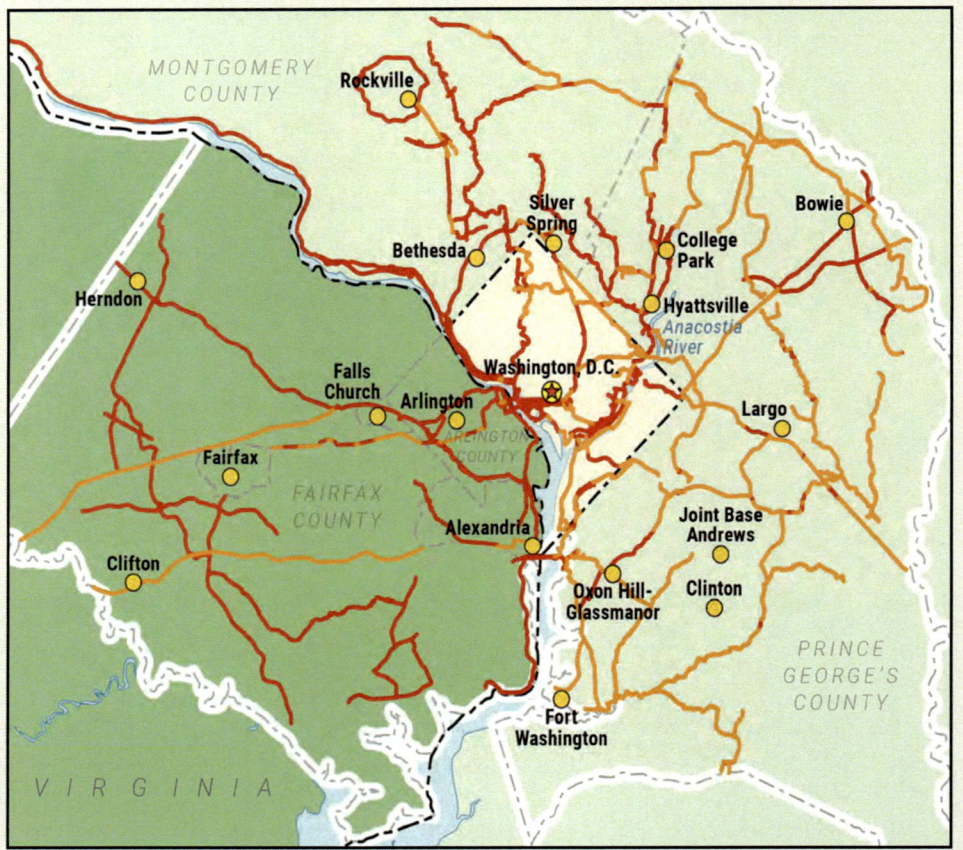

캐피탈 트레일 연합 네트워크

캐피탈 트레일 연합(Capital Trails Coalition)은 공공 및 민간 기관, 단체, 자원봉사자들이 협력하여 이 지역의 다목적 산책로를 연결하는 통합 네트워크 구축을 추진하는 공동 노력이다. 이 연합의 목표는 산책로 간 단절 구간을 해소하고, 접근성을 향상시키며, 지역사회와 주요 거점을 연결하는 네트워크를 조성하는 데 있다.

내셔널 몰

록크리크 공원

NPS(국립공원관리청), 컬럼비아 특별구, 그리고 다운타운DC 상권개선지구는 프랭클린 공원을 지역사회와 잘 연결되는 활기차고, 유연하며, 지속가능하고 역사적인 도시공원으로 탈바꿈시키기 위해 협력하고 있다. 새로운 공공-민간 협력 방식의 관리 구조를 통해 공원의 자금 조달, 프로그램 운영, 유지관리, 보안 제공 등이 이루어질 예정이다.

F.2 워싱턴 D.C.의 연방 공원 관리를 지역사회 요구와 조화롭게 운영하기

워싱턴 D.C. 도심의 재도약과 그에 따른 인구 증가로 고품질 도시 공원에 대한 수요가 높아지고 있다. 연방 공원의 이용과 개발은 국가적 상징성과 자원 보호, 지역사회 요구 간의 균형을 이뤄야 한다. 이를 위해 협력 관계 구축, 파트너십 형성, 협약 체결, 부지 이전 등의 다양한 전략이 활용될 수 있다.

연방과 지역 간 파트너십은 공동의 목표 달성에 중점을 두되, 연방의 이익도 충분히 고려되어야 한다. 이러한 파트너십을 구축하는 과정은 시간과 노력이 많이 들지만, 성공적으로 이뤄질 경우 양측 모두에게 많은 이점을 제공하고 있다.

소규모 도시 공원은 연방과 지방이 협력하여 여가, 생태, 기념 기능을 함께 수용할 수 있는 좋은 기회를 제공한다. 도심에 거주하는 인구가 증가함에 따라, 연방 공원이 주거 기반을 위한 공간으로서의 역할도 더욱 요구되고 있다. 그러나, 연방 정부는 자신이 운영하는 다양한 공원과 개방 공간의 계획, 개발, 유지관리를 위한 충분한 예산 확보에 어려움을 겪고 있다. 이에 따라, 지역 주민과 밀접한 도심 공원의 경우에는 상권개선지구(BID), 시민단체, 이해관계자들이 재정비, 개발, 유지관리, 운영 등에 참여할 수 있다.

2010년 발표된 Capital Space: 워싱턴 공원 및 개방 공간의 잠재력 실현을 위한 구상 (Ideas to Achieve the Full Potential of Washington's Parks and Open Space)은 아름답고 고품질이며 통합된 공원 체계에 대한 비전을 제시한 종합계획이다. 국가수도계획위원회(NCPC), 국립공원관리청(NPS), 컬럼비아 특별구 공원·레크리에이션국이 공동으로 추진한 계획은 기존 관리계획 간의 조율, 자산의 극대화, 현재와 미래의 수요 대응, 도시 전반의 공원 체계 강화를 목표로 한다. 이 계획은 정보 공유 강화, 관련 법 개정 검토, 협약 체결 기회 발굴 등을 통해 참여 기관들이 공원과 개방 공간을 더욱 발전시키는 데 공동의 의지를 가질 것을 권고하고 있다. 특히, 이 계획은 주민과 방문객에게 여가 기회를 제공하려는 D.C. 정부의 사명과, 지역의 자연 및 문화 자원을 보존하려는 NPS의 사명 간의 공통된 목표를 제시하고 있다.

Capital Space의 주요 권고사항 중 하나는 랑팡 계획에 따라 조성된 소규모 도시 공원의 계획 및 관리에 관한 것으로, 이들을 성공적인 공공 공간의 연결망으로 탈바꿈시키기 위한 방향성을 제시하였다. 이러한 소공원은 국가 및 지역 기념 공간, 행사 및 축제 장소, 동네 공원, 놀이터, 로터리, 도로 중앙분리대, 교통섬 등으로 다양한 기능을 수행하게 된다. 그러나 이들 대부분은 활용도가 낮거나 프로그램 운영이 어렵고, 연방 및 지방 정부 간 협력 강화를 통해 개선될 수 있다.

이러한 Capital Space의 방향을 토대로, NPS는 NCPC와 협력하여 2017년 소규모 공원 관리 전략(Small Parks Management Strategies) 보고서를 완성하였다. 이 연구는 NPS 관할 내 약 300개의 소규모 공원을 조사하였으며, 이들의 면적은 1에이커 미만에서 7에이커까지 다양하다. 보고서는 소공원이 직면한 복합적 과제와 기회를 인식하고, 자원 보호부터 브랜드화에 이르는 다양한 기대 성과를 반영한 목표를 수립하였다. 보고서는 NPS가 개별 공원의 고유한 자원 가치를 기반으로 다양한 관리 방안을 결정할 수 있도록 하는 체계적 기준과 의사결정 구조를 제공하고 있으며, 관리 방안은 NPS가 단독으로 관리 책임을 유지하는 경우, 협력적 관리 또는 파트너십 구축, 의회 승인 시 부지나 권한의 양도 고려 등 세 가지로 구분된다: 이러한 전략은 각 공원의 특성과 가치에 맞춘 유연하고 지속 가능한 관리 방안을 제공하기 위한 것이다.

많은 소규모 공원은 중요한 자연적 또는 문화적 자원을 포함하고 있으며, 랑팡 계획의 핵심 요소이기도 하다: 이러한 자원들은 도시 전역에 걸쳐 지역적·국가적으로 중요한 자원들이 어우러진 풍부한 도시 경관을 형성하는 데 기여한다. 적절한 계획과 관리를 통해 소규모 공원은 앞으로도 지역 및 국가 차원의 기념 공간, 여가 공간, 지역 커뮤니티 형성의 거점, 다양한 프로그램 운영 장소로서의 역할을 지속해 나갈 수 있다.

『소규모 공원 관리 전략
(Small Parks Management Strategies)』 중

F.3 연방 및 지방의 개발 심사 절차 조율

수도권 내 공원과 개방 공간은 인접 지역의 개발 압력과 공원 경계선에 밀접한 신개발로 인해 위협을 받고 있다. 인접 부지의 변경이나 개선은 공원의 특성과 기능에 영향을 미칠 수 있다. 또한, 공원 부지의 용도 전환이나 적절한 유지관리를 위한 자원의 부족 역시 연방 정부가 반드시 해결해야 할 중요한 문제이다. 중요한 조망권을 보호하고 환경에 부정적인 영향을 최소화하는 것 또한 연방의 우선 과제이다. 이를 위해 연방 정부는 공원 및 개방 공간 계획과 주변 지역의 개발 계획 간의 조율을 더욱 강조해야 한다. 연방과 지방정부가 협력할 경우, 공원 부지에 미치는 잠재적 영향을 줄이면서도 공동 및 개별 개발 목표를 달성할 수 있다.

연방 정부의 역할

POS.F.1 보전용지 설정, 기부, 매입, 교환 등 다양한 수단을 통해 통합적이고 연결된 공원 및 개방 공간 체계를 조성·확장·강화

POS.F.2 지방정부, 비영리단체, 교육기관, 재단 등과의 파트너십을 통해 육상·수변 지역의 공원 및 개방 공간을 통합적으로 조성·관리·연결

POS.F.3 연방 및 지방의 공원 계획·개발·관리 시 긴밀한 조율을 통해 여가 공간 공유, 자원 보호, 개방 공간 보존 기회를 발굴하고 수요에 대응

POS.F.4 공원의 국가적 중요성과 지역 이해, 자연·문화 자원에 대한 부정적 영향 없이 다양한 용도와 행사를 수용할 필요 사이에서 균형 유지

POS.F.5 파트너십, 공동관리 협약, 필요한 경우 행정 관할 이관 등 다양한 전략을 통해 공원을 개선하고 통합된 개방 공간 네트워크 구축

POS.F.6 소규모 공원을 지역 커뮤니티 녹지 공간으로 활용하기 위해, 자원에 영향을 주지 않는 범위에서 연방-지방 협력 파트너십 개발

POS.F.7 공원 및 개방 공간의 자원과 조망권 보호를 위해 지방정부와 협력하여 개발사업의 물리적·시각적 영향을 최소화

POS.F.8 개발사업 추진 시 지방정부와 협력해 신규 공원 조성을 장려하고 기존 공원을 보존·강화해 현재와 미래의 수요를 충족

알링턴 법원 광장 연구 (Arlington Courthouse Square Study)

2014~2015년 동안 NCPC(국가수도계획위원회)는 알링턴 카운티, CFA(미국미술위원회), NPS(국립공원관리청)와 협력하여 알링턴 카운티의 행정 중심지를 공공 명소로 탈바꿈시키는 작업을 진행했다. 이 법원은 내셔널 몰(National Mall)의 주요 동-서 조망축에 위치하고 있으며, 미국 수도의 기념물 지구의 경관과 상징성을 구성하는 중요한 요소이다. 미국 국회의사당 계단에서 서쪽 지평선을 바라보면 워싱턴 기념탑, 링컨 기념관, 그리고 알링턴 법원이 포함된 경관이 이어진다.

모든 이해관계자들은 이 조망권을 보호하고, 법원 지역의 새로운 건물에 적절한 높이 기준을 설정하기 위해 협력하기로 하였으며, 조망의 상징성과 품질을 유지하는 데 공감하였다. 그 결과, 해당 지역 개발에 있어 최대 건물 높이를 210피트(약 64미터)로 설정하기로 합의하였고, 이는 알링턴 카운티의 『Courthouse Sector Plan Addendum (2015)』에 반영되었다.

미주(Endnotes)

1. 본 요소는 국가수도계획위원회(NCPC)가 정의한 국가 수도권(National Capital Region) 내의 연방 공원 및 개방 공간을 다룬다.
2. 각 행정구역 간 경계, 소유권, 공원 및 개방 공간 정의의 차이로 인해 지역별 데이터에 차이가 발생하며, 이는 2004년 공원 및 개방 공간 요소에서의 대략적인 수치를 기반으로 한다. NPS 등 NCPC와 경계 정의가 다른 여러 기관들도 "국가 수도권(National Capital Region)"이라는 용어를 사용한다.
3. 보호된 토지 구역을 의미하며, 이들 구역에서는 인간의 거주나 자원 이용이 제한된다.
4. The Trust for Public Land, 2017 City Park Facts 자료 참고.
5. Capital Space 계획: https://www.ncpc.gov/docs/CapitalSpace_Plan_full.pdf
6. 1930년 제정된 Capper-Cramton 법: https://www.ncpc.gov/docs/capper-cramton-act.pdf
7. 도시 계획 요소 23쪽에는 수도의 설계와 배치가 자연환경에 강하게 영향을 받았음을 언급하고 있다: https://www.ncpc.gov/docs/02_CP_2016_Urban_Design_Element_2.29.16.pdf
8. 도시 계획 요소 7쪽에는 랑팡 도시(L'Enfant City)의 범위가 설명되어 있다: https://www.ncpc.gov/docs/02_CP_2016_Urban_Design_Element_2.29.16.pdf
9. Capital Space 계획 재확인: https://www.ncpc.gov/docs/CapitalSpace_Plan_full.pdf
10. 기념물 동향 및 실행 보고서(Memorial Trends and Practice Report): https://www.ncpc.gov/docs/NCPC_Memorial_Trends_Practice_Report.pdf
11. 도시 계획 요소에서는 영구적인 보안 개선에 대한 지침이 제공된다.
12. 국가수도권 교통계획위원회는 지역 내 산책로 체계의 단절 및 결함을 해결하기 위해 산책로 계획을 채택했으며, Capital Trails Coalition도 이 계획을 중심으로 네트워크 구축을 추진하고 있다.

제7편

환경

The Comprehensive Plan for the National Capital | Federal Elements

Contents

연방 환경 요소 소개 239

법적 및 규제적 틀 240

환경 문제 240

Section A : 기후 변화 관련 정책 241

Section B : 대기질 관련 정책 244

Section C : 수자원 및 우수 관리 관련 정책 246

Section D : 홍수 관련 정책 249

Section E : 수역 및 습지 관련 정책 251

Section F : 토양 관련 정책 253

Section G : 수관층 및 식생 관련 정책(2020 개정) 254

Section H : 야생동물 관련 정책 257

Section I : 고형 폐기물 및 유해 물질 관련 정책 258

Section J : 빛 공해 관련 정책 259

Section K : 소음 공해 관련 정책 260

Section L : 에너지 관련 정책 261

Section M : 전파 복사 및 전자기장 관련 정책 263

Section N : 환경 정의 관련 정책 264

Flickr: MrTinDC

연방 환경 요소 소개

연방 정부의 목표는 국가 수도권 지역을 환경 관리 및 보존을 촉진하며 지속 가능성을 선도하는 지역으로 발전시키는 것이다. 연방 정부는 지역의 자연 자원을 보존하고 향상시켜 그 혜택이 미래 세대에게도 이어지도록 노력하고 있다.

수도권 지역의 자연 자원은 이 지역 역사 전반의 발전에 영향을 미쳤다. 농업과 초기 항구 도시에서 출발하여 포토맥강과 아나코스티아강의 합류 지점에 수도가 자리 잡은 오늘날까지 지역의 지형, 숲, 수로는 국가 수도의 독특한 자연환경을 형성해 왔다. 이러한 자원은 오랜 세월에 걸쳐 보호되어 왔으며, 오늘날 수도권은 인구, 일자리, 관광 측면에서 국가 최대 대도시 중 하나로 성장했다. 이와 같은 발전에 있어 자연환경과 도시 개발 간의 균형을 유지하는 체계적 관리와 지속 가능한 운영이 요구된다.

연방 환경 요소는 이 지역의 환경을 유지, 보호, 개선하기 위한 기획 정책을 강조하며, 이는 자연적 및 물리적 환경뿐 아니라 인간과 환경 간의 관계도 포함된다. 이러한 요소는 연방 프로젝트의 환경 영향을 평가할 수 있는 전반적인 틀을 제공하고 저영향 설계 및 효율적 개발을 장려하며, 기관 간 협력과 연방·지방 정부 간 공동관리를 촉진한다. 또한, 행정명령, 관계 법령 및 환경 개선을 위해 연방 정부와 지방 정부의 협력을 장려하는 정책 이니셔티브를 나타낸다.

연방 정부는 지역 환경 보호에 큰 관심과 영향력을 가지고 있다.

- 연방 정부는 토지와 수역 등 주요 환경자원을 보유한 이 지역의 최대 고용주이자 임차인이며 재산 소유자로서, 관리 방식은 지역 환경의 질에 영향을 미친다.
- 이 지역에 영구적으로 자리한 연방 기관은 장기적 관점에서 환경 품질을 고려하여 정책을 추진한다.
- 국가와 세계는 수도권을 리더십의 상징이자 모범 사례로 바라보며, 이 지역의 환경 정책은 장기적으로 지속적인 영향을 미친다.
- 수도권의 환경자원은 인접 지역과도 연결되어 있어, 관련 정책은 타 지역의 인구와 생태계에도 영향을 준다.
- 국가 정책을 수립하는 정부 기관들이 위치한 이 지역은 종종 혁신적인 정책을 시범 도입하고 올바른 환경 관리의 이점을 증명하는 역할을 한다.

법적 및 규제적 틀

연방 정부는 환경자원의 보호와 보존을 위한 법률과 행정명령을 준수할 책임이 있다. 미국 환경 보호국(EPA)은 대기질, 수질, 폐기물 등에 대한 국가적 표준을 수립하고 이를 시행하기 위한 많은 법령을 제정하고 집행한다.

모든 연방 활동에 적용되는 주요 환경 법률은 1969년 제정된 국가 환경 정책법(National Environmental Policy Act, NEPA)[1]이다. 이 법은 '우산법'으로 불리며, 연방 기관이 환경에 미치는 영향을 평가하고 최종 결정을 내리기 전에 여러 법률, 행정명령 및 규제를 종합적으로 고려하게 한다. 이는 의사결정이 정보에 근거하여 이뤄지도록 하기 위한 것이다. 연방 정부는 의사결정 중에 잠재적 활동이 환경에 미치는 영향을 문서화해야 한다. 환경 품질 위원회의 규정은 환경 정책의 이행과 준수에 관한 세부 사항을 보다 구체적으로 규정한다.

국가수도계획위원회(NCPC)는 여러 기관이 가진 요구 사항을 반영하고 지역의 환경 관리를 위한 계획 지침을 제공한다. 또한 프로젝트 검토 과정에서 환경 문서를 검토하며, NEPA 등 다양한 환경 요건에 따라 위원회와 관련 기관이 초기 단계에서 환경영향을 평가하고 대응할 수 있도록 지원한다.

이 지역에서 연방 정부의 큰 영향력은 연방 시설들이 NEPA와 관련 법률 및 행정명령에 따른 정책을 준수하도록 구체적인 노력을 기울이도록 한다. 연방 기관들은 환경 문제를 정확히 식별하고 고려할 수 있도록 NEPA와 프로젝트 계획 과정의 초기 단계에서부터 NCPC와 협력해야 한다. 의사결정 과정 초기에 고려된 계획적 요소 사항은 연방 정부가 지역의 자연자원을 보존하고 향상시키는 데 기여할 것이다.

환경 문제

기후변화로 인한 광범위한 환경 문제, 유역 및 서식지 보호, 대기·수질·토지 보호 같은 문제는 미드애틀랜틱(Mid-Atlantic) 지역의 맥락 안에서 반드시 해결해야 한다. 체서피크만(Chesapeake Bay) 복원에는 허리케인, 극한 기상, 지역 성장에 따른 영향이 포함된다. 따라서, 연방 차원의 계획과 의사 결정에 회복탄력성을 적극 반영하는 것은 이러한 환경 과제를 해결하는 데 중요한 단계다.

수도권은 수백만 명의 거주자와 방문객이 연방 정부와 관련된 기능을 수행하거나 또는 직·간접적으로 상호 작용하면서 형성된 복합적인 경제 구조를 갖추고 있다. 모든 대도시권과 마찬가지로 사무 공간, 주거지, 교통 및 기타 개발을 자연환경에 미치는 교란을 최소화하면서 수용하는 것이 중요한 과제이다. 이러한 잠재적 교란을 줄이기 위해, 환경 요소는 기존 도심 지역과 대중교통 중심지로 보다 밀도 높은 개발을 유도하는 정책을 지지한다. 합리적인 계획 수립은 집약적이고 효율적이며 잘 설계된 개발의 가치를 자연 자원의 보호 및 증진을 위한 필수적인 요소로 인식한다.

연방 환경 요소는 연방 정부가 지속 가능한 개발을 주도하는 역할을 강화하는 동시에, 연방 정책이 환경에 미치는 잠재적 영향을 고려할 수 있도록 설계된 목표 및 정책을 포함한다. 또한, 최적의 계획 원칙과 신중한 부지 계획 및 설계를 바탕으로 지역의 환경자원을 유지하고 확대하는 정책적 틀을 제공한다. 환경 요소는 총 14개 정책 분야로 구성되며, 다양한 환경 문제에 대한 지침을 제시한다.

17번가 제방은 강물과 폭풍으로 인한 홍수로부터 워싱턴을 보호한다.

SECTION A: 기후 변화 관련 정책

기후 변화는 수십 년에서부터 수백만 년에 걸친 기간 동안 기후 패턴에 나타나는 중요한 변화로, 이 문제는 지역, 국가, 그리고 전 세계적으로 중요한 이슈이다. 미국 지구 변화 연구 프로그램(U.S. Global Change Research Program)에 따르면, 대기 상층에서부터 해양 심층에 이르기까지 지구가 따뜻해지고 있다는 증거가 존재한다. 지난 반세기 동안의 기온 상승은 주로 인간의 활동, 특히 화석 연료의 연소[2]에 의해 촉진되었다. 이로 인해 빙하와 북극 해빙이 녹아 생태계에 영향을 미치고, 해수면 상승에 기여하고 있다. 기온 상승을 넘어, 기후 변화는 폭염, 폭풍, 홍수 그리고 가뭄을 포함한 기상 현상의 유형, 빈도 및 강도에 영향을 미친다. 최근의 미국과 국제 기후 변화 연구에 따르면, 전 세계적으로 평균 해수면은 이전 2천 년 동안 거의 변화가 없다가, 20세기 동안 연평균 약 1.7밀리미터씩 상승한 것으로 나타났다, 이는 이전 2,000년 동안 거의 변동이 없던 시기를 지나 온 것이다.[3] 탄소의 흡수로 인해 발생하는 해양 산성화는 전 세계의 생물다양성과 생태계에 영향을 미치고 있다.[4]

전 지구적 기온 상승 추세는 명확하지만, 각 지역에 따라 그 영향은 상이하게 나타날 수 있다. 예를 들어, 미국 남서부 지역은 겨울과 봄철 강수량 감소가 예상되지만 메릴랜드와 워싱턴 D.C.를 포함한 북부 지역은 강수량[5] 증가가 예상된다. 이러한 이유로, 기후변화 예측은 지역적 특성을 반영하여 현지 영향을 구체적으로 분석하는 것이 중요하다. 연방 기관은 정책 수립 및 의사결정 도구 개발 시, 이용 가능한 최고 수준의 자료와 예측 정보를 활용해야 한다.

지역의 기후 변화

최근 여러 연구는 지역 기후 변화에 대한 분석을 심화하고 있다.

강수량 증가

컬럼비아 특별구 에너지&환경부(The District of Columbia Department of Energy & Environment)는 2080년대까지 하루 강수량이 1인치를 초과하는 날이 연간 10일에서 13일로[6] 증가할 것으로 예측했다. 이와 같은 변화는 기존의 우수(雨水)처리 인프라를 초과하는 홍수의 빈도를 높이며, 포토맥강, 아나코스티아강 및 기타 수역으로 유입되는 수질의 악화를 초래할 수 있다.

도시 열섬 효과와 공기질 영향

기온이 95°F(약 35°C)를 초과하는 날의 수는 2020년까지 연간 7-9일로 증가하고, 2080년대[7]에는 연간 40-70일로 늘어날 것으로 예상된다. 이는 에너지 소비 측면에서 냉방 수요 증가와 같은 문제를 초래할 뿐만 아니라, 거주민, 노동자 및 방문객의 건강과 안전에도 우려를 야기할 것이다.

해수면 상승

미국 항공우주국(NASA)은 2050년대까지 지역의 해수면 상승이 7~28인치, 평균 연간 기온 상승은 약 1.7~2.8°C[8]로 상승할 것으로 예측했다. 해안과 주요 하구 주변에 인구가 밀집해 있어 해수면 상승에 따른 위험이 더욱 커질 수 있으며, 특히 워싱턴 D.C.의 저지대와 아나코스티아강 및 포토맥강 인근 지역은 직접적 영향을 받을 가능성이 크다. 체서피크만과 포토맥강 해안선은 기후변화에 가장 취약한 지역 자원 중 하나로, 해수면이 몇 피트만 상승해도 폭풍, 조수, 홍수 등의 위험이 심화된다. 이 지역에는 공원, 군사 기지, 박물관, 연방 기관 본부 등 연방 소유 자산이 밀집해 있어 철저한 기후 적응 전략이 요구된다.

기후변화는 도시 지역에서 홍수의 빈도와 강도를 증가시킬 수 있다.

기후 변화 대응: 완화와 적응

연방 및 지방 정부 기관들은 기후 변화 대응으로 완화와 적응에 주목한다. 완화는 기후변화를 최소화하고 적응은 기후변화의 영향을 예측하여 대응하는 것이다. 기후변화 완화의 핵심은 온실가스 배출량을 줄이는 것이다. 석탄, 석유, 천연 가스와 같은 화석 연료의 사용은 온실가스를 생성하며, 온실가스는 대기에 머물며 우주로의 열 방출을 막아 평균 기온의 상승과 극단적 기상에 대한 취약성을 높인다. 연방 정부는 에너지 효율, 재생에너지, 대체 교통수단 보조, 신기술 적용 등 민관 협력을 통해 온실가스 배출 저감에 힘쓰고 있다.

> 온실가스 배출은 다음과 같이 세 가지 범위(Scope)로 분류된다:
> **Scope 1 배출**: 기관이 소유하거나 직접 통제에 따라 발생하는 직접 배출(정부 건물 연료 사용이나 기관 차량 운행 시 발생하는 배출)
> **Scope 2 배출**: 구매한 전기, 열, 증기를 쓰는 과정에서 발생하는 간접 배출
> **Scope 3 배출**: 기관이 직접 통제하지는 않지만 기관의 활동에 따라 발생하는 배출 (직원의 출장이나 출퇴근과 같은 활동이 이에 포함)

연방 정부는 온실가스 배출 저감 외에도 기후변화에 대응하기 위한 계획 수립을 적극 추진 중이다. 전 세계적인 완화 노력에도 불구하고, 과거의 대응부족으로 인해 기후변화의 영향은 피할 수 없다. 적응은 기후변화와 변동성이 자산, 운영, 서비스에 어떤 영향을 미칠지를 평가하고, 이를 고려한 계획과 의사결정을 요구한다. 완화와 적응은 연방 및 지방 정부의 입법과 행정에서 핵심 주제로 다뤄지고 있다.

회복탄력성(Resilience)

회복탄력성은 기후변화 적응의 또 다른 형태로, 단순히 기후 영향에 대비하는 것을 넘어서 지역사회가 충격을 견디고 회복하는 능력에 초점을 둔다. 회복탄력성 계획은 지역의 적응 역량을 높이기 위한 사회·경제적 네트워크 강화 방안과 관련있다. 연방 정부는 미국 기후 회복탄력성 툴킷[9], 국가 재해 회복탄력성 공모전 등과 같은 주요 정책을 통해 회복탄력성을 받아들이고 있다. 또한, 연방 기관들은 수도권 전역에서 회복탄력성을 반영한 정책과 사업을 수립하고 있다.

연방 정부의 기후변화 완화 및 적응 전략

기후변화와 지속가능성을 중심으로 제정된 두 가지 주요 행정명령이 있다. 행정명령 13693호[11](2015)는 연방 기관이 운영 전반에서 환경영향을 고려하고 지속가능성 목표를 적극 달성하도록 요구하며, 연방 기관의 온실가스 배출량을 감축하는 것이 주요한 목적이다. 또한, 행정명령 13653호[12](2013)는 연방 자산, 운영, 서비스 전반에 걸쳐 기후변화로 인한 위험을 관리하고, 지역의 사전 대응력과 회복탄력성을 강화할 것을 지시한다. 두 행정명령은 기후변화에 대한 완화 및 적응이라는 연방 지침을 구성하고 있다.

워싱턴의 기념 핵심 구역 중심부에는 연방 본부, 관공서 건물, 군사 기지, 국가 안보 시설, 문화유산들이 밀집해 있다. 이러한 연방 자원 및 운영의 집적은 기후변화 대응의 필요성을 더욱 절실하게 만든다. 국가수도계획위원회(NCPC)는 연방 정책이 지역 개발에 미치는 영향을 분석하고 기후변화에 대응하기 위한 기관 간 협력의 장을 마련하고 있다.

기관 간 협력 사례로는 국가수도계획위원회의 기념 중심지 기후 적응 협의체(Monumental Core Climate Adaptation Working Group)가 있다. 2013년부터 2014년, NCPC, 조달청(GSA), 미 항공우주국(NASA), 워싱턴 대도시권 정부협의회(MWCOG), 미국 기후변화 연구 프로그램, 스미소니언 연구소 등은 기후 적응 계획 수립을 지원하고, 지역 간 협력 강화를 돕기 위해 '기후 회복탄력적인 지역 만들기 워크숍 및 온라인 세미나를 공동 주최했다. 워크숍에서 NASA가 제공한 지역 규모의 기후 데이터와 기후 관련 정보를 공유하고, 전국 수도권에 특화된 기후 적응 전략을 함께 구상할 수 있는 기회가 제공되었다. 이 프로젝트는 2014년 미국도시계획협회(APA) 연방 계획 부문으로부터 '우수 협업계획 프로젝트 상'을 수상하였다.

연방 정부 기후변화 적응 전담팀은 2010년 보고서를 통해 연방 기관들이 기후변화 적응을 자체 계획, 운영, 정책, 프로그램 전반에 통합할 수 있도록 지원하는 실행 지침 세트를 제시하였다. 또한, 백악관 예산관리국의 연례 회람 문서인 A-11호(Circular A-11)는 2017 회계연도의 건설 및 유지보수 예산 요구안 수립 시, 연방 기관들이 기후 대응력과 회복탄력성을 고려하도록 지침을 제공하고 있다.

횡단적 이슈(A Cross-Cutting Issue)

기후변화는 이 지역에서 횡단적 이슈로 작용하며 특히 우수(강도 및 빈도 증가), 홍수(해수면 상승 및 폭풍 해일 빈도·강도 증가), 식물 및 야생동물(서식지 및 생물 다양성 감소), 기반시설(에너지 수요 증가) 그리고 공중보건(폭염 및 폭풍 증가)에 영향을 미친다. 기후변화는 영향의 강도와 빈도를 증가시키는 역할을 하며 그 해결책은 다른 환경 이슈들에도 긍정적인 효과를 가져올 수 있다.

연방 정부는 이 지역에 분포한 다양한 조직을 바탕으로 지역적 기후변화 대응에서 중추적인 역할을 할 수 있다. 이 정책은 첫째, 연방 활동에서 비롯되는 온실가스의 직·간접 배출을 줄여 기후변화 완화에 기여하며, 둘째, 기후변화 영향을 고려해 연방 자산을 보호함으로써 적응을 추구하는 것이다. 건물 에너지 사용 절감, 출퇴근 배출 저감, 대중교통 유도 등이 대표적 방안이며 기관 간 정보 공유는 보다 정밀하고 신뢰성 있는 기후 대응 계획 수립을 가능하게 한다. 보다 정교하고 신뢰할 수 있는 정보에 기반한 의사결정은 연방 기관이 기후변화로부터 연방 자산을 보호하는 데 실질적인 도움을 줄 수 있다.

연방 정부의 역할

FE.A.1 기후변화 대응을 위해 지속 가능한 건축 설계, 교통 전략 적용, 화석연료 사용 및 온실가스 배출 최소화하는 프로젝트 적극 추진

FE.A.2 온실가스 감축을 위해 고밀도 대중교통 중심 개발을 구축

FE.A.3 제품 생산과 유통 과정 및 교통수단 등 업체 간 협력 기회 모색

FE.A.4 온실가스 배출과 직접 연관된 화학물질의 사용 감소 및 제거

FE.A.5 Scope 3 온실가스 감축을 위한 혁신적 정책과 실행 방안을 수립·시행

FE.A.6 가능하다면 에너지·폐기물·물 '제로(0) 사용'의 건축 설계를 도입

FE.A.7 연방 기관 보유 부지 내 신재생과 재생에너지 생산을 확대하고 물리적 자산이 포함된 연방 프로젝트에서 에너지 지구 조성

FE.A.8 기후변화의 영향을 장기 계획, 부지 선정, 자본 사업 등에 반영해야 하며, 다음과 같은 요소들을 고려

1. 홍수 위험(해수면 상승, 연간 강수량, 강우 강도)
2. 유출수 내 오염물질 농도
3. 토양 침식
4. 우수 유출량 증가
5. 극심한 온도 변화
6. 허리케인 등 강력한 폭풍의 빈도 및 강도 증가
7. 수목 생존 가능성과 식물에 대한 영향
8. 핵심 서비스 및 기반시설 신뢰성

FE.A.9 수도권 및 지방 정부, 공공기관 등이 기후 취약성 평가, 적응 계획, 지역 비상 대응체계를 수립할 수 있도록 기후 적응 및 회복탄력성 계획 수립을 지원

FE.A.10 지역 기반시설, 건물, 자연자원, 인구, 특히 포토맥강 및 아나코스티아강과 그 지류 인근의 연방 토지와 시설에 기후변화 위험을 지방 차원에서 분석하는 활동을 지원

FE.A.11 연방 정부의 계획 및 사업은 각 기관, 지방정부, 지역의 기후변화 대응 계획과 일관되게 수립하고, 다음과 같은 방식으로 이행

1. 회복탄력성 및 적응 역량 강화를 위한 자본 투자 사업 우선 추진
2. 같은 권역 내 연방·지방 기관과의 긴밀한 기후 적응 조율
3. 연방 조치로 지역의 기후 취약성이 심화되지 않도록 할 것
4. 부지 선정 시 핵심 기반시설의 기후 위험 취약성 고려

SECTION B: 대기질 관련 정책

인구 증가 및 자동차 사용 증가는 이 지역에서 대기질 문제를 더욱 심각하게 만들고 있다. 대기오염은 인체 건강에 해를 끼칠 뿐만 아니라, 주요 조망 경관의 가시성을 떨어뜨린다. 또한, 산성비를 유발하여 많은 역사적 연방 건물과 기념물 등 역사적 구조물을 부식시키고 물리적 훼손을 초래한다.

대기질 악화의 영향

대기질 악화는 인간 건강에 직접적인 영향을 미친다. 독성 대기오염물질에 노출되면 면역계, 신경계, 생식기계, 발달계, 호흡기계 등 다양한 신체 시스템에 손상을 일으킬 수 있다.[14] 인간과 동물은 오염된 공기를 흡입하거나, 오염물질이 침착된 물·토양에 간접적으로 노출된다. 물·토양에 침착한 오염물질은 식물에 흡수되고 동물에 섭취되며, 먹이사슬을 따라 확산된다.[15]

대기 오염은 건강뿐 아니라 환경에도 악영향을 미친다. 대기질 악화는 나무와 식물의 외형 변화에서부터 생식 및 생장 저해, 농작물 수확량 감소에 이르기까지 피해를 유발한다.(관련된 내용은 Section G: 수관층 및 식생 관련 정책 참조) 또한, 대기 오염은 산성비의 원인이 되어 대리석과 석회암의 건축물과 구조물에 손상을 주고 하천의 수생 생물과 동물 생태계에 파괴적 영향을 미친다. 안개와 가시성 저하로 중요한 조망 경관이 가려지기도 한다.[16]

대기오염 물질은 실내 공기질에도 영향을 미칠 수 있다. 이에는 연소설비, 건축자재 및 가구의 휘발성 물질, 청소용 화학제품, 외부 오염물 유입 등이 포함된다. 대기질은 지역, 주, 광역권, 연방 수준에서 엄격히 규제되고 있다. 1970년 제정된 청정대기법(Clean Air Act)에 따라 미국환경보호청(EPA)은 국민 건강과 공공복지를 위협하는 오염물질을 규제하기 위해 국가환경대기질기준(The National Ambient Air Quality Standards)을 설정하였다. 기준에는 EPA가 지정한 6가지 기준 오염물질(일산화탄소, 납, 이산화질소, 오존, 미세먼지, 이산화황)이 포함되며, 기준치를 초과하는 지역은 기준 미달 지역으로 분류된다.

워싱턴 지역은 오존과 미세먼지 항목에서 기준 미달 상태에 있으며, 이들 오염물질은 주로 자동차, 트럭, 버스 등의 배출가스로 발생하고 있다. 지역의 대기질을 개선하기 위해 청정대기법은 각 주가 장기적 이행계획을 수립하도록 요구하여 여기에 자동차 배출량을 상쇄할 교통관리 조치 등 대기 기준 충족을 위한 전략이 포함된다. 연방 정부의 활동 또한 장기적인 계획에 부합하는 조치를 적용하며, 해당 지역이 대기 기준을 달성할 수 있도록 기여해야 한다.[18]

지역 내 대기오염의 주요 원인

대기오염은 고정오염원과 이동오염원으로부터 배출된다. 고정오염원은 굴뚝이 있는 개별 시설이나, 주유소, 도장작업장, 소비자 제품 사용 등 누적적 영향은 크지만 개별적으로는 식별이 어려운 지역오염원이 포함된다. 이동오염원에는 자동차, 트럭, 버스 등 도로 이동 수단과 항공기, 선박, 건설장비, 잔디·정원 장비 등 비도로 이동 수단이 포함된다.

이동오염원은 광범위한 지역에 걸쳐 대기질에 영향을 미치며 2011년 기준으로 휘발성유기화합물의 28%, 질소산화물의 47%, 일산화탄소의 50%가 도로 이동 수단에서 배출된 것으로 나타났다.[19] 이들 오염물질은 햇빛과 반응하여 지표면 오존을 형성하며, 특히 고속도로 및 주요 도로에서 약 180미터 이내 지역에서 가장 강한 영향을 미친다. 이 영향은 최대 약 2.4km 떨어진 지역까지 확산될 수 있다.[20] 따라서 고속도로에서 600피트 이내에 위치한 연방 시설(또는 예정지)은 이동오염원에서 배출되는 유해 물질이 직원 건강과 안전에 미칠 영향을 충분히 고려해야 한다.

지역 내 대기오염 외에도, 주(州) 간 오염물질 이동이 또 다른 주요 원인이다. EPA 연구에 따르면, 이 지역의 오존 오염 중 약 75%가 다른 주에서 바람을 타고 유입되는 것으로 추정된다.[21] 이는 애팔래치아 산맥 서쪽에서의 장거리 이동, 미드애틀랜틱 남서부의 중거리 이동, I-95 회랑을 따라 발생하는 단거리 이동을 포함한다. 이러한 사례는 광역적·국가적 협력의 필요성을 보여주며, 이 지역에서 발생한 배출물 역시 하류 지역의 공중보건에 영향을 줄 수 있음을 시사한다.

연방 정부의 활동은 지역 대기질에 직접적인 영향을 미친다. 이 장의 정책은 이동오염원 감축을 지지하며, 점오염원 규제가 시행 중인 현재, 연방 기관은 이동오염원 저감을 통해 대기질 개선에 기여할 수 있다. 많은 연방 직원들이 대중교통을 이용하지만, 정부는 교통 인프라와 편의시설 확충에도 더 힘써야 한다. 또, 난방·냉방 시스템, 발전기, 폐기물 소각시설 등도 대기오염의 원인이 된다. 현재 기관들은 친환경 자재 및 시스템을 도입하여 실내 공기질과 에너지 효율을 개선하고 있으며, 연방 기관과 직원들은 저오염 교통수단 이용, 운행·이동 거리 감소, 에너지 절약, 청정에너지 사용 등을 통해 대기질 개선에 이바지할 수 있다.

연방 정부의 역할

FE.B.1 이동오염원으로부터 대기오염물질 배출을 줄이기 위한 조치

1. 연방, 주, 지방정부 및 민간 고용주가 대중교통 확대, 자전거·보행 이동성 향상 지원

2. 직원의 1인 탑승 차량 이용을 줄이기 위해 교통수요 관리기법을 활용한 주차 비율 축소, 근무지의 위치·설계 조정 등 운영 정책 도입(교통수요 관리기법에 대한 정의는 교통 체계 요소에서 참조)

3. 전기차, 연료전지차, 압축천연가스, 저공해 디젤 등 청정 대체연료 차량 이용 장려 및 지원[22]

4. 연방 부지 내 대체 연료 충전소를 설치하고, 저배출 차량에 우선 주차 공간 제공

5. 환경보호청 배출 기준을 충족하거나 초과하는 항공기의 이용 장려

6. 재생가능한 에너지를 전력원으로 사용할 경우, 전기차 충전소 설치를 고려하여 주차장 설계

FE.B.2 고정오염원으로부터의 대기오염물질 배출을 줄이기 위한 조치

1. 최고의 친환경 건축 시스템과 기술을 활용해 전력 생산 요구량 최소화

2. 태양광, 지열, 풍력 등 청정 재생에너지와 같은 저오염 에너지원의 사용

3. 대체에너지 및 분산형 에너지원의 개발 및 활용을 장려

4. 독성 폐기물의 소각은 엄격히 관리하고, 그 발생 저감 조치 병행

FE.B.3 친환경 자재, 시공, 건축 설계로 실내 공기질을 적극 개선할 것

FE.B.4 오존 수치가 최고치에 달하는 오존 주의보 발령일에는 오존 생성을 유발하는 배출물질의 발생을 일시적으로 저감하기 위한 조치 시행

이와 유사한 조치는 장기 계획에도 반영되어야 하며, 이동오염원 및 고정오염원 모두에 대한 감축 방안으로 확장 적용

FE.B.5 고속도로에서 약 180미터 이내에 위치한 연방 시설의 경우, 이동오염원으로부터 발생하는 대기오염 물질로부터 직원이 노출되지 않도록 보호 조치 필요

워싱턴 기념탑에서 바라본 대기오염으로 인한 제한된 가시거리

SECTION C: 수자원 및 우수 관리 관련 정책

상수도 공급

포토맥강은 지역 전체 수돗물의 약 80%를 공급하고 있다.[23] 나머지는 워싱턴교외상하수도 위원회의 패턱슨강(Patuxent River) 공급 체계와 페어팩스카운티(Fairfax County) 수도국의 오코콴강(Occoquan River) 공급 체계를 통해 충당된다. 이 지역의 주요 상수도 공급 기관들은 포토맥강 유역 내에서의 운영을 긴밀히 조율하고 있으며, 특히 갈수기에는 포토맥, 패턱슨, 오코콴 유역 간 물 공급을 공유하는 단일 체계처럼 협력하여 운영되고 있다.

포토맥강의 간헐적인 갈수기와 지속적인 지역 성장에도 불구하고, 워싱턴 대도시권 정부협의회(MWCOG)는 2040년까지의 예상 수요를 감당할 수 있을 만큼 지역 수자원이 충분하다고 전망하고 있다. 다만, 2040년까지[24] 심한 가뭄 시기에 물 사용 제한 조치를 시행하지 않거나 추가적인 공급 역량 개발이 이뤄지지 않을 경우, 기존 시스템만으로는 수요를 충족하는 데 어려움이 따를 수 있다.

연방 정부의 운영은 지역 상수도 시스템에 의존하고 있다. 따라서 연방 시설 내에서 우수를 자원으로 저장하고 재활용하는 것은 지역의 물 소비를 줄이기 위한 중요한 전략이다. 지역 전반의 침투율을 높이면 지하수 및 대수층(aquifer) 체계를 재충전하고 건기[25] 동안의 하천 유량 확보에도 기여할 수 있다. 연방 정부는 주정부 및 지방 정부와 함께 지역의 수자원이 오염으로부터 보호되고 향후 연방 시설 운영, 민간 부문 활동, 일반 시민의 수요를 충족할 수 있도록 충분한 공급을 확보할 공동의 책임을 지닌다.

수질 관리

이 지역의 하천, 지류, 지하수 체계는 중요한 자연 자산으로서 다양한 야생 생물과 식생의 서식지를 유지·보전하는 역할을 수행하고 있다. 이러한 수자원의 수질은 인간의 이용과 향유 측면에서도 매우 중요하며, 이들 자원은 다양한 수원으로부터 영향을 받는다. 워싱턴 지역에서는 주요 점오염원이 지역 내 하수처리장과 합류식 하수관거 월류수(CSOs)에서 배출되며, 비점오염원은 주로 우수 및 농업 유출수에서 비롯된다.

강우로 인한 유출수는 지면에 침투되지 않고 지표면을 따라 흐르면서 각종 오염물질[26]과 부유물을 흡수할 때 발생한다. 일반적으로 포함되는 오염물질은 차량에서 누출되는 기름, 윤활유, 중금속, 비료와 농약, 건설 현장 및 농경지에서 유입되는 침전물, 기타 느슨한 토사, 반려동물 배설물로부터 발생하는 박테리아 등이 있다. 이처럼 오염된 유출수는 최종적으로 강이나 하천으로 유입되며, 지표면이 더 이상 포화 상태가 아닐 경우, 오염수는 지하수로 스며들게 된다.

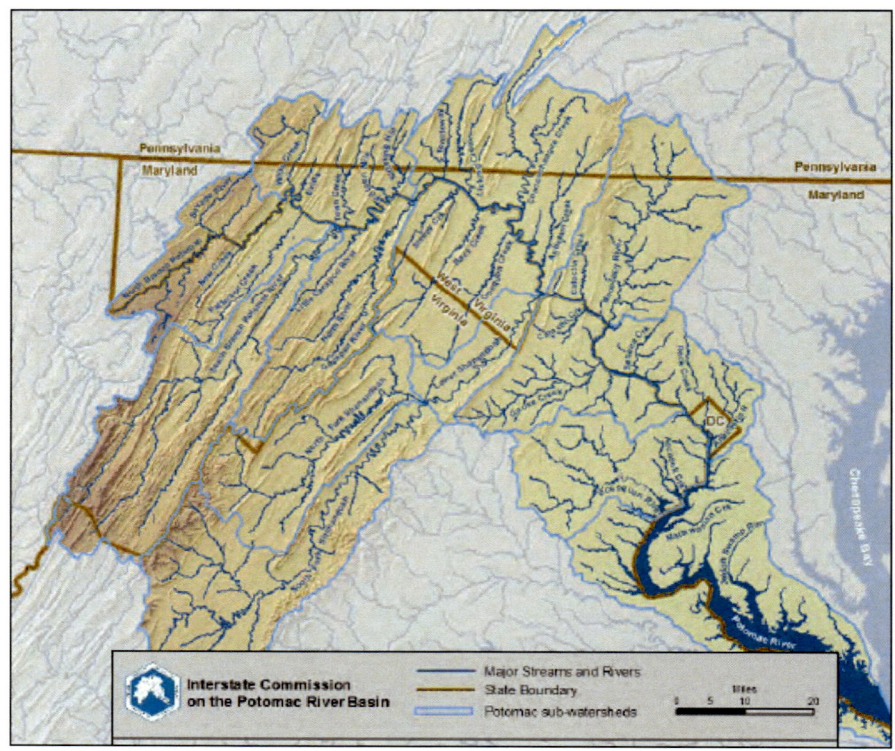

포토맥강 유역

DC 워터 클린 리버스 프로젝트

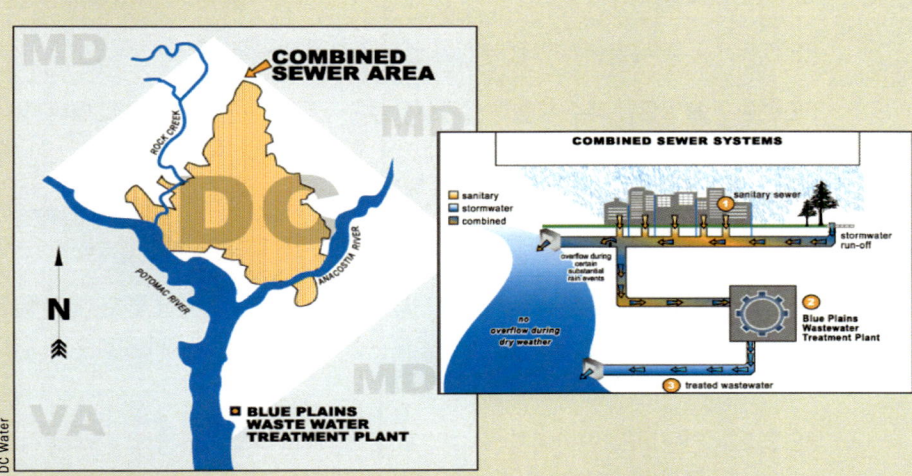

워싱턴 D.C.의 초기 하수도 시스템은 1800년대에 구축되었으며, 강우 시 하수를 그대로 강으로 배출하는 방식의 합류식 하수관거 시스템(CSO)으로 설계되었다. 1994년 미국환경보호청(EPA)은 CSO를 운영하는 지방 정부에 국가 수역으로 하수 배출하는 것을 관리하기 위한 '장기 수질관리 계획'을 수립을 요구했고, 이는 국가 오염물질 배출 허가 제도를 통해 시행되었다. 워싱턴 D.C.는 1998년 DC워터를 통해 계획 수립을 시작해 2002년에 이를 최종 확정하였으며 이 계획은 2010년에 '클린 리버스 프로젝트(Clean Rivers Project)'가 되었다.

이 프로젝트는 하수 월류 발생 횟수를 98%까지 저감하기 위해 두 개의 대형 지하 터널 시스템을 활용하는 방안을 담고 있다. 즉, 용량 3천만 갤런 규모의 포토맥강 터널과 1억 5,700만 갤런 규모의 아나코스티아강 터널 시스템을 통해 월류 시 희석된 오수를 집수한 뒤 블루 플레인스 하수처리장(Blue Plains)으로 이송하는 구조다. 이 계획은 2015년에 수정되어 당초 계획되었던 록크리크(Rock Creek) 터널 건설안은 폐기하고 해당 하수 유역 내에 그린 인프라를 구축함으로써 강우 시 발생하는 유출수를 저감하는 방향으로 전환되었다. 이들 지하 터널과 그린 인프라는 단계적으로 완공될 예정이며 2030년 프로젝트 완료 시점까지 점진적으로 수질 개선 효과를 실현할 것으로 기대된다.

지역 수질 개선

20세기 말, 포토맥강과 아나코스티아강은 심각한 수질 저하를 겪었다. 이에 따라 일부 구간에서 낚시가 금지되고, 인간의 직접적인 접촉이 제한되었다. 연방 및 지방 정부는 이를 해결하기 위해 체서피크만 프로그램[28], 아나코스티아강 이니셔티브[29], DC 워터클린 리버스 프로젝트[30] 등을 추진하고 있다. 체서피크만 프로그램은 해당 수자원 생태계 자연자원을 보호·복원·강화하기 위한 이니셔티브이다.(야생생물 관련 정책은 H절 참조). 주요 대응책에는 불투수면 확대 억제, 유출수 통제, 민감 지역 완충 구역 확보를 위한 정밀한 토지 개발 규제, 그리고 막대한 비용이 드는 하수 및 우수 관리 시스템의 현대화가 포함된다. 클린 리버스 프로젝트는 록크릭, 아나코스티아강, 포토맥강으로 유입되는 CSO 오염을 줄이기 위한 DC 워터의 지속적 사업이다.

우수 관리

연방 정부는 워싱턴 D.C.를 중심으로, 아나코스티아강과 포토맥강 및 그 지류를 따라 상당한 규모의 수변 지역과 인접 토지를 관리하고 있다. 지역의 수계와 수자원을 미래 세대까지 보호하기 위해 하수관거 및 강으로 유입되는 우수의 양을 줄이고, 하천과 강으로 유입되는 우수를 정화하며, 지역 전반의 침투율과 대수층 재충전율을 높이고, 우수를 재이용함으로써 물 소비를 줄여야 한다.

1972년 제정된 청정수법(Clean Water Act)[31]에 따라 미국 환경보호청(EPA)은 오염물질 배출 허가 제도(NPDES National Pollutant Discharge Elimination System) 내 우수 프로그램을 수립 및 시행할 책임을 지고 있다. 이 프로그램은 세 가지 배출원, 지자체 독립 우수 배수 시스템(MS4: Municipal Separate Storm Sewer Systems), 건설 활동, 산업 활동으로 우수 배출을 규제한다. 해당 법률은 각 주정부가 수질 기준을 충족하지 못하는 수역(오염된 수역, impaired waters)을 식별하고 이들 수역에 대한 오염물질 총허용 일일 부하량(TMDL: Total Maximum Daily Load) 기준에 따라 오염 저감 전략을 수립하고 수행할 것을 요구한다. 포토맥강, 아나코스티아강, 체서피크만 등 이 지역의 오염된 수역을 개선하기 위한 다양한 계획이 현재 추진 중이며, 연방 정부 기관들도 이러한 수역 복원에 공동의 책임을 지고 있다.

2007년 에너지 자립 및 안보법(EISA) 제438조에 따라 연방 기관은 부지 개발·재개발 시 우수 유출량을 줄이고 수자원[32]을 보호해야 한다. 5,000제곱피트(약 465㎡)를 초과하는 규모의 연방 시설을 개발 또는 재개발할 경우 해당 부지에서는 부지 계획, 설계, 시공 및 유지관리 전반에 걸쳐 가능 범위 내 최대한으로 개발 이전의 수문 특성(hydrology)을 온도, 유량, 유속, 유출 시간 등의 측면에서 유지 또는 복원하는 전략을 적용해야 한다.

미국 환경보호청(EPA)은 에너지 자립 및 안보법 이행을 위해 개발 전 수준에서 강우를 현장에서 유지할 수 있도록 침투, 증발 및 증산, 물의 재이용 등을 포함한 우수 관리 전략에 대한 기술 지침을 제공하고 있다. 많은 연방 시설은 저영향 개발(LID) 및 최적 관리기법(BMP)등 다양한 기법과 절차를 적용해 연방, 주, 지방 차원의 우수 관련 규제 요건을 준수하고 있다.

연방 정부의 역할

FE.C.1 다음과 같은 우수 관리 계획을 수립할 것

1. 연방 및 지방 정부가 협력해 우수 관리 공동 계획을 수립하도록 장려
2. 캠퍼스 또는 광역 단위 수준의 통합된 우수 관리를 장려

FE.C.2 연방 시설 및 토지의 우수 관리를 강화하여 수질 기준 충족과 맑은 물과 서식지 복원, 수생 생태계 보호, 공공 접근성 증진 등 목표 달성

FE.C.3 상수도 공급과 하수 처리 시스템 및 우수 및 위생 하수 시스템을 개선·현대화하고 그린 인프라를 통합하여 오염물질의 수계 유입을 방지

FE.C.4 살충제, 제초제, 비료, 화학물질, 유류, 제설제 등의 사용을 지양하여 지하수 및 수계 오염 예방

FE.C.5 부지 여건에 따라 투수성 포장 및 식생 기반 저류 시설을 활용하여 우수 유출 및 외부 수질에 대한 영향 저감

FE.C.6 침식 방지, 우수 정화 및 현장 내 유출수 포집 효과를 기대할 수 있는 그린루프, 식생 여과대, 생태저류지, 레인가든, 투수성 포장 보도 등 혁신적이고 환경친화적인 최적 관리기법(BMPs)을 부지와 건축 설계 및 시공 과정에 적용하도록 장려

FE.C.7 지방정부와 협력하고 환경보호청의 기술 지침을 활용해 우수 관리 요건 충족 필요

FE.C.8 우수 유출수가 인접 부지에 영향을 주지 않도록 조치

FE.C.9 불필요한 폐수 배출과 합류식 하수관거 월류 발생을 방지하고 에너지 자립 및 안보법 및 관련 정책에 따라 신규 연방 건물 및 주요 개보수 사업 시 물 절약 및 재사용 의무화하여 폐수 배출을 감축

FE.C.10 수질 개선·유역 문제 해결 협약과 프로그램에 적극 참여

FE.C.11 불투수면 조성 최소화, 습지 및 범람원 훼손 회피, 연방 부지 내 우수 유도로 및 집수지 설계, 가능한 경우 투수성 포장 사용함으로써 지하수 및 대수층의 자연 재충전을 촉진하도록 장려

FE.C.12 연방 시설 전반에서 물 절약 프로그램을 장려하고 조경 및 관개 설계 등에서 물 소비 절감과 모니터링 기술 적용 확대

FE.C.13 연방 시설 내 조경용 급수 및 기타 적절한 용도를 위한 중수도 프로그램 도입 장려

FE.C.14 조경이나 수경 시설에 음용수의 사용을 줄이거나 중단하고 재활용수의 사용 장려

FE.C.15 침투율이 높은 토양이 있는 지역이나 습지나 수역으로 직접 배출되는 지역 같은 보유 가치가 높은 부지의 개발을 제외
대신, 불투수면 또는 고결된 토양(compacted soil)처럼 이용 이력이 있는 부지를 우선적으로 개발하여 재개발을 통해 더 나은 침투 및 여과 효과를 달성할 수 있도록 노력

SECTION D: 홍수 관련 정책

지역 내 홍수

이 지역에는 연방 정부 청사, 문화기관, 주요 기념물 등 많은 연방 소유 건물 및 부지가 홍수 위험 지역에 위치하고 있다. 이 지역은 하천 범람, 조수 및 폭풍 해일로 인한 침수, 내수 침수 세 가지 유형의 홍수에 취약하다.

하천 범람은 포토맥강 유역 상류에서의 지속적 폭우나 급격한 눈 녹음으로 인해 포토맥강과 아나코스티아강을 따라 유입되는 수량이 급증하게 된다. 조수 및 폭풍 해일 침수는 체서피크 만과 대서양에서 포토맥강 방향으로 해안 폭풍이 내륙으로 수위를 밀어 발생한다. 두 경우 모두 포토맥강과 아나코스티아강의 수위가 둑을 넘어 육지로 범람이 발생한다. 특히 포토맥강 하류의 불충분한 우수 관리 체계는 더 큰 범람을 유발할 수 있으며, 가장 취약한 지역은 수위가 가장 낮고 하천과 직접 연결된 지점들이다.

홍수는 자연 또는 인공 우수 처리 시스템에 초과 유출수가 유입될 때에도 발생할 수 있다. 도시 지역은 불투수 지면(도로, 건물 지붕 등)이 많아 우수 배수 시스템의 용량이 더 많이 요구된다. 강우량이 배수·침투 능력을 초과하면 우수가 도로나 저지대에 고이는 내수 침수가 발생한다.

홍수의 영향

홍수는 인명 피해, 자산 및 기반 시설, 자연 생태계에 다양한 피해를 초래한다. 발전소, 도로, 지하철 역 등과 같은 기반 시설이 홍수로 파손되면, 일상생활이 중단되고 서비스와 지역 경제에도 영향이 미친다. 수도권 지역에는 연방 청사, 군사·안보 시설, 국가 문화유산 등이 밀집해 있어 연방 정부 역시 상당한 홍수 위험에 노출되어 있다. 2006년에 발생한 연방 삼각지 홍수가 그 대표적 사례이다. 워싱턴 D.C.에 집중된 국지성 호우로 인해 연방 삼각지 일대의 건물과 지하철 터널에 약 6미터 이상의 물이 유입되어 피해 추산 결과, 조달청(GSA)과 국세청(IRS)은 약 5,400만 달러의 복구 비용이 예상되었으며, 직원들의 근무 중단으로 인한 추가 손실도 약 400만 달러에 달했다. 워싱턴 D.C.의 주요 기반 시설 중 상당수(메트로, 전력 시설 등)는 지하에 위치하고 있어 홍수에 특히 취약하다.

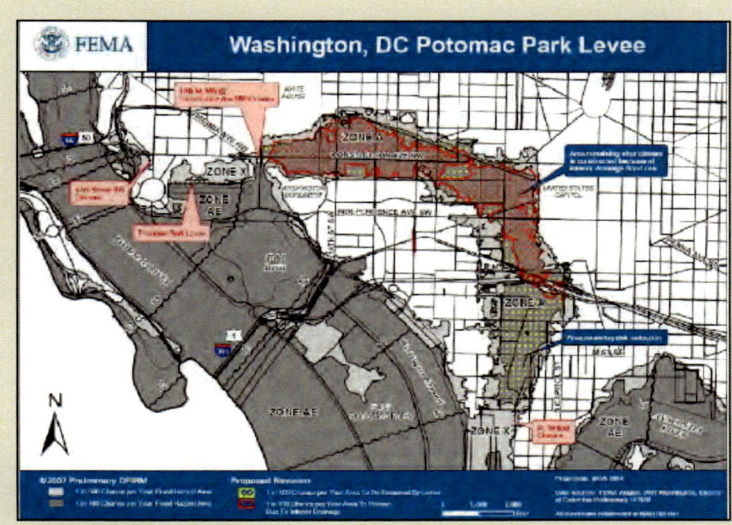

역사적 홍수 이후 1930년대 포토맥 공원 제방 시스템, 1950년대 아나코스티아 제방 시스템이 구축되어 도시를 강 범람 및 폭풍 해일에서 보호하지만, 배수 불량에 따른 침수는 방지하지 못한다. 포토맥 공원 제방은 내셔널 몰을 통과하여 사우스웨스트 워싱턴까지 이어지며 현재는 리플렉팅 풀(Reflecting Pool) 북측의 토사 제방과 17번가 이동식 차단 구조물을 포함한다. 이 구조물은 2014년에 재건되었다. 17번가 폐쇄 구조물은 '500년 빈도 홍수'를 견딜 수 있도록 설계되었으나 인접한 토사 제방 높이가 낮아 현재의 제방 시스템은 200년 빈도 홍수 수준까지 방어가 가능하다. 향후 제방 개선 공사가 완료되면 500년 빈도 홍수에 대응할 수 있게 되며, 이에 따라 워싱턴 D.C. 홍수 보험 요율 지도도 개선에 따른 홍수 위험 감소 내용을 반영하여 갱신될 예정이다.

100년 빈도의 홍수 : 매년 1% 이상의 확률로 발생할 수 있는 홍수
500년 빈도의 홍수 : 매년 0.2%의 확률로 발생할 수 있는 홍수

범람원(Floodplains)

홍수로부터 연방 자산을 보호하는 가장 효과적인 방법 중 하나는 범람원을 보전하는 것이다. 범람원은 홍수 시 일시적으로 물을 저장하여 최대 유량 저감, 수질 유지, 지하수 함양, 토양 침식 방지 등 중요한 물 관리 기능을 수행한다. 또한, 야생 동물의 서식지, 자연 체험 공간, 경관 및 미적 가치도 제공한다. 수도권 내 범람원을 보존하고 제한적인 이용을 적용함으로써, 연방 정부는 하류 지역의 홍수 위험을 줄일 수 있다.

행정명령 제11988호 범람원 관리(Floodplain Management)[36](1977)와 행정명령 제13690호 연방 홍수위험관리 기준 수립 및 이해관계자 의견수렴 절차에 관한 명령[37](2015)은 연방 기관이 가능한 범람원 내 개발을 피하고 개발로 인한 홍수 피해가 악화되지 않도록 잠재적 영향을 최소화하도록 유도하는 지침이다. 행정명령 제11988호는 범람원을 연간 1% 이상 확률로 홍수가 발생할 수 있는 지역(100년 빈도)으로 정의한다. 한편, 행정명령 제13690호는 연방 자금이 투입되는 신규 건설, 대규모 개보수, 구조물 손상 복구 등의 사업에 대해 홍수에 따를 영향을 더 높은 수준으로 고려하도록 요구하고 있으며, 강화된 범람원 기준 세 가지 중 하나를 적용하도록 규정하고 있다.

이 명령은 각 연방 기관이 수용 가능한 홍수 위험 수준은 어디까지인지를 신중하게 판단하고 기후변화, 강수량 증가, 해수면 상승 등 미래의 불확실성을 감안하여 더 높은 고도의 홍수 발생 가능성을 염두에 둔 계획을 수립하게 한다. 국가수도계획위원회(NCPC)는 주요 기반 시설 및 역사·문화 자산에 가장 보수적인 기준 적용을 권장한다.

이 세션에서의 정책들은 연방 시설을 홍수 위험으로부터 보호하고 범람원을 중요한 자원으로서 보전하는 데 목적이 있다.

연방 정부의 역할

FE.D.1 홍수 관리 계획과 홍수 방지 사업에 연방 및 지역 기관이 상호 협력

FE.D.2 범람원 지역에서는 위험한 활동과 중요 시설 운영 금지

FE.D.3 기존 개발 시설에 홍수 위험 요소를 제거 및 완화하고, 범람원의 환경적 가치를 복원하며, 물 관리 능력을 개선하는 방향으로 시설 변경
변경이 불가능할 경우에는 가능한 범위 내에서 건물을 철거하여 범람원을 복원하고 홍수 위험 요소를 제거하며, 환경 가치를 회복할 수 있도록 장려

FE.D.4 홍수 위험 해소, 범람원 가치 회복, 보존, 비활동적 여가(passive recreation), 기념시설 조성 등의 목적이 아닌 경우, 범람원 지역에 대한 신규 투자 또는 개발을 지양

FE.D.5 불가피하게 범람원 내 건설이 필요한 경우에는 다음을 고려할 것

1. 가능한 경우, 자연 배수 체계 보존

2. 기준 홍수 수위(Base Flood Level) 이상으로 건축물 상향 조정

3. 최고의 방수 및 보호 조치 적용

4. 부지의 자연 지형에 최대한 가깝게 복원

5. 범람원에 누적된 영향 고려

6. 잠재적 홍수 대응 및 복구에 필요한 장기적 운영·자본 비용 고려

FE.D.6 범람원 내 기존 시설의 대규모 개보수 또는 수리를 계획할 경우, 범람원 외부로 이전하는 방안을 우선 고려
단, 이전이 불가능한 경우에는 다음을 준수할 것

1. 침수 우려가 있는 1층에서는 모든 장비 및 자산을 상부로 이설

2. 기존 인프라에 방수 및 보호 조치를 적용하여 핵심 기능이 홍수 중에도 중단되지 않도록 보장

SECTION E: 수역 및 습지 관련 정책

지역 내 습지와 수역 보호는 물 사용과 여가생활 영위를 위한 수질 유지뿐 아니라 이에 의존하는 생태계 보호를 위해 중요하다. 수역은 강, 하천, 호수, 습지를 포함하고 있으며, 강우가 수질에 미치는 영향은 이 요소의 Section C에서 자세히 서술하고 있다. 본 세션의 정책 목표는 중요한 수역과 습지 생태계를 보호하고 이들이 제공하는 여가, 항해, 기타 서비스도 함께 보호하는 것을 목표로 한다.

생태계 서비스

2015년 발표된 대통령 각서, 연방 의사결정 과정에 생태계 서비스 통합의 지침[39]에 따라 각 연방 기관은 기존의 계획 및 의사결정 체계 내에 생태계 서비스 평가를 반영할 수 있도록 관련 정책을 수립해야 한다. 생태계 서비스는 일반적으로 자연으로부터 인간에게 제공되는 혜택으로 정의되며, 여기에는 깨끗한 공기와 식수를 제공하는 능력, 야생 생물의 서식지 조성, 폭풍 및 홍수로부터의 영향 완화와 같은 기능이 포함된다. 이러한 서비스는 상당한 가치를 지니고 있음에도 불구하고 금전적 가치로 환산하기 어렵다는 이유로 종종 간과되어 왔다. 그러나 건강한 생태계는 인간의 복지, 안전, 그리고 사회 및 경제 시스템의 건전성과 직결된다는 인식 하에 생태계 서비스를 계획 및 의사결정 과정에 반영하는 연방 기관의 접근은 국가가 당면한 다양한 환경과제를 효과적으로 해결하고, 현재 세대와 미래 세대를 위한 건강한 생태계 유지에 기여할 것이다.

지역 주요 수역

포토맥강과 아나코스티아강은 이 지역을 대표하는 두 개의 주요 수역이며, 모두 미국 환경보호청(EPA)에 의해 수질 저하 수역으로 지정되어 있다. 이들 하천은 다수의 지류로부터 물을 공급받는다. 아나코스티아강은 총 13개의 주요 지류 하천과 개천을 포함하고 있으며, 그 유역 면적은 약 176평방마일로, 워싱턴 D.C. 동부 대부분과 메릴랜드 주의 프린스조지 및 몽고메리 카운티의 상당 부분을 포괄한다. 포토맥강의 유역은 이보다 훨씬 넓어 웨스트버지니아, 메릴랜드, 버지니아, 펜실베니아 등 네 개 주와 워싱턴 D.C. 전역에 걸쳐 약 14,670평방마일에 이른다. 수도권은 전역이 체사피크 만 유역 내에 위치해 있으며, 이는 곧 포토맥강과 아나코스티아강의 수질 및 건강 상태가 체사피크 만의 생태 건강과 직결됨을 의미한다.

아나코스티아 수변 개발 계획

2000년에 착수된 이 계획은 수생 생태계 복원과 지역 활성화를 위한 30년간 장기 계획으로, 컬럼비아 특별구가 총 100억 달러의 예산을 투입하여 주도하고 다수의 연방 및 지역 기관들도 참여한다. 아나코스티아 리버워크 트레일 등 교통 인프라 개선 사업과 함께, 경제 개발, 빗물 정화 프로젝트가 포함되어 있다. 또, 리버 스마트 홈 프로그램, '빗물받이 쓰레기 차단망 시범사업' 등 다양한 환경 이니셔티브도 추진 중이다. 'DC 클린 리버스 프로젝트'도 수질 개선에 중요한 역할을 할 것으로 기대된다.

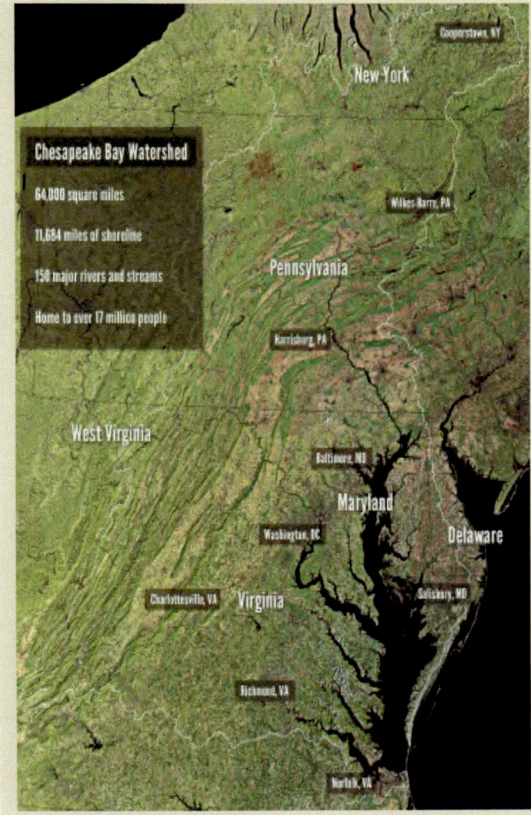

체사피크만 프로그램

1970년대 후반 의회 지원 연구로 체사피크만의 야생 동물·수생 생물의 감소가 과도한 영양염류 오염으로 밝혀지면서 1983년 체사피크만 프로그램이 복원을 위해 출범했다. 이는 버지니아, 메릴랜드, 펜실베니아 주지사, 컬럼비아 특별구 시장, 환경보호청 청장이 서명한 체사피크만 협정을 통해 수립되었다. 이후 델라웨어, 뉴욕, 웨스트버지니아 주도 참여했다. 프로그램은 협정과 계획을 지속적으로 갱신하며 인과 질소의 감축 목표 설정, 토지 보전, 산림 완충지 복원 등을 추진했다. 2009년 행정명령 제13508호 '체사피크 만 보호 및 복원[38]은 노력을 강화했고, 2010년 환경보호청은 영양염류 및 퇴적물의 법적 한계를 설정했다. 이에 유역 내 7개 관할 지역은 2025년까지 오염물질 감축을 위한 유역 이행 계획을 수립했다.

현재 이 지역의 수역 건전성을 증진하기 위한 다양한 지역 단위 이니셔티브가 추진 중이며, 여기에는 아나코스티아 수변 개발 계획과 체사피크 만 프로그램 등이 포함된다. 지역 전역에는 포토맥강과 아나코스티아강만큼 모니터링되지 않는 수많은 하천과 호수가 분포해 있다. 도심 하천에서 흔히 발생하는 빠른 유속의 빗물은 수역의 흐름과 경로를 물리적으로 바꾸고, 이에 의존하는 생태계에도 영향을 미친다.

수변 지역

포토맥강과 아나코스티아강의 수변이 생활 환경적인 자산으로서 점차 인식되면서 수변과 수면 공간을 둘러싼 이용 경쟁이 더욱 치열해지고 있다. 수변 지역은 수질·수량 조절, 홍수 방지와 같은 환경적 기능과 여가·산업 활동 공간으로의 역할을 하며 생태적으론 서식지 연결축 및 생태자원으로 기능한다. 또한, 국가적 문화·역사 자산과 연방 기관들이 위치해 있어 독특한 특성을 지닌다. 더불어, 해당 지역은 특수한 임무와 요구를 가진 다양한 연방 기관의 시설이 위치한 장소이기도 하다. 대부분의 수변은 연방 정부가 관리하며, 이에 대한 접근과 이용에 큰 영향력을 행사한다.

습지

습지는 늪지, 이탄지 등을 포함해 연중 습윤한 지역으로서 어류·야생동물 서식지 제공, 홍수 방지, 침식 억제, 수질 유지 등 많은 생태기능을 한다. 그러나 개발로 인한 매립, 구조물 건설, 수문 변화 등 인간 간섭은 습지를 직접·간접적으로 교란시킨다. 미개발 토지의 불투수면 확대로 인한 빗물 유출 증가는 침식, 수질 오염, 수처리 비용 상승을 유발하며, 침전물 유입은 생태적 혜택을 저해한다[40]. 연방 정부는 연방수질보전법과 지역 규제를 통해 이러한 습지 보호 활동을 수행하고 있다.

1791년 랑팡 계획 지역에는 총 100에이커(도시 면적의 약 2%[41]) 규모의 6개 습지가 있었으나 도시화로 인해 모두 사라졌다. 한편, 1996년 컬럼비아 특별구 에너지환경부는 포토맥강과 아나코스티아강[42]을 제외한 시 전역에서 총 48개 습지를 확인하였다.

연방 정부는 습지의 생태적 혜택을 고려해 기능을 강화하고 손실을 최소화해야 한다. 행정명령 제11990호[43]: 습지 보호(1977)을 포함한 정책들은 습지의 교란과 무분별한 개발을 억제하는 방향으로 설정되어 있으며, 자연 하천 복원과 식생 완충지 조성도 추진 중이다. 본 절의 정책들은 SECTION C와 연계되어 수질 개선과 습지 생태계 건강성 향상에 기여할 것이다.

연방 정부의 역할

FE.E.1 습지와 하천변의 물리·생태적 기능을 다음 우선순위에 따라 보호

    1. 고립된 습지와 주변 습지의 건강성에 영향을 미치는 부지 개발 회피

    2. 불가피한 개발 시 교란 면적을 최소화하고 최고 수준의 요건을 적용

    3. 부지 개발로 손실·훼손된 습지를 동일 가치 수준으로 복원 및 대체

FE.E.2 습지 및 하천변 내와 인접 지역에서 불투수면적이 넓거나 오염물질 배출량이 많은 집약적 토지 이용 지양

FE.E.3 습지 인근에 건설을 시행할 경우, 습지, 수계 또는 하천변 지역을 둘러 식생 및 개방 공간 완충지 조성

FE.E.4 연방·지방 프로그램과 연계하여 활동을 조율하고, 규제 및 이행 계획 지원

FE.E.5 빗물 유출수 포집·정화를 위한 습지 및 수역 주변에 식생 완충대를 설계하고 유출수로 인해 훼손된 하천 및 하천 둑의 복원 장려

FE.E.6 수문학적 변형, 과도한 퇴적, 오염 물질 유입과 기타 부정적인 인위적 영향 등 간접적 영향을 차단함으로써 습지 및 수역 보호

FE.E.7 연방 부지 내 대규모 개발 시 훼손된 습지의 복원을 적극 장려

FE.E.8 공공 접근성, 수변 환경, 수질을 개선하는 수변 이용 촉진

2011년 버지니아 지진을 겪고 연방 건물들과 워싱턴 기념탑에 손상이 발생하였다. 해당 지진은 연방 기관들로 하여금 향후 발생 가능한 지진 위험을 고려하게 하는 계기가 되었다.

지역의 고유 식물은 일단 정착되면 비료, 제초제, 살충제, 관수가 필요하지 않기 때문에 환경에 이롭고 유지 관리 비용도 절감된다. 이에 따라 각 기관은 토착 식생의 활용을 적극 고려해야 한다.

SECTION F: 토양 관련 정책

토양은 깨끗한 물과 공기, 생산적인 산림, 생물의 다양성, 아름다운 경관 제공 등 지속 가능한 생태계 유지에 핵심적인 역할을 수행한다. 건강한 토양은 수분 흐름 조절, 동식물 양육, 주요 영양분 순환, 오염 정화, 기후변화 완화, 물리적 지지 등 여섯 가지 필수적인 기능을 수행한다.[44]

토양의 성질은 안정성과 비옥함에 따라 다양하여 쉽게 변화시키기 어렵지만, 건강한 토양도 침식, 오염물질, 유해 농법 적용, 전례 없는 도시 확장 등으로 황폐화되어 기능을 상실할 수 있다[45]. 이는 식량 자원 감소, 수질 악화 등 부정적 영향을 초래한다.[46] 연방 기관의 활동은 토양의 생태·기반 기능에 영향을 미칠 수 있으며, 이는 생태계뿐 아니라 연방 정부의 구조물과 활동의 기반이 되는 토양에도 영향을 미칠 수 있다. 토양과 침전물은 빗물 관리 계획과 중요한 연관이 있다. 본 요소에서의 정책들은 대규모 건축이나 연방 건축물의 개선이 이루어질 때, 훼손된 토양 기능을 회복시키는 활동을 지지한다.

연방 정부의 역할

FE.F.1   침식 위험이 높거나 경사도 15% 이상 비탈면 및 심각하게 침식된 지역은 개발을 지양하고 경사도 25% 이상인 지역에서는 개발 금지

FE.F.2   토양 침식 및 퇴적물 이동 감소를 위해 최적의 관리방식 적용

FE.F.3   불안정한 토양은 비활동적 여가, 보전, 개방 공간 용도로 제한

FE.F.4   지하수 흐름을 고려한 건축 설계를 추진하고 광물 지역 개발 제외

FE.F.5   토양 보호 구역을 식별·보호

FE.F.6   건설 시 토양 손실 방지를 위해 침식·퇴적 방지 계획 수립·시행

FE.F.7   조경·건설·유지 과정에서 흙의 과도한 압밀을 방지

FE.F.8   토양 구조를 보호하고, 토양 교란 및 침식을 줄이기 위해 나무 벌채 및 기타 식생 제거 최소화
불가피하게 나무를 제거해야 하는 경우, 순 식생 손실이 발생하지 않도록 나무, 관목 등을 복구

FE.F.9   오염 가능 유휴 산업 부지(brownfield)의 복원·재개를 장려

FE.F.10   연방 부지 내 훼손된 토양 질 개선

SECTION G: 수관층 및 식생 관련 정책 (2020개정)

수관층과 식생은 도시 구조 내에서 다양한 혜택을 제공하는 요소이다. 이들은 심미적 아름다움뿐 아니라 문화적 가치를 지니고 있으며, 야생 생물의 먹이와 서식지를 제공하고, 지역사회 및 생태계의 건강을 증진시키며, 생물다양성을 유지함으로써 개발 및 설계에 있어 필수적인 구성 요소로 작용한다. 식생은 뿌리 시스템을 통해 토양의 안정성을 유지하고 자연적인 지하수 저장소 및 재충전 지대로 기능한다. 특히, 경사지 및 수계망과 인접한 지역에서 침식을 줄이는 데 효과적이다. 큰 나무, 특히 군집을 이루는 수목은 매우 가치 있는 환경 자원으로 간주된다. 도심의 식생은 지역 및 광역의 대기질에도 직·간접적으로 영향을 미치며, 도시 구조에 변화를 줌으로써 그 효과를 발휘한다. 도시 수목은 다음과 같은 방식으로 대기 질을 개선할 수 있다:

- 그늘과 차폐 효과를 통해 기온을 낮추고 에너지 비용 절감
- 오존 및 기타 오염물질 농도 감소
- 탄소 저장을 통해 기후변화 완화에 기여
- 빗물 저류 및 토양 침식 저감을 통해 수질과 토양의 질 향상

이러한 환경적 기여 외에도, 수목은 건물 및 주거지에 그늘을 제공함으로써 에너지 사용량을 줄이고, 거주 환경의 질을 높여 지역사회의 전반적인 건강에 긍정적으로 기여한다. 수관층 및 식생이 제공하는 다면적인 이점은 가능한 모든 곳에서 수관층을 포함하여 도시 식생의 보호, 복원이 필요함을 강조한다.

펜실베니아 애비뉴의 수관층(tree canopy)

지역 내 수목과 식생

워싱턴 D.C. 지역의 수관층의 면적은 1950년 이후 감소해왔다. 예를 들어, 도시화의 증가와 인구 성장으로 인해 D.C.의 수관층의 면적[1]은 전체의 50%에서 38.7%로 줄어들었다. 그러나, 지역 차원에서는 식생 복원을 위한 노력이 진행 중이다. 2014년에는 워싱턴 전역에 12,000그루 이상의 나무가 심어졌고, D.C.는 「2013 제49호 워싱턴 D.C. 도시 수관 계획」을 통해 2032년까지 수관층의 비율을 40%로 회복하겠다는 목표를 설정하였다. 2016년 기준, 버지니아주 알링턴 카운티는 수관층의 비율이 41%에 달했으며[내셔널 공항(National Airport) 및 국방부 부지를 포함할 경우에는 38%], 해당 지역에는 약 75만 그루[2]의 나무가 존재한다. 워싱턴 D.C. 내 최대 토지 소유주이자, 메릴랜드와 버지니아 지역 내 군사 기지를 보유한 기관으로서 연방 정부는 수도권의 수관층 비율 보존 및 확대에 있어 중요한 역할을 수행한다.

연방 개발 계획 제출 기관은 연방 종합계획의 연방 요소(Federal Elements)에 명시된 모든 관련 정책을 준수해야 한다. 그러나, 수목 보존 및 대체는 본질적으로 일정 수준의 불확실성을 수반한다. 이와 관련된 과제로는 나무를 다시 심을 수 있는 물리적 공간의 부족 또는 문화경관의 역사적 특성을 고려해야 하는 경우가 포함된다. 예를 들어, 문화경관의 경우 경관의 역사성을 보존하고 강화하기 위한 방식에는 개별 수목이나 수목 군락의 제거, 산림 관리 등의 조치가 포함될 수 있다. 국가수도계획위원회(NCPC)도 이러한 불확실성과 복잡성을 인지하고 있다. 더 넓은 정책적 목표가 더 중요하게 고려되어야 하는 경우, 수목 보존 및 대체 정책에 대한 유연한 적용이 필요할 수 있다. 특정 사업에서 정책적 예외를 요청할 경우에 적용되는 기준은 NCPC의 제출 지침에 구체적으로 제시되어 있다.

연방 정부의 역할

FE.G.1   건강한 토착종 또는 비침입성 수종으로 구성된 개체 수목, 수목 군락, 산림 등을 포함한 기존 수목 보존 및 보호

개발 시 기획 및 설계 초기부터 기존 수목을 고려하여 보존 가능성을 높이고 자연 경관을 설계에 통합, 이에 더하여 다음의 사항을 포함한다:

1. 직경 31.85인치(둘레 100인치) 이상 수목은 다음의 경우를 제외하고는 제거할 수 없음

   a. 수목 제거가 기관 임무 수행에 필수적이며 수목을 보존할 수 있는 대안적 계획 및 설계 방안 검토되었으나 요구사항 충족이 불가능한 경우

   b. 수목관리사 평가에 따라 침입종, 위험 수종, 고위험군으로 간주되는 경우

2. 체사피크만·포토맥강 유역의 조수역, 조수 습지, 지류 하천의 생태 건강에 필수적인 지역, 원시림, 주요 생태계가 존재하는 부지에 위치한 수목은 가능한 모든 수단을 동원하여 보존 및 보호

FE.G.2   개발로 인해 수목이 손상을 받거나 보존이 불가능한 경우, 다음 기준으로 수목을 이식하거나 대체

1. 건강한 토착 수종 또는 비침입성 수종은 이식이 가능한 경우 우선 이식. 이식 판단 시 수목관리사와 상담하고 다음 요소들을 고려

   a. 수종, 크기, 수목의 건강 상태

   b. 수목의 역사적 또는 문화적 가치 (예: 유산 수목, 문화경관에 기여 식생)

   c. 현재와 이식 예정지의 입지 조건 비교(예: 도시지역 vs. 개방된 필지)

   d. 현재 및 예정지의 토양 상태 (예: 토성, 유기물 함량 등)

   e. 보호 가능한 주요 뿌리 영역(critical root area)의 비율

   f. 이식 후의 수목 유지관리 방안

2. 제거가 불가피한 경우, 생물다양성을 증진하고, 토착 수종 또는 비침입성 수종이어야 하며, 제거된 수목과 동등하거나 더 넓은 수관을 형성할 수 있는 종으로 대체하여 식재

   대체 수목의 최소 식재 규격은 음지 수목일 때 줄기 지름 2.5인치 이상, 관상 수목은 1.5인치 이상, 다간형 수종 및 상록수는 6피트 이상

다음 기준에 따라 수목을 대체한다:

   a. 직경 10인치 미만 수목: 제거 수목 1그루당 동일 수목 1그루 대체 식재

   b. 직경 10인치 이상 수목: 수목 직경(인치) × 수종 등급(%) × 수목 상태 등급(%) = 점수(Score)

산정된 점수에 따라 아래 기준에 따라 수목을 대체하여 식재

- 1–4.9점 = 1그루
- 5–9.9점 = 2그루
- 10–14.9점 = 3그루
- 15–19.9점 = 4그루
- 20–24.5점 = 5그루
- 25점 이상 = 6그루

예시: 직경 25인치 수목의 수종 등급이 60%, 수목 상태 등급이 75%인 경우, 산식은 25 × 0.60 × 0.75 = 11.25, 3그루 수목 대체 식재

   c. 산림 및 수목 군락: 제거 면적 1에이커당 최소 동일 면적 이상을 복원 식재. 연방 및 지방 이해관계자와 협의하여 대체 식재의 밀도, 수종 혼합, 크기 등을 결정

3. 다음의 우선순위에 따라 대체 또는 이식 수목의 식재 위치 결정

   a. 해당 사업 대상지 내 또는 영향 구역 인접 지역

   b. 해당 사업 대상지가 위치한 부지 내

   c. 상기 지역 식재 불가 시 기관 관할 내의 다른 부지

   d. 위의 위치들을 조합한 형태

	4. 식재 토양 용적은 수종 및 입지 조건에 따라 연방·지방 이해관계자와 협의하여, 업계 최적 관행에 부합하도록 확보
	5. 수목의 보호, 이식, 식재, 유지관리는 ANSI-A300 최신판 기준에 따라 이뤄져야 하며, 대체 식재 수목은 ANSI-Z60.1 최신판에 따라 명시
FE.G.3	기존 수목을 보존하고, 죽은 수목은 대체 식재하며, 개발로 제거가 필요한 수목은 이식 또는 대체하여 수도권의 수관층 비율을 유지하고 환경의 질을 향상. 이때 수관층의 순손실(net loss)을 방지하기 위해 본 지침의 절차를 따른다.
FE.G.4	이산화탄소 흡수, 온도 조절, 에너지 소비 절감, 오염물 저감, 빗물 유출 완화를 위해 새로운 수목 및 식생을 계획 및 사업에 통합. 이는 지역 규정에 부합하는 선에서 녹화 지붕(green roof) 프로젝트의 설계 및 개발에 식생을 활용하는 것을 포함
FE.G.5	자생 식물 군집이 존재하는 지역은 보호 및 복원[51]하고, 이동성 야생동물을 위해 외부 자연지역이나 그 인접 완충지대와 연결되는 생물 서식지 통로 제공
FE.G.6	수계 인접 산림은 침식, 퇴적, 온열 오염 방지를 위해 유지·보존
FE.G.7	토착 식물종의 사용을 장려하고, 필요시 침입식물 제거
FE.G.8	특별 보호 식물로 지정된 모든 식생은 보호하고 보존[52]
FE.G.9	식생을 활용하여 건물의 냉난방 에너지 수요를 최소화
FE.G.10	수목 및 식생을 활용해 온실가스 배출을 상쇄하고 식재 및 유지관리를 통해 장기적인 이산화탄소 저장을 실현하기 위해 승인된 프로토콜 준수
FE.G.11	연방 차원의 조경 개발에서 지속 가능한 관행을 다음 항목을 포함하되 이에 국한되지 않는 범위에서 적극적으로 도입
	1. 지속 가능한 토양 개량제의 사용
	2. 관개수의 유출 최소화
	3. 온실가스 배출 감소
	4. 통합 해충 관리 방식의 활용
	5. 식수 사용 절감 및 유기물의 전면 재활용
	6. 꽃가루 매개종(pollinator species)을 지원하는 식물 도입
	7. 미국 농무부의 식물 내한성 지대[53]에 적합한 식생 선정 및 지역 기후변화를 반영한 고려
FE.G.12	잔디는 물리적 여가 공간에만 제한적으로 활용함으로써 물, 화학물질, 유지관리, 에너지, 대기 및 수질 오염, 소음 등의 주요 요소제한. 잔디가 사용되는 경우 종 및 재배 품종은 해당 지역의 기후 및 생육 조건에 맞추어 선정하여 관개 필요성 및 병충해 방제를 위한 화학물질 사용 최소화.

셰퍼드 파크웨이(SE)에서의 침입 식물 제거 작업

SECTION H: 야생동물 관련 정책

야생동물 서식지는 생물다양성과 환경 건강성 확보에 핵심적이며, 식물과 동물에 먹이, 물, 은신처를 제공하고 일상적인 생태계 기능이 원활히 수행되도록 뒷받침한다. 서식지 보전은 생물다양성을 풍부하게 하며 생물다양성이 높은 야생 서식지는 다양한 먹이 자원을 제공하고 자연재해[54]와 같은 사건으로부터 지역사회와 서식지의 회복력을 향상시킨다.

1973년 제정된 멸종위기종법[55]과 1934년 제정된 어류 및 야생동물 조정법[56]은 멸종 위기에 처한 동식물과 그 서식지, 그리고 야생 생물 개체군을 보호한다. 비록 생물다양성과 서식지는 감소하고 있지만, 이는 환경 및 지역사회 건강[57]에 여전히 필수적이다. 자연 서식지와 생물다양성의 감소는 동식물 종의 손실과 생태계 기능의 약화를 초래하며, 이는 자연 경관과 인공 환경에 부정적인 영향을 미칠 수 있다. 서식지 훼손의 근본적 원인에는 산림 파괴, 도시 개발, 도시 외곽 확장[58] 등이 있다. 이에 대응하기 위해 컬럼비아 특별구, 메릴랜드주, 버지니아주는 각각 주(州) 야생동물 행동계획[59]을 수립해 이들 계획은 멸종위기종에 대한 복구 사업의 필요성을 줄여 수도권 내 야생동물 관리 비용 절감을 도모 중이다. 따라서 향후 개발 및 정책 추진 시, 연방 기관은 야생 서식지의 보존과 보호를 위해 주 야생동물 행동계획을 지침으로 삼는 것이 중요하다.

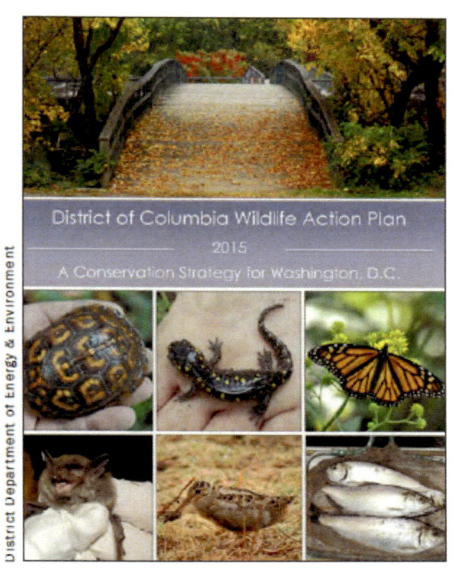

컬럼비아 특별구의 야생동물 행동계획[60]에 따르면 6,700에이커 이상의 토지가 국립공원으로 보호 중이며, 900에이커 이상의 특별구 소유 공원 부지가 추가로 존재한다. 도시 내의 숲, 수계, 초지, 습지는 약 240종의 조류, 78종의 어류, 32종의 포유류, 21종의 파충류, 19종의 양서류 및 수천 종에 달하는 무척추동물의 서식지를 제공하고 있다.

연방 정부의 역할

FE.H.1 야생동물에게 먹이와 은신처를 제공할 수 있는 시설 설계 및 조경 기법 장려

FE.H.2 이동성 야생동물이 이용하는 지역은 개발과 중대한 변경 지양

FE.H.3 환경 변화가 야생 서식지 및 생태계의 생물다양성에 미치는 영향을 누적 영향도 포함하여 검토하고, 공원·습지 등 보호 지역뿐 아니라 비보호 지역도 고려 대상이 되어야 함

FE.H.4 종(species) 및 자연자원에 대한 목록을 구축·관리하고, 자연지역 및 종 보호를 위한 지역 간 협력 장려

FE.H.5 수생 서식지에 생물 군집을 교란·파괴하는 준설이나 매립같은 훼손 행위는 지양

FE.H.6 야생 서식지 인근에 건설을 진행할 경우, 다음 사항을 고려

1. 개발지에서 야생 지역으로의 이용 강도 전이를 위한 완충 지역 설정 (예: 활동적 이용, 수동적 이용, 보전 구역 순으로)

2. 서식지 단절(fragmentation)을 피할 수 있도록 부지 설계

3. 도로, 철도, 교량, 울타리 등 장벽을 설치할 경우, 종의 이동이 가능하도록 설계 방식 검토

4. 부지 인근의 호수, 하천, 개울이 종의 이동에 방해 없는 서식 환경을 제공할 수 있도록 조성

5. 새로운 공원, 개방 공간, 보전 지역은 기존의 자연 식생 회랑 및 야생 서식지와 연계되도록 조성

SECTION I: 고형 폐기물 및 유해 물질 관련 정책

고형 폐기물

지역적 수준에서 고형폐기물은 가정·상업 활동에서 발생하는 생활쓰레기와 폐수 처리 과정의 폐기물 두 가지 범주로 나뉜다. 고형폐기물 관리 전략은 1) 발생량 저감, 2) 자원 재활용 촉진, 3) 재활용 불가 폐기물의 효과적 처리 세 가지 전략에 중점을 둔다.

1990년 오염예방법[61]은 폐기물과 관련된 국가 정책으로 오염은 가능한 사전에 예방되어야 하며, 예방할 수 없는 오염은 재활용하고, 예방 또는 재활용이 불가능한 오염에 대해서는 최후 수단으로 환경을 고려한 폐기를 원칙으로 하고 있다. 2015년 행정명령 제13693호(다음 10년간의 연방 지속가능성 계획)는 이를 구체화하여 연방 기관이 BioPreferred[62] 및 재활용 제품 조달을 확대하고 비유해성 폐기물의 50% 이상을 다른 처리 방식으로 전환할 것을 요구한다. 재활용 프로그램은 관련 법령을 준수하고, 다른 연방 시설, 연방 정부 기관, 비영리 단체와의 협력을 포함하여 운영해야 한다.

고형폐기물 처리는 환경 문제를 유발할 수 있어 일반적으로 소각 또는 매립 방식이 활용된다. 소각 방식은 오염 방지 기술이 적절할 경우 유효하며, 매립지도 지하수·지표수 오염 방지를 위한 정교한 설계가 필요하다. 폐기물은 중간처리시설을 통해 수거 차량에서 대형 운송 수단으로 전환되며, 소각 또는 매립 시설의 입지는 지역사회의 우려를 초래하고 있다. 결국 폐기물 발생 자체의 저감이 환경 정책의 핵심 목표이다.

유해 물질

일부 연방 기관(예: 군사 기지, 연구 시설 등)은 인간과 환경에 위해를 초래할 수 있는 유해 물질을 취급한다. 이 중 일부는 주거지, 상업지구, 공공 여가 공간과 인접해 있다. 유해 물질로 인한 잠재적인 오염 위험에 대한 인식이 높아짐에 따라, 유해 물질의 안전한 이송 및 처리 방식이 지역·주·연방 차원의 지침에 부합하도록 개선되었다.

유해 물질의 적절한 관리는 지역 경제와 공중 보건에 중요하다. 손상된 지하 저장탱크에서 유출된 유독성 물질은 대수층, 하구, 지하수, 지역 수자원을 심각하게 오염시킬 수 있다. 정기적인 유지 관리 없이 방치된다면, 토양 오염을 유발하고, 연방 소유지는 물론 인접한 사유지·공공지 이용도 어렵게 만들게 된다. 일부 역사적 연방 건축물에는 석면 등 유해한 물질이 포함되어 있어, 엄격한 관리 또는 제거가 필요하다.

유해폐기물을 발생·관리·처분하는 주체는 자원보전 및 회수법[63](RCRA, 1976) 및 포괄적 환경대응·보상·책임법[64](CERCLA, 1980) 등 연방 규제를 준수해야 한다. 특히 CERCLA는 방치된 폐기물 처리장의 정화·복원 조치를 가능하게 하며, 환경보호청은 국가우선관리 대상 부지를 지정·관리한다. 2015년 기준 수도권 내 슈퍼펀드 지정 지역은 버지니아의 해병대 전투개발사령부, 메릴랜드의 벨츠빌 농업연구센터, D.C.의 워싱턴 해군 조선소 등 세 곳이다.

각 기관은 유해 물질 이송·처리 절차를 개선해 왔으나, 관련 문제는 여전히 주요 우려 사항이다. 2007년 NCPC와 D.C. 교통부는 화물철도 노선 재배치 타당성 조사[65]를 통해 기념 중심 지구를 통과하는 유해 물질 운송 철도의 장기적 보안 문제를 검토했다. 연방 시설이 고밀도 인구 지역 및 생태적으로 민감한 지역과 인접한 수도권에서는 유해 물질 관리의 중요성이 특히 강조된다.

연방 정부의 역할

FE.I.1 개발 시 건축 폐자재 및 유기성 자재의 재사용·재활용을 통해 자원을 절약하고 폐기물이 매립지·소각장으로 유입되지 않도록 하며, 재활용 성분 제품의 구매 확대를 위한 조달 장려

FE.I.2 재활용, 퇴비화, 생분해성 제품 활용 등 폐기물 감축 방안을 시행하여 처리 시스템 수명을 연장하고 에너지 수요 저감

FE.I.3 유해폐기물 또는 유독물질을 취급하는 연방 시설은 인구 밀집지 및 생태 민감 지역(예: 불안정 지반, 범람원, 습지 등), 그 상류·상풍지역에 위치하지 않도록 지양

FE.I.4 지하 저장탱크, 배관 등 유해 물질 저장 구조물의 누출 여부를 정기적으로 점검하고, 지하수 오염 시 즉시 정화 조치 실시

FE.I.5 유해폐기물과 유독물질은 법령에 따라 안전하게 관리·처분

FE.I.6 연방 시설은 환경관리체계(EMS)를 구축·운영하여 환경적 위험과 유해요인을 체계적으로 관리하도록 장려

SECTION J: 빛 공해 관련 정책

국가수도계획위원회(NCPC)는 조명의 심미적·환경적 영향을 고려하여 기존 자원에 미치는 영향을 검토한다. 예컨대, 기념 중심 지구 내 개발사업 심의 시 주요 기념물과 주변 경관에 부정적 영향을 주지 않도록 조도 수준을 평가한 바 있다.

빛공해는 인공조명으로 인한 눈부심, 빛 침입, 하늘 밝음, 에너지 낭비, 그리고 환경에 미치는 악영향 등을 총칭한다. 1970년대 천문학자들이 도시 조명 증가로 인한 밤하늘 가시성 저하를 지적하면서 공론화되었고, 최근에는 항공 조명과 건물 조명이 철새 이동에 혼란을 준다는 연구도 발표되었다. 또한, 콜로라도대학 환경과학협력연구소와 국립해양대기청이 공동으로 수행한 연구에서는 과도한 빛이 대기 오염과도 연관 있다고 밝혔다[66]. EPA는 2008년 에너지스타 건축물 업그레이드 매뉴얼[67]에서 외부 조명의 빛공해 문제를 지적하며 고품질 조명기기 사용과 관련 조례 제정을 권장하였다.

EPA는 후속 보고서에서도 빛 공해의 우려와 함께 야간 조명의 가시성과 안전성을 언급하였으며 상향 및 수평 방향으로의 불필요한 빛을 제거 및 소등하는 것으로도 해결이 가능하다고 밝혔다. 이에 "다크 스카이(Dark Sky)" 운동은 조명 설계와 기술 개선을 통한 환경 대응을 촉구하고 있다.

이 정책 분야는 연방 기관이 외부 조명을 설치할 때 심미적, 환경적 부정 영향을 최소화할 수 있도록 지침을 제공한다.

연방 정부의 역할

FE.J.1   빛공해 저감을 위해 다음을 시행한다
1. 설계 목적에 부합하면서 과도한 조명을 피하는 적정 조도 선택
2. 상향 및 수평 방향의 빛 확산을 차단하는 조명기기 설계
3. 필요시에만 적정 조도로 작동할 수 있도록 제어 장치 설계 및 설치
4. 유지관리가 용이하고 에너지 효율이 높고 시인성이 우수한 조명 선택
5. 역사적 맥락에 부합하는 적절한 조명 기술 채택

FE.J.2   외부 조명의 효과성, 유지관리 요구, 에너지 소비 수준 평가

FE.J.3   필요하지 않은 경우 모든 외부 조명 소등

해군천문대(Naval Observatory)

워싱턴 D.C.에 위치한 해군 지원시설인 해군천문대는 도시의 빛공해—특히 sky glow와 빛 침입(light trespass)—으로 인해 부정적인 영향을 받고 있으며, 이로 인해 해군 소속 천문학자의 다크 스카이에 대한 정밀 관측과 자료 수집 능력이 저하되고 있다. 해군천문대는 대도시 중심부에 위치하고 있어, 빛공해 문제가 특히 심각하게 작용하는 시설이다.

2012년 해군천문대 조명 연구는 천문대의 기존 조명 상태를 분석하고, 다크 스카이 조건을 개선하며 부지 외부로부터의 빛 침입을 최소화하기 위한 개선 방안을 제시하였다. 연구는 부지 내 조명 설계를 변경하고 기존 조명기기를 교체하며, 특정 지점에 식생을 추가하고 식생 계획을 수립할 것을 권고하였다. 또한, 빛공해를 줄이기 위한 조치로 점유 센서(occupancy sensors) 등 운영 방식의 개선도 함께 제안되었다.

SECTION K: 소음 공해 관련 정책

소음은 눈에 보이지 않는 오염원으로 인간의 건강과 복지 전반에 영향을 미친다. 소음공해는 스트레스 증가, 청력 손실, 생산성 저하, 의료비 상승, 그리고 부동산 가치 하락 등 다양한 부정적 결과를 초래할 수 있다. 대표적 소음공해 원인으로는 항공기, 자동차, 선박, 건설 작업, 하역장, 산업 활동, 훈련 활동, 야외 공연 및 특별 행사 등이 있다.

이 지역에서 가장 논란이 되는 소음 문제는 군용 비행장과 내셔널 공항과 같은 상업 공항에서 항공기 운항으로 발생한다. 또한 인구 밀집 지역 인근에서 운항하는 헬리콥터 및 항공기 역시 소음 영향을 초래한다. 현대 기술로 상업 항공기의 소음 수준은 감소하였으나, 항공 교통량의 증가로 이러한 개선 효과가 일부 상쇄되었을 수 있다. 연방 기관은 기계 장비, 하역장, 운영 활동 등에서 발생하는 누적 소음 수준 또한 고려해야 한다. 이러한 유형의 소음은 신중한 부지 계획 및 방음 기술을 통해 완화할 수 있다.

소음공해는 이를 효과적으로 저감할 수 있는 정책 및 기술이 부재한 경우 지속적인 우려 요인으로 남을 것이다. 연방 정부는 자국의 소음공해 기여도를 줄이고, 소음 발생 활동이 민감한 자연 자원 및 토지 이용과 인접하지 않도록 지방 정부와의 협력을 통해 조정해야 한다.

연방 정부의 역할

FE.K.1 과도한 소음을 유발하는 활동이 주거지, 병원, 학교, 주요 공공 및 시민 이용 시설 등과 같은 민감한 자연 자원 및 토지 이용지역 인근에 위치하지 않도록 배제

FE.K.2 연방 시설의 도로, 진입로, 하역장, 주차장 등의 개선 사업을 인접한 기존 토지 이용 특성을 고려하여 입지 선정 및 설계, 시공

FE.K.3 건설 활동이 지역 소음 규제를 준수하도록 하고, 지방 정부 및 인접 지역사회와 협력하여 소음 발생 강도 및 발생 시간에 대한 제한 설정

FE.K.4 기계 장비 및 일상적 운영 활동으로 인한 소음 영향을 줄이기 위해 저소음 장비, 방음 기술 또는 방음벽 설치 등을 활용

SECTION L: 에너지 관련 정책

수도권에서 소비되는 에너지의 대부분은 석탄, 석유, 가스 등과 같은 비재생 화석연료에서 비롯되며, 이는 온실가스(GHG) 배출을 유발한다. 기후변화 항목에서 앞서 언급한 바와 같이, 미래의 기후변화를 최소화하는 핵심은 온실가스 배출을 줄이는 데 있다. 본 정책 항목은 에너지 시설의 향후 운영, 재생에너지의 확대 활용, 전체 에너지 소비량의 저감을 중심으로 구성된다.

에너지원

2013년 미국 에너지정보청(EIA)의 추산에 따르면, 미 전역의 연방 시설은 연방 정부 전체 에너지 사용량의 약 38%를 차지하였으며, 나머지는 차량 및 장비 사용에 기인한 것으로 나타났다. 차량 및 장비 부문의 에너지 사용량 중 약 94%는 국방부와 우정청에 의해 소비되며, 이 중 대다수는 항공유에서 비롯된다.[70]

이 지역에는 연방 시설이 밀집해 있어, 연방 건물에서의 에너지 사용은 온실가스(GHG) 배출의 주요 원인 중 하나로 작용한다. 일부 연방 건물은 연방 소유의 에너지원으로부터 전기 및 열을 공급받고 있으나, 대부분의 시설은 일반 전력망을 통해 에너지를 공급받고 있다. 워싱턴 D.C. 전역과 메릴랜드 주 몽고메리 및 프린스 조지스 카운티 일부 지역에 전력을 공급하는 Pepco에 따르면, 이들 지역에 공급되는 전력은 석탄 45%, 천연가스 16%, 원자력 33%, 재생에너지 6%로 구성되어 있다.[71] 연방 시설은 에너지 절약과 재생에너지의 설치 또는 사용 요구를 통해 온실가스 배출 저감에 기여할 수 있다.

미국 에너지부 포레스터럴 청사 옥상에 설치된 태양광 패널

재생에너지

행정명령 제13693호에 따라, 2025년까지 연방 정부가 소비하는 전력의 30%는 재생에너지로 충당될 예정이다. 연방 기관은 재생에너지를 구매하거나 연방 부지에서 직접 생산할 수 있다. 미국 환경보호청(EPA)은 재생에너지를 태양광, 풍력, 지열, 바이오매스, 바이오가스(매립지 및 폐수 처리 과정에서 발생하는 가스), 저영향 수력발전 등에서 생산된 에너지로 정의하고 있다. 워싱턴 D.C.에 위치한 많은 연방 재산은 도시 지역 내에 있어 대규모 재생에너지 설비 구축에는 제약이 따르지만, 지열 히트펌프 및 건물 옥상 태양광 패널을 통해 재생에너지를 생산할 수 있는 가능성은 존재한다. 미국 에너지부는 2008년 본부 건물 옥상에 태양광 패널을 설치하여 연간 약 23만 KWh의 전력을 생산하고 있다.[73] 2015년 12월, 연방조달청(GSA)은 전력구매계약(PPA)을 통해 워싱턴 D.C. 지역 내 18개 건물의 옥상에 태양광 발전 시스템을 설계, 시공, 운영하는 계약을 체결하였으며, 이 계약은 총 500만 달러 이상의 공공요금 절감 효과를 가져올 것으로 전망된다.[73]

에너지 절약

에너지 절약은 연방 정부에 비용 절감과 온실가스 감축 효과를 제공하고 에너지 수요 감소, 자립, 온실가스 저감이라는 장기 목표를 뒷받침한다. 에너지 독립 및 안보법(EISA) 및 행정명령 제13693호는 관련 요구사항을 명시하며, 특히 제13693호는 2020년 이후 설계되는 시설에 에너지 제로 설계를 요구하고, 2025년까지 달성하도록 규정한다. EISA는 기존 냉난방 및 환기 시스템을 고효율 설비로 교체하도록 규정하고 있다. 지난 40여 년간 연방 시설의 에너지 집약도는 지속적으로 감소했으며, 이는 최근 지침에 의해 더욱 강화될 전망이다.

기관들은 개발 시 커미셔닝과 리커미셔닝을 통해 환경 성능 향상을 도모할 수 있다. 커미셔닝은 초기 단계부터 설계 중인 시스템이 정해진 성능 요건을 충족하고 장비가 적절히 설치되었는지를 확인하며, 리커미셔닝은 건물 완공 후 사용 시 운영이 설계 기준을 따르는지 점검한다.

연방 정부의 역할

FE.L.1 기존 연방 건물의 환경 성능 개선과 비용 절감을 위해 다음과 같은 에너지 개선 조치 시행

    1. 고효율 보일러, 모터, 가변속 장치로 냉난방, 환기 시스템 효율 최적화

    2. 중앙집중식 관리 시스템을 통해 에너지 및 유지관리 비용 절감

FE.L.2 신축·개보수는 EISA에 따라 2003 회계연도 대비 화석연료 소비를 55% 감축하고, 2030 회계연도부터 해당 기준을 적용

FE.L.3 신축 또는 개보수되는 연방 건물은 건물의 생애주기 비용 기준이 경제적일 경우, 온수 수요의 30%는 태양열로 충당
건물의 소규모 개보수 시 최고 효율의 설계, 장비, 제어 시스템 도입

FE.L.4 에너지의 장거리 송전을 통한 손실을 최소화할 수 있도록 연방 시설을 입지 선정 및 건설

FE.L.5 단일 건물·다건물 단지, 지구 단위의 에너지 절약 전략 적극 추진

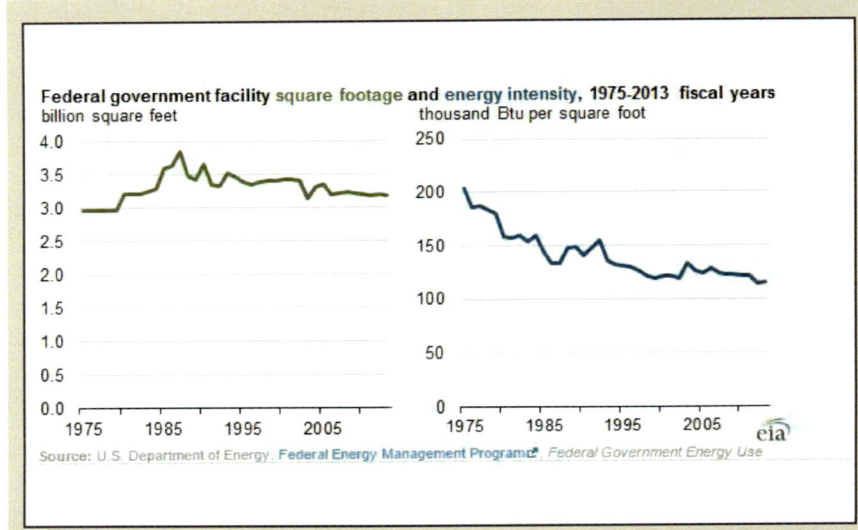

연방 시설에서 소비되는 에너지는 지난 40여 년간 전반적으로 감소해왔다. 이러한 감소는 연방 정부가 점유하는 총 건물 면적이 1987 회계연도를 정점으로 지속적으로 줄어든 데 기인하며, 동시에 1975 회계연도 이후 연방 건물 내 단위 면적당 에너지 소비량 또한 꾸준히 감소해 온 결과이다.

SECTION M: 전파 복사 및 전자기장 관련 정책

연방통신위원회(FCC)는 전파 및 마이크로파 복사를 발생시키는 송신기 및 시설에 대한 인가 및 허가 권한을 가진다. 국가환경정책법(NEPA)에 따른 규정에 따라, 연방통신위원회는 모든 송신기 및 관련 시설이 환경에 미치는 잠재적 영향을 평가해야 하며, 여기에는 전파 복사에 대한 인체 노출도 포함된다. 이러한 요구를 충족하기 위해 FCC는 전파장 노출에 대한 인체 노출 지침을 제정하였다. 국가 수도계획위원회(NCPC)는 연방 재산 내 안테나 설치에 관한 지침 및 제출 요건을 마련하였으며, 이 지침은 2000년에 마지막으로 개정되었다. 또한, 공원 및 개방 공간 요소에서도 안테나 및 타워의 입지 및 설계에 관한 추가적인 정책을 규정하고 있다.

연방 정부는 국가 수도 내 통신 수요 충족을 위해 안테나, 통신 장비 및 관련 시설에 대해 광범위한 요건을 설정하고 있으며 이동통신의 보편화로 인해 연방 부지 내 안테나 설치 요청도 급증하고 있다. 이러한 안테나 누적 효과는 국가 수도의 경관 품질과 인체 건강에 잠재적인 영향을 미칠 수 있다.

고출력 전파(RF) 복사는 건강에 영향을 줄 수 있으나 일반 대중은 이에 노출될 가능성이 낮고, 옥상 안테나가 설치된 시설 내 근무 또한 일반적으로 문제되지 않는다.[74] 다만, 안테나 유지·보수 인력이나 고출력 RF 인근 작업자는 조직 손상을 유발할 수 있는 열 효과에 노출될 수 있다.[75] 연방통신위원회(FCC)는 "일반 대중이 일상적으로 접하는 환경 수준의 RF 에너지는 신체에 유의미한 열 발생이나 체온 상승을 유도할 정도보다 훨씬 낮은 수준"이라고 밝혔다.[76]

지역 인구 증가와 무선 통신 확산으로 신규 안테나 설치 수요는 지속될 전망이며, 본 항목의 주요 정책 목표는 시각적 영향 저감과 인체 건강 보호에 있다.

연방 정부의 역할

FE.M.1   안테나 공동 사용 및 공동 설치를 고려해 시각적 영향과 전파 노출을 줄이며, 송신기 복수 설치 시 FCC 지침 준수 여부 평가

FE.M.2   전파 노출에 신중한 회피 원칙을 적용해 전선, 안테나, 장비 및 기타 공인된 전파 및 전자기장이 있는 전파장이 존재하는 환경에서 근로자 및 일반인의 노출 최소화

FE.M.3   건축물 내부에 거주 가능한 공간으로의 전파장 침투를 줄이기 위해 적절한 조치를 설계에 반영

FE.M.4   전파 노출 우려가 있는 작업 환경에서는 위험성에 대한 명확한 정보 제공 필요

FE.M.5   광섬유 통신, 협력형 안테나 등 신기술을 활용하고 관련 기준 변화를 지속적으로 모니터링

FE.M.6   역사적 가치가 있는 건물 옥상에 설치되는 통신 안테나는 시각적 영향을 최소화해야 하며, 건물 색상 및 설계와의 조화, 스크린 구조물 도입, 건물 가장자리로부터의 거리 확보 등의 다양한 수단 활용.
모든 조치는 지역 문화재 보존 관련 규정과의 조율을 통해 시행

SECTION N: 환경 정의(Environmental Justice) 관련 정책

환경 정의(Environmental Justice)

환경 정의는 인종, 피부색, 출신 국가, 소득 수준과 무관하게 모든 사람들이 환경 관련 법률, 규정, 정책의 수립, 이행, 집행 과정에서 공정한 대우와 실질적 참여를 보장받는 권리를 의미한다. 역사적으로 소수 인종 및 저소득층 집단은 환경오염으로 인한 피해를 불균형적으로 받아왔다. 이에 환경보호청(EPA)은 1994년 제정된 행정명령 제12898호 소수 인종 및 저소득층을 위한 환경 정의 확보를 위한 연방 정부의 조치[76]를 통해 연방 활동·운영으로 특정 집단이 환경적 피해와 위험을 과도하게 부담하지 않도록 환경 정의를 고려할 것을 지침으로 제시했다.

연방 정부는 연방 시설이 주거 지역, 상업지구, 공공 여가 공간, 관광 명소 등과 인접하고, 국가수도권 전역에 연방 재산과 시설이 광범위하게 분포하며 일부는 과거 환경 유해 용도로 사용된 이력이 있다는 점에서, 잠재적인 환경 정의 문제를 식별하고 해결할 책임이 있다. 연방 기관은 사회적 형평성과 환경 책임을 강화하기 위해 소외되거나 오염된 부지[일명 그레이필드(grayfield) 및 브라운필드(brownfield) 부지]를 정비·재활용할 수 있으며, 이러한 부지는 대체로 소수 인종 및 저소득층 지역에 위치한다. 연방 기관은 지역 사회의 좋은 이웃으로서 모든 계층의 국민이 건강하고 안전한 삶을 누릴 수 있도록 공공 보건과 복지를 증진·지원할 책무를 지닌다.

연방 정부의 역할

FE.N.1 연방 기관의 프로그램, 정책, 활동으로 인해 소수 인종 및 저소득층 인구에게 불균형적으로 높은 수준의 건강 및 환경 피해가 발생하지 않도록 식별하고 해소 필요
이때, 해당 조치가 영향을 미칠 공동체의 문화적, 사회적, 역사적, 경제적 특성을 고려하여 간접적, 복합적, 누적적 영향을 종합적으로 분석

FE.N.2 국가환경정책법(NEPA)에서 규정한 바에 따라, 영향을 받을 가능성이 있는 지역의 인구통계학적 특성을 분석하고, 해당 지역이 저소득층 또는 소수 인종 인구가 높은 지역인지 여부 판단

FE.N.3 해당 공동체가 스스로의 미래에 영향을 미치는 의사결정 과정에 참여할 수 있도록 실효성 있는 대민 홍보 및 소통 프로그램 마련

FE.N.4 연방 및 민간 부문의 재개발을 위한 부지로 브라운필드(brownfield) 부지의 재활용을 우선적으로 고려하고 적극 지원

FE.N.5 교통, 교육, 보건 시설 등 주요 생활 인프라에 접근이 가능한 지역에서 개발이 이루어지도록 권장하는 주택도시개발부(HUD)의 부지 및 지역 기준을 충실히 준수[77]

미주(Endnotes)

1. National Environmental Policy Act: https://ceq.doe.gov/laws_and_executive_orders/the_nepa_statute.html
2. Ch. 2 "Our Changing Climate. Climate Change Impacts in the United States: The Third National Climate Assessment," 2014. http://s3.amazonaws.com/nca /2014/low/NCA3_Full_Report_02_Our_Changing_Climate_LowRes.pdf?download=1
3. Fourth Assessment Report of the Intergovernmental Panel on Climate Change, 2007.
4. Ch. 2 "Our Changing Climate. Climate Change Impacts in the United States: The Third National Climate Assessment," 2014. http://s3.amazonaws.com/ nca2014/low/NCA3_Full_Report_02_Our_Changing_Climate_LowRes.pdf?download=1
5. Ibid
6. Katharine Hayhoe and Anne Stoner, "Climate Change Projections for the District of Columbia," 2015. http://doee.dc.gov/sites/default /files/dc/sites /ddoe/publication/attachments/Attachment%201%20.ARC_.Report_07-10-2015.pdf
7. Ibid
8. NASA, "Adapting to a Changing Climate: Federal Agencies in the Washington, DC Metro Area," 2012. http://www.mwcog.org/ environment /climate/adaptation/building/NASA_DCmetroClimCg%20FINAL%20NOV%202012.pdf
9. U.S. Climate Resilience Toolkit: https://toolkit.climate.gov/
10. National Disaster Resilience Competition: https://www.whitehouse. gov/the-press-office/2014/06/14/fact-sheet-national-disaster-resilience-competition
11. Executive Order 13693: Planning for Federal Sustainability in the Next Decade: https://www.whitehouse.gov/the-press-office /2015 /03/19/executive-order-planning-federal-sustainability-next-decade
12. Executive Order 13653: Preparing the United States for the Impacts of Climate Change: https://www.whitehouse.gov/the-press -office/2013/11/01 /executive-order-preparing-united-states-impacts-climate-change
13. This Federal Environment Element supports the recommendations and directions of the Federal Interagency Climate Change Adaptation Task Force Progress Report (2010).
14. EPA, "Our Nation's Air: Status and Trends Through 2010," 2012. http://www3.epa.gov/airtrends/2011/
15. EPA, "Taking Toxics out of the Air," 2000. http://www3.epa.gov/airtoxics/brochure/brochure.html
16. District of Columbia's Ambient Air Quality Trends Report, 2014. http://green .dc.gov/sites/default/files/dc/sites/ddoe/service_content/attachments/AQ%20TRENDS%20Report%20for%20DDOEwebsite_finalDraft_2014Oct29.pdf
17. Ibid.
18. MWCOG, "2011 Base Year Emissions Inventory," July 9, 2014. http://www.mwcog.org/environment/air/downloads/base11/BY2011%20EI%20Document.pdf
19. Ibid
20. U.S. Environmental Protection Agency, "Near Roadway Air Pollution and Health: Frequently Asked Questions," August 2014. http://www.epa.gov/otaq/documents/nearroadway/420f14044.pdf
21. District of Columbia's Ambient Air Quality Trends Report,2014. http:// green.dc.gov/sites/default/files/dc/sites/ddoe/service_content/attachments/AQ%20TRENDS%20Report%20for%20DDOEwebsite_finalDraft_2014Oct29.pdf
22. Alternative fuels are defined by federal law: http://www.afdc.energy.gov/laws/391
23. Interstate Commission on the Potomac River Basin, "Cooperative Water Supply Operations for the Washington Metropolitan Area," 2013. https://www.potomacriver.org/focus-areas/water-resources-and-drinking-water/cooperative-water-supply-operations-on-the-potomac/
24. Ibid
25. EPA, Protecting Water Quality from Urban Runoff, 2003. http://cfpub.epa.gov/npstbx/files/NPS_Urban-facts_final.pdf
26. EPA, "After the Storm: A Citizen's Guide to Understanding Stormwater," 2003. www3.epa.gov/npdes/pubs/after_the_storm.pdf
27. Ibid.
28. Chesapeake Bay Program: http://www.chesapeakebay.net/
29. Anacostia River Initiatives: http://doee.dc.gov/service/anacostia-river-initiatives
30. DC Water Clean Rivers: https://www.dcwater.com/cleanrivers
31. Clean Water Act: http://www.epa.gov/laws-regulations/summary-clean-water-act
32. EPA, "Technical Guidance on Implementing the Stormwater Runoff Requirements for Federal Projects under Section 438 of the Energy Independence and Security Act," 2009. http://www.epa.gov/greeningepa/technical-guidance-implementing-stormwater-runoff-requirements-federal-projects

33. The Washington, DC Flood Insurance Rate Map: http://www.nab.usace.army.mil/Portals/63/docs/Civil%20Works/DC_Levee_map_process.pdf
34. NCPC worked cooperatively with other District and federal agencies on the Federal Triangle Stormwater Drainage Study to better understand the interior flooding risk and possible strategies.
35. Treasury Inspector General for Tax Administration, "The Internal Revenue Service Building Flood Caused No Measurable Impact on Tax Administration," 2007.
36. Executive Order 11988: Floodplain Management: http://www.archives.gov/federal-register/codification/executive-order/11988.html
37. Executive Order 13690: Establishing a Federal Flood Risk Management Standard and a Process for Further Soliciting and Considering Stakeholder Input: https://www.whitehouse.gov/the-press-office/2015/01/30/executive-order-establishing-federal-flood-risk-management-standard-and
38. Executive Order 13508 Chesapeake Bay Protection and Restoration: http://executiveorder.chesapeakebay.net/category/Reports-Documents.aspX
39. Incorporating Ecosystem Services into Federal Decision Making: https://www.whitehouse.gov/blog/2015/10/07/incorporating-natural-infrastructure-and-ecosystem-services-federal-decision-making
40. EPA, "Threats to Wetlands," 2001. http://www.virginia.edu/blandy/blandy_web/education/Bay/WetlandThreats_EPA.pdf
41. Don Hawkins, Washington Post, "No DC Isn't Really Built on a Swamp," 2014.
42. DC Government, "Known Wetlands within the District of Columbia," 2001. http://doee.dc.gov/sites/default/files/dc/sites/ddoe/publication/attachments/wetland-map_0.pdf
43. Executive Order 11990: Protection of Wetlands. http://www.archives.gov/federal-register/codification/executive-order/11990.html
44. Richard Magleby, USDA, "Soil Management and Conservation," 2003. http://www.ers.usda.gov/media/873652/soilmgmt.pdf
45. Casey Trees, "Tree Report Card," 2015. http://caseytrees.org/wp-content/uploads/2015/04/TreeReportCard_Final.pdf
46. USDA, "Sustaining America's Urban Trees and Forests,"2010. http://www.fs.fed.us/openspace/fote/reports/nrs-62_sustaining_americas_urban.pdf
47. Casey Trees, "Tree Report Card," 2015. http://caseytrees.org/wp-content/uploads/2015/04/TreeReportCard_Final.pdf
48. Ibid
49. District of Columbia Urban Tree Canopy Plan: http://doee.dc.gov/sites/default/files/dc/sites/ddoe/page_content/attachments/Draft_Urban_Tree_Canopy_Plan_Final.pdf
50. International Society of Arboriculture: http://www.isa-arbor.com/
51. Council on Environmental Quality: https://www.whitehouse.gov/sites/default/files/microsites/ceq/recommendations_on_sustainable_landscaping_practices.pdf
52. Special status plants are those plants that are legally protected under the federal Endangered Species Act, or other federal and state regulations, along with species considered sufficiently rare by the scientific community to qualify as defined by the CEQ recommendations, Guidance for Federal Agencies on Sustainable Practices for Designed Landscapes.
53. U.S. Department of Agriculture Plant Hardiness Zone: http://planthardiness.ars.usda.gov/PHZMWeb/
54. Thompson, I., Mackey, B., McNulty, S., Mosseler, A. "Forest Resilience, Biodiversity, and Climate Change," 2009. https://www.cbd.int/doc/publications/cbd-ts-43-en.pdf
55. Endangered Species Act of 1973: http://www.fws.gov/laws/lawsdigest/esact.html
56. Fish and Wildlife Coordination Act of 1934: https://www.fws.gov/laws/lawsdigest/FWCOORD.HTML
57. Ibid
58. Wenche E.Dramstad, James D.Olson and Richard T. T.Forman, "Landscape ecology principles in landscape architecture and land-use planning", 1996
59. State Wildlife Action Plan: http://teaming.com/state-wildlife-action-plans-swaps
60. District of Columbia's Wildlife Action Plan: http://doee.dc.gov/service/2015-district-columbia-wildlife-action-plan
61. Pollution Prevention Act of 1990: http://www.epa.gov/laws-regulations/summary-pollution-prevention-act
62. BioPreferred: http://www.biopreferred.gov/BioPreferred/

63. Presource Conservation and Recovery Act: http://www.epa.gov/laws-regulations/summary-resource-conservation-and-recovery-act
64. Comprehensive Environmental Response, Compensation, and Liability Act: http://www.epa.gov/laws-regulations/summary-comprehensive-environmental-response-compensation-and-liability-act
65. Freight Railroad Realignment Feasibility Study: https://www.ncpc.gov/DocumentDepot/Publications/RailRealignment/FreightRailroadlRealignmentStudy_Summary.pdf
66. H. Stark, S. S. Brown, K. W. Wong, J. Stutz, C. D. Elvidge, I. B. Pollack, T. B. Ryerson, W. P. Dube, N. L. Wagner & D. D. Parrish, "City Lights and Urban Air." Nature Geoscience, Published by Nature Publishing Group: Oct 31, 2011, pp. 730–731.
67. 2008 ENERGY STAR Building Upgrade Manual: https://www.energystar.gov/buildings/facility-owners-and-managers/existing-buildings/save-energy/comprehensive-approach/energy-star
68. MP177 Naval Support Facility Naval Observatory, Final Installation Master Plan, Executive Director's Recommendation, March 2014. http://www.ncpc.gov/files/projects/NSF_Naval_Observatory_Master_Plan_Project_Synopsis_MP177_Mar2014.pdf
69. U.S. Energy Information Administration, "Energy consumption by U.S. government at lowest level since at least 1975," February 2015. https://www.eia.gov/todayinenergy/detail.cfm?id=1985
70. U.S. Department of energy, "Comprehensive Annual Energy Data and Sustainability Performance," June 2015. http://ctsedwweb.ee.doe.gov/Annual/Report/Report.aspx
71. PEPCO, Environmental Information for Standard Offer Service Provide by Pepco, 2014. http://www.pepco.com/uploadedFiles/wwwpepcocom/Content/Page_Content/my-home/Pay_Your_Bill/Pepco%20Fuel%20Mix%20DC%20Insert%2011.14%20FINAL.pdf
72. Energy.gov Office of Management, Facilities Initiative, April 2015. http://energy.gov/management/office-management/operational-management/energy-reduction-hq/facilities-initiatives
73. GSA B106, "GSA to Brinig Solar Energy to Federal Buildings DC," December 2015. http://gsablogs.gsa.gov/gsablog/2015/12/16/gsa-to-bring-solar-energy-federal-buildings-dc/
74. FCC, OET Bulletin 56, "Questions and Answers about Biological Effects and Potential Hazards of Radiofrequency Electromagnetic Fields," 1999. https://transition.fcc.gov/Bureaus/Engineering_Technology/Documents/bulletins/oet56/oet56e4.pdf
75. Ibid.
76. Executive Order 12898: Federal Actions to Address Environmental Justice in Minority Populations and Low-Income Populations http://www.epa.gov/laws-regulations/summary-executive-order-12898-federal-actions-address-environmental-justice
77. HUD's Site and Neighborhood Standards: https://www.law.cornell.edu/cfr/text/24/941.202

제8편

역사 보존

2024

National Capital Planning Commission

The Comprehensive Plan for the National Capital | Federal Elements

Contents

역사 보존 요소 개요 ········· 271

역사 보존 계획 수립 ········· 272

   SECTION A: 워싱턴 도시 계획과 관련된 정책 ········· 274

   SECTION B: 역사적 자산의 조사 및 지정에 관한 정책 ········· 276

   SECTION C: 역사적 자산의 보호 및 관리에 관한 정책 ········· 277

   SECTION D: 설계 심사에 관한 정책 ········· 279

   SECTION E: 수도의 역사적 이미지에 관한 정책 ········· 281

역사 보존 요소 개요

연방 정부는 수도권 내 역사적 자산을 보존·보호·복원을 목표로 하며, 이는 워싱턴 도시 계획의 기본 원칙과 수도로서의 상징성을 반영한 계획을 통해 개발을 촉진하는 데 중점을 둔다.

Pentagon, Virginia

Dulles Airport, Virginia

Beltsville Agricultural Research Center, Maryland

워싱턴 D.C.는 랑팡 계획과 맥밀런 계획[1]에 기반한 역사적 도시 계획 위에 형성된 독자적 도시로서, 두 계획의 구축 환경 및 개방 공간 요소들이 핵심을 이룬다. 바로크 양식의 랑팡 계획과 아름다운 도시로의 이상을 담은 맥밀런 계획은 물리적 차원의 도시 형태 형성에 결정적 역할을 했다. 워싱턴 도처에 있는 공공 및 민간 건축물의 설계와 배치는 이 원칙을 강화해 왔다. 워싱턴의 역사적 자산은 장기적인 도시 계획과 조화를 이루며, 여러 세기를 거쳐 수도 발전의 기초를 형성하고, 수준 높은 도시 계획과 역사적인 보존 기준은 수도의 외관과 정체성 형성에 중추적 역할을 해왔다.

연방 정부는 초기부터 랑팡의 대담하고 유연한 도시 비전을 구현해 왔으며, 정부의 중심 기능을 수행할 주요 건축물들을 건설해왔다. 랑팡 계획에 따라 지정된 부지에 연방 시설이 순차적으로 개발됨에 따라, 수도권 전역으로 연방 시설이 추가로 확충되었다. 워싱턴 D.C.의 성장은 남북 전쟁, 뉴딜 정책, 제2차 세계대전과 같은 국가적 사건들, 맥밀런 계획과 같은 도시 계획 이니셔티브, 1950~60년대의 도시 재개발 사업, 지하철 도입과 같은 기술 및 교통 분야의 진보 등의 영향 아래 이루어졌다. 연방 건축물과 부지는 도시 및 지역의 계획과 건축적 진화, 연방 건설의 형성사를 반영하고 있다. 국회 의사당, 백악관, 내셔널 몰 및 주요 기념물들은 민주주의를 상징하는 공간으로 자리 잡았다.

비록 내셔널 몰 중심의 연방 및 기념 공간이 대표 이미지로 인식되지만, 워싱턴은 활발한 상업과 주거, 다양한 공동체와 공원을 품은 생활 도시이기도 하다. 연방 정부는 비연방 지역의 역사적 도시 구조의 형성에도 상당히 기여해 왔으며, 이러한 풍부한 유산은 도시 전반의 건축 양식 전반에 뚜렷하게 나타난다. 랑팡 계획의 도로망과 공간 구조, 이를 확장한 1893년 영구 고속도로 체계법[2], 맥밀런 계획, 1910년 건축물 높이 제한법[3] 등은 워싱턴의 질서 있는 성장과 고유한 도시성 형성에 기여했다. 연방 도시 계획 요소의 기술 부록은 각각의 계획에 대한 역사와 워싱턴의 형성 과정을 보여주고 있다.

지역적으로 워싱턴은 초기 대규모 플랜테이션과 가족 농장, 교차로·시장 마을 중심의 구조로 형성되었고, 이러한 패턴은 수도 조성 이후에도 크게 변하지 않았다. 주요 항구 도시와 군사 요새는 포토맥강을 따라 수도와는 독립적으로 중부 대서양 지역의 교통망을 따라 발전했다.

19세기에는 군사·해군 시설이, 20세기에는 연방 사무소 및 연구 시설이 확장되었다. 국립보건원, 벨츠빌 농업연구센터, 수트랜드 연방 센터, 펜타곤, 덜레스 국제공항 등이 대표 사례이며, 대부분 역사적 자산으로 평가된다. 또한 NCPC가 카퍼-크램튼 법을 통해 메릴랜드 주 공원 부지를 매입하고 공원도로를 조성한 것은 연방의 토지 이용 결정이 수도권 구조 형성에 영향을 미친 또 다른 예시다.

수도권의 역사적 자산은 지역과 거주민의 역사를 반영한다. 미 의회는 1950년 올드 조지타운 법[4]으로 조지타운 역사 지구를 지정하였으며, 1964년 합동 사적지 위원회가 워싱턴 D.C. 최초의 역사 자산 목록을 발표했다. 이어 1966년 국가 역사 보존법[5](NHPA) 제정을 통해 역사적 자산 보호를 위한 기준과 절차가 마련되었다.

그러나, 보호 주체는 연방 정부에만 한정되지 않고 지방 정부와 카운티 정부도 지역, 주, 국가 차원의 중요한 역사적 자산을 보호해 왔다. 1946년 알렉산드리아 시는 식민지 및 초기 연방 시대의 특성을 보존하고자 미국에서 가장 이르게 역사 지구를 제정하였다. 1973년 D.C. 자치법[6](District of Columbia Home Rule Act)과 1978년 D.C. 역사보존법[7](D.C. Historic Preservation Act) 제정을 통해 컬럼비아 특별구 정부는 민간 자산과 역사 지구를 식별·보호할 법적 권한을 확보했다. 버지니아와 메릴랜드 지방 정부들도 자체적으로 조례를 통해 건축물, 주변 환경, 개방 공간, 농지, 역사 주거지, 상업 중심지 등을 보존하도록 하였으며, 이를 통해 도시 개발 속에서도 역사적 자산 보호에 기여하고 있다.

역사 보존 계획 수립

NHPA는 역사적·문화적 유산 보존을 준칙과 법령으로 규정하였다. 이러한 법령은 연방 차원의 보존 정책의 틀을 제공하고, 연방 정부에 보존을 위한 재정 지원 및 법률 제정 권한이 부여되었으며, 각 주에 주 역사 보존국(SHPOs) 설치를 규정하고 있다. 모든 연방 기관은 역사 보존에 대한 일정 부분에 있어 책임을 지며, 국립공원관리청(NPS)과 역사보존자문위원회는 NHPA 프로그램의 운영과 감독을 맡는 핵심 기관이다.

NPS는 미국의 역사 자산 목록인 국가사적지등록부의 관리·운영을 담당하고 있으며, 연방 및 기타 기관의 사업이 역사 자산에 미치는 영향을 평가할 때 기준이 되는 내무부 장관의 역사 자산 처리 기준[8]을 발간하고, 보존, 복원, 재활용, 재건 등 다양한 처리 방안에 대한 지침도 제공한다.

역사보존자문위원회(ACHP)는 대통령과 연방 의회에 역사 보존 정책에 대한 자문을 제공하는 독립적인 기관이다. 주요 임무는 NHPA 제106조에 따라 연방 계획에 대한 검토 절차 감독이며, 이는 국가사적지등록부 등재 또는 등재 가능 자산에 영향을 미치는 연방 사업에 의견을 제시하는 과정이다. 제106조에 따른 절차는 연방 사업이 역사 자산에 미치는 영향을 고려하고, 이를 계획과 실행 단계에 반영하도록 하는 핵심 메커니즘이다.

연방 기관이 직면한 역사 보존 과제

- 역사 자산의 건축 요소와 특성을 보존하기 위해 건물의 구조 및 계획된 경관 환경에 대한 선제적인 유지관리를 수행해야 한다.
- 건물 시스템을 현대화하고 내부 공간을 재배치하되, 로비, 공공 공간 등 중요 내부 요소를 유지하며, 자산을 새로운 용도에 맞게 적응시켜야 한다.
- 이용자 수나 활용 방식이 변하더라도, 자산의 역사적 가치에 영향을 주지 않도록 대응해야 한다.
- 역사적인 공원 및 개방 공간의 본래 성격이 훼손되지 않도록, 해당 경관과 환경 내의 잠재적 시설을 설치할 경우, 계획 및 설계를 신중하게 고려해야 한다.
- 보안 조치 도입 등 변화하는 요구에 적절한 해법을 찾아야 한다.
  시설 주변 보안 강화에 대한 요구는 설계자, 역사 전문가, 보안 전문가 간의 협력으로 장소의 역사적 특성을 존중하며 이루어져야 한다.
- 워싱턴 도시 계획에 따른 역사적 도시 계획 요소를 보호, 강화해야 한다. 랑팡 계획에 따른 도로의 일부를 폐쇄하거나, 계획된 도로 경계선에 부합하지 않는 개발이 제안될 경우, 철저한 검토와 대안 모색이 필수적이다.
- 수도권의 강변, 분지의 능선, 농지, 공원, 설계 경관 등은 역사적·문화적 의미를 지니고 있는 고유한 특성을 보호하고, 공공의 접근과 향유를 고려하여 관리한다.
- 새로운 건축물은 기존에 형성된 도시 환경의 특성에 부응해야 하며, 그에 상응하는 우수한 디자인 수준을 반영해야 한다.
- 문화적, 역사적 유산 보호를 위해, 주·지방 정부와 협력해야 한다.
- 기존 시설의 개·보수 또는 재생 과정에서 지속가능성 목표를 통합하되, 동시에 역사적이고 장소의 성격을 규정하는 요소를 철저히 보존하고 보호해야 한다.

연금청 건물(Pension Building, 현 내셔널 빌딩 박물관)은 1969년 국가사적지등록부에 등재되었으며, 1985년에는 국가역사기념물로 지정되었다.
현재 이 건물은 전시 및 교육 프로그램 공간으로 활용되고 있으며, 여러 연방 기관이 입주해 있는 복합 용도 공간으로 사용되고 있다.

역사보존자문위원회(ACHP)는 제106조 협의 절차의 수행 방식을 규정한 이행 규정을 발행한다. 모든 연방 기관은 관할 내 역사 자산을 식별·보호·관리할 책무를 지닌다. 연방 정부는 어떠한 조치 시행 전에 해당 자산에 미치는 영향을 고려하고, 물리적·역사적 완전성에 대한 부정적 영향을 회피하거나 최소화해야 한다. 부정적 영향에 대한 회피 또는 최소화가 어려운 경우, 영향을 완화해야 한다.

국가수도계획위원회(NCPC)는 수도권(NCR) 내에서 중요하고 독자적인 역할을 수행한다. 1952년 제정된 국가수도계획법[9]에 따라, NCPC는 연방 기관이 수행한 다수 사업을 검토하고, 역사적 자산과 관련된 연방 활동의 계획과 조정에 중대한 의사결정 권한을 가진다. 또한, NCPC는 워싱턴 D.C. 내의 연방 사업과 일부 컬럼비아 특별구 정부의 사업에 대한 독립적인 승인 또는 인허가 권한을 갖는다. 위원회의 공개 참여 절차, 독자적 계획 관점과 역할, 국가 수도 종합계획 등 위원회의 정책은 모든 의사결정의 기반이 된다.

NCPC는 법률뿐 아니라 자체 정책, 심의 절차, 계획을 통해 역사적 자산 보존을 적극 지원하고 있다. 국가 수도 종합계획을 비롯하여, 21세기 미국 수도를 위한 계획: 유산의 확장(1997)[10], 기념물 및 박물관 기본계획(2001)[11], 기념 중심 구역 기본 구상(2009)[12] 등은 역사 보존 계획에 대한 체계적인 틀을 제공한다. NCPC는 연방 정부의 변화하는 수요를 수용하면서도, 역사 건축물, 장소, 수도의 수평적 경관의 상징성을 보존하는 조정 계획을 이끄는 기관이다.

위원회는 공공 절차에 있어 시민의 지속적인 참여가 역사 보존 결정의 폭넓은 수용에 필수적임을 인식하고 있다. 계획, 보존, 용도지구 지정 관련 정보의 공유는 연방 및 지방 정부의 의사결정 과정에 대한 높은 수준의 이해와 관심을 이끌어냈다. 연방 기관들도 설계 및 계획 수립 시 지방의 계획 이니셔티브와 목표를 고려하고 있다. 워싱턴 D.C.의 자치정부 도입, 카운티 차원의 역사 보존 및 환경 보호 조례, 문화재 지정, 용도지구 중첩, 시민 참여 확대 등은 연방과 지방 정부 간 협력 강화를 견인하는 요인으로 작용해 왔다. 수도의 성장과 발전을 효과적으로 관리하기 위해서는 이러한 협력 구조가 앞으로도 지속적으로 유지되는 것이 중요하다.

SECTION A: 워싱턴 도시 계획과 관련된 정책

워싱턴 D.C.의 역사적 도시 계획

랑팡 계획과 맥밀런 계획은 수도 도시 설계를 위한 기본 틀을 마련했으며, 이는 오늘날에도 세계적인 도시 계획의 모범 사례로 평가받고 있다. 이들 계획은 통칭하여 워싱턴 도시 계획으로 불리며, 계획에 담긴 원칙들은 현재까지도 워싱턴의 공공 공간과 건축물 설계에 지속적인 영향을 미치고 있다.

피에르 랑팡은 도시의 기본 골격을 수립한 랑팡 계획을 고안하였다. 그는 도시 중심에 국회의사당을 두고, 이를 기준으로 네 개의 사분면으로 나누어 직교형 격자망을 형성하였다. 이 격자망 위에 대각선으로 교차하는 가로축을 중첩시켜 교차점마다 공원과 개방 공간 체계를 조성하였으며, 이러한 개방 공간과 조망 축은 가로망만큼이나 핵심적 도시 설계 요소이다. 또한, 랑팡 계획의 원래 가로 너비와 개방감, 확장된 주축 대로들은 도시의 성격을 규정짓는 공공 공간을 형성하였다. 주요 가로는 노스 캐피톨, 이스트 캐피톨, 사우스 캐피톨 스트리트와 펜실베니아, 커네티컷, 매사추세츠, 로드아일랜드, 뉴욕, 위스콘신 애비뉴 등이 있다. 조망축은 도시 주요 지점과 지형적 외곽에서 내부로 뻗어나가며, 워싱턴의 극적인 도시 경관을 구성한다. 대표적인 조망 지점에는 세인트 엘리자베스 서캠퍼스, 아나코스티아 능선 일부, 알링턴 능선, 플로리다 애비뉴 북서쪽의 절벽 등이 있다. 주요 가로 구역, 조망축, 경관축 등은 도시 계획 요소에서 더 자세히 다룬다.

랑팡 계획의 가로망 체계(자세한 내용은 도시 계획 요소 참조), 개방 공간, 공공 건축물, 개발 가능 구역 등은 수 세기에 걸쳐 대체로 유지되어 왔다. 이를 바탕으로 맥밀런 계획은 시티 뷰티풀 운동에 따라 웅장한 공공 공간과 시민 건축물의 개념을 더욱 강화하였다. 맥밀런 계획은 내셔널 몰을 단절 없는 녹지대로 복원하여 랑팡 계획의 초기 구상을 회복하고, 펜실베니아 애비뉴, 제15가, 내셔널 몰로 둘러싸인 삼각지에 정부 청사 지구를 조성하며, 기존 공원 부지를 연계하여 워싱턴 전역에 포괄적인 공원·여가 공간 체계를 구축하는 데 중점을 두었다. 이처럼, 워싱턴 도시 계획은 도시 성장의 기본 틀로서 기능해 왔다.

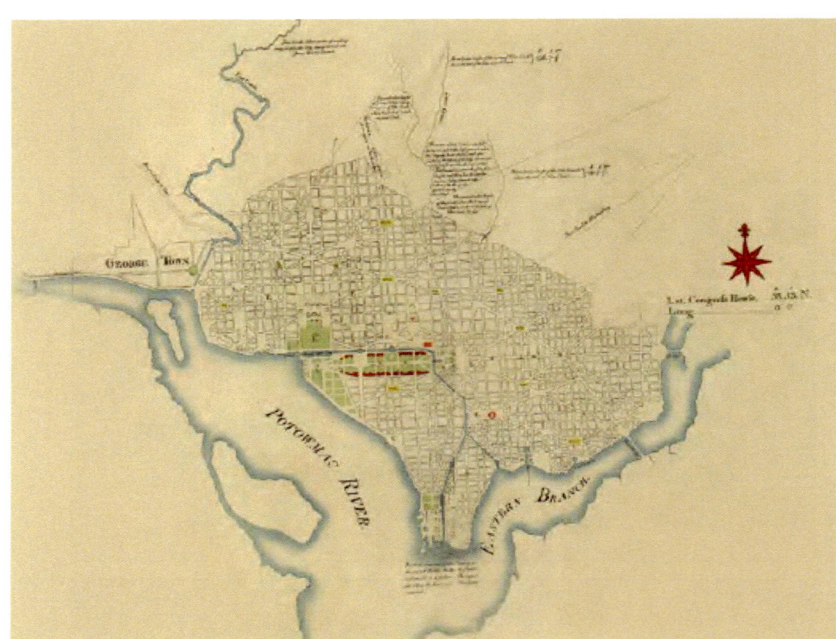
The L'Enfant Plan

The McMillan Plan

다수의 역사적 건물들이 있는 조지타운 지역

컬럼비아 특별구 주 역사보존청과 국립공원관리청(NPS)은 워싱턴 도시 계획의 역사적 중요성을 인정하고, 이를 지방 및 국가 등록문화재 지정을 통해 보호하고 있다. 수도권이 확장되고 연방 시설이 지역 전역으로 퍼졌지만, 랑팡 시가지 구역은 여전히 국가 수도의 중심지로 남아 있으며, 연방 정부, 상업, 주거가 공존하는 상징적 배경이자 귀중한 역사 자산이다.

NCPC는 워싱턴 도시 계획 유산을 보호하는 데 있어 연방 정부의 이해관계를 대표하는 핵심 역할을 수행한다. 1997년 유산 계획(the Legacy Plan)을 수립하여 워싱턴의 강점을 보존하면서도 미래 성장을 수용할 방향을 제시하였다. 또한, NCPC의 기념물 및 박물관 마스터플랜은 내셔널 몰과 인근 역사적 개방 공간 보호를 위해 보존 구역을 설정하고, 워싱턴 도처에 기념물 분산 배치를 제안하였다. 2002년 수립된 국가 수도 도시 계획 및 보안 계획[13]은 보안 시설물의 조화로운 설계를 통해 건축물, 주변 환경, 거리 경관, 개방 공간 보호를 목표로 하였다. 이후 NCPC와 미국 미술위원회(the U.S. Commission of Fine Arts)가 공동 수립한 프레임워크 계획은 유산 계획의 비전을 확장하여 내셔널 몰 주변의 연방 구역을 활기찬 목적지로 만들고, 도시·내셔널 몰·수변 공간 간의 물리적·시각적 연계를 강화하는 것을 목표로 하였다. 또, 연방 도시 계획 요소는 연방 기관의 건축물 디자인을 개선과 수도권 내 활기찬 공공 영역 조성을 위해 정책적 지침을 제공한다. 위원회가 향후 계획을 수립해감에 따라, 워싱턴 도시 계획은 여전히 중요한 방향타로서 기능할 것이다.

연방 정부의 역할

HP.A.1	워싱턴 도시계획과 그 설계 원칙—건축물 배치, 가로망 구성, 조망축, 개방 공간 등—을 보존, 재활용, 향상, 복원(해당되는 경우)
HP.A.2	랑팡 가로를 따라 형성된 상호 조망축과 광장, 원형 교차로, 보존 구역에서의 조망 보호
HP.A.3	랑팡 가로망과 가로구역을 보호·유지하며, 해당되는 경우 복원
HP.A.4	부적절하게 단절되거나 폐쇄된 역사적 가로는 가능한 조속히 원래의 가로구역 또는 구성으로 복원하거나 재정비
HP.A.5	가로구역의 특성과 조망축을 훼손하는 교통 분리시설, 과도한 안내표지, 보안 시설 등 그 외 물리적 침해 요소들을 지양
HP.A.6	도시의 역사적 경관 특성을 강화하고, 랑팡 가로망의 구조와 형식, 설계의 일관성 유지
HP.A.7	도로의 운영 기능 및 역사적 중요성 보호
HP.A.8	역사적 가로계획(Street Plan)의 공간 구조를 강화하기 위해 건물 외관은 도로의 지적선(건축선)에 맞춰 건축
HP.A.9	수도 정체성을 형성하는 입구와 경계 도로의 특성과 정렬 보호
HP.A.10	워싱턴 도시 계획의 유산인 공공 광장, 원형 교차로, 보존 구역 및 공원 체계를 보호하고, 재활용하며, 복원
HP.A.11	역사적 경관과 요소를 포함한 보존 구역이 부적합한 변경이나 침해로부터 훼손되지 않도록 보호
HP.A.12	물리적 보안 조치를 설계하고 배치할 때, 랑팡 보존 구역의 역사적 공간 의미를 보존하고 유지
HP.A.13	워싱턴 전역에 걸쳐 있는 주요한 랑팡 가로구역의 연장선과 관련된 보존 구역을 국가 수도의 개방 공간 체계의 일부로서 보호, 재활용, 향상

SECTION B: 역사적 자산의 조사 및 지정에 관한 정책

역사적 자산의 관리 책임

연방 정부는 국가 수도의 상징성과 유산을 보호하고 옹호하는 주요 주체이다. 연방 기관들은 지방 정부 및 시민들과 협력하여, 자신들의 관리하에 있거나 결정에 영향을 받는 역사 자산을 신중히 관리해야 한다. 이들 기관은 역사 자산을 보존할 책임과 함께, 변화하는 활용 방식과 임무에 대응해야 하는 과제를 안고 있다. 연방 정부는 법령, 규제, 행정명령, 연방 계획 및 정책, 종합계획, 기관별 정책 등 다양한 수단을 통해 역사 자산 보호와 향상을 추진한다. 또한, 지방 및 민간과의 협조 의무가 있으며, 적절한 경우 이들과의 파트너십을 적극 유도해야 한다. NCPC는 이러한 계획 및 역사 보존과 관련된 협의가 이루어질 수 있는 여러 공적인 논의의 장 중 하나를 제공한다.

견고한 역사 보존 계획의 초석은 역사적 자산의 조사와 지정이다. 수도권 내 많은 역사적 자원은 조사와 평가를 거쳐 연방 및 지방 차원의 문화재로 지정되었으며, 이에 따라 널리 인식되고 공인받고 있다. 워싱턴의 주요 문화재는 이미 널리 알려져 있으며, 이 지역 전역에는 수백여 개의 역사적 건축물과 지구가 존재한다. 이러한 자산들은 지역적 역사뿐 아니라 국가사에서의 역할 측면에서도 높은 가치를 지닌다. 이들 자산의 역사적 중요성을 인식하고, 대중에게 그 가치를 알리는 일은 보호와 보존을 위한 핵심적 요소이다.

때로는, 역사적 장소나 요소의 가치가 즉각적으로 드러나지 않을 수 있다. 따라서, 그 중요성을 보다 잘 이해할 수 있도록 관련 정보를 적극적으로 알리는 것이 중요하다. 이러한 대상에는 고고학 유적, 문화경관[14], 그리고 현대 시대(제2차 세계대전 이후)의 자산 등이 포함된다.

워싱턴에 있는 많은 역사적 자산은 18세기 또는 19세기에 조성되었지만, 그보다 최근에 형성된 자원들 중에도 주목할 만한 가치가 있는 사례들이 존재한다. 연방 정부는 도시 재개발 과정에서 중추적인 역할을 수행했으며, 현대 시대의 여러 자산들을 조성하는 데 직접적인 책임이 있었다. 오늘날 연방 정부가 직면한 역사 보존 과제 중 하나는 이러한 현대 자산에 대한 평가 작업이다.

연방 정부의 역할

HP.B.1　역사적 자산을 조사하고 보호하며, 그 중요성에 대한 정보를 대중에게 적극적으로 홍보

HP.B.2　건축물, 구조물, 경관 등 최근 시기의 설계적·문화적 가치를 반영하는 역사적으로 중요한 자원이 존재할 수 있음을 인식하고, 이러한 자원을 조사 및 보호함으로써 국가 등록문화재로 등재되지 않은 자산이라도 향후의 잠재적 중요성을 고려해 적절히 조치

HP.B.3　공공 및 민간의 역사적 자산을 조사, 지정, 보호하는 과정에서 지방 기관, 시민 단체, 자산 소유자와 협력. 이들 자원들은 수도권 지역의 정체성과 역사를 집합적으로 반영

HP.B.4　고고학 자원의 훼손을 피하기 위하여, 마스터플랜 수립 또는 사업 개발 초기 단계에서 고고학 조사 실시

HP.B.5　일부 연방 소유의 역사적 자산은 지역사에서도 중요한 의미를 가질 수 있음을 인식하고, 해당 자산이 지닌 지역적 가치와 특성 유지

현대 건축물인 미국 연방 조세 법원

SECTION C: 역사적 자산의 보호 및 관리에 관한 정책

역사적 자산의 보호와 관리는 성공적인 역사 보존 계획 수립에 있어 핵심 요소이다. 연방 정부는 내셔널 몰을 포함한 국가의 가장 중요한 역사 자산들을 다수 소유하고 관리하고 있으며, 이러한 자산은 미래 세대를 위해 보호되어야 한다. 국가역사보존법(NHPA) 제106조 및 제110조는 연방 차원의 보존 정책, 역사 자산의 관리 책임, 그리고 의사결정의 기초를 제공하고 있다. 연방 기관들은 자산을 국가 등록문화재 목록에 등재하거나 등재 자격이 있다고 판단함으로써 역사 자원을 보호하며, 이는 이후 재생 사업이나 신축 사업을 계획하고 시행하는 과정에서 추가적인 규제적 보호를 가능하게 한다. 제106조는 연방 기관이자 관할 역사 자산에 대해 보존 결정을 내리는 절차의 기본 틀 제공을 규정하고 있다. 연방 기관은 역사 보존 업무를 수행함에 있어 미국 내무부 장관이 제정한 보존 표준을 준수한다. 역사 보존 계획은 개별 사업의 설계 단계에서, 마스터플랜 수립 과정에서, 그리고 각 기관이 관할하는 역사 및 문화 자원의 조사·평가·보호·관리 활동을 통해 수행된다.

제106조는 연방 기관이 계획 중인 조치가 역사적 자산에 미치는 영향을 고려하는 절차를 규정한다. 또한, 많은 사업에 대해 연방 기관이 메릴랜드주, 컬럼비아 특별구, 또는 버지니아주의 역사보존청, 관련 원주민 부족, 그리고 연방자문위원회(ACHP)와 협의할 것을 요구한다. 해당 협의 과정에는 관련 연방 및 지방 정부 기관(예: NCPC 포함), 그리고 관심 있는 전문가 단체, 시민사회 및 지역 공동체 조직, 일반 시민 등이 공공 기관과 함께 참여한다.

국가역사보존법(NHPA) 제110조는 연방 기관이 자체적인 역사 보존 프로그램을 수립하고, 관할 내 역사적 자산을 선제적으로 조사, 평가, 지정 및 보호할 것을 요구하고 있다. 미국 연방조달청(GSA), 국립공원관리청(NPS), 국방부(DOD)와 같은 기관들은 방대한 규모의 역사 자산을 보유하고 있어, 자산 관리의 모든 측면에서 상당한 자원 투입과 책임이 수반된다. 토지 보유 규모가 상대적으로 작은 소규모 기관이라 하더라도, 해당 기관의 주요 임무가 자산 관리가 아니더라도, 관할 내 역사 자산을 식별하고 보호할 의무는 동일하게 부과된다.

렌윅 갤러리는 펜실베니아 애비뉴에 위치한 국가사적지 건물에 자리하고 있으며, 백악관과 아이젠하워 행정청사와 인접해 있다.

제106조와 제110조의 요구사항과 연방 기관 마스터플랜은 역사 자원의 평가, 장기 목표 설정, 공공·민간과의 협력, 새로운 계획 수단과 기술 도입을 위한 핵심 도구로 활용된다. NCPC는 이러한 마스터플랜을 검토하며, 지방 보존기관과 협의 과정에 참여하고 대중 참여 기회를 제공한다. 연방 기관은 보존 과제가 복잡한 시설의 경우, 연방 기관은 구체적인 관리계획을 따로 수립할 수도 있다. 마스터플랜 문서는 위원회가 부지 및 건축계획을 검토할 때 활용하는 심사 기준 자료이다.

연방 정부의 역할

HP.C.1 역사 자산 관리에 있어 모범적인 기준을 지속적으로 유지

HP.C.2 마스터플랜 수립 시, 건축물과 경관을 포함한 역사 자산의 보존, 재생, 재활용을 통합적으로 반영

HP.C.3 시대와 양식을 대표하는 연방 건축물을 보존하여 역사적 연속성을 유지하며, 현대 건축은 지역 맥락을 반영해 연방 개발에 포함

HP.C.4 연방 자산의 핵심 요소인 역사적 경관과 개방 공간을 보존·재생

HP.C.5 중요 고고학 자원은 원형대로 보존하여 유지한다. 고고학적 발굴 가능성과 역사적 중요성이 있는 부지에 대한 목록을 유지·관리

HP.C.6 역사적 자산은 가능한 원래의 용도로 활용하되, 불가능한 경우에는 자산의 의미와 성격에 맞는 재활용 방안 채택

HP.C.7 역사 자산의 지속적 보존을 위해 정기적 유지관리 체계 구축

HP.C.8 역사 자산이 지역 경제와 관광 거점이 되도록 활용 가능성을 모색

HP.C.9 역사 자산의 보존·재생·복원 과정에 지속가능성 목표를 통합

HP.C.10 내셔널 몰의 상징성과 집회의 중심지로서의 기능을 보존·재생

HP.C.11 컬럼비아 특별구의 경계석을 현 위치에서 보호·보존

HP.C.12 연방 자산의 부지와 환경을 수도권의 역사 정체성 요소로 보존

HP.C.13 역사 자산을 처분하기 전 적절한 역사 보존 조치를 사전에 마련

개보수하여 복원된 센터 빌딩은 세인트 엘리자베스 서캠퍼스의 역사적 부지에 위치하며, 국토안보부 본부와 장관 집무실이 이곳에 들어설 예정이다.

다니엘 번햄이 설계한 워싱턴의 주요 교통 허브 유니언역

SECTION D: 설계 심사에 관한 정책

연방 정부는 우수한 설계 원칙의 고수와 역사적 건축물 및 개방 공간의 책임 있는 관리를 통해 국가 수도의 상징성과 유산을 옹호하고 보호하는 핵심 주체로 기능하고 있다. 역사적 건축물이 더 이상 본래 용도로 사용될 수 없게 되었거나, 증축 또는 현대화가 필요한 경우, 또는 새로운 시설을 건설해야 할 경우에는 인접한 역사 자산의 특성을 반드시 고려해야 한다. 역사 자산의 개보수 또는 재생 과정에서는 연방 및 지방 정부의 계획 담당자들이 복잡한 계획 및 설계 결정을 내려야 한다. 때때로 연방 정부는 민간 부문과 협력하여 토지를 취득하거나, 자산을 이전하고, 역사적 건축물의 적절한 활용을 제안하거나, 연방 시설을 확장하거나, 부지 및 캠퍼스 개발을 추진하기도 한다.

이러한 모든 경우에 있어, 연방 정부는 주변의 역사적 맥락과의 조화를 전제로 한 설계를 장려해야 한다. 개보수나 신축 사업은 역사적 건축물을 단순히 모방하기보다 현대적 설계와 주변의 역사적 맥락 사이에서 균형을 찾아야 한다. 물론, 균형을 확보하는 데 어려움이 따를 수 있으나, 도시가 국가의 수도로서 지속적으로 진화하고 기능하기 위해서는 우수한 현대 건축이 필수적이다.

설계 심사와 관련된 정책은 도시 계획 요소에서 수립된 정책들과 유기적으로 연계되어 작동한다.

연방 정부의 역할

HP.D.1 신축 건축물이 역사적 건축물과 그 주변 환경의 특성과 성격에 부합하도록 보장하며, 이는 역사적 자산의 처리 기준 및 역사적 건축물의 재활용 지침(내무부 장관 고시 기준)에 준수

HP.D.2 역사 자산과 인접한 개발이 자산의 역사적 성격을 훼손하지 않고, 주변 맥락과 조화를 이루도록 지방, 주, 연방 기관과 협력하여 조율

HP.D.3 조망축, 녹지 공간, 수관층을 포함한 역사 자산의 주변을 해당 자산의 역사적 성격을 구성하는 필수 요소로 간주하고 보호

내무부 장관 기준(The Secretary of the Interior's Standards)

내무부 장관은 연방 기관이 국가 등록문화재에 등재된 자산을 어떻게 다루어야 하는지를 자문하고 역사 보존 프로그램 전반에 대한 기준을 수립해 왔다. 역사적 자산의 처리 기준은 건축물의 보존, 재생, 복원, 재현과 관련된 다양한 활동 목적 및 역사적 자산의 종류에 따라 보존, 재생, 복원, 재현, 그리고 취득에 대한 개별 기준을 두고 있으며 각 자산 유형을 포괄할 수 있도록 마련되었다. 또한, 국립공원관리청은 이 기준에 대한 실질적 적용을 지원하기 위해 별도의 지침도 마련하여 지원하고 있다.

연방 기관은 연방이 소유하거나 관할하는 자산, 혹은 연방 사업의 영향을 받는 자산에 대해 보존 책임을 수행할 때, 가장 일반적으로 재생을 위한 내무부 장관 기준[15]과 역사적 건축물 재생 지침[16]을 함께 사용한다. 내무부 장관 기준은 역사적 자재와 구성 요소의 보존을 통해 자산의 역사적 가치를 유지하도록 안내한다. 국립공원관리청은 "재생"을 "자산의 역사적, 문화적, 건축적 가치를 전달하는 부분이나 요소를 보존하면서, 수리·변경·증축을 통해 해당 자산이 새로운 용도로 활용될 수 있도록 하는 행위 또는 절차"*로 정의하고 있다. 내무부 장관 기준과 지침은 건축물의 역사적 성격을 구성하는 원형 자재와 마감재를 손상시키지 않으면서 필요한 변경을 수행하는 방법에 대해 구체적인 방향을 제시한다.

* 이 용어의 사용은 역사적 건축물이 현재 또는 새로운 용도에 적합하도록 일부 변경이 필요하다는 전제를 내포하고 있다.

재생을 위한 내무장관 기준

1. 자산은 역사적으로 사용되었던 방식 그대로 사용되거나, 고유한 자재·특징·공간 구성 및 공간 관계에 최소한의 변경만을 요구하는 새로운 용도로 사용되어야 한다.

2. 자산의 역사적 성격은 유지·보존되어야 하며, 이를 구성하는 고유한 자재의 제거 또는 특징·공간·공간 관계의 변경은 지양해야 한다.

3. 각 자산은 그 시대, 장소, 용도의 물리적 기록으로 인식되고, 다른 자산의 건축 요소를 덧붙이거나 추정으로 요소를 추가하는 등 잘못된 역사적 발전 과정을 암시하는 변경은 수행하지 않아야 한다.

4. 시간이 흐르며 자율적인 역사적 가치를 획득한 자산의 변경 요소도 보존되어야 한다.

5. 자산 고유 자재, 마감재, 시공 기술, 장인의 기법은 보존되어야 한다.

6. 훼손된 역사적 요소는 가급적 수리하되, 교체 시 기존 디자인·색상·질감과 가능하다면 동일한 자재로 대체한다. 결실된 요소는 문헌적 또는 물리적 근거에 따라 재현되어야 한다.

7. 화학·물리적 처리는 가장 부드럽고 저자극적인 방식으로 하고, 자재를 손상시키는 방식은 사용하지 않아야 한다.

8. 고고학 자원은 현 위치에 보호·보존하고 불가피한 훼손 시 보완 조치해야 한다.

9. 신축, 외부 변경 등 새로운 공사는 자산의 역사적 자재·요소·공간 관계를 훼손하지 않고, 새 구조물은 기존과 구별 가능하면서도 크기, 비율, 규모에서 조화를 이뤄야 한다.

10. 새로운 증축부나 인접한 신축 건물은 향후 제거되더라도 원래 역사 자산과 그 주변 환경의 본래 형태와 완전성이 훼손되지 않도록 조성되어야 한다.

SECTION E: 수도의 역사적 이미지에 관한 정책

수도인 워싱턴은 국가를 대표하는 도시이다. 워싱턴의 이미지는 주민과 방문객에게 직접 체험될 뿐 아니라, 언론, 예술과 문학, 역사 사진, 심지어 통화를 통해서도 전국과 전 세계에 전달된다. 이러한 강렬하고 상징적인 이미지는 개별 건축물과 기념물뿐만 아니라, 도시 전반의 설계를 통해 형성된다. 특히 중심부 워싱턴은 국가의 이상과 가치를 상징적으로 표현할 수 있도록 도시 전체 형태가 명확하고도 성공적으로 설계되었기 때문에, 도시적 형식 자체가 이미지를 구성하는 핵심 요소로 작용하고 있다.

이러한 이미지는 국가적 이상을 환기시키고 강화하고 있으며, 국가의 축제, 문화, 정치적 삶의 배경으로 기능한다. 연방 정부의 활동 영역이 본래의 수도 도심을 넘어 확장됨에 따라, 수도권 전체의 역사 자원들 또한 수도의 이미지를 형성하는 데 중요한 역할을 하게 되었다.

다음의 정책들은 수도 이미지의 전반적인 특성을 인식하고 보호하며, 필요할 경우 개선하는 데에 목적이 있다. 이 지침은 향후 개발이 수 세기에 걸쳐 형성된 국가 수도를 특별한 장소로 만들고 건축 및 도시 계획 특성을 강화하는 데 기여한다. 이러한 정책들은 연방 도시 계획 요소 내 정책들과 연결되어 연방 정부가 역사적 자원을 보호하고, 연방 건축물 계획을 개선하며, 워싱턴을 고품질의 공공 공간으로 만들어 나가기 위한 목표와 지침을 제공한다.

연방 정부의 역할

HP.E.1 국가의 핵심 역사 자산을 보호하고 보존하기 위해, 기념 중심지 내외부의 적절한 용도 설정과 조화로운 설계를 신중하게 계획

HP.E.2 연방 시설과 공공 공간이 수도의 풍부한 설계 유산과 역사 자원을 존중하고 이를 보완할 수 있도록 보장

HP.E.3 워싱턴 도시 계획과 인접한 역사 자산의 도시 설계 원칙에 부합하는 교통 인프라 설계

HP.E.4 역사 자산, 기념물, 추모비가 국가 수도의 정체성과 그 상징적 이미지 형성에 기여하는 역할 인식

미주(Endnotes)

1. L'Enfant Plan and McMillan Plan: http://www.ncpc.gov/ncpc/Main(T2)/About_Us(tr2)/About_Us(tr3)/History.html
2. Permanent System of Highways Act: http://dcregs.dc.gov/Gateway/RuleHome.aspx?RuleNumber=10-B2709
3. Height of Buildings Act: http://www.ncpc.gov/ncpc/Main(T2)/About_Us(tr2)/About_Us(tr3)/HeightofBldgs1910.pdf
4. Old Georgetown Act: https://www.cfa.gov/about-cfa/legislative-history/old-georgetown-act-public-law-81-808
5. National Historic Preservation Act: http://www.achp.gov/nhpa.html
6. District of Columbia Home Rule Act: http://dccouncil.us/pages/dc-home-rule
7. D.C. Historic Preservation Act of 1978: http://planning.dc.gov/sites/default/files/dc/sites/op/publication/attachments/DC_Chapter_1_General_Provisions.pdf
8. The Secretary of the Interior's Standards for the Treatment of Historic Properties: http://www.nps.gov/tps/standards.htm
9. National Capital Planning Act: https://www.law.cornell.edu/uscode/text/40/subtitle-II/part-D/chapter-87
10. Extending the Legacy: Planning America's Capital for the 21st Century: http://www.ncpc.gov/ncpc/Main(T2)/Planning(Tr2)/ExtendingtheLegacy.html
11. Memorials and Museums Master Plan http://www.ncpc.gov/ncpc/Main(T2)/Planning(Tr2)/2MPlan.html
12. Monumental Core Framework Plan: http://www.ncpc.gov/ncpc/Main(T2)/Planning(Tr2)/FrameworkPlan.html
13. National Capital Urban Design and Security Plan: https://www.ncpc.gov/DocumentDepot/Publications/SecurityPlans/NCUDSP/NCUDSP_Section1.pdf
14. A geographic area, including both cultural and natural resources and the wildlife or domestic animals therein, associated with a historic event, activity, or person exhibiting other cultural or aesthetic values.
15. The Secretary of the Interior's Standards for Rehabilitation: http://www.nps.gov/tps/standards/rehabilitation/rehab/stand.htm
16. Guidelines for Rehabilitating Historic Buildings: http://www.nps.gov/tps/standards/rehabilitation/rehab/

제9편
방문객 및 기념 요소

2024

National Capital Planning Commission

The Comprehensive Plan for the National Capital | Federal Elements

Contents

방문객 및 기념 요소 개요	285
SECTION A: 방문객 교통수단 관련 정책	289
SECTION B: 방문객 편의시설 및 안내서비스 정책	291
SECTION C: 방문객 프로그램 및 특별행사 관련 정책	292
SECTION D: 기념물 관련 정책	293

방문객 및 기념 요소 개요

연방 정부의 목표는 수도권을 찾는 모든 방문객에게 긍정적이고 기억에 남는 경험을 제공하는 것이다. 이를 통해 미국 문화와 민주주의 제도의 상징을 효과적으로 전달하고, 계획 목표를 지원하며, 국가 수도 방문만이 지닌 고유한 활동들을 더욱 활성화하고자 한다.

링컨 기념관은 2014년에 최소 700만 명 이상의 방문객을 맞이했다.[1]

워싱턴 D.C.는 국가의 상징이자 정부의 중심지로, 국가의 역사·문화·시민 정체성과 밀접하게 연관된 장소와 활동들이 집중되어 있다. 관광객, 학생, 해외 및 지역 방문객, 비즈니스 목적의 방문자 등 다양한 사람들이 이곳을 찾고 있으며, 정보, 교통 등 다양한 서비스를 필요로 한다. 워싱턴을 방문하는 사람들 중 일부는 정부의 중심지이자 민주주의의 상징으로서의 워싱턴을 체험하고자 하며, 기념물 탐방, 축하 행사, 수정헌법 제1조에 따른 집회, 국가 수도만의 고유한 경험에 참여한다. 다른 많은 이들에게 워싱턴은 지역 명소가 밀집한 자신들의 도시로 여겨지기도 한다.

방문객 및 기념 요소는 연방 및 문화 기관, 기념물·기념비·국가적 명소를 포함한 주요 관광지, 국가 행사 및 공공 집회를 위한 공간에 대한 위원회의 정책 방향을 제시하며, 교통 및 편의시설을 포함한 접근성 향상 노력도 반영하고 있다.

국립 문화기관, 축제, 기념물은 주요 방문객을 유지하고 있다. 예를 들어, 2013년에는 약 160만 명의 관광객이 벚꽃 축제[4]를 찾았으며, 같은 해 워싱턴에 위치한 스미스소니언 협회 산하 박물관들은 약 3,000만 명의 방문[5] 기록을 남겼다.

이 지역에는 수많은 국립공원이 위치해 있으며, 각기 자체적으로 주요 관광지이자 행사 공간으로 기능하고 있다. 미국의 앞마당이라 불리는 내셔널 몰은 지역 주민들이 여가 활동, 콘서트, 문화 행사 등을 위해 활발히 이용하는 공간이다. 내셔널 몰과 인근의 국립공원들은 단순한 여가 및 기념 공간을 넘어, 시민들이 수정헌법 제1조에 따른 권리를 행사하는 집회 장소로도 사용된다. 국립공원관리청(NPS)은 내셔널 몰[6]에서 개최되는 시위, 축하 행사, 특별 행사와 관련하여 매년 약 6,000건의 신청을 접수하고 있다.

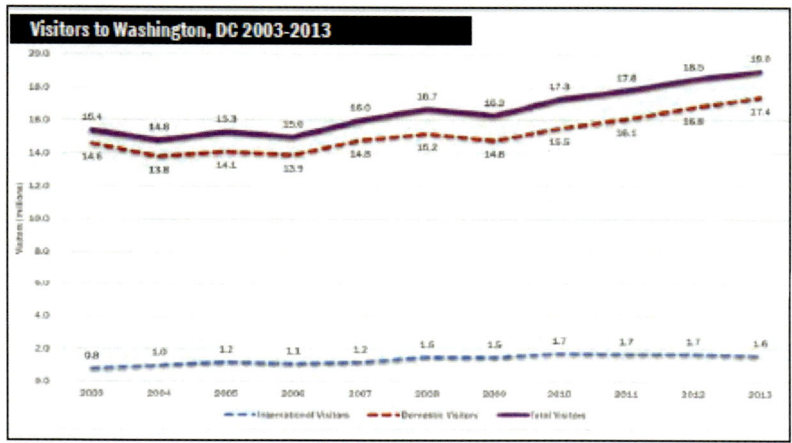

최근 10년간 추이를 보면 워싱턴 D.C.를 찾는 방문객 수는 지속적으로 증가하고 있다. 2013년에는 1,740만 명의 국내 방문객과 160만 명의 해외 방문객이 워싱턴을 찾았다.[2] 이는 2012년에 비해 국내 방문객은 증가하고 해외 방문객은 감소한 수치이다. 2013년 방문객들은 워싱턴 D.C.에서 약 67억 달러를 지출했으며, 이는 2012년 대비 약 8% 증가한 수준이다.[3]

종합계획의 마지막 갱신 이후, 마틴 루터 킹 주니어, 미국 상이군인, 우크라이나 기근 (1922~1923) 희생자 추모 기념물 등이 새롭게 조성되었다. 현재 드와이트 D. 아이젠하워 대통령 기념물, 애덤스 기념물, 평화봉사단 및 프랜시스 매리언 장군 기념물이 계획 중이며, 이 추세라면 2050년까지 30개 이상의 기념물이 추가될 것으로 전망된다.[7]

이 지역의 새로운 국립 박물관 설립에 대한 관심도 계속되고 있다. 2012년 아프리카계 미국인 역사문화 국립박물관의 건립이 시작되었고, 2016년 개관을 목표로 했다. 미 해병대 국립박물관(2006년 개관), 미 육군 국립박물관(2012년 개관)도 이 대표 사례다.

연방 정부는 기억에 남는 방문 경험을 지원하는 중요한 역할을 수행한다. 방문객 및 기념 요소와 관련된 정책은 방문객을 위한 접근성과 개방성을 제공하고 편의시설, 동선, 정보 제공 등을 개선한다. 이러한 정책들은 증가하는 방문객 수, 신규 행사, 기념물, 박물관 및 기타 명소에 대한 수요에 대응한다. 이 요소는 기념물이 워싱턴 방문 경험을 형성하고, 공공 공간 제공 및 지역 사회 기여의 수단이 되도록 하는 기념물에 대한 계획 수립을 지원한다. 또한, 지역 단체, 비영리 기관, 민간 조직 역시 긍정적인 방문 경험 제공에 기여하고 있으며, NCPC, 워싱턴 광역교통국, 관광 산업 등 다양한 이해관계자와의 협력을 통해 조율되어야 한다.

워싱턴 D.C.는 세계적으로 손꼽히는 계획 수도로, 주요 장소 간 물리적·시각적 연계를 포함한 견고한 도시 설계 틀을 갖추고 있다. 연방 차원의 계획 관점에서는 내셔널 몰과 인접 지역 간의 연계를 강화하고, 특히 북쪽의 연방삼각지, 도심과 남쪽 수변 지역 간 연결을 중심으로 이루어지고 있다. 풍부한 보행 경험과 주요 명소로의 접근성 제고를 위한 연계 강화에는 토지 이용, 교통 동선, 정보 제공, 거리 활용 등에 대한 정책 결정이 포함된다. 이 요소들은 방문 정책 구조의 핵심 구성 요소이다.

국가수도계획위원회(NCPC)는 연방 기관 및 컬럼비아 특별구 정부와 협력하여, 기념 중심지 프레임워크 계획(2009)[8] 및 남서부 에코지구 계획(2013)[9] 등을 통해 단기·장기적 연계 강화 방안을 제시해 왔다. 이러한 계획들은 연방 구역과 주변 도시 조직을 유기적으로 연결하는 것을 목표로 한다.

종합계획 마지막 갱신 이후, 구 우체국의 호텔 전환, 펜실베니아 애비뉴 뉴스엄(Newseum) 건립 등은 기념 중심지와 도심 간 연계를 강화한 사례다. 향후 연계성 개선 기회는 여전히 존재하며, 백악관 서쪽에서 케네디 센터까지 이어지는 E 스트리트 구간은 국가 기념물 설치를 위한 유력 입지로 여겨진다.

미국 상이군인 기념물

남서부 에코지구 계획에 포함된 제안 구간인 제10번가. SW 회랑은 내셔널 몰과 스미스소니언 박물관들을 남서부 수변 지역과 연결

기념 중심지와 그 외 방문객 명소

정부의 중심지이자 국가의 상징적 중심지인 워싱턴 D.C.에는 미국에서 가장 중요한 문화 및 역사 자원이 집중되어 있다. 내셔널 몰의 십자축은 도시 계획의 중심축으로서, 방문객들이 국회의사당, 백악관, 워싱턴 기념탑, 링컨·제퍼슨 기념관 등 주요 장소를 시각적으로 인지하고 이동할 수 있도록 돕는다. 스미스소니언 박물관들—특히 아프리카계 미국인 역사문화 국립박물관을 포함하여—은 내셔널 몰 양측에 위치하여 문화적 중심지[10] 역할을 하며, 북쪽의 미국 미술관·초상화 미술관, 도심의 극장·공원·박물관 등도 방문객들의 주요 탐방지다.

기념 중심지는 미국의 대표적인 공원과 시민 관련 기관들이 위치한 문화·건축적으로 풍부한 공간이며, 정책들은 이를 통해 다양한 방식으로 미국의 역사와 문화를 체험할 수 있도록 하는 기억에 남는 방문 경험 제공에 중점을 둔다.

비록 기념 중심지는 워싱턴 방문의 핵심 무대지만, 수도권 전역에는 이외에도 중요한 명소들이 있다. 워싱턴 내의 전통적 특성을 가지는 방문 경험을 넘어 방문객들에게 방문을 확장할 기회와 정보 제공이 병행되어야 한다. 워싱턴 D.C. 내의 주요 명소로는 국립동물원, 국립수목원, 록크릭 공원, 아나코스티아 공원·박물관, 체서피크·오하이오 운하 공원, 링컨 별장, 남북전쟁 유적지[11], 워싱턴 국립대성당, 성모 영보 대성당, 프레더릭 더글러스 국립사적지 등이 있으며, 공원 개방 공간을 포함한 수변 공간과 여가 공원도 중요 방문지로 꼽힌다.

워싱턴 D.C.는 각각 고유한 특색을 지닌 생동감 있고 역사적인 지역들로 이루어져 있다. 듀퐁 서클(Dupont Circle), 조지타운, 유 스트리트, 캐피탈 힐(Capitol Hill) 등의 지역은 식사, 쇼핑, 문화, 여가 기회를 함께 제공한다. Cultural Tourism DC는 아름다운 동네를 소개하는 도보 여행 안내서를 발간하고, 국제 외교 커뮤니티 관련 패스포트 DC 행사도 주최한다.

최근 뉴스엄(The Newseum), 스파이 박물관, 성경 박물관, 컬럼비아 특별구에서 지정한 여러 기념물 등 많은 방문 명소가 민간 자금으로 조성되었다. 연방 및 지방 정부는 기념물과 박물관 등 명소들을 공간적으로 연계 배치할 기회를 계속 모색해야 한다. 워싱턴 바깥의 주요 명소로는 알링턴 국립묘지, 해병대 및 공군 기념물, 조지 워싱턴의 저택 마운트 버논, 올드타운 알렉산드리아 등이 있다.

Comprehensive Plan for the National Capital: Federal Elements | 287

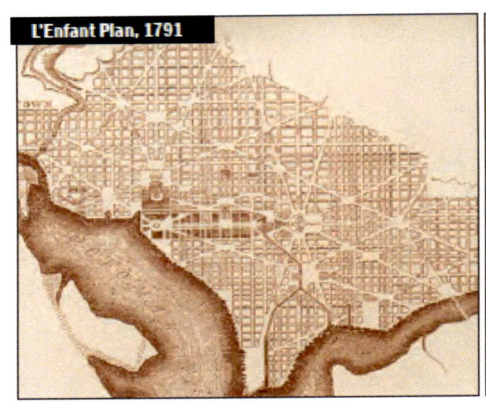 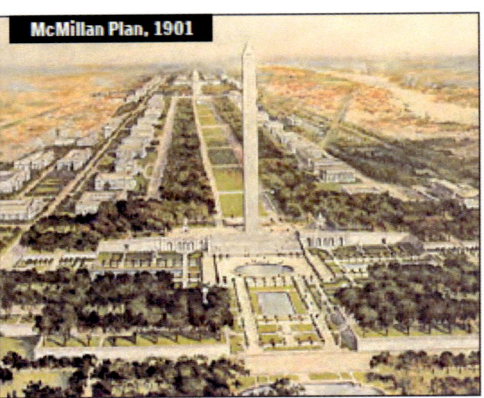  

연방 정책 틀

본 항목의 정책은 방문객과 문화 명소의 수용을 최적화하기 위해 마련된 연방법, 규정, 지침 및 계획을 기반으로 한다. 이들 정책은 지역 관할권의 노력과도 조화를 이루며 작동한다. 해당 정책 틀은 지역적 관점을 중심으로 하나, 국가적 자긍심의 상징인 내셔널 몰을 중심으로 한 지역에 특히 주목한다. 많은 계획들은 내셔널 몰의 역사적인 개방 공간과 도시 설계적 가치를 미래 세대를 위해 보존하는 것이 중요하다고 강조하고 있다.

상징적이고 매력적인 수도 중심지에 대한 비전은 1791년의 랑팡 계획(L'Enfant Plan)[12]을 기초로 한다. 이후, 1901년의 맥밀런 계획(McMillan Plan)[12]은 랑팡 계획의 틀을 확장하였다. 내셔널 몰 및 그 주변 지역에 대한 비계획적 침해에 대응하여, 맥밀런 계획은 내셔널 몰을 국가의 앞마당이자 공적 담론의 장이 되는 시민적·문화적 공간으로 구상하였다.

NCPC의 유산의 확장: 21세기 미국 수도 계획[13](1997)은 워싱턴의 상징적 중심지를 보호하는 데 다시 한 번 중점을 두는 한편, 인접한 주거지와 업무 지구를 연결하는 데 초점을 맞추었다. 이 계획은 또한 노스·사우스 캐피톨 스트리트, 남서쪽 10번가, 포토맥강 및 아나코스티아강 수변과 같은 주요 축을 따라 기념물, 박물관, 기타 연방 시설을 배치할 것을 권고하였다. 연방 방문지들을 도시의 신흥 지역으로 분산함으로써, 이 계획은 이들이 개발을 유도할 수 있는 잠재적 촉매 역할을 수행할 수 있음을 명시하였다.

랑팡 계획, 맥밀런 계획, 유산 계획의 실행은 추가적인 계획 및 규정을 통해 구체화되었다. 2001년, NCPC는 기념물 및 박물관 종합계획(일명 2M 계획)[14]을 수립하고, 워싱턴 D.C. 내 향후 기념 및 문화 명소의 입지를 위한 지침을 제시함과 동시에 미래 기념 개발을 위한 부지를 지정하였다. 또한, NCPC의 프레임워크 계획은 유산 계획의 구상을 발전시켜, 내셔널 몰 인근 연방 구역 내 기반 시설 확충 및 공공 공간 개선을 권고하였다. 프레임워크 계획은 NPS가 수립한 내셔널 몰 계획(National Mall Plan)[15], 컬럼비아 특별구의 중심 도시 실행 의제(Center City Action Agenda)[16]와 함께, 내셔널 몰을 주변의 연방 지구 및 도심 주거지와 연결하여 방문객의 경험을 향상시키고 향후 연방 명소 및 기타 개발 가능성을 마련하는 것을 목표로 하였다.

보안에 대한 수요 변화는 수도권(NCR) 전역의 연방 목적지를 방문하는 경험에 변화를 초래하였다. 이에 따른 보안 조치에는 영구적 또는 임시적 시설물 설치, 출입 제한, 건축물 및 공공 공간의 구조 변경 등이 포함된다. 연방 정부는 연방 방문 명소의 안전을 확보할 책임이 있으나, 동시에 이들 공간에 대한 공공 접근성 및 미학적으로도 만족스러울 수 있도록 유지해야 할 책무도 지닌다. 이러한 과제를 해결하기 위한 국가수도계획위원회(NCPC)의 정책과 지침은 연방 도시 계획 요소, 국가 수도 도시 계획 및 보안 계획(2002, 2004, 2005년 개정), 경계 보안 요소의 설계 및 시험 지침(2005) 등에 제시되어 있다.

2015년. 유니언 스테이션과 내셔널 몰을 연결하는 새로운 도심 순환노선이 운행을 시작하였다.

이 지역은 수도권 공유자전거 시스템의 확대, 페디캡(pedicab), 세그웨이(Segway)와 같은 개인형 교통수단을 포함한 맞춤형 교통 대안의 확대로 혜택을 보고 있다.

SECTION A: 방문객 교통수단 관련 정책

지역을 찾는 방문객 수가 지속적으로 증가함에 따라, 주요 관광지에 대한 접근성과 이동성을 향상시키는 것이 중요하다. 자동차, 지하철, 관광버스는 주요 관광지 접근에 사용되는 주요 교통수단이다. 연방 정부는 지역 도로망과 제한된 주차 용량에 대한 수요를 완화하기 위해, 전용 셔틀 서비스, 수상 교통, 도보, 자전거 이용과 같은 대중교통 대안을 지원해야 한다.

방문객의 교통수단으로서 자가용 이용을 억제하는 것은 지역 차원의 중요한 목표이다. 2009년 NPS 조사에 따르면, 응답자의 36%가 내셔널 몰[20]을 오가는 데 있어 자가용을 이용했다고 응답하였다.

교통 혼잡을 더 줄이기 위해, 방문객들에게는 대중교통 및 관련 이동 대안의 이용이 권장된다. 다행히도 이 지역은 지하철, 서큘레이터(Circulator), 통근 열차, 관광버스, 시내버스 등 다양한 교통수단을 제공하고 있다. 방문객들은 점점 더 대중교통을 활용하여 워싱턴을 체험하고 있으며, 내셔널 몰 방문객의 50% 이상이 대중교통을 이용하고 있다[21]. 서큘레이터 및 이와 유사한 교통 대안은 기존의 지하철과 광역버스 서비스를 보완하면서 이동 수단을 다양화하고 워싱턴 D.C. 및 수도권 내 다른 목적지로의 접근성을 높여준다. 이 정책 부문은 역과 관광지 간 셔틀 서비스 등 신규 교통수단의 개발을 장려하며 도보 및 자전거로 관광지를 방문할 수 있도록 보행로 및 자전거 도로 개선도 함께 촉진한다. 수도권 연방 교통정책에 관한 보다 자세한 사항은 교통 체계 요소(Transportation Element)를 참조할 것.

연방 정부의 역할

VC.A.1 연방 방문객 명소를 대중교통 정류장과 도보 거리 내에 배치하고 해당 정류장과 명소 간 경로가 ADA(장애인 접근성 기준), 보행자, 자전거 이용자에게 접근 가능하도록 보장

VC.A.2 지하철, 고급 버스 서비스, 보행 및 자전거 기반 시설 개선, 기타 저비용·고효율의 교통 대안을 통한 방문 명소 접근성 향상 및 확장 지원

VC.A.3 지역 명소 접근을 위한 대중교통 및 지속 가능한 교통수단(카셰어링, 자전거, 조직된 투어 등)의 이용 확대 장려

VC.A.4 대규모 신규 명소는 평일 평균 수요에 대한 방문객의 교통 수요를 충족할 수 있어야 하며, 주차 수요를 줄일 수 있는 교통 대안을 함께 제공

VC.A.5 연방, 주, 지방 정부 및 기타 기관과 협력하여 관광 및 통근버스를 위한 효과적이고 연계된 위성 주차장 부지 제공

VC.A.6 수도권 전역의 방문 명소 내·외부의 교통 혼잡을 줄이기 위한 관광 및 통근버스 관리 전략 수립

VC.A.7 장기 주차시설, 교통 대안에 대한 방문객 대상 정보 제공 체계 개선

VC.A.8 수상택시 등 수상교통 수단을 통한 명소 접근 및 조망 수단으로서의 활용을 위해 지방정부와 협력 강화

VC.A.9 교통시설 내 적절한 경우, 공공미술 및 기념 조형물 설치 지원

관광버스는 이 지역의 주요 명소에 접근하는 데 중요한 교통수단이며, 전체 방문객 중 최대 1/3이 관광버스를 이용하는 것으로 추정된다.[22] 봄·여름 성수기에는 매일 최대 1,200대의 관광버스가 워싱턴에 진입하고 있다. 관광버스는 자가용에 대한 바람직한 대안으로 평가되지만, 실제 운행에서는 혼잡한 도심 도로에서 장시간 공회전하는 경우가 많아, 경관 지역이나 조망권에 부정적인 영향을 미치는 경우가 적지 않다. 이와 같은 관광버스 운영은 여러 문제를 수반하는데, 교통 혼잡으로 인한 지역 기반 시설의 부담 가중, 인근 주거지의 생활 환경 저해, 주요 조망축이나 랜드마크 시야 방해 등이 이에 포함된다.

미국 교통부는 NCPC 및 여러 기관과의 협력하에, 워싱턴 D.C.에 관광버스 주차 관리 시스템[23]을 구축할 필요가 있다는 연구 결과를 도출하였다. 2015년에는 NPS 산하 내셔널 몰 및 기념 공원 부서가 내셔널 몰 및 기념 공원 관광버스 연구[24]를 완료하였으며 이 연구는 관광버스 운행의 기존 여건을 분석하고, 그 개선을 위한 단기 및 장기 권고사항을 제시하였다. 같은 해, 워싱턴 수도권 정부협의회는 관광·통근버스의 정차, 대기, 주차 부지에 대한 지역 연구[25]를 수행하였으며 워싱턴 D.C. 및 알링턴 카운티 내에서 관광 및 통근버스를 위한 정차 및 대기, 주차 공간의 수요와 입지를 분석하였다.

SECTION B: 방문객 편의시설 및 안내서비스 정책

워싱턴 D.C.는 방문객들에게 시민적·역사적·문화적 명소가 있는 중심지이며, 많은 행사와 활동이 이뤄지는 곳이다. 안내 정보, 화장실, 휴식 공간, 식음료 시설, 길찾기 시스템 등 편의시설은 방문객을 지원하고 공공 공간과 보행 환경을 활성화하는 데 기여한다.

내셔널 몰 전역에 위치한 실내외 식음료 판매 시설

방문객 증가로 워싱턴에는 새로운 명소가 더 생겨나고 있으며, 그 결과, 안내표지, 키오스크 등 새로운 명소에 대한 통합 정보 제공이 중요해지고 있다. 이러한 플랫폼은 디지털 콘텐츠와 애플리케이션을 제공하며, 행사·쇼핑·교통·주차 등의 일관성 있고 종합적인 정보 제공은 본래 거주자 및 방문객의 방문 경험을 향상시킬 수 있다. 그러나, 연방·지방 정부, 민간 등이 서비스 플랫폼을 각각 운영하고 있어 통합 구축이 어렵다는 점이 과제이다.

효과적인 정보 제공은 주요 지점에 정보 센터를 설치하여 관광지의 특성, 활동, 위치, 행사 등의 정보를 제공하는 것이다. 종합 안내 센터, 키오스크, 이동식 안내 센터로 관광 활동, 위치, 행사에 대한 필수적인 정보를 제공할 수 있으며, 이러한 시설을 워싱턴 전역에 분산하여 배치하면 다양한 방문자 요구에 대응할 수 있다.

지도, 안내표지 등 정보 자료들은 방문객과 명소와의 시각적·기능적 연계성을 강화하는 역할을 한다.

방문객 정보는 식사·숙박, 예술, 스포츠, 행사 등 다양한 활동을 포함하며, 워싱턴 도처에 있는 다양한 시설에는 지도, 간판, 다른 정보 제공 수단에 있어 비영어권 이용자가 접근 가능한 다국어 자료도 필요하다. 웹 기반의 정보는 1973년 재활법 제508조[26]에 따라 장애인 접근성을 충족해야 한다.

내셔널 몰과 기념 중심 구역에는 수요에 맞는 실내외 식음료 시설이 마련되어 있지만 일부 지역은 여전히 부족한 상황이다. 푸드트럭과 관광 상품 판매업체가 이러한 차이를 보완할 수 있으나, 보행자의 동선과 교통을 방해하지 않고 기념 중심 구역의 시각적, 물리적 특성에 부정적 효과를 야기하지 않도록 신중히 배치·설계되어야 한다.

연방 시설과 공공 유산지구 등에는 적절한 수준의 화장실이 제공되어야 한다. 공원과 같은 인기 있는 명소는 수요에 맞는 다양한 형태의 식음료 매장을 계획해야 한다. 또한, 방문객이 수변과 선착장을 보다 쉽게 이용할 수 있도록 접근성 개선도 필요하다.

연방 정부의 역할

VC.B.1 호텔, 식당, 지하철 역, 주요 교통 허브 등 방문객이 자주 찾는 지역 내에서 정보(지역 명소, 행사, 투어 상점, 근처 식당 등) 제공 지원

VC.B.2 다양한 관광지에 대한 관심 유도를 위해 인쇄물, 멀티미디어, 디지털 자료를 활용한 정보 제공 장려

VC.B.3 방문자 센터 인근과 주요 교통 중심지에서 다국어 정보 서비스 장려

VC.B.4 공공·민간 명소 정보를 포괄하는 중앙 방문객 정보센터 및 멀티미디어 플랫폼 구축에 대한 타당성 검토

VC.B.5 수도권 지역 내 정부 청사 등 공공장소에 방문객 정보센터, 키오스크, 전시물·교육 프로그램을 조성하여 정부의 역할과 국가적 명소에 대해 방문객의 이해와 흥미 제고

VC.B.6 유산 자원, 주요 경관지, 수도권 자연환경의 중요성에 대한 보존, 강화, 전달, 홍보

VC.B.7 연방 시설 전역에 키오스크 및 안내 센터 설치 지원

VC.B.8 안내 표지, 산책로, 공원도로, 거리경관, 길찾기 도구, 프로그램 등 명소와의 시각적·기능적 연계 강화

VC.B.9 조명, 장애인용 화장실, 매점, 정보 제공 시설 등 편의시설과 서비스가 지역에 고르게 분포되도록 조성·유지

VC.B.10 화장실, 매점과 같은 지원 시설이 기념 요소 및 그 주변 환경의 심미성이나 접근성을 훼손하지 않도록 조치

VC.B.11 보행자 활동이 활발하거나 장려되는 지역의 연방 부지 및 인접 건물 내에 다양한 식음료, 소매, 기타 편의 서비스가 제공될 수 있도록 지원

SECTION C: 방문객 프로그램 및 특별행사 관련 정책

연방 정부는 컬럼비아 특별구 및 다른 지역 정부와 협력해 특별 프로그램, 축제, 퍼레이드, 콘서트, 순수예술 공연 등 다양한 행사를 지원해야 한다. 이러한 행사는 방문객에게 수도권 지역 방문에 대한 즐거움과 교육적 경험을 제공한다.

이들 행사의 상당수는 워싱턴 도심의 프리덤 플라자, 해군 기념관, 워싱턴 컨벤션 센터, 버라이즌 센터 등 중심지와 인근 거점에서 열려 방문객과 주민 모두가 쉽게 접근할 수 있다. 다만, 이러한 행사의 원활한 운영을 위해 화장실, 안전 서비스, 접근 가능한 대중교통 등 충분한 인프라 제공이 필요하다.

연방 정부는 연방 소유의 공원, 광장, 집회 장소에서의 행사 운영을 지방정부와 함께 적극 지원해야 하며, 취임 퍼레이드와 같은 연방 정부의 주요 행사는 연방 차원의 전폭적 지원이 필요하다. NCPC를 포함한 연방 기관들은 방문객 프로그램과 특별행사가 기념 중심 지역과 인접 지역 간의 연결성을 강화하는 수단으로 활용될 수 있는 방안을 지속적으로 모색해야 한다. 방문객 및 기념 정책 부문은 수도에서의 특별 행사와 프로그램이 연방 정부에 제공하는 이점을 반영한 정책 방향을 제시하고 있다.

연방 정부의 역할

VC.C.1   방문객의 경험을 풍부하게 하고, 수도의 역사 및 역할과 관련된 교육 서비스를 제공할 수 있는 프로그램에 대해 공공 및 비영리 단체와 적극적으로 협력

VC.C.2   수도권 전역의 연방 시설 안팎에서 전시, 특별행사, 예술·문화·여가 활동을 정기적으로 주관 및 지원

VC.C.3   행사는 해당 장소와 그 주변 환경에 미치는 영향을 최소화하면서 장소의 성격을 존중하는 방식으로 기획 및 운영

VC.C.4   적절한 장소의 특별 행사 및 프로그램 운영을 위한 지원 서비스 제공협조

National Mall

U.S. Navy Memorial

SECTION D: 기념물 관련 정책

기념비, 기념물, 의식용 정원, 기념 명판 등을 포함한 기념 조형물은 종종 워싱턴 D.C.의 주요 건축물, 조망축과 같은 상징적 공간에 설치된다. 이러한 시민 예술 형식은 미국 역사와 문화의 중요한 측면들을 보존하고 기념한다. 잘 설계된 기념물은 시민 참여를 고취하고, 주변 환경을 향상시키며 문화 자원을 일상적 공간에 도입한다.

방문객 및 기념 정책 부문은 기념물 및 기타 문화 자원에 대한 연방 정부의 목표를 안내하는 기준을 제시한다. 각 기념물 사업에 대해, NCPC를 비롯한 유관기관들은 기준에 따른 절차가 반응성 있고 투명하게 진행되도록 한다. 기념 조형물법(the Commemorative Works Act, CWA)을 기준으로 기관들의 세 가지 목표는, 첫째, 워싱턴 D.C.의 기념 조형물이 미국 역사 속 풍부한 이야기를 담아낼 것, 둘째, 수백만 명의 수도 방문객 기대에 부응할 것, 셋째, 미래의 기념물이 우수한 입지에 조성될 수 있도록 계획할 것이다.

기념 조형물법(CWA)에 따라, 연방 의회가 연방 토지 내에 조성하도록 승인한 각 신규 기념 조형물은 내무부(DOI) 장관 또는 연방조달청(GSA) 청장, 미술위원회(CFA), 그리고 NCPC의 부지 및 설계 승인을 받아야 한다. NCPC는 기념 사업의 주체, DOI 장관 또는 GSA 청장, 그리고 국립수도기념물자문위원회, CFA 등 다른 심의 기관들과 협력하여, 각 기념물이 그 기념 목적에 부합하고 주변 환경을 향상시키는 방식으로 입지 선정 및 설계되도록 관리한다.

NCPC는 개별 기념물 사업에 대한 심의 외에도 연방 및 지방 기관과 협력하여 기념 조형물 조성 과정을 지원하고 차세대 기념물에 대한 계획 수립을 위한 연구 및 기획 작업을 수행하고 있다. 최근 몇 년간, NCPC 활동의 핵심 주제 중 하나는 내셔널 몰의 과도한 개발로부터 상징적 장소로서의 개방성과 고유한 공간성을 보호하는 것이었다.

내셔널 몰에 새로운 기념물을 조성하려는 수요로 인한 압력을 완화하기 위해 NCPC와 미술위원회(CFA)는 2009년에 프레임워크 계획을 발간하였다. 이 계획은 내셔널 몰의 시민적 특성과 도시의 활력을 인접한 연방 관할 지역으로 확장하기 위한 전략을 제시하는 데 목적이 있다.

프레임워크 계획은 내셔널 몰 외부에 위치한 새로운 문화적 기념물의 잠재적인 입지를 제시하였으며, 이는 박물관 및 기념물 조성 주체들에게 매력적인 대안지가 될 수 있다. 대표적인 사례로는 인디펜던스 애비뉴 남측 구역, 특히 남서쪽 10번가와 그 종점인 배니커 전망대 일대가 있다. 이러한 지역에 조성되는 새로운 문화 프로젝트는 투자를 유도하는 거점 역할을 수행할 수 있으며, 고품질의 공공 공간과 건축물을 추가하고 방문객들에게 도시의 새로운 공간을 소개하는 목적지로 기능할 수 있다. 박물관과 기념물은 기념 자원과 인근 지역사회 간의 문화적·역사적 연계를 강화할 수 있는 기회를 제공하며, 기념 조형물은 지역사회에 추가적인 편의시설과 혜택을 제공할 수 있다. NCPC는 프레임워크 계획의 목표와 권고사항이 내셔널 몰 계획과 일관되도록 하기 위해 NPS와 긴밀히 협력하였다. 이러한 계획들은 기념물 조성 주체들이 내셔널 몰 외 지역을 고려할 수 있도록 돕는 장기적 비전을 제공한다.

기념 조형물법(CWA)

1986년에 제정된 기념 조형물법(the Commemorative Works Act)[27]은 컬럼비아 특별구와 관할 및 인근의 국립공원관리청(NPS)과 연방조달청(GSA) 관할에 새로운 기념물을 조성하는 데 있어 절차·승인·입지 선정을 안내하는 법률이다. 각 기념물은 별도 법률로 의회가 승인하고 부지 및 설계는 내무부 장관을 대리하는 NPS, GSA, 미술위원회, NCPC 등 연방 기관에 위임된다.

이 법령은 국가수도기념물자문위원회(the National Capital Memorial Advisory Commission) 설립을 규정하고 있으며, 내무부 장관, GSA 청장, 연방 의회, 기념사업 주체에게 입지 선정 및 설계 관련 자문을 제공한다. 국방부 소유 부지 등 기타 연방 토지의 기념물은 별도의 승인 절차를 따른다.

2003년 개정된 기념 조형물법은 내셔널 몰의 중심에 "리저브(Reserve)" 구역을 지정하고 이 구역 내 신규 기념물의 부지 지정을 금지했다. 리저브는 국회의사당에서 링컨 기념관, 백악관에서 제퍼슨 기념관까지를 잇는 축이며 기념물의 정체성 보호를 위한 기부자 명시 방식 등 제한사항도 포함한다. 다음 표는 리저브 구역과 그 외 지정 구역을 나타낸 것이다.

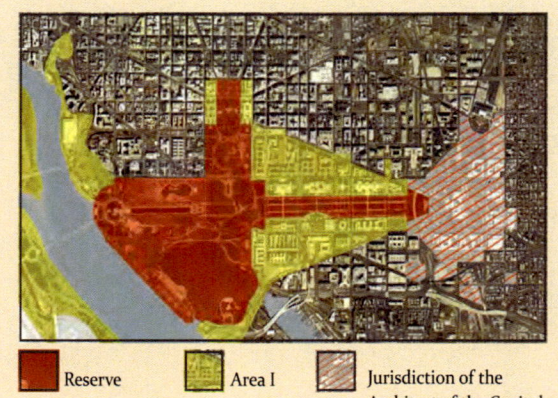

기념 조형물법상 연방 기관의 주요 책임

국가수도기념물자문위원회(NCMAC)

NCMAC는 수도 내 연방 토지에 기념 조형물법에 따라 연방 부지 내 기념물을 조성하고자 하는 주체들에게 자문을 제공하는 중심 기관이다. 원래 미국 내무부 산하의 연방 자문위원회로 설립되었으며, CWA에 따라 재편되어 내무부 장관·연방조달청(GSA)이 관할하는 연방 토지가 사용되는 경우 컬럼비아 특별구 및 인근에서의 기념 조형 사업과 관련된 사항을 연방의회, 내무부 장관, 연방조달청(GSA)에 보고하도록 명시하고 있다. NCMAC의 주요 역할은 다음과 같다:

- 기념 대상 인물 및 사건의 선정에 있어, 내무부 장관 또는 GSA 청장에게 기념화 기준, 지침, 정책 및 절차 작성·권고
- 각 기념물 제안의 적절성과 타당성 검토
- CWA 방식으로 기념물 제안에 연방 의회 권고 제시
- 워싱턴 D.C. 및 그 인근 지역 내, CWA 적용 대상 연방 토지의 입지 선정과 관련하여 내무부 장관 또는 연방조달청 청장에게 권고 제공
- 1구역 부지 요청 기념물 제안은 국가적으로 뛰어나고 지속적인 역사적 중요성을 갖추었는지 판단하고 그 적합성을 내무부 장관·GSA에 권고

NCMAC의 구성은 기념 조형물법(CWA)에 따라 정해지며, 8명의 당연직 위원으로 구성된다. 위원장은 국립공원관리청 청장이 맡거나 또는 그가 지명한 대리인이 이를 수행할 수 있다.

미국 내무부(국립공원관리청 수행)

워싱턴 내 기념물은 보통 민간 단체가 제안하고 자금을 마련하지만, 건립 후 국립공원관리청 토지 내에 기념물이 위치하는 경우, NPS가 영구적으로 관리·해석을 담당한다. NPS는 기념물 제안 과정을 조율·지원하며, 내무부 장관을 대리하여 부지와 설계를 검토·승인하고, 건설을 허가한다.

연방조달청

GSA는 연방 자산을 관리하며, 건축·예술, 역사 보존, 건설 등에서 정책 방향, 기준, 전문적인 리더십을 제공한다. 공공건축국(The Commissioner of the Public Building Service)의 국장은 NCMAC의 당연직 위원이다. 워싱턴 D.C. 내 GSA 소관 부지는 CWA을 적용하여 기념물 부지로 고려될 수 있다.

미술위원회(CFA)

CFA는 동상의 위치 및 설계, 기념물들, 연방 및 특별구 정부가 구축한 공공 건축물의 설계·미적디자인에 대한 자문에 응한다. 대통령이 임명한 7명의 위원이 4년 임기로 활동하고 있다. 위원회는 신규 기념 조형물의 부지 및 설계에 대한 승인 권한을 가지며, NCMAC의 구성기관이다.

국가수도계획위원회(NCPC)

NCPC는 수도권 내 연방 토지·건축물에 대한 계획 지침을 제공하는 연방 기구로, 대통령이 임명한 3명을 포함하여 총 12명으로 구성된다. 기념물의 적절한 위치와 설계에 대한 승인 권한을 가지며, NCMAC 구성기관이다.

기념물 및 박물관 종합계획

2001년, NCPC는 기념물 공동 TF와 협력하여 기념물 및 박물관 종합계획(the Memorials and Museums Master Plan)을 발간하였다. 일명 2M 계획으로 불리는 이 계획은 두 가지 중요한 목표를 달성하였다. 첫째, 내셔널 몰의 축(great cross-axis)을 포함하는 "리저브(Reserve)" 구역을 지정하였으며, 이 구역에서는 신규 기념물의 건립이 금지된다. 이후 의회는 2003년 기념 조형물 명확화 및 개정법(Commemorative Works Clarification and Revision Act)을 통해 리저브의 범위를 확대하고 법제화하였다. 리저브는 내셔널 몰의 개방 공간과 기존 기념 경관을 보존함으로써 공간의 정체성을 유지하는 데 기여하고 있다.

이 계획은 기념 사업 주체들이 자신들의 프로젝트가 실현될 수 있는 기회를 구체적으로 구상할 수 있도록 돕는 한편, 문화적 구역을 도시 전역의 4개 구역 내 여러 지역사회로 분산시키는 데에도 기여한다. 2M 계획은 워싱턴 D.C.와 버지니아 전역에 걸쳐 향후 기념물 및 박물관을 조성할 수 있는 잠재적인 부지 100곳을 제시하였다. 각 후보지는 부지 규모, 대중교통 연결성, 문화·역사 자원, 지역 환경 등에 대한 정보를 포함하고 있다. 이를 통해 기념 사업의 주체와 심의 기관이 특정 프로젝트가 해당 부지에 적합한지를 평가할 수 있도록 한다. 또한, 이 계획은 사우스 캐피톨 스트리트 축과 같은 개발 중인 지역을 향후 신규 박물관이나 기념물의 잠재적 입지로 제시하고 있다.

2M 계획은 내셔널 몰 외부 지역으로의 기념물 분산을 성공적으로 이끌었으며, 이를 통해 다음 여섯 개의 기념 사업이 몰 외곽에 입지하게 되었다. 해당 기념물은 드와이트 D. 아이젠하워 대통령 기념물, 미국 공군 기념물, 토마시 마사리크 기념물, 공산주의 희생자 기념물, 1932–1933년 인위적 우크라이나 대기근 희생자 기념물, 그리고 미국 상이군인 기념물이다.

NCPC가 2012년에 발간한 기념물 동향 및 실천 연구(Memorial Trends and Practice Study)[28]에 따르면, 기념물은 여전히 도시의 서쪽 구역에 집중되어 있으며, 연방 기념물 중 동부 구역에 위치한 것은 전체의 4%에 불과한 것으로 나타났다. 2M 계획은 기념물을 도시 전역에 분산시키기 위한 명확한 정책적 방향을 제시하고 있으나 이 목표를 실현하기 위해서는 여전히 추가적인 노력이 필요한 상황이다.

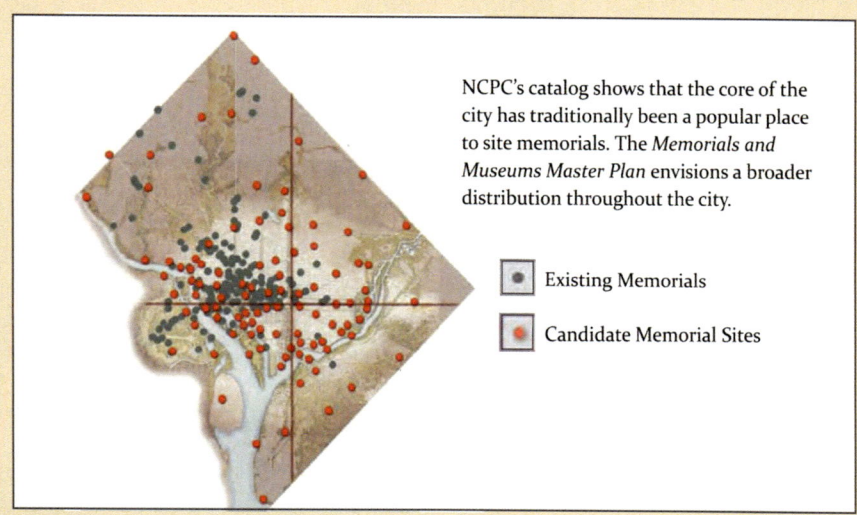

NCPC's catalog shows that the core of the city has traditionally been a popular place to site memorials. The *Memorials and Museums Master Plan* envisions a broader distribution throughout the city.

- Existing Memorials
- Candidate Memorial Sites

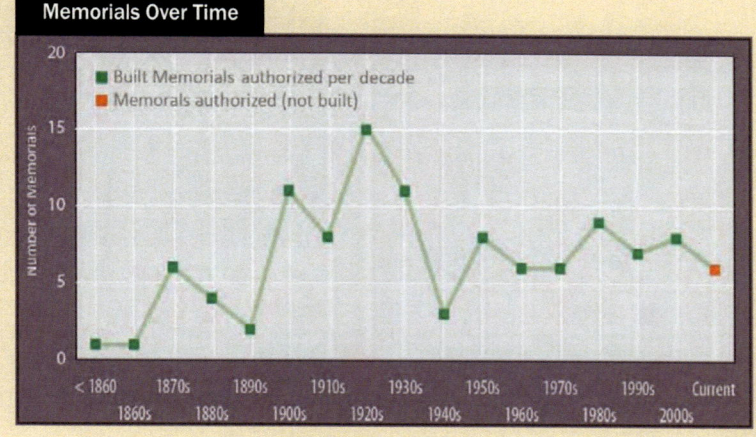

미국인들은 오랜 기간 동안 국가의 수도에 기념물을 조성해 왔다. 기념물 건립이 가장 활발했던 시기는 1920년대로, 이 시기에는 총 15건의 기념 조형물이 의회로부터 승인을 받았다. 1980년대 이후부터는 기념물 수가 비교적 일정한 수준을 유지하고 있다.

본 도표에는 의회의 승인을 받지 않았으나 국립공원관리청(NPS) 관할 토지에 위치한 기념 조형물은 포함되어 있지 않다. 이러한 사례에는 절제 분수(Temperance Fountain), 프랭클린 D. 루스벨트 대통령 기념물(국립문서관 부지), 최초 항공우편 비행 기념표지, 포트 스티븐스 기념표지(Fort Stevens Markers) 등이 포함된다.

기념물의 주제와 경향

시간이 흐르며 가장 뚜렷해진 경향 중 하나는, 특정 사건 중심에서 집단 전체를 기리는 기념물의 증가이다. 예컨대, 남북전쟁 기념물은 총 14개이지만, 이후의 전쟁 기념물들은 보다 포괄적으로 전개되어 워싱턴 D.C. 제1차 세계대전 기념물은 전사자와 컬럼비아 특별구 전체 참전자를 기리고 있다. 기념 주제도 군사 중심에서 사회·문화·국제 이슈 등으로 다양화되고 있으며, 이는 향후 기념물 계획에도 반영되고 있다.

NCPC와 협력 기관들은 기념물의 설계·조성 방식을 정교화하고 있다. 2012년 발표한 보고서(Memorial Trends and Practice in Washington, DC)는 워싱턴 내 NPS 소관 기념물 목록과 온라인 지도, 국내외 수도의 기념물 계획 분석 등을 포함해, 관련 정책 결정에 참고 자료를 제공한다. 이는 기관과 대중이 정책 및 계획을 효과적으로 고려할 수 있게 한다. 주요 권고사항은 국제적인 수준의 기념물 입지 지침 개발, 영구적 기념물 외 다양한 기념 방식의 발굴 등이다. 따라서, 비전통적 조형물, 임시 전시물, 집회·축제 등도 위치와 설계에 따라 장소성을 강화할 수 있는 방식으로 제시되었다.

이 정책 부문은 국가 수도의 제한된 토지 자원을 고려하여 기념 조형물의 입지와 설계를 위한 지침을 제공하며, 기존 용도, 주변 맥락, 조망 축, 지속가능성, 접근성 등을 개별적으로 고려할 것을 규정하고 있다.

연방 정부의 역할

VC.D.1 새로운 조형물 입지와 설계는 개방 공간, 공공 활용, 문화·자연 자원을 최대한 보호

VC.D.2 조형물 입지는 CWA법에 따르고 기념물 및 박물관 종합계획에서 제시된 부지들을 고려

VC.D.3 기념물 및 박물관 종합계획에서 제시된 핵심 부지와 시각적·문화적으로 중심적인 부지는 미국 역사와 문화에 있어 중대한 의미를 지닌 기념 조형물을 위해 우선적으로 보존

VC.D.4 국제 기념 부지는 해당 대사관·문화기관 인근 입지, 해당 부지의 유지·관리도 검토

VC.D.5 지역 내 새로운 기념물은 지역의 토지 이용, 활동, 정책목표와 일관되게 선정·설계

VC.D.6 기념 조형물은 내구성이 강한 재료와 지속 가능한 조경 요소를 활용하여 설계

VC.D.7 기부자 명시는 방문 체험을 방해하거나 설계·역사적 진정성을 훼손하지 않도록 최소화

VC.D.8 부대시설이 필요할 경우, 새로운 건물을 건축하기보다는 기존 주변 시설을 활용해야 하며, 신규 건축이 불가피한 경우에도 시각적·기능적으로 과도하게 두드러지지 않도록 건축

VC.D.9 1인 탑승 차량 외의 교통수단을 통한 방문객 접근성 확보 방안 마련

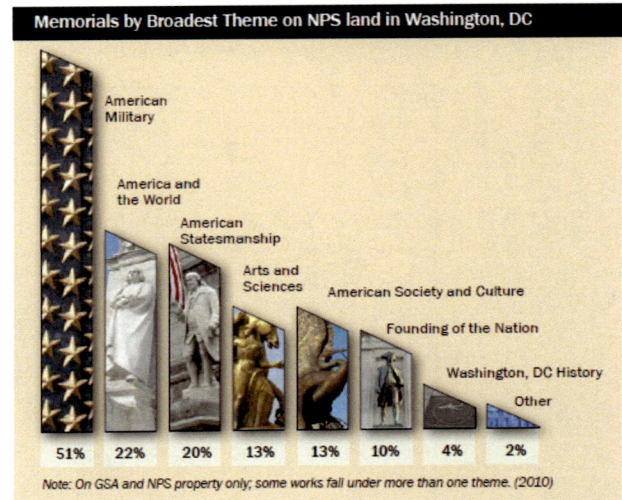

국립 에이즈 메모리얼 퀼트(National Memorial AIDS Quilt)는 전시 25주년을 맞아 2012년 워싱턴 D.C.로 다시 돌아와 내셔널 몰에 전시되었다. 이 감동적인 살아 있는 기념물은 시간에 따라 확장되며, 프로그램, 행사, 디지털 애플리케이션 등을 포함하고 있다. 이 퀼트는 전통적인 영구 기념물 조성 절차 이외에도 기념할 가치가 있는 주제를 다양한 방식으로 다룰 수 있는 가능성이 존재함을 강력하게 환기시킨다.

미주(Endnotes)

1. National Park Service, "System Stats 2014: Annual Park Recreation Visitation for Lincoln Memorial," July 27, 2015.
2. DowntownDC Business Improvement District, 2014 State of Downtown, April 2015.
3. Destination DC, "DC Tourism Community Rally Shows Impact of Hospitality Industry Visitors to Washington, DC Spent $6.7 Billion in 2013," May 6, 2014.
4. DowntownDC Business Improvement District, 2013 State of Downtown, April 2014.
5. The Smithsonian Museum Newsdesk, http://newsdesk.si.edu/about/stats.
6. National Park Service, "National Mall Plan: Summary," Fall 2010.
7. NCPC, Memorials and Museums Master Plan, 2001.
8. Monumental Core Framework Plan:
   http://www.ncpc.gov/ncpc/Main(T2) /Planning(Tr2)/FrameworkPlan.html
9. SW Ecodistrict Plan: http://www.ncpc.gov/swecodistrict/
10. In 2016, the Smithsonian will evaluate a South Mall Campus Master Plan.
11. Civil War Defenses of Washington: A major component of the Park System of Washington recommended by the McMillan Plan and commonly referred as Fort Circle Parks. Now managed by the NPS, this ring of Civil War defenses are interconnected by a ribbon of parks that protect scenic hills and landscaped and natural area corridors that circle Washington, DC.
    http://www.ncpc.gov/DocumentDepot/Publications/CapitalSpace/FCP_recommendation_summary05072008%20_2_.pdf
12. L'Enfant Plan and McMillan Plan:
    http://www.ncpc.gov/ncpc/Main(T2)/About_Us(tr2)/About_Us(tr3)/History.html
13. Extending the Legacy: Planning America's Capital for the 21st Century:
    http://www.ncpc.gov/ncpc/Main(T2)/Planning(Tr2)/ExtendingtheLegacy.html
14. Memorial and Museums Master Plan:
    http://www.ncpc.gov/ncpc/Main(T2)/Planning(Tr2)/2MPlan.html
15. National Mall Plan:
    http://www.nps.gov/nationalmallplan/National%20Mall%20Plan.html
16. District of Columbia's Center City Action Agenda:
    http://planning.dc.gov/page/center-city-actionagenda-2008

17. A memorial, museum, parkland, natural feature, or commemorative work—under the jurisdiction of the federal government—that is of important national, historic, symbolic, cultural, or educational value of the general public.

18. National Capital Urban Design and Security Plan: https://www.ncpc.gov/DocumentDepot/Publications/SecurityPlans/NCUDSP/NCUDSP_Section1.pdf

19. Designing and Testing of Perimeter Security Elements: https://www.ncpc.gov/DocumentDepot/Publications/SecurityPlans/DesignTestPerimSecurity.pdf

20. National Park Service, "The National Mall 2008 Visitors Study: Destinations, Preferences, and Expenditures," August 2009.

21. National Park Service, "The National Mall 2008 Visitors Study:Destinations, Preferences, and Expenditures," August 2009.

22. National Park Service, National Mall & Memorial Parks, "An Analysis of Tour Bus Operations Within the National Mall and Memorial Parks," January 2013.

23. U.S. Department of Transportation Research and Special Programs Administration, "District of Columbia Tour Bus Management Initiative Final Report," Prepared by Volpe National Transportation Systems Center for the District of Columbia Department of Transportation, National Capital Planning Commission, Washington Convention and Tourism Corporation, Downtown DC Business Improvement District, and Office of DC Council member Sharon Ambrose, October 2003.

24. National Mall and Memorial Parks Tour Bus Study: http://www.nps.gov/nationalmallplan/Documents/Trans/NationalMall_TourBusStudy_FinalReport_June%202015.pdf

25. Regional Bus Staging, Layover, and Parking Location Study. https://www.mwcog.org/uploads/committee-documents/aV1WX11X20150310134147.pdf

26. Section 508 of the Rehabilitation Act of 1973: http://www.section508.gov/

27. Commemorative Works Act: https://www.law.cornell.edu/uscode/text/40/subtitle-II/part-D/chapter-89

28. Memorial Trends and Practice Study: https://www.ncpc.gov/DocumentDepot/Planning/NCPC_Memorial_Trends_Practice_Report.pdf

실행 계획 (Action Plan)

Contents

실행 계획 ································· 301
미국 수도권의 모습 ······················ 302
연방 정부의 효율적 운영 ················ 306
교통 이동성과 접근성 ···················· 310
자연 자원의 보호와 관리 ················ 312
실행 기관 목록 ··························· 315

실행 계획

국가 수도 종합계획: 연방 요소(Comprehensive Plan for the National Capital: Federal Elements)는 수도권에 대한 연방 활동의 성장과 개발을 안내한다. 이 종합계획은 국가수도계획위원회(NCPC)의 사명과 업무 방향을 설정하며, 위원회가 검토하는 프로젝트와 계획에 대한 의사 결정의 기반이 된다. 특히 연방 요소에 명시된 정책을 이행하는 것은 종합계획의 중요한 특징이다.

종합계획의 실행 계획(Action Plan)은 위원회의 비전을 실현하고, 계획의 목표와 정책을 이행하기 위한 구체적인 프로젝트를 포함한다. 이 프로젝트는 종합계획의 정책, 위원회의 전략 계획과 목표, 과거의 계획 권고사항을 발전시킨다. 특히, 연방 수도 시설 개선 프로그램(Federal Capital Improvements Program)은 연방 기관들이 자본 개선 프로젝트를 준비할 때 종합계획을 정책 지침으로 활용하도록 유도하는 중요한 역할을 한다.

실행 계획은 관련 계획 요소를 명시하고, 간략한 설명과 실행 전략, 참여 주체 및 기간을 제시한다. 프로젝트의 목표 자체는 장기적일 수 있으나, 제시된 기간은 전략의 성격에 따라 단기 또는 장기적으로 구분된다. 위원회는 모든 프로젝트의 진행 상황을 주기적으로 검토하며, 새로운 과제를 지속적으로 발굴하고 발전시켜 종합계획(Comprehensive Plan)의 비전과 목표를 실현한다.

NCPC는 연방 및 비연방 지역 이해관계자들과 협력하여 종합계획의 비전과 목표를 이행하는 데 최선을 다하고 있다. 위원회는 다른 연방 기관, 지방정부 기관, 민간 단체와 협력할 뿐만 아니라, 규제 책임과 일상 업무 활동을 통해 종합계획의 목표와 정책을 추진한다. 주요 활동은 다음과 같다.

- 개발 계획과 제안이 최고 수준의 계획 및 도시 디자인 기준을 충족하며, 국가 수도의 상징적 역할과 기능에 부합하는지 검토한다.
- 수도권에 특화된 계획을 수립한다.
- 연방 수도 시설 개선 프로그램(Federal Capital Improvements Program)을 통해, 수도권 내 연방 정부의 공공시설 개선 프로젝트를 계획하고 권장한다.
- 연간 성과 계획에 특별한 계획을 포함한다.

실행 계획의 프로젝트는 종합계획의 핵심 원칙과 밀접히 연관된 주제별로 구성된다.

미국 수도권의 모습

미국의 수도인 워싱턴은 고유한 특성과 정체성을 가진 특별한 도시이다. 워싱턴의 모습과 경험은 도시 설립 초기부터 국가의 민주적 기관을 상징적으로 표현하도록 세심하게 계획되었다. 상징적인 스카이라인과 경관, 주요 거리와 공공 장소, 그리고 기념지구를 둘러싼 산등성이와 수변 등 인공과 자연 요소들이 수도의 독특한 이미지를 형성한다. 위원회가 추진하는 건축물 높이 마스터플랜과 도시 디자인 요소는 이러한 수도의 형태, 특성, 경험을 보호하고 향상시키려는 노력을 반영한다. 또한 지역 이미지를 형성하는 문제에 대응하기 위해 여러 프로젝트가 종합계획의 실행 전략으로 설정되었다.

실행 계획(Action Plan)은 내셔널 몰(National Mall) 외부에 미래 기념시설을 적극 추진, 주요 조망과 경관 분석 및 평가, 지형 관련 도시 디자인 전략 마련, 공공 공간 및 디자인 표준 연구, 백악관 주변 건축물의 규모와 볼륨감 전환 평가 연구, 선형 조망 보호를 위한 지역 정부와의 협력 등을 포함한다. 또한 백악관과 국회의사당을 잇는 펜실베니아 애비뉴에 관한 연구를 진행하여 교통, 보안과 개방 공간, 도시 디자인 및 토지이용 관리 문제를 다루고, 지역 진입로를 개선하며, 아나코스티아 워터프런트 계획(Anacostia Waterfront Initiative)의 실행 주체를 선정하여 수변 지역을 수도에 어울리는 활력 넘치는 공간으로 전환하는 방안도 포함한다.

실행 계획 : 미국 수도권의 모습

#	관련 요소	프로젝트/ 프로그램	내용	이행 전략	실행 기관	시기
1	방문객 및 기념 요소	기념물 및 박물관 부지	기념물 및 박물관 마스터플랜에 따라 향후 기념관 조성에 필요한 부지 확보 방안(주요 도로 이전 등)을 평가하고, 연방 소유가 아닌 부지의 경우 향후 활용 가능성을 확보하기 위한 조치를 취한다. 또한, NPS/NCPC의 소규모 공원 연구 정보를 활용하여 새로운 기념관 부지를 발굴한다.	• 관련 기관 및 민간과 협력하여 기념물 조성 방법, 우선 전략을 연구한다. • 연구 결과를 기념물 및 박물관 부지 개선 전략 마련에 활용한다. • 잠재적인 기념물·박물관(2M) 부지 관리 협력방안을 수립한다. • 상호작용 가능한 웹사이트를 구축한다.	NCPC, NPS, USDOT, DDOT, and DCOP	단기
2	환경, 업무 공간, 공원 및 개방 공간	아나코스티아 수변 계획(AWI) 이행	아나코스티아 강(Anacostia River)을 따라 공공 및 민간 부지를 공원과 수변 관련 용도로 개발하고, AWI에서 제안된 대로 인근 지역에 연방 및 비연방 시설을 조성한다.	• 연방정부의 참여가 필요한 구체적인 AWI 구성요소를 파악하고, 우선순위와 담당기관을 지정하며, 각 기관이 사업 승인을 받고 예산을 확보하도록 지원한다.	NCPC, NPS, GSA, DOD/Navy, USACE, D.C. government, and other AWI partners	장기
3	도시 계획	지형 능선 및 도시 형태 설계 연구	도심의 높은 건물과 경사지(급경사면) 주변의 밀도를 구별하는 도시 설계 전략을 수립하고 연구한다. 지형에 관한 정보를 종합계획의 토지 이용 및 밀도 계획과 연계한다. 지형 분지의 서쪽 지역에서는 국회의사당, 내셔널 몰 및 강변 전망 지점에서 바라보는 경관을 고려하여 건축물 높이를 자연적인 경사와 알링턴 능선 가장자리 지형에 조화시키는 도시 설계 전략을 마련한다.	• 연방 및 지방 정부 파트너와 협력하여 급경사면 지형과 연계하여 미래의 토지 이용, 허용 가능한 밀도, 건물 높이 및 형태를 연구한다. • 지형과 연계하여 건물 높이를 설정하는 도시 설계 전략을 수립한다.	NCPC and DCOP	단기
4	도시 계획	경관 및 조망권 연구	경관과 조망권에 관한 연구를 수행하여 도시의 주요 축을 따라 중요한 조망 지점을 목록화하고 분석한다. 내셔널 몰(National Mall)의 서쪽 축은 알링턴 카운티의 코트하우스(Courthouse), 남북 축은 크리스탈 시티(Crystal City)에서 끝난다. 내셔널 몰의 조망 경관을 보호하기 위해 지역 정부가 건축물의 재료, 조명, 크기와 같은 인공적 요소와 자연적 요소를 모두 고려한 도시설계 전략을 마련하도록 장려한다.	• 연방 시설에서 보는 현재 경관 조망권을 기록하고 분석한다. • 향후 연방정부의 조치로부터 조망권의 시각적 품질을 보호하기 위한 방안을 수립한다. • 지속적으로 지역 관할 기관과 협력하여 향후 개발이 주요 조망지의 경관 품질에 미치는 영향을 검토하고, 이를 보호하기 위한 방안을 수립한다. • 주요 경관의 특성을 유지하기 위한 향후 개발 전략을 수립한다. • 조망 경관의 범위를 명확히 설정하기 위한 기준을 마련한다.	NCPC, NPS, GSA, DCOP, Arlington County CPHD and other federal and local agencies	단기

프로젝트가 장기적인 성격을 가질 수 있지만, 일정은 해당 프로젝트의 실행 전략이 단기 또는 장기인지에 따라 설정된다. 단기 전략은 일반적으로 5년 이내에 달성 가능하다. 장기 전략도 5년 이내에 달성될 수 있지만, 일반적으로 5년에서 20년 이상 걸릴 수 있는 범위를 포함한다. 참고: 모든 프로젝트가 현재 자금을 지원받고 있는 것은 아니다.

실행 계획 : 미국 수도권의 모습

#	관련 요소	프로젝트/ 프로그램	내용	이행 전략	실행 기관	시기
5	도시 계획	거리의 공공 영역 및 디자인 기준 연구	국가사적지(National Register)에 등재된 랑팡 계획의 구성 요소인 공공 용지의 일관성과 연속성을 강화하기 위한 기본 설계 및 계획 기준을 연구한다. 연방 및 지역 기관과 협력하여 공공의 경험과 이용 만족도를 높이기 위해 인간 중심의 디자인 접근 방식을 활용하여, 연방정부 소유의 '공공 공간과 거리의 도시 계획 기준'을 마련한다. 이 기준은 공공 공간을 연결하고 통합하여 방문객의 경험과 만족도를 높이는 것을 목표로 한다.	• 재원 조달과 관계없이 종합적인 가로 경관 전략을 통해 도시 계획과 보안을 개선할 수 있도록 연방 및 지역 기관 간의 협력을 촉진한다. • 종합적인 가로 경관 프로젝트를 통해 보안을 강화할 수 있도록 연방 기관과의 파트너십 및 협력적 추진과제 발굴을 지속적으로 수행한다. • 프로젝트 설계 개발과 계획 검토 과정에서 연방 기관과 지속적으로 협력한다. • 거리의 디자인 기준을 개발한다.	NCPC, DCOP, NPS, and other federal and local agencies	단기
6	도시 계획	지역 관문 개선 및 기념 중심 지구 위상 강화	국회의사당 북쪽 거리의 지형적 특성을 고려하여 토지 이용을 위한 도시 계획 연구를 수행한다. 2003년 국회의사당 남쪽 거리 도시 계획 연구를 활용하여 해당 거리의 개선을 도모한다. 또한, RFK 스타디움 동쪽 지역에서 국회의사당 동쪽 거리를 따라 서쪽의 경관을 고려한 도시 계획 연구를 수행하며, RFK 스타디움 계획을 포함한다.	• 국회의사당 북쪽 거리 주변의 토지 이용 변화에 대해 연구하고 분석한다. • 국회의사당과 아나코스티아 강 사이 구간의 남쪽 거리를 새로운 연방 사무 공간 및 지역사회의 운영을 지원하는 다양한 용도를 수용할 수 있는 도시형 대로로 설계하고 개발한다. • 국회의사당 남쪽 거리 계획을 추진하기 위해 D.C. 정부와의 협력 관계를 재정립한다. • 국회의사당 동쪽 거리를 따라 이루어지는 토지 이용 전환을 조사하고 분석한다.	NCPC, NPS, GSA, USDOT, DCOP, and DDOT	단기
7	도시 계획	펜실베니아 애비뉴 개발 계획	펜실베니아 애비뉴 개발 공사 계획(Pennsylvania Avenue Development Corporation Plan)과 현재 및 예상되는 경제적, 물리적, 운영적 조건을 평가하여 21세기 요구에 부응하는 물리적, 프로그램적, 운영적 및 유지관리 개선 전략을 포함한 계획 갱신 방안을 마련한다.	• 펜실베니아 애비뉴에 이해관계를 가진 다른 연방 기관, 워싱턴 D.C. 기관들, 연방 조달청(GSA) 및 국립공원관리청(NPS)과 협력한다. • 펜실베니아 애비뉴와 그 주변 지역(페더럴 트라이앵글 포함)의 단기 및 장기적인 필요 사항을 조사한다. • 21세기 수도로서의 워싱턴 D.C.에서 펜실베니아 애비뉴가 지역적 및 국가적 요구를 어떻게 충족할 수 있을지에 대한 비전을 수립한다. • 관리 조직 체계를 확인한다. • 물리적, 프로그램적, 운영적 및 유지관리 측면의 개선을 위한 전략을 개발한다. • 애비뉴의 계획, 보존 및 개발을 위해 이해관계자 그룹들과 협력한다.	NCPC, NPS, GSA, and other federal and local agencies	장기

프로젝트가 장기적인 성격을 가질 수 있지만, 일정은 해당 프로젝트의 실행 전략이 단기 또는 장기인지에 따라 설정된다. 단기 전략은 일반적으로 5년 이내에 달성 가능하다. 장기 전략도 5년 이내에 달성될 수 있지만, 일반적으로 5년에서 20년 이상 걸릴 수 있는 범위를 포함한다. 참고: 모든 프로젝트가 현재 자금을 지원받고 있는 것은 아니다.

실행 계획 : 미국 수도권의 모습

#	관련 요소	프로젝트/프로그램	내용	이행 전략	실행 기관	시기
8	도시 계획	거리의 규모에 관한 연구	백악관 구역 주변의 밀집도 및 규모의 전환을 평가하기 위한 도시 계획 연구를 준비한다. 주요 조망권 및 거리 경관에 대한 향후 작업을 준비하고, 여러 거리 경관의 시각적 품질을 강화할 수 있는 기존 조건과 기회를 평가한다. 이러한 시각적 요소는 중요하지만, 각각 개별적으로 평가되어야 한다. 일반 대중이 접근 가능한 연방 소유 토지에서의 경관 조망권에 대한 연구도 포함된다.	• 향후 개발이 주요 거리 경관에 미치는 영향을 연구한다. • 주요 거리를 따라 조성되는 신규 개발의 내용과 규모에 대해 연방 및 지방 기관들과 협력하여 전략을 수립한다.	NCPC, GSA, and USSS	단기
9	도시 계획	선형 조망 연구	지방 정부들이 다음의 거리 및 지역을 대상으로 재료, 조명, 건물 규모와 같은 인공 요소와 자연 요소를 모두 고려하여 선형 조망의 시각적 품질을 보호하기 위한 도시 계획 전략을 수립하고 연구하도록 권장한다: East Capitol Street, Pennsylvania Avenue SE, New Jersey Avenue NW, New Jersey Avenue SE, 그리고 Maryland Avenue NE.	• 선형 조망의 시각적 품질을 보호하기 위한 도시 계획 전략을 개발하기 위해 지방 정부들과 협력한다.	NCPC and local jurisdictions	단기

프로젝트가 장기적인 성격을 가질 수 있지만, 일정은 해당 프로젝트의 실행 전략이 단기 또는 장기인지에 따라 설정된다. 단기 전략은 일반적으로 5년 이내에 달성 가능하다. 장기 전략도 5년 이내에 달성될 수 있지만, 일반적으로 5년에서 20년 이상 걸릴 수 있는 범위를 포함한다. 참고: 모든 프로젝트가 현재 자금을 지원받고 있는 것은 아니다.

연방 정부의 효율적 운영

연방 정부 운영의 효율성 향상은 종합계획의 주요 과제이다. 실행 계획(Action Plan)에 포함된 여러 프로젝트는 연방 활동의 현황과 연방 직원의 미래 수요를 분석하도록 설계되었고, 이는 효율성 개선에 무엇보다 중요하다. 연방 인구통계 등 주요 지표에 대한 데이터베이스 구축 및 유지, 연방 조달 활동 분석, 직원 통근 패턴 연구와 같은 프로젝트는 D.C. 내 연방 정부의 존재와 영향을 효과적으로 모니터링하는 수단이 된다.

이 지역의 주요 고용주이자 건물 점유자이며 상품 및 서비스의 구매자인 연방 정부는 운영 효율성과 생산성을 유지하고 향상시키기 위해 강력하고 경제적으로 활기찬 지역에 의존하고 있다. 연방 활동, 외교 공관 및 방문객 편의시설의 위치 선정은 상당한 효율성을 가져올 수 있다. 워싱턴과 그 외 지역에서 이러한 활동을 수용할 수 있는 장소를 파악하는 것은 종합계획 실행 전략의 중요한 요소이며, 연방 정부와 지역 정부가 상호 바람직한 위치를 함께 모색함으로써 연방과 지역 모두에 이익이 될 수 있다. 실행 계획에 포함된 프로젝트에는 NCPC 사업 제출 지침의 업데이트, 중심 고용 구역의 경계 분석, 연방 정부 사무 공간 수요의 반영, 외교 공관의 부지 선정, 신규 방문자 센터/키오스크 후보지 조사 등이 포함된다.

306 | Comprehensive Plan for the National Capital: Federal Elements

실행 계획 : 연방 정부의 효율적 운영

#	관련 요소	프로젝트/프로그램	내용	이행 전략	실행 기관	시기
10	업무 공간	변화하는 연방 정부의 영향력	수도권 내에서 변화하는 연방 정부의 영향력을 조사하고 평가한다. 연방 조달, 지역 경제, 그리고 관할 구역별 변화 양상에 대한 영향을 지속적으로 모니터링하고 기록한다. 또한 수도권 내 연방 정부와 관련된 경제 및 인구 통계 지표를 기록한다. 연방조달청의 사무공간 공유(hoteling), 데스크 공유, 기타 부동산 전략에 대한 연구 등도 분석 대상에 포함된다. 이 연구는 최근 수도권 내 통합 사례들을 평가할 예정이다.	• 연방 정부의 영향력을 축소하는 정책들을 연구하고 평가한다. • 최근 수도권에서 이루어진 통합 노력에 대한 사례들을 평가하여 잠재적인 계획의 흐름과 그 의미를 파악한다. • 연방 기관의 인구통계에 대한 조사(예: 연방 직원의 직종 유형, 연방 기관 및 직원의 지출 패턴, 연방 정부로 인한 유발 경제 활동, 연방 직원의 통근 패턴 등)를 실시하고 데이터를 수집한다. 조사 결과를 정리하여 보고서를 작성하고 발행한다. • 수도권 내에서의 연방 조달 및 지출 활동을 모니터링하고 자료를 발간한다. • 연방 조달 활동에 참여하는 지역 이해관계자들(연방 기관, 지역·주·지방의 경제 및 비즈니스 개발 기관 등)과 회의를 갖고, 관련 정책 조치와 전략을 개발한다.	NCPC, GSA, DCOP, federal agencies, regional Congressional representatives, OMB, SBA, BOT, MWCOG, and state/district and local economic/business development organizations	단기
11	외교 공관 및 국제기구	외교 공관 절차	1987년, 미국 국무부, 국가수도계획위원회(NCPC), 그리고 컬럼비아 특별구(DC) 정부는 외교 공관 및 국제기구 부동산 매뉴얼을 공동으로 작성하여 공관 개발 과정에 관심이 있거나 관련된 외교 공관 및 기타 관계자들을 위한 지침으로 제공하였다. 이 매뉴얼은 외교 공관, 그리고 특정 상황에서 국제기구가 워싱턴 D.C. 내에서 대사관, 공관 및 사무공간을 취득, 이전, 교체, 확장 및 개선하는 단계별 절차를 설명한다. 이 절차는 외교 공관법(Foreign Missions Act) 및 기타 연방 및 D.C. 법률과 규정에 근거한다. 컬럼비아 특별구(DC) 정부는 최근 외교 공관 지구(Diplomatic Overlays)를 삭제하고 공관 위치에 대한 변경 사항을 반영하는 내용으로 도시계획 규정을 개정했다. 이에 따라 외교 공관 관련 절차 및 새로운 조닝 규정을 반영하는 새로운 수단을 마련해야 한다.	• 국무부 및 컬럼비아 특별구(DC) 정부와 협력하여 새로운 수단을 개발한다. • 외교 공관이 적합한 부지를 찾을 수 있도록 지원하는 절차를 마련한다.	DOS (lead), NCPC, DCOP, and DCOZ	단기

프로젝트가 장기적인 성격을 가질 수 있지만, 일정은 해당 프로젝트의 실행 전략이 단기 또는 장기인지에 따라 설정된다. 단기 전략은 일반적으로 5년 이내에 달성 가능하다. 장기 전략도 5년 이내에 달성될 수 있지만, 일반적으로 5년에서 20년 이상 걸릴 수 있는 범위를 포함한다. 참고: 모든 프로젝트가 현재 자금을 지원받고 있는 것은 아니다.

실행 계획 : 연방 정부의 효율적 운영

#	관련 요소	프로젝트/프로그램	내용	이행 전략	실행 기관	시기
12	외교 공관 및 국제기구	컬럼비아 특별구 도시계획 규정 개정 및 외교 공관 센터 부지 지정	외교 공관 및 국제기구 요소를 위해 준비된 배경 정보로는 1982년 제정된 외교 공관법(Foreign Missions Act)을 재해석하였고, 이 법은 컬럼비아 특별구 내 외교 공관의 입지를 규율하는 절차와 기준을 설정하였다. 해당 기준은 특별구의 도시계획 규정을 통해 법제화되어 있다. 하나 이상의 새로운 외교 공관 센터 개발을 위한 잠재적인 특정 부지를 식별한다. 일반적인 개발 구역은 이미 종합계획을 통해 지정되어 있다.	• 컬럼비아 특별구 정부와 협력하여, 향후 D.C. 내 외교 공관 입지를 위한 도시계획 개정안을 준비한다. 외교 공관의 입지 선정 및 확장을 용이하게 하기 위해 도시계획 개정이 요청되며, 도시계획 모든 용내의 개정은 도시계획위원회(Zoning Commission)의 채택을 필요로 한다. • 특정 부지를 분석하고, 개발 시나리오 및 전략을 확인하며, 비용 추정치를 산출하고, 기타 공공기관과의 협력 또는 민관 협력 가능성을 포함한 자금 출처를 확인한다. 필요에 따라 새로운 외교 공관센터법안(Foreign Missions Center Act) 초안을 작성한다.	NCPC, DCOZ, DCOP, and DOS	단기
13	방문객 및 기념	방문자 센터 부지 지정	새로운 방문자 센터, 소규모 정보 키오스크, 디지털 기회를 포함하여 방문자 정보를 제공할 수 있는 다양한 대안을 확인한다. 보다 유익하고 흥미로우며 교육적이고 편안하며 편리한 방문이 될 수 있도록 이러한 센터를 어디에 배치할 수 있을지 결정하고, 방문자 센터가 워싱턴 전역과 지역 내에서 접할 수 있는 활동에 대해 방문자를 추가로 교육할 수 있을지 여부를 판단한다.	• 기술의 발전과 관련하여 방문자 정보 제공의 운영 및 위치적 요소를 평가하기 위한 연구를 준비한다. • 특정 부지를 분석하고, 개발 시나리오와 전략을 도출하며, 비용 추정치를 산출하고, 기타 공공 기관과의 협력 및 민관 협력 가능성을 포함한 재원 조달 방안을 확인한다. • 방문객에게 필수 정보를 제공하기 위해 대규모 종합 안내센터와 소규모 키오스크를 어떻게 개발할 수 있을지 결정한다.	NCPC (lead), NPS, SI, DCOP, and tour industry stakeholders	단기

프로젝트가 장기적인 성격을 가질 수 있지만, 일정은 해당 프로젝트의 실행 전략이 단기 또는 장기인지에 따라 설정된다. 단기 전략은 일반적으로 5년 이내에 달성 가능하다. 장기 전략도 5년 이내에 달성될 수 있지만, 일반적으로 5년에서 20년 이상 걸릴 수 있는 범위를 포함한다. 참고: 모든 프로젝트가 현재 자금을 지원받고 있는 것은 아니다.

실행 계획 : 연방 정부의 효율적 운영

#	관련 요소	프로젝트/ 프로그램	내용	이행 전략	실행 기관	시기
14	모든 요소	프로젝트 제출, 각종 지침의 검토 및 교통 관리 계획 (TMP) 제출 지침	NCPC의 프로젝트 제출 절차를 재설계하고 간소화하여 검토 과정이 일관되게 적용되고, 효율적이며, 연방 기관의 요구에 신속하게 대응할 수 있도록 한다. 또한, 혼잡 시간대에 연방 직원들의 단독 운전으로 인한 영향을 최소화하기 위해 연방 기관이 대체 통근 수단을 장려할 수 있도록 교통 관리 계획(TMP) 제출을 위한 새로운 지침을 개발한다.	**프로젝트 제출 및 검토 지침** • NEPA/106 제출 지침을 검토하고 수정한다. • 현행 제출 지침을 검토하고 수정한다. • 전자정부를 지원하기 위한 전자 제출 양식을 개발한다. • 연방조달청과 함께 연방 임대 절차를 검토하고, NCPC에 적절하고 건설적인 역할을 부여하기 위한 협의를 진행한다. **TMP 제출 지침** • TMP 제출을 검토한다. • TMP에 대한 위원회의 조치들을 검토한다. • NCPC 프로젝트 검토 직원들과 연방 기관 대표들을 인터뷰한다. • 구체적인 요구사항에 대한 초안을 작성한다.	NCPC, GSA, and federal agencies	단기
15	교통 체계 및 업무 공간	중앙 고용 지역(CEA) 경계	기존 연방 시설과 고밀도 개발로 고용 인구, 경제 다각화 및 중심지의 복합 용도 특성에 기여하고 있고, 활발한 계획 수립이 진행 중이며, 지역 내에서 경제 개발을 위해 고밀도 복합 용도가 장려되는 중앙 고용 지역(CEA) 경계를 재검토한다.	• CEA 경계 변경과 관련된 과거 위원회 및 지역 의회의 결정을 조사한다. • CEA 경계를 업데이트하고 변경하기 위한 절차를 마련한다. • 핵심 지역 내에 있는 연방 시설을 확인한다. • 채택된 토지 이용 계획과 중심 지역에서 진행 중인 계획을 조사하고, 기존 및 계획 중인 고밀도 개발 부지를 확인한다. • 종합계획의 지역 요소(District Elements) 개정과 연계하여 제안된 경계선을 확인한다. • 새로운 경계선을 채택하고 지도에 반영한 후, 해당 경계선을 포함하여 종합계획의 연방 요소(Federal Elements)를 업데이트한다.	NCPC, other federal agencies, DCOP, DCOZ, and local business organizations	단기

프로젝트가 장기적인 성격을 가질 수 있지만, 일정은 해당 프로젝트의 실행 전략이 단기 또는 장기인지에 따라 설정된다. 단기 전략은 일반적으로 5년 이내에 달성 가능하다. 장기 전략도 5년 이내에 달성될 수 있지만, 일반적으로 5년에서 20년 이상 걸릴 수 있는 범위를 포함한다. 참고: 모든 프로젝트가 현재 자금을 지원받고 있는 것은 아니다.

교통 이동성과 접근성

연방 운영의 효율성과 밀접하게 연관된 요소는 연방 직원들의 이동성이다. 이동성과 접근성을 향상시키는 것은 연방 직원뿐만 아니라 연방 정부 전체, 그리고 이 지역에 거주하거나 방문하는 모든 사람들에게 이점을 제공한다. 이동성이 단순히 이미 포화 상태인 도로에 차량을 더 늘리는 것을 의미하지는 않는다.

위원회는 매일 이 지역을 통과하거나 방문하는 통근자 및 여행자들이 직면한 교통 혼잡 문제를 완화하기 위해 지역 기관들과 협력하는 데 전념하고 있다. 대체 교통수단을 장려하고 혁신적인 교통관리 프로그램을 도입하는 것은 종합계획의 핵심 요소이다.

실행 계획(Action Plan)은 수도권에서 가장 시급한 문제 중 하나에 대한 다각적인 해결책 모색의 중요성을 반영하고 있다. 연방 시설에 대한 자전거 접근성 개선은 자전거 도로 및 차선을 조성하는 여러 프로젝트를 통해 반영되고 있다. 이 계획은 주민과 방문객의 이동을 위한 수상 택시의 실현 가능성을 연구하고, 관광버스의 수용 방안도 고려하고 있다. 또한, 실행 계획의 한 프로젝트는 사무 공간의 이동성에 대한 새로운 경향을 조사하고, 기존 주차 비율에 따른 지정 직원 수의 타당성을 평가할 예정이다.

실행 계획 : 교통 이동성과 접근성

#	관련 요소	프로젝트/프로그램	내용	이행 전략	실행 기관	시기
16	교통 체계, 방문객 및 기념	관광버스·통근버스 운영 및 주차 관리	관광버스와 통근버스의 주차 및 승하차 운영 문제를 해결하기 위해 연방 및 지역 기관과 협력한다.	• 관광버스 및 통근버스의 운영 관리, 주차 인프라, 정보 시스템을 개선한다. 참고: 워싱턴 D.C. 교통부(DDOT)와 유니언역 재개발 공사(Union Station Redevelopment Corporation)는 가까운 시일 내에 관광버스 주차 공간 확대를 계획하고 있다. • 향후 정책 평가를 위한 기반을 마련한다.	DDOT (lead), NCPC, Downtown BID, DC Council, NPS, and WMATA	단기
17	업무 공간, 교통 체계, 환경	연방 시설 내 자전거 도로/차로	자전거 통근을 지원하기 위해 연방 시설 내 여러 건물을 연결하는 자전거 전용 차선을 설치하고, 이 차선을 인근 연방 시설 외부의 자전거 도로, 차선, 트레일 및 메트로레일 역과 연결한다.	• 마스터플랜에서 자전거 도로의 연결성을 조사한다. • 연방 부지에 접근할 수 있도록 지역 및 연방 자전거 인프라를 구축하려는 지방 정부의 노력을 지원하고 협력한다.	NCPC, NIH, NPS, MCPD, MNCPPC, WABA, and local jurisdictions	단기
18	교통 체계, 방문객 및 기념	수상택시 연구	향후 수상택시 서비스를 위한 계획을 수립한다.	• 워싱턴 수변 지역의 개선 현황을 종합적으로 살펴본다. • 연방 공무원과 방문객을 위한 수상 택시 이용을 개발하기 위해 이해관계자들과 협력한다.	NCPC, DDOT, DCOP, DOD, and NPS	단기
19	업무 공간, 교통 체계	주차장 연구	교통 요소에 명시된 주차 비율 목표는 직원 1인당 주차 공간 수의 비율을 기준으로 개발되었다. 현재 추세는 사무실 유동성 확대, 주요 연방 기관의 통합 노력, 개인 및 기관에 할당된 전체 공간 축소 등으로 인해 건물당 직원 수가 증가하고 있다는 것이다. NCPC는 다른 연방 기관들과 협력하여 주차 비율 산정을 위한 직원 수 기준과 사무실 유동성의 새로운 추세를 평가하는 주차 연구를 수행할 예정이다.	• 사무실 유동성의 새로운 추세를 연구하고, 대규모 통합 사례들을 중심으로 사례를 연구한다. • 주차 비율을 산정할 때 사용되는 기존의 직원 수 지정 방법론을 재평가한다. • 이 지역 내 연방 시설을 위한 주차 비율 목표를 모델링하는 연구에 참여한다. • 연방 시설 내 주거를 위한 주차 공간 마련을 고려한다.	NCPC and federal agencies	단기

프로젝트가 장기적인 성격을 가질 수 있지만, 일정은 해당 프로젝트의 실행 전략이 단기 또는 장기인지에 따라 설정된다. 단기 전략은 일반적으로 5년 이내에 달성 가능하다. 장기 전략도 5년 이내에 달성될 수 있지만, 일반적으로 5년에서 20년 이상 걸릴 수 있는 범위를 포함한다. 참고: 모든 프로젝트가 현재 자금을 지원받고 있는 것은 아니다.

자연 자원의 보호와 관리

이 지역의 아름다움은 인공 구조물에 사용된 석재, 대리석, 화강암뿐만 아니라, 넓은 공원과 녹지, 숲, 수로, 지형, 전망과 조망 등 자연경관에서도 잘 드러난다. 연방 정부는 이러한 자연 자원을 보존하고 향상시키기 위한 책임 있는 관리자로서 꾸준히 역할을 해왔다. 이 외에도 지역의 자연 자원을 보존하고 개선하려는 여러 공공 및 민간 단체들이 활동하고 있다. NCPC는 이러한 자연 자원 문제를 다루기 위한 통합 전략을 수립하는 데 있어 리더십과 조정 능력, 기술 역량을 바탕으로 중심적인 역할을 하며, 다양한 파트너들과 협력할 예정이다.

이러한 자원을 보호하고 유지하며 향상시키기 위한 첫 번째 단계는 공원과 개방 공간의 현황을 분석하고 부족한 점과 격차를 파악하는 것이다. 기존 공원과 개방 공간의 현황을 조사하고 상태를 분석함으로써 위원회와 파트너 기관들은 현재 자원을 어떻게 보호하고 유지할 것인지 평가하고, 미래 세대를 위해 새롭게 필요한 공원과 개방 공간의 위치를 결정하며, 이 자원을 효과적으로 관리하고 유지할 수 있는 혁신적인 해법을 개발할 수 있다. 또한, 홍수, 기후 변화, 생태계 서비스와 관련된 다기관 협의체와의 협력을 통해 연방 및 지역 커뮤니티 기관들이 정보에 기반한 기획과 의사결정을 통해 기후 대응 및 회복탄력성을 강화할 것이다.

실행 계획 : 자연 자원의 보호와 관리

#	관련 요소	프로젝트/ 프로그램	내용	이행 전략	실행 기관	시기
20	환경	홍수 범람원의 기준	기후 변화로 인한 예상 홍수 조건에 대한 과학적 지식, 이해, 그리고 정보의 적용은 지속적으로 진화하고 있다. NCPC는 연방 홍수 위험 관리 기준(Federal Flood Risk Management Standard)의 향후 개정 사항을 지속적으로 파악할 것이고, 또한, 다른 연방 기관들과 협력하여 수도권에 대한 최신 기후 및 홍수 데이터를 검토하며, 모든 기관이 사용할 수 있도록 기후에 기반한 과학적 접근을 위한 통일된 데이터 세트를 마련하는 데 협력할 것이다.	• 수도권을 위한 홍수 범람원 기준을 마련한다. • 수도권에서 기후 정보를 반영한 과학적 접근 방식에 사용할 수 있도록 연방 기관들과 협력하여 통일된 데이터 세트를 마련한다. • 해당 지역에서 이용 가능한 최상의 기후 데이터를 매년 검토하기 위해 다기관 협의체에 참여한다.	NCPC and federal agencies	단기
21	환경	생태계 서비스	연방 계획 및 의사결정 과정에 생태계 서비스를 통합하려는 지역 및 연방 차원의 노력에 참여하고 이를 장려한다. 이러한 노력은 자연 시스템의 이점을 인식하고 활용하며, 자연 재해로부터 보호하고, 사회적·경제적 발전을 지원하는 능력을 향상시킬 것이다.	• 향후 계획 및 의사결정 과정을 위한 정보를 제공하기 위해 수도권에 생태계 서비스를 통합할 수 있는 미래의 기회를 조사한다. • 계획, 투자, 규제 환경에서 적절하고 실행 가능한 경우 생태계 서비스의 고려를 촉진하기 위한 정책을 개발한다. • 정책 결정 과정에 환경 시스템을 구현하는 지침을 마련하기 위해 CEQ(환경 품질 위원회) 및 기타 연방 기관과 협력한다.	NCPC, CEQ, and federal agencies	장기

프로젝트가 장기적인 성격을 가질 수 있지만, 일정은 해당 프로젝트의 실행 전략이 단기 또는 장기인지에 따라 설정된다. 단기 전략은 일반적으로 5년 이내에 달성 가능하다. 장기 전략도 5년 이내에 달성될 수 있지만, 일반적으로 5년에서 20년 이상 걸릴 수 있는 범위를 포함한다. 참고: 모든 프로젝트가 현재 자금을 지원받고 있는 것은 아니다.

실행 계획 : 자연 자원의 보호와 관리

#	관련 요소	프로젝트/프로그램	내용	이행 전략	실행 기관	시기
22	환경, 공원 및 개방 공간	공원 및 개방 공간 평가 및 관리	공원 및 개방 공간에 대한 데이터를 수집하고 분석하기 위한 중앙 데이터베이스를 구축하고 유지한다. 지역 공원 및 개방 공간 자원을 향상시키고 관리하기 위해 협력 관계를 수립한다. 워싱턴 남북전쟁 방어 시스템(Civil War Defenses of Washington system)을 현행 국립공원관리청(NPS) 종합관리계획에 따라 강화한다. 이 시스템은 남북전쟁 요새 부지를 포함한 공원과 공원도로의 연결된 고리로 맥밀런 계획(McMillan Plan)에 처음 제안되었으며, 이후 정교하게 다듬어져 일부 구현되었다. 현재 제안에는 산책로 추가 및 몇몇 주요 요새 위치에 대한 강조가 포함되어 있다.	• 다른 이해관계자들과 협력하여 지역 공원 및 개방 공간에 대한 데이터 수집과 분석을 조정한다. 모든 이용자의 요구를 충족하기 위해 공원 및 개방 공간 자원을 보호하고, 개발하며, 향상시키고, 관리하기 위한 전략을 수립한다. • 공원 및 개방 공간을 보호하고, 개발하며, 향상시키고, 관리하기 위해 연방/지방 정부 간 및 공공/민간 간의 파트너십을 구축한다. • 이해관계자들과 협력하여 공원 및 개방 공간을 정의하고 평가하기 위한 방법론을 개발한다. • 연방, 주, 지방 및 기타 공원과 개방 공간의 목록을 작성하되, 수도권 전역을 고려하고 워싱턴 내에서는 보다 구체적인 작업을 수행한다. 이 목록은 상세한 GIS 데이터베이스로 유지한다. • 공원과 개방 공간에 대한 수요와 기회를 평가하는 두 개의 보고서를 작성한다. 하나는 지역 수준에서 작성하고, 다른 하나는 워싱턴 D.C.의 역사적 경계 내 지역을 대상으로 한다. 두 보고서 모두 연방 및 지역의 미래 수요를 분석하고, 연방과 지역 자원의 조정 및 최적화를 위한 전략을 제시한다. • 그린 인프라 심포지움을 개최한다. • 부동산 취득, 이전 및 관리에 대한 분석을 준비한다. • 국립공원관리청의 관리 계획(General Management Plan)에 명시된 실행 항목 중 소규모 공원에 중점을 두고 협력한다.	NCPC, NPS, DOD, USDA, GSA, DDOT, DCOP, other federal agencies, and local jurisdictions	단기

프로젝트가 장기적인 성격을 가질 수 있지만, 일정은 해당 프로젝트의 실행 전략이 단기 또는 장기인지에 따라 설정된다. 단기 전략은 일반적으로 5년 이내에 달성 가능하다. 장기 전략도 5년 이내에 달성될 수 있지만, 일반적으로 5년에서 20년 이상 걸릴 수 있는 범위를 포함한다. 참고: 모든 프로젝트가 현재 자금을 지원받고 있는 것은 아니다.

실행 기관 목록

AW	Anacostia Waterfront Initiative
BI	Business Improvement District
BO	ashington Board of Trade
CE	Council on Environmental Quality
CPH	Arlington County community Planning, Housing, and Development
DCCounci	Council of the District of Columbia
DCO	DC Office of Planning
DCO	DC Office of Zoning
DDO	DC Department of Transportation
DO	U.S. Department of Defense
DO	U.S. Department of State
GS	U.S. General Services Administration
MCP	Montgomery County Planning Department
MNCPP	Maryland National Capital Park and Planning Commission
MWCO	Metropolitan Washington Council of Governments
NCP	National Capital Planning Commission
NI	National Institutes of Health
NP	National Park Service
OM	Office of Management and Budget
SB	Small Business Association
S	Smithsonian Institution
USAC	U.S. Army Corps of Engineers
USD	U.S. Department of Agriculture
USDO	U.S. Department of Transportation
USS	U.S. Secret Service
WAB	Washington Area Bicyclist Association
WMAT	Washington Metropolitan Area Transit Authority

워싱턴 D.C. 국가 수도 종합계획 - 2024 -
Comprehensive Plan for the National Capital: Federal Elements

발　　　행	2025년 11월 13일
저　　　자	미국 국가수도계획위원회(National Capital Planning Commission)
역　　　자	세종특별자치시 행정수도정책연구회 (손중근, 김점민, 이기형, 홍유정, 김지인, 서지안)
펴 낸 곳	주식회사 초이스디자인(지점)
출 판 등 록	2024년 7월 18일(제2017-000004호)
주　　　소	세종특별자치시 도움8로 91, 세종마치 401호
전　　　화	044-868-2634
팩　　　스	044-868-2636
이 메 일	choicedn71@hanmail.net
정　　　가	40,000원
I S B N	979-11-995491-0-4

* 잘못된 책은 교환해 드립니다.
　이 책은 저작권법에 따라 보호받는 저작물이므로 무단전재와 복제를 금지하며, 이 책 내용의 전부 또는 일부를 이용하려면 반드시 저작권자와 주식회사 초이스디자인의 서면 동의를 받아야 합니다.